张英洪作品集

给农民以宪法关怀

GEI NONGMIN YI XIANFA GUANHUAI

张英洪 著

九州出版社 JIUZHOUPRESS | 全国百佳图书出版单位

图书在版编目（CIP）数据

给农民以宪法关怀 / 张英洪著. --北京：九州出版社，2012.10
ISBN 978-7-5108-1706-9

Ⅰ. ①给… Ⅱ. ①张… Ⅲ. ①农民问题—研究—中国
Ⅳ. ①D422

中国版本图书馆CIP数据核字(2012)第224216号

给农民以宪法关怀

作　　者　张英洪　著
出版发行　九州出版社
出 版 人　徐尚定
地　　址　北京市西城区阜外大街甲 35 号（100037）
发行电话　(010)68992190/2/3/5/6
网　　址　www.jiuzhoupress.com
电子信箱　jiuzhou@jiuzhoupress.com
印　　刷　三河市东方印刷有限公司
开　　本　787 毫米 ×1092 毫米　16 开
印　　张　23.75
字　　数　400 千字
版　　次　2012 年 11 月第 1 版
印　　次　2012 年 11 月第 1 次印刷
书　　号　ISBN 978-7-5108-1706-9
定　　价　69.00 元

初版序：被平均的大多数

王跃文

王小波先生有篇文章叫《沉默的大多数》，流布很广，文章标题似乎已概念化，具备了某种社会学意义。我一直琢磨着一个问题，经济学意义上的；可我又不懂经济，不知该怎么表达；猛然想到王小波先生的妙文，便把这个问题用“被平均的大多数”以概括之。

我说自己不懂经济，原话是想说自己不是经济学家；但怕经济学家说我不自量，便改口说自己不懂经济。经济学家，我是敬而畏之的。我认为当经济学家，首先只怕数学要好，而我在小学时代数学是吃过零分的。我说自己不懂经济，总不至于招来攻讦吧？不懂在中国多少还算是美德：知之为知之，不知之为不知，是为知之。

绕口令似的闹了半天，我还没有说出自己琢磨的是个什么问题。不是故弄玄虚，而是我有些胆怯。这牵涉到命题或定义，又是我不能面对的难事儿。什么叫做“被平均的大多数”呢？我不善于用学理性语言来抽象出某种概念，只好用文学性语言来形象地描述。比方说，当我们说中国人均绿化面积达到了多少时，东南部的中国人在葱茏的树荫下惬意地纳凉，西北部的中国人照例只能在沙漠和戈壁里艰难地生存。假如决策者满意了这样的平均数，觉得中国的植被比撒哈拉大沙漠好多了，绿化工作不要搞了，要腾出手来干更重要的事情，那么，西北部的中国人就是“被平均的大多数”，因为从版图上看，中国植被恶劣的地方远远多于植被良好的地方。

我的所谓“被平均的大多数”，只是为了表述起来不至于太拗口；其实要使概念周延些，还应加上些修饰：“被平均概念忽略和损害的大多数”。我前面举出绿化的例子，仅仅只是为了描述概念时不流于干巴。事实上，中国的大多数人，他们生活的方方面面，包括经济收入、存款、住房、汽车、粮食等等，都被各种公报、统计、讲话、学术文章平均着。大多数人被平均了，他们就幸福了，就美好了，就离小康社会不远了，就哑巴吃黄连有苦难言了。谁敢说出苦来，退回去二十年，罪为诉社会主义苦；现在说是可以说，说了也白说。也许平均的概念，在经济学上有大义存焉，但对于被平均的大多数，毫无意义。倘若有意义，我们何不跳出狭隘的爱国主义圈子，进入国际主义大家庭呢？放眼世界，我们就可以把比尔·盖茨的财富也拿来平均，我们不更幸福了？有资料表明，世界上二百二十五位首富的财产加起来，几乎等于全球五十亿穷人年收入总和的一半。这五十亿穷人，中国占多少？我没法弄清楚。我可以断定的是把这些富人的财富都拿来平均，中国人均财富必然高出一大截。如此如此，中国的大多数更幸福了。

中国农民应是被平均的大多数中的大多数。中国权威的理论家、政治家都指出，农民身上的致命弱点就是平均主义。我不知道这种说法的理论源泉在哪里，却可以明确地正告这类人：他们在胡说八道！农民们的很多诉求，其实只是最低限度地要求公平与公正，却被扣上平均主义的帽子，翻身不得。我们这个社会几乎形成一种恶俗而市侩的思维定势：但凡说到农民，就贬之以农民意识，具体来说就是平均主义。无非是农民贫穷，而穷人往往是说不起话的。他们同时又是王小波所谓沉默的大多数。农民如果动动脑筋，肯定愤愤不平：指责他们平均主义的人，正是拿平均概念向他们描绘海市蜃楼的人。如此对待农民，几乎有些阴险了。近些年，不料先进的工人兄弟也遭遇了农民同样的命运，他们嫌自己工资低了，而企业老板动辄席卷国有资产，便告状、检举、上访，因此也成了可耻的平均主义者。

谁说社会财富没有增加，肯定是造谣；谁说被平均的大多数非常幸福，肯定是撒谎。大多数人并没有因为财富被平均了，他们就拥有了。那么被平均掉了财富哪里去了呢？被代表了。一九四九年以后，除去阶级敌人不算，中国人只有两类：人民和代表人民的人。如今据说阶级敌人在总体上已被消灭了，中国人就只有纯粹的两类了：大多数人和代表大多数的人。

所有概念都是代表人民的人或代表大多数的人发明的，人民或大多数人就只有无所适从的份儿。某人民去官府办事，遇着代表人民的人态度不好，便质问：你不是为人民服务的吗？代表人民的人便会义正辞严：难道你个人就是人民吗？这位人民只好认输：我不能代表人民！于是似乎成了这样的逻辑：代表人民的人只为代表人民的人服务。这种时候，人民是抽象的，代表人民的人是具体的。需要人民的时候，人民就具体了。当是时也，必有宏文召告天下，动员全体人民群众积极行动起来，云云。

有个最虚伪的礼仪，全球通行的国际惯例：为某某干杯！酒都进了干杯者肚子，同某某有什么关系呢？假如某某在场，毕竟也喝了口酒，多少有些醉意，见这么多人为自己干杯，好不得意！最冤的很多时候某某并不在场或者已经作古，人们却举酒为他干杯。举杯的人酒足饭饱，同某某是没有半点关系的。

2003年12月10日于长沙

（王跃文系当代著名作家，1962年出生于湖南溆浦县。主要著作有：长篇小说《国画》、《梅次故事》、《亡魂鸟》、《西州月》、《龙票》、《大清相国》、《落木无边》，中短篇小说《官场春秋》、《没这回事》、《官场无故事》、《湖南文艺湘军百家文库·王跃文卷》、《王跃文作品精选》、《王跃文自选集》、《官场王跃文》、《漫天芦花》、《蜗牛》、《天气不好》、《今夕何夕》，散文随笔集《有人骗你》、《我不懂味》、《胡思乱想的日子》）

修订版序

郭书田

中国是以农立国的国家，农业有五千多年的历史，是东方农耕文化的发源地之一，而创造农耕文化的是农民。北魏贾思勰所著《齐民要术》集中反映了我国农耕文化的重大成就。这部著作有10卷92篇，成书于公元533—544年间，总结了公元6世纪前农民在种植业、养殖业和农产品加工业方面创造的宝贵经验，是我国最早的一部农业百科全书，是传统农业科学的精华，至今仍有重大的现实意义。上个世纪80年代，美国由各州农学院院长组成的农业代表团，在考察各地后认为中国的传统农业是成功的，批评了美国的石油农业，并举出若干向中国学习的实例，如轮作倒茬、禾本科与豆科作物的间套作、农牧结合、养猪积肥、高温堆肥、秸秆沤肥、种地养地、蹲苗抗旱、穗选良种、马拉农具等。中国的传统农业，创造了东方农耕文明，对世界农业发展作出了重大贡献。《齐民要术》传入西方，产生了不可磨灭的重要影响。英国李约瑟所著《中国科技史》对中国的传统农业技术有诸多记述。

在鸦片战争以后，中国沦为半封建、半殖民地。这期间西方的农业科学技术有了重大发展，包括以达尔文的“进化论”与孟德尔的遗传学为基础的农作物品种改良，以李比希的矿物质营养学说为基础的化学肥料，以动力机械理论为基础的农业机械等三项技术传入中国，出现了现代农业。这虽然使中国农业进入了一个新的阶段，但以自给自足为主要特征的传统农业仍占主导地位，农民在帝国主义、封建主义、官僚资本主义“三座大山”的压迫下，处于极端贫困状态。

在革命战争年代，在以毛泽东为首的中国共产党的领导下，依靠农民建立革命根据地，实行农村包围城市的战略，农民成为工农红军、八路军、新四军、志愿军的主体，为抗日战争与解放战争的胜利和建立新中国以及在抗美援朝战争中为维护祖国的安全，做出了重大贡献。推翻“三座大山”的统治，建立新中国，这是第一次农村包围城市的胜利，是马克思主义中国化的第一个胜利，也就是毛泽东思想的胜利。

在新中国成立以后，经过土地改革，结束了两千多年的封建土地制度，实现了“耕者有其田”，解放了生产力，使国民经济迅速恢复到抗日战争前的水平。随之不失时机地使农民组织起来，走上互助合作的道路。先后经过土地入股为特征的初级农业生产合作社——以土地等生产资料转为集体所有的高级农业生产合作社——以“一大二公”和政社合一为特征的人民公社，国家采取工农产品价格“剪刀差”的政策（斯大林称之为“超额税”），农民为国家工业化提供了巨额的原始积累。农民为建立独立完整的国民经济体系，作出了重大贡献。

在“大跃进”与“文化大革命”中，农民是严重的受害者，同时又坚持生产，“勒紧裤腰带”，为保证城市居民基本食品的供应与社会稳定，作出了不可磨灭的历史功绩。“十年动乱”中，在台湾的蒋介石集团妄想乘机反攻大陆，但在了解农民仍在坚持生产的情况后未敢轻举妄动。在上个世纪 90 年代，我在瑞典的斯德哥尔摩参加一个人类发展国际研讨会，我讲了在人民公社期间，有自留地、家庭副业、公益金、五保户与敬老院、赤脚医生等五项保证生存的基本条件，引起与会外国学者的浓厚兴趣，并写入会议的纪要之中。

在进入改革开放年代，在邓小平的倡导下，坚持实践是检验真理唯一标准的思想路线，以农村为突破口，尊重农民的意愿与选择，推广农民创造的经验，包括土地家庭承包经营、乡镇企业、进城务工经商的农民工、民主政治建设的村民自治等，取得举世瞩目的成就，带动城市乃至整个国民经济体制的改革，促进了国民经济的持续高速发展。这实际上是第二次“农村包围城市”的胜利，是马克思主义中国化的第二个胜利，也就是邓小平理论的胜利。

党的十六大提出“统筹城乡发展，建设现代农业，发展农村经济，增加农民收入，是全面建设小康社会的重大任务”，并且首次提出“建立逐步改变城乡二元经济结构的体制”。这表明中央治国理念的重大变化。胡锦涛同志进一步提出“三农（农业、农村、农民）工作是全党工作的重中之重”，党中央、国务院采取了包括取消农业税费、农村九年制义务教育免收学杂费、推行农村合作医疗、实行最低生活保障和养老金制度、对粮食等农产品实行多项补贴以及增加对农村基础设施建设的投入等一系列措施，为改变二元结构迈出了可喜的一步，受到农民的欢迎。

但是，由于历史形成的城乡二元结构，包括二元的经济结构与二元的社会结构叠加在一起而产生的城乡两种制度安排与政策（我在上个世纪90年代出版的《失衡的中国》中列举了14项非均等的政策措施，后有的学者称之为“一国两策”）根深蒂固，冰冻三尺，非一日之寒，改变起来十分困难。党的十七届三中全会通过的《决定》指出：城乡二元结构深层次矛盾日益突出，农业基础仍然薄弱，农村发展仍然滞后，农民增收仍然困难。这是切中要害而符合实际的判断。

农业、农村、农民“三农”问题，说到底是个农民问题。农民问题始终是革命与建设的根本问题。解决农民问题在于正确认识农民。长期以来，在人们的认识中自觉不自觉地形成农民是“落后”的代名词，认为农民是小生产者，每日每时每刻都会产生资本主义，农民是处在十字路口的阶级，因而严重的问题在于教育农民，等等。这是形成农民既是贡献最大和牺牲最大的群体，又是与城市居民处于不均等地位的最大弱势群体的重要根源。

要从根本上解决农民问题，出路在于继续加大改变二元结构的力度，最终实现城乡居民在公共服务、社会保障、收入水平、基础设施以及政治权利等的均等化。我坚信这一目标经过努力一定会实现。也可以说这是马克思主义中国化的第三个胜利。

张英洪同志的新著《给农民以宪法关怀》，从宪法赋予公民基本权利的角度，提出解决农民问题的重要主张，具有显明的高度，在同类著作中是一部佳作，是值得重视的。对作者某些观点与主张有不同看法是正常的，只要以事实为依据，通过百家争鸣，就会取得共识。在举国上下欢庆新中国成立60周年之际，出版这部著作是很有意义的，是为序。

2009年10月1日

（郭书田，1931年8月出生于内蒙古，农业部政策法规司原司长、高级经济师，长期从事“三农”政策研究，多项成果被中央采纳，出版有《失衡的中国》等多部著作，另发表有大量论文，是我国“三农”政策研究领域的著名专家。2009年9月，被农业部表彰为新中国成立60周年“三农”模范人物。现任中国社会学会农村社会学研究会会长等职，兼任多所院校教授和研究生导师。）

目录

绪论

解决农民问题的权利视角

虽然不同的人对农民问题有不同的认识，但大家都公认农民问题是中国革命、建设和改革的根本问题。农民问题可以从狭义和广义两个方面予以理解。狭义上的农民问题指的是农民从传统农业社会向现代工业社会转型中产生的问题，即学界普遍认为的农民在现代化背景或现代化进程中产生的问题，换言之，在前现代社会有农民而没有农民问题。[①] 广义上的农民问题指的是作为社会特定阶层的农民在农业社会以及工业社会中所遭遇或孳生的与其阶层身份相关联的各种问题。狭义上的农民问题与现代化紧密联系在一起，广义上的农民问题与阶层身份联系在一起。笔者所关注的农民问题，兼有狭义和广义的含义。

农民问题既然如此重要，必然引起社会各界对农民问题的不同认识。在不同的历史时期和发展阶段，农民问题的表现与核心并不相同，不同的学者对农民问题的认识和判断也不一样。针对农民问题的不同认识和判断，国家就会有不同的公共政策。20 世纪以来，关于中国农民问题的主要认识视角有四种：

一是认为农民问题的根本是土地问题。以孙中山为代表的国民党和以毛泽东为代表的共产党都持此种观点。为此，他们提出“平均地权”、“耕者有其田”、“打土豪、分田地”等口号。所不同的是，国民党主张以和平改革的方式实现“耕者有其田”，台湾的土地改革即属此类；共产党主张以暴力革命的方式实现“耕者有其田”，共产党控制的革命根据地及共产党执政后在大陆实行的土改就属此类。土地对农民的重要性毋庸置疑，特别是在农业社会，土地是农民的命根子。将土地问题视为农

① 徐勇、徐增阳：《中国农村和农民问题研究的百年回顾》，载《华中师范大学学报》（人文社会科学版）1999 年第 6 期。

民问题的根本有很强的针对性、合理性和解释力，但它不能充分回答和解释为何经过了土改、实现了耕者有其田后仍然存在农民问题这一现象。

二是认为农民问题的实质是文化问题。以晏阳初为代表的平民教育理论与以梁漱溟为代表的乡村建设运动均以此认识为基础。晏阳初将中国农民归之为“愚、穷、弱、私”四个基本问题，主张以文艺、生计、卫生、公民四大教育医治之：以文艺教育治“愚”，以生计教育治“穷”，以卫生教育治“弱”，以公民教育治“私”。梁漱溟认为农民的苦难源于西方现代化对中国农村的破坏和对农民的掠夺。他提出解决农民问题第一个政治上不通的路是“欧洲近代民主政治的路”，第二个政治上不通的路是“俄国共产党发明的路”，惟一出路在于复兴中华文明。①

三是认为农民问题实质上是收入问题。费孝通是主要代表。在费孝通看来，中国农村的基本问题是“农民的收入降低到不足以维持最低生活水平所需的程度”，农民的真正问题是“饥饿问题”。②解决的办法最终在于“增加农民的收入”。1980年代后，费孝通倡导的农村工业化、农民“离土不离乡”、“小城镇大战略”等，都是基于对增加农民收入这个基本信念的延展。很显然，增加农民收入有重大的现实意义。当前解决农民问题的主流政策取向就是“增加农民收入”。

四是认为农民问题是人地矛盾问题。温铁军是主要代表。在温铁军看来，人地矛盾高度紧张是中国“最基本的国情矛盾”。③这个观点也可以归结到土地问题之中，它强调的核心问题是人与地的关系问题。

显然，农民问题是一个十分复杂的综合性问题，上述四种主要的认识视角从不同角度理解农民问题，具有各自的理论价值和实践意义。但令笔者深思的是，除了上述四种主要认识视角外，我们能否选择新的认识视角？答案是肯定的。

当然，新的认识视角同样不能只有一种。鉴于不同的个人状况，不同的人会有不同的新视角。对于人类知识的累积来说，不同的认识视角应该是相互补充、相互启迪和可能的彼此超越的关系，而不应是简单的对立、排斥和取代的关系。

笔者一直认为农民问题的根本是权利问题，解决农民问题的关键在于尊重、保障和实现农民的基本权利和自由。故自从涉足农民问题研究以来，我就坚持以权利的视角认识、理解和研究农民问题。换言之，关注农民的权利是笔者从事“三农”

① 《梁漱溟全集》（5卷），山东人民出版社1990年版，第111、261页。

② 费孝通:《江村经济——中国农民的生活》，戴可景译，江苏人民出版社2001年版，第236页。

③ 温铁军:《中国农村基本经济制度研究——“三农”问题的世纪反思》，中国经济出版社2000年版，第31页。

研究的主要学术旨趣。在笔者看来，权利的短缺，既是农民问题的主要表现，也是造成农民问题的主要根源。所以我一直主张从权利上重新认识农民问题，从加强和保障农民权利上去解决农民问题。尊重、保障和实现农民的基本权利是笔者涉足“三农”问题研究的一条主线。这条主线可以将农民问题的各个方面串联起来。可以说，抓住了权利，就抓住了农民问题的核心和关键。

改革的过程实际上是农民不断获得与扩大权利的过程。1978 年 12 月，中共十一届三中全会在公报中强调指出，调动我国亿万农民的积极性，“必须在经济上充分关心他们的物质利益，在政治上切实保障他们的民主权利”。2008 年 10 月，在中国农村改革 30 周年之际，中共十七届三中全会通过《中共中央关于推进农村改革发展若干重大问题的决定》，明确将保障农民权益作为实现农村改革发展基本目标任务必须遵循的五个重大原则之一。[①]可见，尊重和保障农民权利，是 30 年来农村改革的一条“红线”，[②]也是农村改革取得巨大成就的基本经验。继续推进农村改革发展，必然需要进一步扩大和加强农民权利。

农民权利研究的基本方面

近些年来，随着“三农”问题研究的深入，农民权利问题已引起学界的高度关注。但笔者发现并不是所有人都很清楚农民权利的基本结构与内容。这在很大程度上缘于我国社会科学各学科之间的过度分割。在相当长的时期里，我国研究“三农”问题的学者主要是学历史学、农业经济学和社会学专业的。这些学者大都对宪法学、法学、人权学、政治学、伦理学等学科不愿涉足或知之甚少，而权利一般又被认为是宪法学、法学、人权学、政治学、伦理学的研究内容。从事这些学科研究的学者往往陶醉于纯理论的研究，一般对现实中的农民问题不感兴趣。这就导致各学科站在本学科的知识圈子里自说自话。再加上长期以来权利被当作“资产阶级法权”而受到批判，致使权利成为研究上的禁区，众多人对之敬而远之。直到近些年，农民权利问题的研究才开始得以在学界逐渐展开和深入。

国际上公认的权利分类，是将权利分为公民权利与政治权利、经济社会和文化权利两大类。《世界人权宣言》、《公民权利和政治权利国际公约》以及《经济、社

---

① 周作翰、张英洪：《保障农民权益：农村改革发展的重大原则》，载《湖南文理学院学报》（社会科学版）2009 年第 1 期。

② 参见张晓山、李周主编：《中国农村改革 30 年研究》，经济管理出版社 2008 年版。

会和文化权利国公约》就是以此划分为基础的。[①] 在国际人权学界，有第一代人权、第二代人权、第三代人权之说，甚至有人提出第四代人权说。三代人权的概念是 K. 瓦萨克（Karel Vasak）在 1977 年 11 月号的联合国经济暨社会理事会刊物《信使》上发表的《三十年的斗争：为赋予〈世界人权宣言〉以法律效力而不懈努力》一文中最早提出的，之后被频繁引用。瓦萨克认为，第一代人权是在 18 世纪法国大革命和美国革命中出现的人权，包括公民权利和政治权利，一般认为这些权利属于消极权利，其目的在于保护公民的自由免遭国家专横权力的侵犯。法国的《人权宣言》和美国的《独立宣言》及《美利坚合众国宪法》被认为是宣示第一代人权的重要文件。第二代人权是 1917 年俄国革命宣示的经济、社会和文化权利，这些权利被认为需要国家的积极作为因而称之为积极权利。第三代人权是 1945 年二战结束后出现的民族自决权、发展权、和平权、环境权等权利。但三代人权的概念也遭到了批评。[②] 徐显明在以自由权为本位的第一代人权、生存权为本位的第二代人权、发展权为本位的第三代人权概念的基础上，提出和谐权为第四代人权。[③]

国际人权公约与我国宪法对公民的基本权利都作了详细的列举，这是保障和扩展农民权利的基本依据。中国正在作为一个负责任的大国迅速崛起。在当今全球化时代，研究我国“三农”问题，必须树立全球视野。学者应该立足中国，放眼世界，情系中华，把握全球。在研究农民权利上，必须关注国际人权事业的发展。在当代，国际社会对人权保障的共识性文件，主要体现在 1948 年 12 月 10 日联合国大会通过的《世界人权宣言》和 1966 年 12 月 16 日联合国大会通过的《公民权利和政治权利国际公约》以及《经济、社会和文化权利国际公约》中。《世界人权宣言》和《国际人权公约》的通过，是人类文明进步史上最耀眼的里程碑。我国作为联合国五大常任理事国之一，承担着与之适应的国际责任。随着我国的和平崛起，我国有能力有责任不断提高中国农民享受人权的水平，而且也有能力有责任对世界的人权进步事业作出重大贡献。2009 年 4 月，我国首次发布《国家人权行动计划(2009—2010)》，这是我国坚持以人为本，将人权的普遍性原则同中国的具体国情相结合，落实“尊重和保障人权”这一《宪法》原则的重要举措，必将对农民权利

① 参见董云虎、刘武萍编著：《世界人权约法总览》，四川人民出版社 1990 年版。

② 参见国际人权法教程项目组编写的《国际人权法教程》第一卷，中国政法大学出版社 2002 年版，第 11 页。

③ 参见徐显明《人权与人类和谐》（代序），载徐显明主编《人权研究》第 5 卷，山东人民出版社 2005 年版，第 1—9 页。

的发展产生积极的影响。[①]

我曾根据国际人权宪章框架，对农民应当享有的基本权利状况作过比较系统的探讨。[②]中国农民问题有其自身的特殊性，对农民权利的认识应当与农民问题的实际结合起来。在后续的研究中，我感到农民权利可能有两个最基本的方面，即作为职业农民的土地权利和作为身份农民的平等权利。根据中国农民面临的实际情况，解决农民权利问题，关键是要使农民在职业上获得完整的土地产权，在身份上获得平等的公民权利。[③]显然，土地权利属于财产权利，财产权利属于公民权利范畴之内。所以农民权利的发展目标是实现完全的公民权。从土地权利和平等权利两个基本方面研究中国农民的权利问题，可能更具有现实针对性。当前农民问题的主要表现在于土地权利与平等权利两个基本方面的缺失。一方面，农民是与土地紧密联系在一起的社会阶层，农民土地权利问题充分体现了农民职业上的特点，加强和保障农民的土地权利是当前解决农民权利问题的一个重要方面，其公共政策是加大土地制度改革力度。另一方面，中国特有的城乡二元结构，使农民与市民相比明显处于“二等公民”的不平等地位，实现农民与市民的权利平等（政治、经济、社会权利）是当前解决农民权利问题的另一个重要方面，其公共政策是加快推进城乡一体化，实现城乡基本公共服务均等化。

当然，由于种种原因，市民虽然比农民享有更多的权利（主要是社会权利），但并不意味着市民已经充分享有宪法赋予的完全的公民权。所以，即使农民获得与市民平等的权利，也并不意味农民获得了完全的公民权。因而争取完全的公民权，是下一步加强和扩展农民权利的基本取向。

2008年10月，中共十七届三中全会通过《中共中央关于推进农村改革发展若干重大问题的决定》，对扩展作为职业农民的土地权利与作为身份农民的平等权利这两方面作了迄今为止最为清晰和全面的表述与规定。[④]《决定》在涉及农民权益问题上虽然没有明确界划土地权利和平等权利，但其内容却是从这两个方面加以阐述的。在笔者看来，这个《决定》是改革以来有关农民权益保障方面力度最大、思路最清晰、也最能体现社会文明进步的重要文献。

在农民土地权利上，《决定》提出：赋予农民更加充分而有保障的土地承包经

---

① 参见王晨：《中国人权事业实现历史性发展的60年》，载《求是》2009年第21期。

② 参见张英洪：《农民权利论》，中国经济出版社2007年版。

③ 参见周作翰、张英洪：《保障农民权益：农村改革发展的重大原则》，载《湖南文理学院学报（社会科学版）》2009年第1期。

④ 参见《中共中央关于推进农村改革发展若干重大问题的决定》，人民出版社2008年版。

营权，现有土地承包关系要保持稳定并长久不变；完善土地承包经营权权能，依法保障农民对承包土地的占有、使用、收益等权利；允许农民以转包、出租、互换、转让、股份合作等形式流转土地承包经营权；保障农民宅基地用益物权；改革征地制度，严格界定公益性与经营性建设用地，依法征收农村集体土地，按照同地同价原则及时足额给农村集体组织和农民合理补偿，解决好被征地农民的就业、住房、社会保障；在土地利用规划确定的城镇建设用地范围外，经批准占用农村集体土地建设非公益性项目，允许农民依法通过多种形式参与开发经营并保障农民合法权益，等等。众所周知，农民土地权利的发展存在着明显的"路径依赖"特性，就是说，改革以来农民的土地权益，是在1950年代推行集体化从而建立土地的集体所有制的基础上逐渐生长与扩展起来的。

在农民平等权利上，《决定》提出：坚持以人为本，尊重农民意愿，着力解决农民最关心最直接最现实的利益问题，保障农民政治、经济、文化、社会权益，提高农民素质，促进农民全面发展；加快构建城乡经济社会发展一体化新格局，推进城乡基本公共服务均等化，建立促进城乡一体化发展的制度，使广大农民平等参与现代化进程，共享改革发展成果；必须扩大公共财政覆盖农村范围，发展农村公共事业，使广大农民学有所教、劳有所得、病有所医、老有所养、住有所居；保障农民知情权、参与权、表达权、监督权；发展农村基层民主，扩大村民自治范围，保障农民享有更多更切实际的民主权利，等等。《决定》突出了以改善民生为重点的社会权利，并强调从政治、经济、文化、社会等方面保障农民权利，这在以前的各种政策文献中并不多见。《决定》在保障农民各种权益上的鲜明特色，在很大程度上是与国际社会公认的人权公约相融合的。

笔者坚信并愿意看到，随着城乡一体化进程的推进，农民的平等权利将有明显的进展和重大突破。2009年10月31日闭幕的十一届全国人大常委会第11次会议审议了选举法修正案，常委会在审议中认为将"一步到位实行城乡按相同人口比例选举人大代表"。这表明农民将获得与市民平等的选举权。长期以来，农民的选举权只相当于市民选举权的四分之一。选举法修正案将提请2010年3月召开的十一届全国人大三次会议审议。[①]

① 参见《选举法修正案将提请明年全国人大审议》，载《北京日报》2009年11月1日第2版。

给农民以宪法关怀的意蕴

坚持贯彻以人为本的科学发展观，在“三农”问题上就要坚持以农民为本。坚持以农民为本，就是要尊重、保障和实现农民的基本权利和自由，促进农民自由而全面发展。解决中国农民问题，不能把治国安邦的总章程晾在一边，不能忽视人类政治文明的共同成果。农民是共和国公民，必须使农民充分享有宪法赋予的基本权利和自由。宪法的基本功能在于，通过约束公共权力和保障公民权利，实现社会公正和谐与国家长治久安。在21世纪的今天，中华民族要走出“兴亡百姓苦”的历史性怪圈，实现伟大复兴，就必须从宪政民主的高度关注农民，给农民以宪法关怀，走良宪治国的正道。这是本书名的基本意蕴。

给农民以宪法关怀，就是要正视农民是共和国公民这个基本常识，就是要充分尊重、保障和实现宪法赋予农民的基本权利和自由，就是要在宪法的框架内治国理政。我所说的宪法，并非单纯文本意义上的“宪法”，而是体现人类政治文明共同成果的“宪法”。当我说“只有宪法才能救农民”时，其实要说的就是只有实行宪政民主，才能真正解决农民问题。

梭罗认为，为国家服务的人有三种：第一种是用他们的身体为国家服务，如军人、警察等；第二种是用他们的头脑为国家服务，如立法者、政治家等；第三种是用他们的良知为国家服务。第三种人常常被国家当作“敌人”。在中国，为农民说话的人面临巨大的政治风险。不管是梁漱溟，还是彭德怀，他们用良知为国家服务时，都被当作“敌人”予以批判打倒。此后，在相当长的时期里，再没有人敢公开为农民说话了。这一状况在改革以后开始逐步得以改观。

农民家庭出身和农村基层工作经历，使我对农民问题有着切身的体验和感悟。1990年代的十年，我在湖南西部一个偏远山区县的党政机关工作。这十年，正是中国农民负担日益加重、干群关系日益紧张的时期。但在一些基层政权，却普遍盛行对农民进行公开掠夺与暴力相向的工作方式；在学术理论界，则长期盛行歌舞升平和隔靴搔痒式的研究风气。这使我在现实的困惑中无法保持心灵的宁静。农民生活的艰辛与苦难，常常使我仰望星空；国家治理的迷惘与转型，不断使我陷入沉思。当我在体制的框架内循规蹈矩从事工作的同时，已经在心灵的深处放飞了自由思想的翅膀。

我在开始独立思考“三农”问题时，就选择从权利这个视角入手考察农民问题。改革的经验表明，解决农民问题的过程实质上就是保障和增进农民权利的过程。说到权利，当然不能不说到宪法。这样就产生了“给农民以宪法关怀”这一命题。当我2002年正式提出“给农民以宪法关怀”这个命题时，[①]即在社会上产生了较大反响。[②]本书就是在宪法框架下，集中讨论了当代中国农村和农民诸问题。显然，本书还有诸多缺陷和不足，但其最大的探索就是将农民与宪法联结起来，从而刷新了农民问题研究的宪法新视野。我的相关研究均是在此基础上的进一步拓展与深化。我希望我的这个探索努力，既有利于解决“三农”问题，又有利于建设现代法治国家。

2004年以来，新的执政者推出了“农村新政”，中国解决“三农”问题的基本理念和政策取向发生了重大转变，农民、学者和国家开始走出漫长的历史隧道，来到了一个曙光初露的新的出站口。展望未来，我对农民问题的解决充满了信心。但必须清醒地看到，当前正在推行的新农村建设，虽然使农民问题的解决出现了重大转机，但由于宪政体制并未触动，农民仍有可能遭遇专横的地方公权力与放纵的市场资本的双重夹击。解决农民问题仍然任重道远。今天，给农民以宪法关怀的主题仍然十分重要。

作为特大弱势阶层的中国农民，当然需要“代言人”。但农民更需要自己掌握话语权、自己拥有表达权、自己行使参与权。与其让学者或官员出于道义或良知为农民说话——显然这很有必要——不如让农民自己为自己的权益说话。让农民自己说话，显然需要重建农民协会组织，使农民拥有自我表达的组织资源和制度化渠道。缺乏组织化的农民，不可能在与强势的权力与资本的博弈中维护自身的正当权益。笔者以为，在下一步改革中，重建农会组织是一个正确的选择。重建农会，不仅有利于农民维权，而且将大大降低国家治理的成本，实现社会和谐稳定与可持续发展。这就需要加快建设具有开放包容和整合功能的现代政治体系。

我们正处于改革的伟大时代。在这个时代，对学者来说，重要的并不是其所思所想是否完全正确，而在于是否以自己的独立思考和自由言说参与了改革过程。

---

① 张英洪：《给农民以宪法关怀》，载《南风窗》2002年1月上。

② 相关报道，参见汤潇：《新旧体制交织下的农民工——与“草根学者”张英洪对话》，载《上海城市管理学院学报》2004年第1期；章涌：《张英洪：给农民以宪法关怀》，载《湘声报》2004年2月20日；向继东：《从宪法关怀说起——青年学者张英洪印象》，载《湘声报》2004年5月28日。

第一篇
二元结构与农民歧视

解决“三农”问题的根本：破除二元社会结构

“三农”问题已经成为我国现代化建设中的突出问题。我国“三农”问题的产生有其深刻的社会历史根源，但根本原因在于建国后人为形成的二元社会结构。统筹城乡发展，彻底破除二元社会结构，是解决“三农”问题的根本途径。

“三农”问题的根源在于二元社会结构

著名的发展经济学家、诺贝尔经济学奖获得者刘易斯通过对印度、埃及等许多发展中国家的研究后，于 1954 年提出了著名的二元经济理论。1954 年、1955 年刘易斯先后发表《劳动力无限供给下的经济发展》和《经济增长理论》，确立了发展经济学的第一个模型。刘易斯认为，发展中国家经济发展的典型特征是二元经济结构。

二元经济结构是经济发展过程中源于城乡不同的资源特征而自然形成的。从世界经济的发展历程来看，在工业化和城市化过程中，大量的农村人口向城市迁移和集中，城乡之间不同的发展水平导致普遍的城乡差距。这种城乡差距的自然性特性，有其不可避免性，这是一种发展中的正常差别。随着经济社会的发展，这种城乡差距会不断缩小。虽然发展中国家普遍存在城乡经济发展差距，但与中国人为的二元制度安排所造成的城乡差距有着明显的不同。

我国是一个农业人口占绝大多数的农民大国，城乡之间的差别历来存在。问题是，我国城乡之间的差距不只是体现了发展中国家普遍存在的二元经济结构，更关键的在于，建国后通过一系列城乡分割的制度安排而形成的人为的二元社会结构。二元社会结构是当代中国不同于任何发展中国家的显著特征，是中国特色“三农”问题的要害和根源。

所谓二元社会结构，是指我国建国后通过一系列分割城乡、歧视农民的制度安排而人为构建的城乡隔离的社会结构。在一个主权统一的国家内，人为地把全体公民区分为农业户口和非农业户口，形成农民和市民社会地位完全不同的制度体系，这在当今世界上是绝无仅有的。二元社会结构的概念是农业部原政策研究中心农村工业化城市化课题组于1988年最早提出并详细论述的。[①]人为制造的二元社会结构是中国“三农”问题的主要症结所在。

二元社会结构人为地控制了农村人口向城市的自由流动。流水不腐，户枢不蠹。一个国家和地区要想经济繁荣和社会发展，就必须使人口在城乡之间自由流动起来。在今天，放眼世界各国，人口在城乡之间的流动莫不是自由进行的。但建国以后，囿于严重的思维局限和特殊的社会环境，我国出台了以限制农村人口向城市流动为主要目标的户籍制度，人为隔离城乡，使市民和农民身份凝固化。这种举世罕见的城乡隔离制度，形成了城市和农村两个各自封闭循环的体系、市民和农民两种身份迥异的不同公民。改革开放以来进城务工的农民也无法获得名正言顺的市民身份和工人地位，他们只能被称之为不伦不类的“农民工”。

二元社会结构人为地遏制了城市化进程。城市化本来是伴随着工业化的发展而同步发展的。20世纪中期以来，发达国家和发展中国家的城市化水平都有了明显的提高，而同期的中国却通过限制农村人口向城市流动，导致城市化几乎踏步不前。根据一些学者的研究，发达国家和发展中国家在工业化和城市化过程中，一般城市化率均高于工业化率，其中低收入国家高出2个百分点，中等收入国家高出21个百分点，高收入国家如美国1970年高出50个百分点，而中国1978年的城市化水平却低于工业化水平31.5个百分点。[②]人为的二元社会结构使我国城市化水平既明显滞后于国内工业化水平，又大大落后于发达国家、发展中国家和世界平均水平。

二元社会结构人为地剥夺了农民创造的巨额财富。农业是弱质产业，综观世界各国政府，大都对农业实行特殊的保护和支持政策。我国建国后却实行“挖农补工”政策，通过工农产品价格剪刀差形式，从农村大量吸取农民创造的巨额财富来满足工业化优先发展所需的原始积累资金。从1953年实行农产品统购统销，到1985年取消粮食统购，农民对工业化的贡献大约是6000～8000亿元。农民千辛

---

① 农业部政策研究中心农村工业化城市化课题组：《二元社会结构：城乡关系：工业化·城市化》，载《经济研究参考资料》1988年第90期（总第1890期）；农村工业化城市化与农业现代化课题组：《二元社会结构：分析中国农村工业化的一条思路》，载《经济研究参考资料》1988年第171/172期（总第2171/2172期）。

② 转引自何家栋、喻希来：《城乡二元社会是怎样形成的？》，载《书屋》，2003年第5期。

万苦创造的财富就这样几十年如一日地被国家以剪刀差形式不断挖走以支持工业和城市。同时，国家又通过农业税收和其他税费从农村吸取超过农民承受能力的巨额资金。1995 ~ 2000 年，农民年均缴纳农业税金 254 亿元，1999 年农民缴纳农业特产税 88.9 亿元，缴纳屠宰税、耕地占有税、农村个体承担工商税 1449.8 亿元；1998 年农民缴纳提留统筹费 729.7 亿元。① 加上其他乱收费和摊派，农民苦不堪言。农民财富的被超额剥夺和税费负担的居高不下，既造成了 20 世纪 50 年代末至 60 年代初使几千万农民饿死的大饥荒，又引发了 20 世纪 90 年代以来以农民负担日益沉重为主要特征的“三农”问题。

二元社会结构人为地限制了宪法赋予农民的基本权利。农民问题的本质在于农民在二元社会结构中基本权利的缺失。这种权利的缺失使农民这一弱势群体的社会地位更加弱势化。比如，现行的户籍制度限制和剥夺了农民的居住和迁徙自由权；收容遣送制度剥夺了农民的人身自由权；就业制度使农民既不能在党政机关求职，也不能在国有企业工作，大量在非国有企业谋职的进城农民却连工人的身份都没有得到，更不用说基本的劳动保障权利；社会保障制度则明显属于少数城市市民的特权制度。这一系列二元性的城乡有别的政策制度安排，限制了农民作为共和国公民的宪法权利，这种人为造成的城乡不平等现象在当今世界是十分罕见的。

二元社会结构人为地拉大了城乡之间的差距。在经济社会发展进程中，城乡之间会自然形成一定的差别，这种差别在世界各国概莫能外。但在中国，由于歧视性制度安排，几十年来人为地拉大了城乡差距。1980 年，中国大陆包括农村居民在内的基尼系数为 0.3 左右，到 1988 年已上升到 0.382，1994 年为 0.434，超过了 0.4 的国际警戒线，1998 年又上升到 0.45。现在，还看不到基尼系数下降的趋势。从城乡居民收入差距来看，有专家指出，2001 年中国城市居民收入为 6860 元，农民收入 2366 元，表面差距是 3:1。但实际上农民收入中实物性占 40%，每个农民每月真正能用做商品性消费的货币收入只有 120 元，城市居民的货币收入平均每月 600 元，城乡差距为 5:1。而城市居民中各种各样的隐性福利、住房、教育、卫生等没有纳入统计范围，全面考虑这些因素，中国城乡差距可能达 6:1。世界上绝大多数国家的城乡收入比率为 1.5:1，超过 2:1 的极为罕见。改革以来，我国城乡差距不是缩小了，而是拉大了。

---

① 方言：《我国农村税费现状及成因分析》，载《经济研究参考》，2001 年第 24 期。

二元社会结构的形成和演变

城市是人类社会在漫长的发展过程中逐步形成和发展起来的。英国工业革命以后，随着工业化的发展，整个社会就不断地由乡村型向城市型转变。农村人口向城市迁移和集中就成为世界各国的普遍现象。在城市化进程中，由于城乡之间的资源落差，农村人口向城市流动是一种不可避免的历史现象，农村与城市、农民与市民的差别也是一种自然差别。但在我国，建国以来，由于当时特殊的社会环境，更主要是由于决策者观念的局限，相继制定和出台了一系列限制农民进城的政策制度，在神州大地上构筑了影响极其深远的二元社会结构。

1949 年 9 月通过的起临时宪法作用的《中国人民政治协商会议共同纲领》，规定了公民的居住和迁徙自由权。建国初期，国家对户口迁移的控制比较宽松，新出台的有关户口管理政策都明确规定"保障人民居住、迁移自由"。1951 年 7 月 16 日，经政务院批准，公安部颁布实施了《城市户口管理暂行条例》，首次规定在城市中一律实行户口登记。该条例第一条就指明制定户口管理暂行条例的目的是保障人民的"居住、迁徙自由"。同年 11 月第一次全国治安行政工作会议也强调户口工作的任务是"保证人民居住迁移之自由"。① 1953 年，政务院发布《为准备普选进行全国人口调查登记的指示》，制定了《全国人口调查登记办法》，通过这次人口普查在农村建立了简易的户口登记制度。1954 年 9 月新中国第一部《宪法》颁布实施，该《宪法》明确规定中华人民共和国公民"有居住和迁徙的自由"。1954 年 12 月内务部、公安部、国家统计局联合发出通知，要求普遍建立农村的户口登记制度，并规定农村户口登记由内务部主管，城镇、水上、工矿区、边防要塞区等户口登记由公安部主管，人口统计资料的汇总业务由国家统计局负责。1955 年 6 月国务院发出建立经常户口登记制度的指示，对人口的出生、迁出、迁入等变动作了明确规定。1956 年 2 月国务院指示把全国户口登记管理工作及人口资源的统计汇总业务统一交公安机关负责。3 月，全国第一次户口工作会议规定了户口管理工作的三项任务，但还没有限制人口迁徙自由的规定。1954 年到 1956 年是户口迁移比较频繁的时期，全国迁移人口数达 7700 万，其中包括大量自发进入城镇居住并被企业招工的农民。②

---

① 万川编著：《户口迁移手册》，华中师范大学出版社，1989 年版，第 13 页。

② 转引自何家栋、喻希来：《城乡二元社会是怎样形成的？》，载《书屋》，2003 年第 5 期。

1956年大规模的急风暴雨式的农村合作化运动以后，全国出现了比较严重的农村人口流入城市的问题，特别是安徽、河南、河北、江苏等省的农民、复员军人和乡、社干部流入城市的现象相当严重。1953～1957年，我国照搬苏联模式实行第一个五年计划，重点建设苏联援建的156项工程。在计划经济条件下，城市企业劳动用工都由国家计划统一安排，未按国家计划而擅自进城的农民，从1956年开始就被称为“盲流”。这个“盲流”实质上是现在盛行的“农民工”称呼的历史先声。1956年12月30日国务院发布《关于防止农村人口盲目外流的指示》，劝阻“盲流”到城市的农民回农村去，并指示工厂、矿山、铁路、交通、建筑等部门不应当私自招用农村剩余劳动力。可见，农村剩余劳动力在这时就已存在。[①] 1957年3月2日国务院又发布《关于防止农村人口盲目外流的补充指示》，1957年9月14日国务院再次发出《关于防止农民盲目流入城市的通知》，要求各地加强对农民的社会主义教育，将农民稳定在农村。1957年12月18日中共中央、国务院联合发出《关于制止农村人口盲目外流的指示》，特别强调公安机关要严格户口管理，同时严禁粮食部门供应没有城市户口的人员粮食，这意味着流入城市的农民遇到的首要问题就是没有饭可吃。盲目流入城市和工矿企业的农民必须“遣返原籍”，并且“严禁他们乞讨”，各地要“防止农民弃农经商”等。由此可见，在计划经济思维的禁锢下，当时的发展观念明显呈现出对农民追求生存和幸福权利的漠视和限制。中央接二连三发文件要“防止农民盲目进城”，一方面说明农民具有自发进城的强大动力，另一方面说明当时决策者囿于计划经济思维的严重局限。

在党中央、国务院连续四次下发文件制止农民进城却成效不大的情况下，决策层不得不借助强制性的法律手段来达到目的。1958年1月9日第一届全国人大常委会第91次会议不顾四年前颁布的《宪法》对公民居住和迁徙自由权的规定，通过了影响至今的《中华人民共和国户口登记条例》。该《条例》第10条规定：“公民由农村迁往城市，必须持有城市劳动部门的录用证明，学校的录取证明，或者城市户口登记机关的准予迁入证明，向常驻地户口登记机关申请办理迁出手续。”这样，中国就从法律上正式确立了二元户籍制度。从此，农民迁入城市就从法律上和事实上被堵死了。1958年的人民公社化和大跃进运动导致了1959年开始的三年大饥荒。限制农民进城谋生的户籍制度和由此而产生的官僚主义，致使几千万农民因饥饿而丧生，成为世界历史上令人十分震惊的人间悲剧。

---

① 参见农村工业化城市化与农业现代化课题组：《二元社会结构：分析中国农村工业化城市化的一条思路》，载《经济研究参考资料》，1989年第171/172期。

围绕城乡分割的二元户籍制度，中央各职能部门配套出台了一系列限制农民的政策制度。这些制度主要有粮食供应制度、副食品与燃料供应制度、住宅制度、生产资源供应制度、教育制度、就业制度、医疗制度、养老保险制度、劳动保护制度、人才制度、婚姻制度、生育制度等十多项，形成了当今世上绝无仅有的二元社会结构。[①]这些制度从根本上限制了农民作为共和国公民应当享有的基本权利，使农民居于被歧视的二等公民地位。当前农民、农村和农业问题的种种表现，都可以归结到二元社会结构上来。户籍制度是二元社会结构的核心制度，其他一切政策都是以此为依据而建立起来的。没有户籍制度为基础，其他歧视农民的政策制度就会成为缺乏基础的空中楼阁。

1978年12月开始的改革，翻开了中国历史崭新的一页。在改革进程中，二元社会结构不断受到冲击，严格的户籍制度也有所松动，有的制度比如粮油制度等被逐步取消。但构成二元社会结构核心制度的户籍制度、就业制度、教育制度和社会保障制度等长期未有根本性的改变。

1980年以来，国家出台了几十项“农转非”政策，使部分符合条件的城乡两地分居几十年的夫妻、家属得以通过中国特有的“农转非”管道从农村进入城市居住和生活。从1982年到1988年，“农转非”人口累计达4679万人。但真正意义上的户籍制度改革的最初突破，或许应归功于1984年1月1日的中共中央一号文件，即《关于一九八四年农村工作的通知》。该通知“允许务工、经商、办服务业的农民自理口粮到集镇落户”。10月，国务院发出《关于农民进集镇落户问题的通知》，规定对申请到集镇的农民和家属，发给《自理口粮户口簿》，统计为“非农业人口”。这两个通知揭开了中国户籍改革的最初序幕，尽管这时国家还不准农民在县城和县城以上城市落户，但被限制居住和迁徙自由几十年的中国农民，毕竟第一次获得了离开土地到县城以下集镇落户的权利，这就敲开了铁板一块的户籍制度的裂缝。据统计，从1984年至1986年底，在近三年的时间里，全国共办理自理粮户口1633828户，计4542988人。

1992年是中国改革历史上具有重要标志性意义的一年。年初邓小平南方谈话发表，加快改革的春风吹遍大江南北。这一年，在户籍制度上主要表现在两个方面，一是随着各地开发区的纷纷建立，全国出现了“卖户口”热潮，范围主要集中在小城镇和县城的开发区内。这次“卖户口”使农民第一次可以跨越集镇进入县城

①有关二元社会结构的详细讨论，参见郭书田、刘纯彬等：《失衡的中国——农村城市化的过去、现在与未来》，河北人民出版社1990年版。

落户。但这种公开出卖非农业户口的做法立即遭到了公安部的紧急叫停。据估算，1992年各地卖户口所得金额可能达200亿元之巨。这充分说明被画地为牢数十年的中国农民对城市生活的强烈渴望。二是蓝印户口的应运而生。为适应改革开放的新形势，公安部拟就了《关于实行当地有效城镇居民户口制度的通知》，征求各部门和地方政府意见，并开始实行“当地有效城镇居民户口制度”。因这种户口簿印鉴为蓝色，故称“蓝印户口”。这是一种适应人们对户籍制度改革的强烈要求而变通实行的一种过渡性措施。

1997年以后，小城镇户籍制度改革明显加快，2000年6月13日，中共中央、国务院下发了《关于促进小城镇健康发展的若干意见》，规定从2000年起，在小城镇(含县城)有合法固定住所、固定职业和生活来源的农民，均可根据本人意愿转为城镇户口。至此，小城镇包括县城户籍制度改革取得了历史性突破。

与此同时，北京、上海、江苏、浙江、河北、湖南、山东、安徽等省市也纷纷出台触动大中城市户籍制度的改革措施。2001年8月1日石家庄市就在全国省会城市中率先实行户籍制度改革。但总的来说，因为户籍制度改革涉及就业、教育、医疗和社会保障诸方面，大中城市的户籍改革举步维艰，突破性的改革措施还十分有限，已经出台的户籍改革措施主要面向所谓的人才和富人，普通农民仍然难以圆大中城市之梦。这就是当前1亿多进城务工的“农民工”之所以为“农民工”的原因所在。

大中城市各自为政的户籍改革还只是停留在有利于引进人才和引进资金的“实用主义”阶段，远远没有上升到公民居住和迁徙自由的宪政层面上来。这与整个社会对宪法的认识有很大关系。1975年、1978年和1982年宪法都取消了1954年《宪法》对公民居住和迁徙自由权的规定，此后的历次修宪也没有涉及这项内容。以确保公民居住和迁徙自由为终极目标的户籍制度改革仍需时日。

统筹城乡发展，尽快改变二元社会结构

二元社会结构的形成有其特殊的社会历史背景，但主要是由计划经济体制、错误的发展战略和僵化的思想观念造成和维持的。二元社会结构一经形成，就具有强大的体制惯性，至今仍然严重制约着社会主义市场经济体制的完善。可以说，二元社会结构是中国最大的“人造国情”。要解决“三农”问题，就必须统筹城乡发展，坚决改变二元社会结构。

在过去的几十年中，从总体上说，主流政策理论界和执政者一个共同的发展思路就是在既定的二元社会结构中谋划“发展”。他们既看不到二元社会结构的严重危害，又缺乏革除这个最大的体制性弊端的智慧和勇气。不过，令笔者十分欣慰的是，早在 1988 年，以郭书田为代表的农业部原政策研究中心的一批政策研究专家，就开创性地提出了二元社会结构理论，并且相当富有远见地提出了一系列破除二元社会结构的政策主张。[①]

2002 年 11 月召开的中共十六大，明确提出我国现在达到的小康还是“低水平的、不全面的、发展很不平衡的小康”，并指出改革开放和现代化建设中存在的一个突出问题是“城乡二元经济结构还没有改变”。[②] 这是中国共产党第一次在最高文件中正式使用“二元经济结构”这个概念，表明决策层已经一致认识到改变二元结构的紧迫性和重要性。2003 年 10 月，中共十六届三中全会通过《中共中央关于完善社会主义市场经济体制若干重大问题的决定》，明确提出要“统筹城乡发展、统筹区域发展、统筹经济社会发展、统筹人与自然和谐发展、统筹国内发展和对外开放”，并且把统筹城乡发展置于“五个统筹”的第一位，提出把“建立有利于逐步改变城乡二元经济结构的体制”作为完善社会主义市场经济体制“七大主要任务”的第二位提了出来，同时还历史性强调要“坚持以人为本，树立全面、协调、可持续的发展观，促进经济社会和人的全面发展”。[③] 这充分说明中国的改革开放已进入了一个新的全面发展的历史时期，彻底改变城乡分割的二元结构的历史契机已经到来。2008 年 10 月，在中国农村改革 30 周年之际，中共十七届三中全会通过《中共中央关于推进农村改革发展若干重大问题的决定》，明确提出要着力破除城乡二元结构，加快形成城乡经社会一体化新格局。[④] 这表明中国农村改革走向更加成熟的新阶段。

解决日益严重的“三农”问题，必须与改变城乡二元结构结合起来。在统筹城乡发展中，首先，要捍卫宪法的神圣权威。宪法是治国安邦的总章程，是党的意志和人民意志高度统一的结晶，是人民权利的保障书。中共十五大历史性地提出要

---

① 农业部政策研究中心农村工业化城市化课题组：《二元社会结构：城乡关系：工业化·城市化》，载《经济研究参考资料》，1988 年第 90 期。

② 参见江泽民：《全面建设小康社会，开创中国特色社会主义事业新局面》，人民出版社 2002 年版，第 18 页。

③ 参见《中共中央关于完善社会主义市场经济体制若干重大问题的决定》，人民出版社 2003 年版，第 12、13 页。

④ 参见《中共中央关于推进农村改革发展若干重大问题的决定》，人民出版社 2008 年版。

“依法治国，建设社会主义法治国家”，并强调要“尊重和保障人权”。2003 年 12 月中国共产党提出第四次修宪建议，明确把“政治文明”、“公民的合法的私有财产不受侵犯”、“尊重和保障人权”以及“建立健全与国家经济发展水平相适应的社会保障制度”等作为新增的重要内容。这无疑大大有利于二元经济社会结构的破除，有利于“三农”问题的解决，有利于弱势群体生存环境的改善。改革开放以来，我国取得的重大变化和显著成就，用温家宝总理 2003 年在哈佛大学演讲中所总结的那样，是中国人民“基于自由的创造”。在今天，彻底改变束缚农民自由而全面发展的二元社会结构，必将进一步促进经济的迅速发展和社会的全面进步。

其次，要有革除体制性弊端的政策理论勇气和实践勇气。建国以来，在苏联模式的影响下，我国搞计划经济，建立了一系列配合计划经济运行的政策制度。这些政策制度的一个共同点就是服从计划经济这个总纲，人为地限制了人的自由而全面发展。中共十一届三中全会以来，以市场为取向的改革不断深入，最终实现了由计划经济体制向市场经济体制的历史性跨越，打开了我国经济、政治、社会和文化发展的崭新局面。但在计划经济条件下形成的思想观念、习惯做法和体制性弊端还没有得到彻底的扭转和根本性废除。以限制农民为主要特征的城乡二元结构是旧体制弊端最集中的反映，它不仅生成和激化了“三农”问题，也极大地制约着中国现代化建设与和平崛起。在改变城乡二元结构上，要有开拓创新的勇气，要坚决冲破一切妨碍发展的思想观念，坚决改变一切束缚发展的做法和规定，坚决革除一切影响发展的体制性弊端。只有这样，维持半个世纪之久的城乡二元结构才能尽快得到改变乃至最终消除，城乡一体化的新格局才能尽快形成，有中国特色的“三农”问题也将不复存在。

（本文原载《当代世界与社会主义》2004 年第 3 期，合作者周作翰）

户籍制度的历史回溯与改革前瞻

我国的户籍制度经历了建国初期短暂的自由迁移、1958年开始的严格限制户口迁移，特别是限制农民向城市迁移，以及改革开放后户籍制度的逐步改革，主要是小城镇户籍制度改革三个时期。以二元户籍制度为基础，我国逐步形成了独特的二元社会结构。户籍制度改革是政治体制改革的重要内容，是尊重和保障人权的重要措施。实行全体公民的居住和迁徙自由，是我国户籍制度改革的终极目标。

短暂的自由迁移

1949—1957年，是建国初期短暂而宝贵的户口自由迁移时期。建国前，我国不存在严格的户籍管理制度，公民的迁徙是自由的。建国初期，公民迁徙自由也有明确的保障。1949年9月29日中国人民政治协商会议通过的起临时宪法作用的《中国人民政治协商会议共同纲领》第5条就把自由迁徙作为公民的11项自由权之一。1950年11月第一次全国治安工作会议指出，户口工作的任务是“保证居民居住迁徙之自由，安心从事生产建设”。会议要求先在城市开展户籍制度管理工作。

经政务院批准，1951年7月16日公安部颁布实施了《城市户口管理暂行条例》，其目的是为了维护社会治安，保障人民之安全及居住、迁徙自由。此条例规定在城市中一律实行户口登记，这是我国第一次制定全国统一的城市户口管理法规。1954年9月20日，第一届全国人民代表大会第一次会议通过的《中华人民共和国宪法》第90条第2款规定“中华人民共和国公民有居住和迁徙的自由”。1954年12月20日内务部、公安部、国家统计局发出联合通知，要求建立农村户口登记制度，加强人口统计工作。从此，我国对农村户口的管理和人口统计工作提上了议事日程。1955年6月22日国务院发布《关于建立经常户口登记制度的指示》，它规定全国户口管理行政工作由内务部和县级以上人民委员会的民政部门主管，办理户口登记的机关，在城市、集镇是公安派出所，在乡和未设公安派出所的集镇是乡、镇人民委员会。这个规范性文件，对我国农村户口管理制度的建立和健全起了保障作用。1956年2月，国务院指示把全国的户口登记管理工作及人口资料的统计汇总业务全部交给公安机关。从此，全国城乡的户口管理工作和组织机构便得到统一。

1956年3月10日，全国第一次户口工作会议规定户籍管理的三项基本任务是：证明公民身份，便利公民行使权利和履行义务；统计人口数字，为国家经济、文化、国防建设提供人口资料；发现和防范反革命和各种犯罪分子活动，密切配合斗争。会议要求争取在一定时期内建立一套比较系统的户口管理制度。

总之，建国初期头8年，我国户籍管理制度的特点是公安部门主管城乡户口工作，这个时期公民的居住和迁徙是自由的，对公民迁出迁入只要求办理手续，没有提出严格限制。

严格限制农民进城

1958—1978年，是严格限制户口迁移特别是严格限制农民向城市迁移的时期。这一时期经历了大跃进、三年困难时期和十年“文革”动乱。户口管理的主要特点是严格控制农村人口盲目流入城市，压缩城市人口，包括精简职工、知识青年上山下乡、干部下放农村，大量城市人口迁往农村。出现了所谓的逆城市化运动，形成了一系列严格的户籍管理制度。建国初期我国城乡人口流动活跃，特别是大量农民流入城市，出现了一些新问题。这本来是我国人口城市化进程中的正常现象，但当时囿于计划经济的认识，政府便在1953年、1954年、1955年和1957年先后四次发出指示，劝阻农民盲目流入城市，并开始改变自由迁移政策为控制城市人口规模、限制农民进城的政策。1957年12月18日，中共中央、国务院联合发出《关于制止农村人口盲目外流的指示》，要求城乡户口管理部门严格户籍管理，切实做好制止农村人口盲目外流工作。农民向城市流动被称着“盲流”即源于此。

在此基础上，1958年1月9日，第一届全国人大常委会第91次会议通过了《中华人民共和国户口登记条例》，该条例第10条第2款规定：“公民由农村迁往城市，必须持有城市劳动部门的录用证明，学校的录取证明，或者城市户口登记机关的准予迁入的证明，向常住地户口登记机关申请办理迁出手续。”这标志着国家限制农民进城的二元户籍管理制度开始以立法的形式确定下来。这一条例半个世纪以来深深地影响着中国的每一个家庭，成为新中国户籍制度史上最重要的法规。

1958 年 4 月，公安部根据《户口登记条例》的规定，制定和颁发《关于执行户口登记条例的初步意见》。1958 年 9 月 13 日，中央精简干部和安排劳动力五人小组发出《关于精简职工和减少城镇人口工作中几个问题的通知》，规定“对农村县镇迁往大中城市的，目前要严格控制”。1961 年 12 月 9 日，公安部转发三局《关于当前户口工作情况的报告》，要求对户口工作进行彻底检查整治，健全户口管理机构。1962 年 4 月 17 日，公安部发出《关于处理户口迁移问题的通知》，指出：“对农村迁往城市的，必须严格控制；城市迁往农村的，应一律准予落户，不要控制；城市之间必要的正常迁移，应当准许，但中、小城市迁往大城市的，特别是迁往北京、上海、天津、武汉、广州等五大城市的，要适当控制。”1963 年以后，公安部在人口统计中把是否吃国家计划供应的商品粮作为划分户口性质的标准，吃国家供应粮的户也即城镇居民称作“非农业户口”。1964 年 8 月 14 日，国务院批准公安部《关于户口迁移政策规定》，对农村迁入城市的人口进一步实行严格控制。

1975 年 1 月 17 日，第四届全国人大第一次会议通过的《宪法》历史性地去掉了“中华人民共和国居民有居住和迁徙的自由”的条文，这标志着我国公民的自由迁徙和居住的权利失去了宪法依据。1977 年 11 月，国务院批转公安部《关于处理户口迁移的规定》指出：“从农村迁往市、镇（含矿区、区等。下同），由农业人口转为非农业人口，从其他市迁往北京、上海、天津三市的，要严格控制。从镇迁往市，从小市往大市，从一般农村迁往市郊、镇郊农村或国营农场、蔬菜队、经济作物区的，应适当控制。”从此提出了中国老百姓十分熟悉的“农转非”问题。在此后又制定了若干项具体的“农转非”政策。公安部为贯彻上述规定，给全国各省、市、自治区下达了“农转非”控制指标，即“每年批准从农村迁入市镇和转为非农业人口职工家属人数，不得超过非农业人口数的 1.5‰”。从而对“农转非”实行了政策与指标双重控制的管理体制。“农转非”这个新词汇也就开始在中国大地上流行起来。1978 年 3 月 5 日第五届全国人大第一次会议通过的《宪法》也没有恢复公民的居住和迁徙自由权。

这二十年是我国城乡分割的二元户籍制度正式形成和不断完备的时期，公民的居住和迁徙自由被人为地从《宪法》中取消了，全体公民被划分为不可逾越的“农业户口”和“非农业户口”，城乡壁垒日益森严，耸立在城乡之间的“户籍墙”坚不可摧，二元社会结构逐步形成和凝固化。这段时期户籍制度的最大特点是严格限制农民向城市迁移。

小城镇户籍改革的突破

1979年以来，是户籍制度的逐步改革主要是小城镇户籍制度改革时期。1978年12月召开的中共十一届三中全会标志着我国进入了改革开放的新时期。在这样的大背景下，国家开始调整和逐步改革户籍制度。

1980年9月，公安部、粮食部、国家人事局联合颁布了《关于解决部分专业技术干部的农村家属迁往城镇由国家供应粮食问题的规定》，照顾的对象和条件是高级专业技术干部，有重大发明创造，在科研、技术以及专业工作上有特殊贡献的专业技术干部。符合上述规定迁往城镇落户的人员，不受公安部门正常审批的控制比例的限制。这以后，国家除了继续对城镇人口增长实行严格控制外，对若干特殊的“农转非”问题在政策上开始松动，先后解决了一批科技青干、煤矿井下职工、三线艰苦地区其他职工的农村家属迁入城市落户问题，部分边防海防军官农村家属也可以在原籍转为城市户口。“农转非”的控制指标由不超过当地非农业人口的1.5‰调整为2‰。这是我国户籍管理制度20多年来的一次重大调整和改革。

1984年1月1日，《中共中央关于一九八四年农村工作的通知》作出如下重大决定：“1984年，各省、自治区、直辖市可选若干集镇进行试点，允许务工、经商、办服务业的农民自理口粮到集镇落户。”这是我国小城镇户籍制度改革的最先声。1984年10月，国务院发出了《关于农民进集镇落户问题的通知》，规定凡申请到集镇（指县以下集镇，不含城关镇）务工、经商、办服务业的农民和家属，在城镇有固定住所，有经营能力，或在乡镇企事业单位长期务工的，公安部门应准予落常住户口，发给《自理粮户口簿》，统计为“非农业人口”，并把他们纳入街道居民小组进行管理，使其同集镇居民一样享有同等权利，履行同等义务。这是我国进行户籍制度改革的第一个规范性的政策规定，它的历史功绩在于打破了几十年来铁板一块的二元户籍制度的一个缺口。自理口粮户口的实施是我国户籍制度的一项重大改革突破。据统计，从1984年到1986年底，在不到3年的时间里，全国办自理口粮户达1633828户，总计4542988人。

1989年10月，户籍改革出现倒退。在治理整顿的大环境下，国家强调严格户籍制度管理，国务院发出了《关于严格控制“农转非”过快增长的通知》，要求把“农转非”纳入国民经济与社会发展计划，对“农转非”实行计划指标与政策规定相结合的控制办法。从此计划部门介入了户籍制度管理。1990年国务院办公厅转发国家计委等部门《关于“农转非”政策管理工作分工意见报告的通知》，规定由中央出台“农转非”政策。这一时期户口管理的特点是对“农转非”采取政策和指标双控的办法，大量压缩了“农转非”数量。

1992年8月，在邓小平南方讲话和中共十四大精神的鼓舞下，公安部拟就了《关于实行当地有效城镇居民户口制度的通知》，征求各部门和地方政府意见，开始实行“当地有效城镇居民户口”。同年10月开始，广东、浙江、山东、山西、河南等十多个省先后以省政府名义下发了实行“当地有效城镇居民户口”的通知。由于“当地有效城镇居民户口”的户口簿印鉴为蓝色，故也称作“蓝印户口”。这是我国户籍制度改革的一项过渡性的具体措施。1992年全国各地掀起了“卖户口”热潮，范围主要集中在小城镇，农民每人以4000元到数万元不等的价格购买小城镇户口。1992年5月4日经国务院办公厅同意，以公安部名义下发了《关于坚决制止公开出卖非农业户口的错识做法的紧急通知》，对各地卖户口行为进行制止。据公安、金融等部门估算，1992年各地卖户口所得金额超过100亿元，有可能达200亿元之巨。这充分反映了被画地为牢控制几十年的广大农民对城镇美好生活的渴望和追求。

有鉴于全国各地强烈要求改革户籍制度的迫切愿望，1992年底，国务院正式成立了户籍制度改革文件起草小组。1993年6月，该小组在广泛调研的基础上，草拟了《国务院关于户籍制度改革的决定》，主要精神是对现行户籍制度进行较大的改革，取消按是否吃商品粮划分农业与非农业户口性质的做法，废止“农转非”制度，建立以常住户口、暂住户口、寄住户口三种户口形式为基础，以居住地登记、迁徙和暂住规定等制度为内容，以居民身份证、公民出生证为证件管理的主体，组成配套的户籍管理制度。这本是一个顺应时代发展要求、符合广大人民群众愿望的比较好的户籍制度改革方案。但因为种种原因，该方案未能颁布实行。到1993年9月，根据中央关于重视小城镇建设的精神，国务院户籍制度改革开始由全面改革转向小城镇户籍制度为重点，着力研究关于小城镇户籍制度改革的方案。

1997年7月国务院批转公安部《关于小城镇户籍制度改革试点方案》，规定试点镇具备条件的农村人口可以办理城镇常住户口。1998年10月中共十五届三中全会通过《中共中央关于农业和农村工作若干重大问题的决定》，提出“发展小城镇是带动农村经济和社会发展的一个大战略”。于是加快发展小城镇、改革小城镇户籍制度便成为各地的主流政策选择。2000年6月13日，中共中央、国务院下发了《关于促进小城镇健康发展的若干意见》，规定从2000年起，凡在县级市区、县级人民政府驻地镇及县以下小城镇有合法固定住所、固定职业或生活来源的农民，均可根据本人意愿转为城镇户口，并在子女入学、参军、就业等方面享受与城镇居民同等待遇，不得实行歧视性政策。

户籍改革的认识障碍

改革开放以来，我国户籍制度改革的最大特点是小城镇户籍制度改革迈出了实质性步伐，但各大中城市依然维持着传统的二元户籍制度不变。虽然有些大中城市为吸引人才和资金，也出台了一些条件比较高的进城落户政策，但这些政策对广大农民群众来说，没有实质性的现实意义，并且从全国来看，国家对大中城市的户籍制度仍然没有提上改革的日程。

作为现行户籍制度基本法律依据的《中华人民共和国户口登记条例》及有关户籍政策规定，是在计划经济体制下形成的，它服务和迎合于传统的计划经济体制的运行和发展。随着社会主义市场经济体制的建立，传统的二元户籍制度越来越不适应迅猛发展的新形势，越来越成为我国顺利推进城市化和现代化的严重桎梏。现行户籍制度的核心内容是把全国人口人为地划分为农业人口和非农业人口两大主要类型，并实行有差别的社会福利待遇政策；把户口划分为农业和非农业两大户口性质，并对“农转非”实行严格控制。这在客观上把城乡人口分成两个完全不平等的社会阶层，形成了事实上的人身等级制度，限制了人口随着经济发展水平变化的合理流动，强化了人口对所在地区的人身依附关系，制约了人口城市化和现代化的进程，严重阻碍了我国的现代化建设与社会的文明进步。

古人说得好，“流水不腐，户枢不蠹”。我国要加快城市化和现代化进程，就必须首先使全体人民自由流动起来，确保公民的居住和迁徙自由。我国户籍制度改革几十年来迈不开实质性的大步子，除了深受长期的计划经济思维定势的影响外，一个重要原因就是存在着认识上的重大误区。

一是只看到“城市病”而忽视“农村病”。其实“城市病”是一种管理问题，是可以“治疗”的。真正影响中国现代化事业的不是“城市病”而是“农村病”。长期以来，城乡收入差距拉大、农民负担沉重、农村大量劳动力剩余、农村贫困以及生态环境的恶化等“农村病”即十分突出的“三农”问题严重挑战中国。“三农”问题也就是“农村病”的症结在于以二元户籍制度为基础所形成的二元社会结构。

二是片面强调控制大城市而发展小城镇。从 20 世纪 60 年代以来，我国在城市化发展的道路上，一直片面强调“严格控制大城市规模”。1990年4月1日实施的《中华人民共和国城市规划法》以法律形式规定了我国城市化方针是“严格控制大城市规模，合理发展中等城市”。之后，小城镇作为一个大战略提了出来，全国普遍掀起了小城镇建设的热潮。发达国家的经验表明，大城市在已经发展到趋于饱和后开始在城郊发展小城镇，以减轻大城市的压力。我国在大多数大中城市规模还普遍偏小的情况下，把城市化的重点放在发展小城镇上肯定是不科学的。2000年10月11日，中共十五届五中全会通过的“十五”计划的《建议》提出实施城镇化战略，抛弃了沿用几十年的对大城市“严格控制”的说法，正式提出“大中小城市和小城镇协调发展”。

三是认为放开户籍管理将会造成社会混乱。这种担心是没有任何根据的。从历史发展的长河来看，我国自古以来直到建国前都一直没有城乡分割的二元户籍管理制度，建国后也一度实行自由迁徙，历史已经证明，并没有因户籍制度而造成什么大乱子。从国际范围来看，全世界仅仅只有中国、朝鲜和贝宁三个国家实行严格的户籍制度，世界上其他国家和地区都普遍实行居住和迁徙自由，但并没有因自由迁徙而引发什么乱子。可见我国实行迁徙自由会产生混乱的说法是站不住脚的。

恢复公民的居住和迁徙自由

我国户籍制度改革的终极目标应该是恢复和实行全体公民的居住和迁徙自由。居住和迁徙自由其实也是公民的一项基本人权。1948年12月10日联合国大会通过的《世界人权宣言》以及1966年12月16日通过的《公民权利和政治权利国际公约》都把公民的自由迁徙和居住作为基本人权予以确认和保障。我国政府一再声明和强调尊重《世界人权宣言》，并于1997年和1998年先后签署了《经济、社会和文化权利国际公约》和《公民权利和政治权利国际公约》，2001年2月28日第九届全国人大常委会第20次会议批准了《经济、社会和文化权利国际公约》。因此，无论从建立社会主义市场经济体制以及从加快我国城市化和现代化的角度来看，还是从尊重和保障人权来看，都迫切需要加快户籍制度改革步伐。

首先，应该修改《宪法》，重新恢复和确立公民的居住和迁徙自由权。1982年12月4日第五届全国人大第五次会议通过的《宪法》虽然被称为是我国建国以来“最好”的宪法，但由于当时处于计划经济体制的宏观环境下，公民的居住和迁徙自由权没有得到确认和恢复。现在，应该对宪法进行修改，重新确立公民的居住和迁徙自由权。同时，制定和颁布确保公民居住和迁徙自由权的《中华人民共和国户籍法》，废止沿用半个多世纪的《户口登记条例》以及其他相关政策法规，取消各种户口的差别，实行全国统一、平等的居民户口登记制度，取消《城市规划法》中有关控制大城市发展规模等限制规定。

其次，实行社会待遇与户籍脱钩的政策。取消一切附加在户籍上的政策规定和条件，恢复户籍的本来面目和社会功能。户籍只应承担对人口的社会管理职能，不应将社会待遇、社会福利作为附加条件与户口登记和迁移挂钩。凡是与户籍挂钩的粮油、就业、入学、参军、住房、计划生育和城镇建设配套费等均应完全脱钩，有关依附在户籍制度上的一切歧视性政策法规应一律废止。

再次，进行相应的配套改革。户籍制度改革是一项涉及面很广的社会系统工程，必须进行相应的配套改革。比如，废除以户籍为依据的城镇就业制度，建立开放的全国统一的劳动力市场和就业制度。不管是国家机关、事业单位还是企业录用人员，必须面向全体公民，建立公开、公平、公正的考试录用制度。农民可以到城镇就业，市民也可以到农村就业，甲城市公民可以到乙城市就业、乙城市公民也可以到甲城市就业。再比如，必须对现行农村土地制度实行改革。在现行土地制度下，农民只能对土地拥有承包权、经营权，没有对土地进行自由交易的权利。农村的土地制度应实行合理流动，作为农民财产的土地可以进行抵押、入股、转让、租赁、继承等。残缺式的土地产权制度，束缚了农民的手脚，限制了农民向城市的合理流动，不利于农民增收，也不利于加快城市化进程。国际经验表明，当城市化水平达到70%时，城乡差别才能消除。发达国家的城市化平均水平已相当高，而我国城市化率还相当低。这主要是我国二元分割的户籍制度和与土地制度人为地限制农民进城的结果。

（本文原载《宁夏社会科学》2002年第3期）

中国的农民歧视

农民歧视是一个重大的社会问题

从政治学的角度来看，任何政府存在的一个重要目的，就是促进社会各阶层、社会成员之间的平等，确保社会公平。公平是一个社会长治久安的平衡器。崇尚正义，追求平等，实现社会公平，是古今中外的共同信念和政治准则，也是所有政府合法行政的基石。17、18世纪西方启蒙思想家就提出了“人人生而平等”的神圣口号，冲破了中世纪的封建专制和政治黑暗，赢得了人性的大解放，大大促进了社会生产力的飞速发展和社会文明程度的提高。之后，不管是资产阶级国家，还是社会主义国家，都无一例外地确认了“在法律面前人人平等”的重要原则。

中国几千年的皇权专制统治，使广大农民群众处于社会的底层，深受来自各方面的剥削和压迫。在无数的社会动乱中，广大农民群众不断地成为改朝换代的工具。虽然在一个新的朝代建立之初，农民可能侥幸地因轻徭薄赋而赢得短暂的喘息，但随之而来的就是横征暴敛，农民苦不堪言。历史已经证明，一切朝代的更替，都没有把农民从苦难中彻底解放出来。“兴，百姓苦，亡，百姓苦。”这是自古以来中国农民悲惨命运的真实写照。

中国共产党宣称自己领导中国人民推翻了“三座大山”，建立了社会主义制度，广大农民群众翻身做了“主人”，获得了历史性的“大解放”，这是亘古未有的“巨变”。但建国后，在苏联高度集权体制影响下，我国开始建立起高度集中的计划经济体制，与计划经济体制相适应，国家先后出台了一系列限制农民的政策法规，构建了歧视农民的二元社会结构。在制度性歧视中，农民的地位日益边缘化，农民问题也日益显性化。

改革开放以来，随着社会主义市场经济体制的建立，计划经济体制已经被时代抛弃，但在计划经济体制下形成的传统观念、传统思维方式以及旧的政策法律体系尚未得到根本性地清除，加上几千年皇权专制思想的影响，农民歧视问题已经成为我国现代化建设进程中一个普遍性的重大社会问题。可令人遗憾的是，长期以来，广大理论工作者和各级领导竟然对此熟视无睹，或有意无意地忽视了。在实现中华民族伟大复兴的征途上，正视农民歧视，消除对农民的歧视，是加快我国现代化建设的迫切需要。

农民歧视的主要表现

所谓歧视，就是不公平、不公正地看待或对待。笔者提出的农民歧视概念，不是农民歧视别人，而是社会对农民的歧视，指的是我们在思想观念上，在制定和执行政策法律上，对农民群体利益的忽视以及对农民采取的不公开、不公平和不公正的认识与对待。在现实生活中，对农民的歧视常常表现为整个社会或居于强势地位的社会集团对农民群体的种种限制上。这些限制日益制度化、经常化，事实上已经构成了中国社会的最大不公。

对农民歧视影响最深远的政策就是户籍管理制度。建国后，我国逐步实行一套严格的城乡分割的户籍管理制度，人为地将全体公民划分为农村户口和城市户口，形成了农民和市民两种明显相区别的不同公民，使农民必不可免地降为二等公民。据考察，我国特有的城乡分割的二元户籍制度发源于 1951 年公安部制定的《城市户口管理暂行条例》，1958 年 1 月全国人大颁布《中华人民共和国户口登记条例》，最终以法律的形式确立下来。国家人为地对农民进行身份限制，其实质就是配合计划经济体制，把农民严格限制在农村，限制农民进入城市工作和生活。改革开放后涌现出了“打工潮”，其主体也只能叫着“打工仔”、“外来人口”或者“盲流”。尽管这些“打工仔”为城市的建设、发展和繁荣流血流汗，但却与城市居民的身份无缘。

这种二元分割的户籍制度严重地阻碍了我国城市化的发展，据统计，1949 年我国城市化水平为 10.6%，到 1999 年还只有 30.9%，50 年间仅增长了 20 个百分点。对农民的长期限制是我国城市化水平远远低于发达国家和世界平均水平的关键原因。我国农民为城市的发展所做的历史贡献有目共睹。建国后，国家通过“剪刀差”从农民那里获得了国家工业化所需要的原始积累，据统计，从第一个五年计划到国家工业化第一阶段（1953—1989）结束，国家共从农村汲取工业化资金 7000

多亿元，约占农村新创造价值的五分之一。我国广大农民为国家工业化，为城市的建设和发展做出了历史性的重大贡献。无论是从历史功绩还是从时代发展的潮流来看，我国都没有任何理由拒绝农民进城，更没有任何理由歧视进城的农民。

与二元户籍制度相适应，农民的就业歧视就不可避免。一种约定俗成的就业观念，就是农民在农村就业（种田），市民在城市就业（工作）。城镇居民可以到农村就业，例如曾有 2000 多万城市知识青年上山下乡到农村生活，广大农民群众十分友善地张开臂膀欢迎他们，陪伴他们度过了那段艰难的岁月。可农村居民却不能到城镇就业，改革开放后涌入城镇的农民只能叫“民工”或“打工仔”、“打工妹”。特别是从中央到地方，从地方到基层，不管是党政机关，事业单位，还是国有企业，招干招工的首要条件就是城镇户口。这一政策长期未见根本的改变。倒是改革以来新兴的非公有制企业，为转化、吸纳农村剩余劳力，解决农民就业，提供了比较广阔的空间，作出了历史性的贡献。但“离土不离乡”的政策，使农民刚刚萌生的城镇希望，最终回归为“解甲归田”的结局，终点又回到了起点。

在改革进程中，各大中城市曾纷纷不约而同地出台种种限制农民用工的政策措施，使人们进一步看清了对农民的歧视已深深扎根于社会的肌体之中。本来农民受教育的程度相对较低，与城市居民在平等竞争中也会处于劣势，可大中城市就是怕农民来抢自己的饭碗，人为地设置了一道又一道森严的壁垒，实行狭隘的城市保护主义。例如，1998 年北京市限制使用外地来京务工人员的行业和工种是：金融、保险与邮政行业、各类管理人员、营销员、会计、出纳、调度员、话务员、核价员、商场营业员、出租汽车驾驶员、各类售票员、检验员、保育员、电梯工、电子计算机录用人员、民航乘务员、星级宾馆（饭店）和旅店的服务员及办公人员。其他各大中城市也都有类似的就业限制，有的更为严重。明眼人一看就知道，城市里的好事儿，农民都沾不上边，一些已经在城市找到一份工作的农民工，也不能享受到与城市职工同等的社会地位和福利保障。这种歧视农民就业的城市保护主义政策，不仅与我国社会主义市场经济体制格格不入，而且极大地伤害了广大农民的感情和尊严，挫伤了农民投身于现代化建设的积极性和创造性，动摇了广大农民对社会主义美好生活的信念。

现行的农村土地政策也存在着对农民利益的严重忽视。人们有权选择适合自己生存和发展的地域和职业，这在发达国家是不言而喻的。我国农民祖祖辈辈脸朝黄土背朝天，世世代代被束缚在土地上，潜在的创造力受到了极大的遏制。土地是农民的命根子，实行“耕者有其田”是历代农民革命的一面旗帜。中国农民渴望土地，同时土地又成为农民新的拖累。特别是在城市化过程中，大批农村剩余劳动力要求离开土地进入城市，但他们“离土不离乡”，就像风筝一样，飞得再高再远，农村这根土地的“绳”牢牢地系着你，使你飞得不可能太高也不可能太远，最终必须归来。由于土地不能实行必要的有偿转让和合理流动，致使农民工忙碌地穿梭于农村与城市之间，成为典型的“两栖人”。一些不能赶回农村的“打工者”就只有将责任田撂荒了，有的就只能交给年迈的老人和年幼的小孩耕种，这使老人和儿童成为农业生产的“主力军”。在农民负担不断加重的时期，责任田竟成了不少农民想丢也丢不了的沉重包袱。要知道，社会在发展，时代在前进，广大农村已经发生了巨大的变化，有不少外出“打工”的农民无力顾及责任田。特别是1990年代以后，随着农民负担的居高不下，种田不仅毫无利润可图，相反还要倒垫。在中西部地区的一些地方，即使没有任何补偿，一部分农民也愿意将承包土地退回村集体去，以此摆脱沉重的税费负担。这本来是各地正确引导农民加快城镇化、推进土地流转、促进农村土地适度规模经营的大好时机，可各地还是受制于僵化的条条框框，致使承包责任田成为农民不得不要的烫手“山芋”。这种僵化的思维和政策安排，严重地禁锢了农民的手脚，限制了农民的自由选择。试想，一个国有企业职工一旦辞职不干“打工”去了，原单位充其量不给发工资罢了，但农民外出“打工”则不然，不管你种不种责任田，各种税费一分不能少，但责任田又不能退。这种强迫农民种田的新情况是值得全社会高度重视并应着手加以解决的。2006年全面取消农业税后，因税费负担而使农民畏惧种田的不正常状况有了明显的改观。但农民土地权利的保障与实现仍面临诸多问题，如承包经营权稳定问题、土地流转问题、征地拆迁问题、宅基地问题等等，这些问题均事关农民的土地财产权利，需要不断推进改革加以解决。

对农民歧视的又一个重要方面就是远离农民的社会保障制度。对所有社会成员都实行平等的社会保障，这是发达国家普遍实行的福利政策。我国是社会主义国家，理应在社会保障方面做得更好，可十分遗憾的是，长期以来我国的社会保障仅限于城镇职工，广大农民却与社会保障无缘。一个城镇职工工作几十年，到了退休年龄享受退休金等社会福利保障，但农民辛辛苦苦种田一辈子，却没有任何保障。难道农民每年上交的各种税费中就没有包含自己年老时的保障福利金？正因为这种忽视农民的社会保障制度，所以对广大农民来说，既不存在退休的问题，也不存在童工的问题。农民从小就得开始劳动，直到年迈躺在床上不能动弹为止，这种终身劳动制度是中国农民特有的现象。近些年来，政府开始明确建立覆盖城乡的社会保障体系，农民已被正式纳入社会保障网之内。但由于历史欠债太多，覆盖农民的社会保障制度建设任重道远。

城乡教育投入的不平等是对农民受教育权的严重歧视。而在市场化改革中出现和泛滥成灾的教育乱收费，又构成了对农民受教育权的严重冲击。我国上个世纪 80 年代就实行了九年义务教育制，可在泛市场化改革中，中小学收费乱得惊人。名目繁多的各种乱收费，使农民无法承担，"上学难"成为农民最大的经济负担和精神压力。与此同时，各高校又纷纷出台农民望而生畏的高额收费，一些高校声称高校不属于义务教育，其言外之意就是可高额收费。但人们不禁要问，属于义务教育的中小学校为什么又要高收费呢？一句话，各类学校的高额收费，其实质是对农民受教育权的剥夺。许多贫困山区的农民子弟因交不起学费而纷纷辍学。在当代中国，从失学儿童到失学大学生，这不仅是全世界绝无仅有的现象，更是中华民族的悲哀。广大农民文化程度得不到提高，科教兴国从何谈起。至于一些地方无视中央三令五申，任意加重农民负担，抢劫农民财物，随意殴打农民，并且禁止农民因计划生育、农民负担问题到法院起诉等等恶劣作风，已经不单单属于歧视农民的问题了，而是对农民正当权益的粗暴干涉和恣意剥夺。2006 年以来，国家开始痛下决心实行免费义务教育，农民的教育负担明显减轻。但必须看到，幼儿教育、高中教育以及高等教育中的高收费仍然是制约我国教育发展的严重问题。同时，一些地方在收费惯性的影响下，依然我行我素，变相收取义务教育阶段学生的各种费用，严重抵消国家实行免费义务教育的政策效应，应引起有关方面的高度重视。

尽快消除对农民的歧视

农民是我国最大的弱势群体。尽管他们人口众多，但由于缺乏必要的保护自身利益的组织资源，他们不仅受到各种歧视，还受到多方面的侵害。在社会转型时期，从政治上关注农民，尽快消除对农民的歧视，切实保护农民的权益，改善农民的社会地位，具有十分重大的意义。消除对农民的歧视，不仅仅是为农民说话，[①]更是实现社会公平正义、构建和谐社会和提高全社会文明程度的内在要求。

（本文原载《长江日报》2003 年 2 月 18 日）

① 党国英：《我们为什么要为农民说话》，载《南方周末》2000 年 12 月 7 日。

城市化滞后与农民歧视

我国城市化明显滞后于工业化，成为制约国民经济和社会发展新的瓶颈。农民歧视是我国城市化滞后显著的人为因素。加快城市化发展，应当消除对农民的不公平待遇，进行相关制度创新，推进城镇化战略实施。

严重滞后的中国城市化

城市化是衡量一个国家或地区经济发达和文明程度的重要标志。所谓城市化，是“乡村人口向城市人口转化，以及人类的生产、生活方式由乡村型向城市型转化的一种普遍的社会现象”。[①] 在现代化进程中，一个十分突出的问题是：我国的城市化严重滞后了。

首先，我国的城市化严重滞后于工业化。城市化是工业化的必然结果，它随着工业化和现代化的发展而发展，又进一步促进工业化和现代化。改革开放以来，我国的工业化进程明显加快。按照一般规律，我国的城市化应该与工业化同步发展，但事实上并未如此。我国工业化水平已经超过了 50%，而城市化水平 1998 年仅为 30.4%，落后于工业化 20 个百分点。城市化滞后于工业化被认为是我们国家经济发展过程中的一个重大的战略失误。

其次，我国的城市化大大滞后于世界发展水平。据世界银行 1998 年《世界发展指标》显示，1996 年，全世界城市化平均水平已达 45.5%，发达国家城市化水平一般都在 70% 以上，比如美国为 76.3%，英国 89.3%，法国 74.9%，德国 86.7%，日本 78.3%，俄罗斯 76.3%，加拿大 76.8%，意大利 66.7%。发展中国家的平均水平也在 40% 以上。一些看似与我国经济发展水平差不多的发展中国家

① 杨春志、顾文选：《城市化是人类文明发展的必然》，载《城市发展研究》2000 年第 1 期。

和一些新兴工业化国家的城市化水平也大大高于我国，比如巴西为78%，阿根廷88.4%，大洋洲的澳大利亚84.7%，新西兰86.1%，亚洲的韩国82.3%，朝鲜为61.5%，菲律宾54.9%，新加坡100%。同期我国仅为29.9%，相差甚远。

再次，我国的城市化明显滞后于广大农民群众的普遍需要。马斯洛的需要层次理论揭示出，人的需要是不断由低级向高级发展的，当人的低级需要满足之后就必然转向更高层次的需要。[①]农村家庭联产承包制的实施，解决了多年来困扰农民的吃饭问题，这就使世代以来压抑在农民心灵深处的“跳农门”的愿望突出外显化了。“跳农门”是广大农民告别祖祖辈辈脸朝黄土背朝天的农耕生活方式、渴望进入城市享受现代都市文明的生动写照，是农民自我实现需要的重要体现。但我国严重滞后的城市化水平远远没有满足广大农民迫切的现实需要，这使得亿万农民向往城市生活的强烈愿望汇成了改革开放以来独具特色的浩浩“民工潮”。1992年，全国就有“4600万农民工涌向东南沿海”城市打工。[②]

制约城市化发展的农民歧视

我国城市化的严重滞后，已经引起了社会各界的高度重视和密切关注。在各种制约城市化发展的诸因素中，长期以来形成的农民歧视是一个关键因素。

众所周知，农民是弱势群体。历史和现实都已表明，农民的权利不容易得到维护，农民的利益容易受到伤害。在现实生活中，对农民的歧视常常表现为对农民的种种限制上。这些限制的陈年积淀，似乎成了一种习以为常的事情。

一是户口限制。这是对农民限制影响最深远的政策之一。在民主国家里，公民普遍享有自由迁徙和自由择业的权利。我国建国后则逐步实行一套严格的城乡分割的户籍管理制度，将全体公民划分为农业户口和非农业户口，农民被降为“二等公民”。把农民严格限制在农村的做法，完全漠视了农民的权利，严重阻碍了我国城市化的发展。

改革以来，各种计划经济体制下形成的禁区纷纷得到突破，但关系千家万户的户籍管理制度却一直没有实质性的松动。大量涌入城市的农民工为城市的建设流血流汗，奉献了自己的青春年华，却没有取得应有的城市户口，成为“身处其中、不属其类”的“城市边缘人”。这些民工年初出门打工年终回家过年，形成了我国又

① 参见［美］亚伯拉罕·马斯洛：《动机与人格》，许金声译，中国人民大学出版社2007年版。

② 茹晴：《农民的根本出路在农外》，载《中国经济时报》2000年11月22日。

一特有的铁路“春运”高峰现象。有的地方在统计城市化水平数字时，主张将城市“打工族”统计在内，以提高城市化比例。对此，人们或许会问：为什么在统计数字时就想到了他们呢，为何就不能给他们一个名正言顺的城市户口身份呢?

1990年代中后期，国家开始在小城镇进行户籍制度改革试点，这是一个良好的开端，但迈出的步伐还不大，尤其是大中城市的户籍制度仍然是对农民实行“关门主义”。

二是就业限制。长期以来，城市的就业领域对农民是严格限制的。没有城镇户口，就不能进入国家行政机关、事业单位、国有企业工作。改革开放后发展起来的非公有制企业，为转化和吸纳农村剩余劳动力、解决农民就业，提供了比较广阔的空间，作出了历史性的重要贡献。但非公有制企业劳动用工的不规范，使农民工的劳动权利甚至人身权利都面临一系列问题。

1990年以来，大中城市纷纷出台种种限制农民用工的政策措施，实行狭隘的城市保护主义。通过限制，城市里的好事儿，农民是沾不上边的，剩下给农民的就只有城市人不愿干的脏、累、苦、险之类的下等差事。一些已经在城市里找到一份工作的农民工也不能享受到与城市员工同等的社会地位和福利保障。这种歧视农民的城市保护主义政策不仅与我国社会主义市场经济体制的改革格格不入，而且有违宪法确定的平等精神。

三是土地限制。中国农民渴望土地，同时，在现有的土地制度下，土地又成为农民新的拖累。特别是在城市化过程中，大批农村剩余劳力要求离开土地进入城市，但他们“离土不离乡”，土地就像风筝的线一样系着农民。进城打工的农民只能忙碌地穿梭于农村与城市之间，成为典型的“两栖人”。一些地方的农田撂荒现象也就不可避免了。尤其严重的是，随着大量年轻劳力的外出，年老一代的农民被迫肩负起繁重的农业体力劳动，造成了一系列社会问题。现行的土地政策，不同程度的束缚和限制了农民。

四是城市发展方针的限制。我国城市发展方针长期奉行严格控制大城市规模。1978年3月国务院提出“控制大城市规模，多搞小城镇”。1980年10月又提出“控制大城市规模，合理发展中等城市，积极发展小城市。”1990年4月《中华人民共和国城市规划法》以法律形式规定：“严格控制大城市规模，合理发展中等城市和小城市。”这些城市发展方针是在计划经济体制下对城市化进程进行限制的反映。所谓“严格控制”，事实上就是对农民进城的控制，控制农村人口城市化。此外，还有其他一些人为地限制农民的政策，这些都不同程度地妨碍了我国城市化的快速发展。

城镇化战略与制度创新

加快城市化进程是实现中华民族伟大复兴的必然选择。中共十五大政治报告指出，我国社会主义初级阶段就是一种由“农业人口占很大比重，主要依靠手工劳动的农业国，逐步转变为非农业人口占多数，包括现代农业和现代服务业的工业化国家的历史阶段”。这就是说，我国现代化的过程就是由农业人口占绝大多数转变为非农业人口占绝大多数，也就是农村人口的城市化。中共十五届五中全会通过的《建议》提出要“不失时机地实施城镇化战略”。[①] 实施城镇化战略是执政党继实施西部大开发战略之后的又一重大战略。

能否积极稳妥地实施城镇化战略，这取决于解放思想和制度创新，取决于如何尽快消除长期形成的对农民的歧视。加入 WTO 后，我国依照国际惯例要对国外企业实行“国民待遇”。那么也应当对国内的农民实行“国民待遇”。农民为国家的工业化和城市建设作出了巨大的历史性贡献。现在工业化已经有了相当地发展，如果再不废止对农民的种种歧视制度，显然是说不过去的。

在实施城镇化战略中，应该彻底消除对农民的种种歧视，全面清理已经不适应社会主义市场经济发展的规章制度和法律政策，不断进行适应社会主义市场经济体制需要的制度创新。具体说：一是制定新的《中华人民共和国户口登记法》，取消沿用半个世纪的户籍管理制度，代之以国际上通行的户籍登记制度，使全体公民在户口身份上一律平等。二是依据新的《户口登记法》，制定全国统一的公平合理的就业政策。不管是国家机关录用公务员，还是企事业单位招聘人员，取消农业户口与非农业户口的区分，统一实行公开、公平、公正的录用制度，使全体公民在就业机会面前一律平等。三是对土地实行有偿流转。在坚持家庭联产承包责任制的基础上，应根据城市化发展的客观需要，不断完善和改革土地制度，使农民根据自己的意愿对土地实行有偿流转。四是重新审视和制定城市化发展方针及城市发展道路。新的城市发展方针应该取消对大城市规模的过度控制，坚持大中小城市和小城镇并重、协调发展。

（本文原载《城市化导报》2000 年第 5 期）

---

① 《中共中央关于制定国民经济和社会发展第十个五年计划的建议》，载《人民日报》2000 年 10 月 19 日。

加快实施城镇化战略

不失时机地加快实施城镇化战略是我国现代化建设的关键突破口。城镇化将有利于从根本上解决我国至关重要的“三农”问题以及可持续发展、科教兴国、西部大开发、依法治国等重大问题。城镇化战略的成功实施，有赖于突破计划经济体制下形成的思想观念、发展思路、政府职能以及人为制度束缚等重重障碍。中共十五届五中全会提出要不失时机地实施城镇化战略。[①]这对于我国社会主义现代化建设有着十分重要的现实意义。

我国现代化建设迫切需要补上城镇化这一课

我国城市化的严重滞后，已经成为国民经济和社会发展新的制约瓶颈。尽快补上严重滞后的城镇化这一课，是我国现代化建设不可或缺的关键性“工序”。

从世界城市化水平对比来看。城市化被公认为是衡量一个国家或地区经济发达和文明程度的重要标志。我国城市化不仅大大低于发达国家水平，也明显低于世界平均水平和发展中国家平均水平。据世界银行统计资料，1996 年，全世界城市化水平已达 45.5%，发达国家城市化水平一般都在 70% 以上，比如美国为 76.3%，英国 89.3%，法国 74.9%，德国 86.7%，日本 78.3%，俄罗斯 76.3%，加拿大 76.8%，意大利 66.7%。发展中国家的平均水平也在 40% 以上，一些看似与我国经济发展水平差不多的发展中国家和一些新兴工业化国家的城市化水平也大大高于我国，比如巴西为 78%，阿根廷 88.4%，澳大利亚 84.7%，新西兰 86.1%，韩国 82.3%，朝鲜 61.5%，菲律宾 54.9%，新加坡则为 100%。[②]同期我国只有 29.9%，差距十分明

---

① 参见《中共中央关于制定国民经济和社会发展第十个五年计划的建议》，人民出版社 2000 年版。

② 参见刘洪编：《国际统计年鉴（‘98）》，中国统计出版社 1998 年版。

显。

从我国城市化与工业化水平的差距看。城市化是工业化的必然结果，工业化是城市化的必要条件。城市化与工业化之间有着密不可分的关联性。著名的发展经济学家钱纳里通过对世界100个国家经济发展规律的分析，认为城市化水平是随着工业化水平的提高而提高的，以人均GDP为标志的工业化水平与城市化水平有一定的对应关系。按照钱纳里发展模型，人均GDP达到800美元时，城市化水平应为60.1%。[①]现在我国人均GDP已达到800美元，但城市化水平还只有30.4%，低了30个百分点。根据世界银行统计资料，我国1997年人均GNP为860美元，同年世界上人均GNP在630—1090美元的12个国家平均城市化水平为41.3%，我国低了11个百分点。[②]1996年我国城市化率与工业化率之比仅为0.69，远低于该比值1.4～2.5的合理范围。我国工业化水平已超过50%，而城市化水平落后于工业化20个百分点。

从我国城市化偏离系数来看。据有关专家研究，1952—1978年间，我国城市化偏离系数为–0.58，表明人口城市化进程严重滞后于农业劳动力非农化进程；1978—1982年间，城市化偏离系数为0.34，人口城市化速度超过了农业劳动力非农化速度；1978—1997年间，城市化偏离系数为–0.50，其中1978—1990年为–0.42，1991—1997年为–0.65，说明1990年代以来，我国城市化滞后的现象更加突出了。[③]我国农村现有剩余劳力1.5～2亿，每年有8000万左右的农村剩余劳动力活跃在全国各城镇。城市化的严重滞后被认为是我国经济发展过程中一个重大的战略失误。尽快补上城镇化这一课，是我国现代化建设的战略选择。

城镇化是我国现代化建设的关键突破口

著名社会学家英格尔斯提出现代化的11条标准，其中一条是"城市人口占总人口的比重50%以上"。这一条解决了，其他各条也就相应地比较容易解决了。我国现代化建设中面临的一系列问题往往与城市化严重滞后有关。可以肯定地说，城镇化是我国现代化建设的关键突破口。

城镇化是"三农"问题的突破口。我国是一个农业人口占绝大多数的农业大

① 参见邱志忠：《中国县域经济创新》，海潮出版社，2000年版。
② 王一鸣等：《关于加快城市化进程的若干问题研究》，载《宏观经济研究》2000年第2期。
③ 王一鸣等：《关于加快城市化进程的若干问题研究》，载《宏观经济研究》2000年第2期。

国，农业、农村和农民问题始终是我国改革开放和现代化建设的根本问题。诸如农民收入增长趋缓、农民负担沉重、农民上访频繁、农村劳力过剩、农村脱贫艰巨、城乡差别拉大等问题长期存在。政府虽然采取了种种措施，但有的收效甚微。乡镇企业曾一度容纳了大量农村剩余劳力，但由于过分强调“离土不离乡”，加上乡镇企业的过分分散，因而并未在实现人口城市化上迈出有效的步伐。推进城镇化是解决“三农”问题的一个重要出路。城镇化有利于实现土地的规模经营、推广农业机械化、提高农业机械化作业水平、降低劳动强度、提高劳动生产率，增加农民收入。通过城镇化将农民这一弱势群体的大部分转变为城镇居民，这不仅是一个重大的经济问题，也是一个重大的社会政治问题。

城镇化是可持续发展的突破口。实施可持续发展是中华民族生存和发展的长远大计。但长期以来，乱砍滥伐、乱耕滥垦、掠夺式经营等现象十分严重，森林植被遭到了毁灭性的破坏，水土流失加剧，沙漠化、荒漠化蔓延，自然灾害频繁，人类赖以生存的生态环境遭到了极其严重的破坏。多年来，生态环境保护已经引起高度重视，也采取了不少措施，但可以说效果很不理想，这主要是由于我国传统的工业化发展模式造成的。此外，我国广大的农村人口过于分散居住生活，他们“靠山吃山，靠水吃水”，要想使他们不去砍伐树林、不去开垦土地何其难。一个切实可行的有效途径就是大力推进城镇化，使绝大部分农村人口向城镇集中，真正有效地做到退耕还林、退耕还草、退耕还河。城镇化也有利于推行计划生育。当大量的农村人口进入城镇转变为市民以后，随着他们生活水平的提高、生活方式的改变以及社会保障制度的建立，计划生育将成为他们普遍的自觉行动。同时，随着大批进入城镇的农村剩余劳动力携带家属在城镇安居乐业，长期以来在农村呈现的以老人妇女和儿童为农业生产“主力军”的严重社会问题也将缓解。

城镇化是科教兴国的突破口。科教兴国的基础在教育，“百年大计，教育为本”。可令人心痛的是，1990 年代以来，广大农村出现了大量的失学儿童，农村文盲半文盲人口占了很大的比重，农村科技教育文化十分落后。这是我国现代化建设的重大制约因素。而城镇的失学儿童和辍学现象相对较少。大力推进城镇化，也有利于加快发展教育事业。通过广大农村人口进入城镇变为市民，他们的生活水平会显著提高，科教意识将大大增强，受教育的条件和环境也有明显改善。尚留在农村的少数农业人口的教育环境也相对容易改善。城镇化将从根本上改变我国长期以来教育落后的局面，这是我国实施科教兴国的希望所在。

城镇化是西部大开发的突破口。加快中西部地区发展，关系经济发展、民族团结、社会稳定，关系地区协调发展和最终实现共同富裕，是实现现代化的重大举措。西部大开发的重点是加快基础设施建设，加强生态建设和环境保护。毫无疑问，推进城镇化是西部大开发的有效突破口，通过在广大西部地区积极推进城镇化，使大量农村人口向城镇集中，形成一批人口规模较大的大中城市，十分有利于西部地区脱贫致富，有利于西部地区的环境保护，有利于西部地区整体经济实力的增强和社会的全面发展。

城镇化是依法治国的突破口。大力推进城镇化，使广大农业人口向城镇集中，必然会进一步繁荣城乡经济，提高全民族的文化素质和文明程度，全体公民的法律意识必然会显著增强，势必造就全社会共同守法的浓厚氛围，也必将从根本上促进政府职能的转变，推动各级政府依法行政。

加快我国城镇化的政策取向

我国正处于城市化快速发展的阶段，当前要突破制约城镇化的种种障碍，及时制定出一系列有利于加快城镇化进程的政策措施。

突破发展思路的障碍。一方面，我国"严格控制大城市规模，合理发展大中城市和小城镇"的城市化发展方针是在长期计划经济体制下忽视城市化发展的背景下制定的，已经很不适合当前城市化快速发展的需要，应取消所谓的"严格控制"。另一方面，我国现行城市规模划分口径也是在计划经济条件下认识严重局限的结果，即：2—10 万人口为小城镇，10—20 万人口为小城市，20—50 万人口为中等城市，50—100 万人口为大城市，100 万人口以上为特大城市。这种划分标准实在太低了，对于拥有 10 多亿人口的泱泱大国来说，50—100 万人口就称为大城市是很不够的，并且还对这 50 多万人口的所谓"大城市"实行"严格控制规模"，显然极不适应时代发展的需要。笔者认为，应该将 1000 万人以上的城市称为超级城市，500—1000 万人口为特大城市，100—500 万人口为大城市，50—100 万人口为中等城市，20—50 万人口为小城市，2—20 万人口为小城镇。根据国家统计局发布的统计数字，我国除上海、北京等极少数几个特大城市外，绝大部分城市的非农业人口不是很多，而是很少，还远远没有达到控制人口规模的地步。以 1997 年为例，我国共有城市 668 个，200 万人口以上 12 个，100—200 万人口 22 个，50—100 万人口的47个，20—50万人口的205个，20万人口以下的382个，小城镇18402个。[①]鉴于我国城镇非农业人口规模普遍偏小，加快进行城镇人口扩容是当务之急。按最保守的估算，平均每个省会城市增加100万人口，各地级市增加50万人口，县级市各增加10万人口，各县城（含中心镇）增加5—10万人口，这样在不新建一座大城市的情况下，通过现有城镇的扩容，全国就可增加城镇人口4亿左右，我国城市化水平就可以达到现代化标准的50%以上。应该说这是完全可能和完全必要的。

突破制度束缚障碍。一是突破户籍管理制度束缚。世界各国普遍实行自由迁徙，而我国却长期实行严格的户籍管理制度，将全体公民划分为农村户口和城市户口，形成了特有的城乡分割的二元体制，严重阻碍了城市化的发展。我国要缩小与发达国家的差距，加快推进城镇化，必须根本改变沿用半个世纪的户籍管理制度，实行国际上通行的户籍登记制度，使全体公民在户口身份上完全平等。现在小城镇的户籍制度已开始改革，各大中小城市的户籍制度也必须纳入改革的序列。二是突破就业制度束缚。长期以来，城市的就业对农民是严格限制的，不管是国家机关、事业单位还是国有企业，招工招干都以城镇户口为先决条件，广大农民只能“打工”。各大中城市甚至出台一系列严格限制农民用工范围的政策，实行垒壁森严的“城市保护主义”，这是对农民的极大歧视，极不适应市场经济和现代化建设的需要，必须予以根本性地废除。新的适应市场经济体制需要的就业制度应该是在坚决取消城乡分割户籍制度的基础上，尽快建立起来，今后不管是国家机关还是企事业单位录用或招聘人员，一律实行在公开、公平、公正原则的基础上，全体公民平等参与竞争。为此必须进行相应的干部劳动人事制度的改革，这是时代发展的迫切需要。三是突破土地制度束缚。在城市化过程中，大批农民要求离开土地进入城市，但现行的土地制度却严重地束缚了农民的流动，加快土地制度改革迫在眉睫。

突破政府职能障碍。随着经济和社会的发展，政府职能必须进行根本性地转变，特别是直接与农民打交道的县、乡镇两级政府，要加快机构改革，实现职能转变。在机构改革中，全国各地应一律撤销位于县与乡镇之间层次的区公所或变相设立的办事处等机构，并进行适当的乡镇撤并。政府改革的关键不只是机构改革，重要的是实现自身的转型，即变掠夺式政府为服务型政府，切实提高公共服务水平。

（本文原载《中国社会发展战略》2001年第2期）

① 参见刘洪编:《国际统计年鉴（‘98)》，中国统计出版社1998年版。

城市化：让农民说说

城市化涉及农民的身份转变和生活改变，事关农民的根本利益。新形势下加快城市化，应当让农民掌握话语权，拥有选择权。

我们太擅作主张了

城市化实质上是农业人口向城市的转移过程，也就是农民转变为市民的过程。在现代化的道路上，有三个关键性的城市化水平的指标，一个是城市化水平达到30%时，进入城市化快速发展阶段；一个是城市化水平达到50%时，进入基本实现现代化的历史阶段；再一个是城市化水平达到70%时，才能真正消除“三大差别”（工农、城乡、体力与脑力劳动差别）。建国后，由于户籍制度的限制，我国城市化进程十分缓慢。我国有13亿人口，9亿是农民，要实现现代化，就必须把让农民进城。中国城市化迟缓的一个重要原因，在于学术理论界和政策决策层擅自“代民作主”，限制农民进城。

城市化水平的高低是衡量一个国家和地区文明程度的重要标志。在这一点上，目前学术理论界的认识已经达到了高度的“一致”，并且大都认为我国面临着严重的“城市短缺”，严重滞后的城市化已经成为制约现代化的“瓶颈”，加快城市化进程，是中国的战略选择。

毫无疑问，这种认识和判断是符合实际的。但在如何选择城市化道路上，几十年来始终存在着不同的争论。在小城镇论、大城市论、中等城市论以及多元化论等各种争论中，小城镇道路事实上已经成为学界的主流观点和官方的主流政策选择。一些小城镇论者站在二元社会结构的框架内，先入为主地假定农民不能进入大中城市，而又不能抵抗世界城市化潮流，于是就搞出了有中国特色的城市化道路——小城镇主导战略。

小城镇论者至少有两大致命的缺陷：一是明显违背城市化发展规律，二是明显违背农民的意愿。国际经验表明，只有规模较大的城市才能产生明显的聚集效应，从而创造较高的规模效益、较多的就业机会、较高的科技进步力、较大的外部扩散效益以及比较完备的城市功能。事实已经证明，小城镇创造不出较多的就业机会、较大的规模效益和完备的城市功能。盲目发展小城镇还明显造成了巨大的土地和财产浪费，造成低水平的重复建设。广大农民真诚地向往大中城市的美好生活，在全国各大中城市打工的1亿多农民工就是明证。小城镇之所以成为时下的主流，根本原因是囿于二元户籍制度的严格局限和对农民命运的擅作主张。可以肯定地说，那些身居大中城市却竭力主张小城镇的人，他自己就不会放弃大中城市而到小城镇去工作、生活。当然，如果一些农民自愿选择到小城镇生活，那就另当别论。

农民最有发言权

有一件事给我的印象很深。2002年春节期间，我在湘西农村调查时，一位农民对我说："我们农民随便由你们怎么摆，反正都是你们这些读书人出的馊主意。"

"农民随便由你们怎么摆"，说得多好呀。几千年来，在皇权专制主义的统治下，农民是任人摆布的动物和工具。在计划经济体制下，农民也是我们爱怎么"摆"就怎么"摆"，从来没有征求农民的意见，农民也从没有平等地参与制定游戏规则。半世纪以来我们通过二元户籍制度把农民摆在"农村"不许动，不许进城。长期以来，学术理论界和政策决策层仍然沿袭计划经济的思维模式，随便把农民摆这摆那，从来没有问过也从没有想到要问过农民是愿意到农村还是愿意到城市、愿意到小城镇还是愿意到大中城市生活。时代发展到今天，特别是我国加入WTO后，拥有话语霸权的主流学者和政策研究专家，应当树立宪法观念，要在尊重农民自由权利的基础上，去开展研究，提出对策建议。

既然城市化是农村人口非农化的过程，那么，农民就应该最有发言权。

让农民自由选择

我曾说过："历史和现实都已证明，只要给农民自由，农民就会创造出惊人的历史奇迹。"我也坚信，只要还给农民迁徙自由、择业自由，充分尊重和保障农民追求幸福的自由权利，那么我国的城市化会得到快速的发展，"三农"问题的症结也会迎刃而解。我国城市化的严重滞后以及城市化道路的争论，其实质在于对农民自由权利的限制和剥夺。学术理论界和政策决策层常常表现出一种“为民作主”、“代民作主”的作风，根本没有想到“由民作主、让民作主”。

2002 年 3 月，朱镕基总理在九届人大五次会议上的《政府工作报告》中指出：“必须进一步解放思想，彻底摆脱传统计划经济的羁绊，切实把政府职能转到经济调节、市场监管、社会管理和公共服务上来。”作为学术理论界和政策研究专家，也必须进一步解放思想，自觉地与计划经济思维模式彻底决裂，牢固树立民本、民权和宪法意识，充分尊重农民作为共和国公民的基本权利。只有这样，学术理论和政策研究才能走出“代民作主”的阴影。

我国现行的教育制度除了“应试教育”这个误区外，还有一个重大的失误，即学校没有着力培养学生的现代公民意识。这就使得即使受过良好教育、拥有高文凭的人，纵使“学富五车”，却也没有宪法观念和公民意识。这些学生一旦走向社会，走上领导层、走上高等院校科研机构，他们思考问题、制定政策，往往忽视公民的宪法权利。计划经济体制对我国的宪政民主进程产生了重大负面影响。这是我国“三农”问题乃至一系列社会问题的重要根源。

孔子说：“己所不欲，勿施于人。”对于那些身居大中城市却极力主张或强行将农民安置在小城镇的人，人们或许会反问：你们自己愿意放弃大中城市而到小城镇去工作生活吗？即使你们自己愿意，但你有权代替农民选择吗？

笔者决非反对发展小城镇，而是反对那种将农民排除在大中城市之外而只将农民安置在小城镇之中的歧视性思维与强制性做法。在城市化进程中，问题的关键不在于各种规模的城市是否要发展，而在于是否尊重农民的自由选择权。如果农民能够自由选择，那农民选择到小城镇生活也就无可厚非了。总之，加快城市化，让农民自由选择吧。

（本文原载《改革与理论》2002 年第 5 期）

二元户籍制：半个世纪的“城乡冷战”

计划经济体制下建立的二元户籍制度，在城乡之间筑起了一道壁垒森严的“户籍墙”，使城乡长期处于“冷战”状态，造成了城市化滞后与农村的贫困落后。在“城乡冷战”中，大中城市一律紧闭“城门”，拒农民于城外。实践已经昭示：无论是加快城市化还是加快现代化进程，首要的关键环节就是推倒“户籍墙”。

神州大地悄然筑起“户籍墙”

1991 年 12 月，占世界版图面积六分之一的苏联土崩瓦解，标志着持续半个世纪之久的“冷战”结束，这是 20 世纪末最引人注目的重大政治事件。可也许没有人认识到，在泱泱 13 亿人口的东方神州，却依然维系着已长达半个世纪的“城乡冷战”。这种“城乡冷战”，以严格的户籍管理制度为核心，在城乡之间筑起了一道壁垒森严的“户籍墙”，将全体公民划分为农村户口和城市户口，形成了农民与市民相区别、城市与乡村相分割的独特的二元社会结构。

随着计划经济体制的建立，“户籍墙”便神不知鬼不觉地筑建起来。1958 年 1 月 9 日第一届全国人大常委会第 91 次会议讨论通过了《中华人民共和国户口登记条例》，明确限制农民进城。这标志着我国严格限制农村人口向城市流动的户籍管理制度以立法的形式最终形成。从此，神州大地高高耸起了一道固若金汤的“户籍墙”，城市与农村、市民与农民开始了长达个世纪的“城乡冷战”。

“城乡冷战”的严重后果，一是城市化滞后，二是农村的贫困落后。由于户籍制度的人为限制，我国城市化进程十分缓慢。1949 年我国城市水平为 10.6%，1959 年为 18.4%，1978 年为 17.9%。从中可以看出，1959—1978 年的 20 年间，我国城市化水平不仅没有上升，反而下降了 0.5 个百分点。从 1950 年到 1980 年的 30 年间，世界城市化水平从 29% 迅速上升到 41.3%，其中发展中国家由 16.7% 上升到30.5%，先进工业化国家由52.5%上升到70%以上。1978—1997年，我国城市化水平年均增长0.63个百分点；1978—1984年，我国城市化水平年均增长0.85个百分点；1992—1997年城市化水平年均增长0.58个百分点，比前6年下降了0.27个百分点，1992—1997年城市化速度进一步下降了0.46个百分点。1997年，全世界城市化平均水平已达46%，发达国家一般都在70%以上，发展中国家的平均水平也在40%以上，同期我国仅为29.9%。

不准城乡居民自由流动，把农民严格限制在农村，这种“画地为牢”的做法，造成了农村的普遍贫困和城乡差距的日益拉大。目前，我国还有几千万农民尚未解决温饱，城乡收入差别日益扩大。1978年城乡居民收入的比率为236:1，1987年扩大到238:1，1995年扩大到279:1，2000年扩大到32:1。世界上大多数国家的城乡收入比率为15:1，超过2:1的极为罕见，而我国城乡居民收入的实际比率已经高达4:1的惊人程度。人们不难从现实生活中或电视上看到，农民穿着的陈旧和营养不良的憔悴面容。

谁的大城市？

改革以来，国家开始对长期实行的严格限制农村人口向城市转移的户口制度进行了力度有限的调整。2000年11月17日《中国经济时报》报道“江苏省再次放宽户口政策”的消息，主要内容是凡符合省辖市规定引进的各类优秀和紧缺人才，在城市投资一定数额举办具有一定规模的实业或连续纳税达到一定数额，以及在城市购买商品房达到规定人均住房面积标准等人员及其配偶、未成年子女允许办理城市常住户口。仔细思量，就会发现这么苛刻的条件对广大农民来说真是望“城”莫及了。因而这样的“放宽户口政策”并未使笔者和广大农民露出开心的笑容。可江苏省的这一举措在全国来说称得上“敢闯敢冒”而予以报道，其他大城市对“城门”的紧闭程度就可想而知了。

各大中城市如此限制农民进城，这使人们不得不问一句：这是谁的大城市？

难道城市就是城市人的城市，农村就是农民的农村吗？笔者认为各大中城市坚守户籍制度不变，这是一种典型的“城乡冷战”思维在作怪。

众所周知，建国后，我国为获取工业化所需要的原始积累，不得不对农业和农民进行剥夺。据统计，从1952年到1986年，国家通过剪刀差从农民身上无偿地抽走了6868.12亿元的巨额资金，约占这些年来农民新创造价值的五分之一。农民为国家工业化无偿提供了约7000亿元资金，为我国的城市化发展奠定了最迫切的物质基础。可以说至少两代农民为城市的发展作出了历史性的巨大贡献。

而在城市经济陷于困难时期开展的上山下乡运动，有大约2000万的城镇知青来到广阔的农村生活，广大农民群众张开热情的臂膀欢迎他们，把他们当作亲人一样看待。可这些城里人返城之后。回报给农民的就只是一曲“谢谢你给我的爱”，“伴我度过那个年代”。

无论从国民经济相互依存的系统分析，还是从农民对城市的贡献来看，人们都有足够的理由说，城市是全国人民的城市，农村也是全国人民的农村。

大城市其实并不大

几十年来我国对大城市的发展方针从“控制”到“严格控制”，其实质就是不让农民进城。这个几十年来要“严格控制”的“大城市”究竟有多大呢？据查，我国现行城市规模划分的口径是：2—10万人口为城镇，10—20万人口为小城市，20—50万人口为中等城市，50—100万人口以上为大城市，100万以上的为特大城市。原来50—100万人口就是“大城市”了，要“严格控制”。

据中国统计年鉴统计，1998年，我国共有各类城市668个，其中200万人口以上的13个，100—200万人口24个，50—100万人口48个，20—50万人口205个，20万以下人口378个。在省会城市和计划单列市中，城市非农业人口超过500万的只有上海、北京、天津、重庆4个。从世界各国和我国大城市的人口规模对比来看，20世纪90年代初，英国总人口5800多万，首都伦敦达689万人；湖南省总人口6400多万，省会长沙只有170万人；墨西哥总人口8000多万，首都墨西哥城达800多万人，占全国总人口的十分之一；河南省总人口8000多万，省会郑州只有203万人，等等。总之，我国一个人口大省相当于世界上一个中等国家的人口规模，但我国各省会城市人口规模却远远低于类比国家首都的人口规模水平。

因此，我国所谓的“大城市”其实并不大，不仅不大，而且还很小。从统计数字来看，我国绝大多数城市人口的规模不是太大而是太小，还远远没有达到控制人口规模的程度。笔者曾提出，为适应市场经济和城镇化发展战略的需要，应对我国城市划分口径进行重新界定，即将1000万人口以上的城市称为超级城市，500—1000万人口为特大城市，100—500万人口为大城市，50—100万人口为中等城市，20—50万人口为小城市，2—20万人口为小城镇。除了极少数几个城市的人口规模应保持适度增长外，其他所有大中小城市的人口规模都完全可以再翻一番。

城镇化中的误区

由于“城乡冷战”思维的长期影响，在城镇化发展中存在着种种误区。

一是把城镇化理解为小城镇化。在现实生活中，在实际操作层面上，各级各部门把城镇化的重点放在小城镇建设上，一些学者也在竭力为发展小城镇旁征博引，但另一些学者已开始认识到小城镇建设并不成功。我们决不能把城镇化片面理解为小城镇化。实践已经证明，大力发展小城镇，致使小城镇遍地开花，造成了土地资源的巨大浪费。小城镇本身就业机会少，基础设施差，人口规模小，文明程度不高，绝大多数小城镇居民实质上是住在小城镇上的农民。据统计，全国建制镇数量由1979年的2856个发展到1999年1.9万多个，但建制镇平均人口只有6000多人，其中非农业人口3000人。可以说，小城镇根本没有产生出集聚效益和规模效益，它在改变居民生活方式和提高居民文明程度上也力不从心。小城镇特别是县城建设和扩容，在一定程度上可以缓解我国城市化的压力，转移一定数量的农村人口，但发展小城镇绝不是我国城市化的最优选择，它的严重弊端是显而易见的。笔者并非片面反对发展小城镇（或许大城市郊区的小城镇发展有其自然合理性），而是反对只单一地发展小城镇。

二是害怕“城市病”。“城市病”是对城市经济与社会发展所出现诸多弊病的一种形象比喻。第二次世界大战后，全世界兴起了城市建设和城市社会发展的浪潮，这既带来了现代化和社会进步的一面，也造成了诸如交通阻塞、住房拥挤、地价房价过高、失业率上升、生态环境恶化、犯罪率高等经济社会问题的“城市病”。这本来是十分正常的事情。随着时间的推移，西方发达国家和新兴工业化国家的“城市病”已大大缓解。“城市病”实质上是一种管理问题，是可以治疗的。可一些人怀有“冷战”思维，借此批判资本主义社会的“罪恶”，由此压制我国城市化的发展。其实农村长期积压的贫困、失学、文盲半文盲、专制愚昧、生态恶化、农民收入增长困难、大量劳动力过剩、宗族和流氓恶势力干扰等“农村病”更为严重。我认为“城市病”是一种“发展病”、“富贵病”，而“农村病”是一种“落后病”、“贫困病”。两种“病”都需要治疗。但决不能借口“城市病”而对农民关闭城门。

三是担心城市就业压力大。这既是对城市化的误解，也是排斥农民进城的借口。事实上这种观点是站不住脚的。首先，农民进城不仅不会减少就业总量，反而会增加就业机会。因为人群一旦集聚，就有一种天然的生成发展机制。从世界各大城市的发展来看，并不是有了就业机会再进行人口迁移流动，而是人口的迁移流动和集中创造出更多的就业机会。这正如汽车产业并不是要等到公路全部修好后再发展一样。其次，农村同样也存在失业。政府的责任就是最大限度地创造使全体公民充分就业的机会，包括为农民创造就业机会，因为政府既是城市的政府，也是农村的政府。再次，小城镇的就业机会更少。小城镇由于人口较少，缺乏规模效益，就业机会远远不如大中城市，这就是为什么全国1亿多农民工选择到大中城市打工的原因。

把农民限制在小城镇里也是一种强人所难的举措。长期以来严格的户籍制度使农民不可能实现城市之梦，他们只好退而求其次在小城镇安营扎寨。小城镇并不是所有农民的理想归宿，不少农民真诚地向往大中城市。各种城市化道路的争论，最大的误区就在于不征求农民的意见而空发议论。应该说，我国的城市化道路应该由农民自由选择，农民喜欢到什么城市生活就尊重农民的意愿，如果农民喜欢到大中城市生活就让他们到大中城市生活，如果一些农民喜欢到小城镇生活，那也要尊重农民的这个自主选择。这才是真正的顺民意、合民心，也必将促发展。

万众一心推倒“户籍墙”

在国人的WTO热中，一些诸如贸易壁垒、国民待遇等新兴词汇不断涌现。我国政府承诺消除贸易壁垒，对国外企业和人员实行国民待遇。在国内，更加迫切需要消除城乡之间的“户籍壁垒”，对农民实行一视同仁的“国民待遇”。

现在我国有13亿人口，其中9亿在农村。在发展小城镇的过程中，全国2000多个县，每个县城平均增加10万人，中心镇增加5万人，则每个县小城镇人口平均至少增加15万人，2000多个县则可转移3亿农民。还有6亿怎么办？就必须大力发展大中城市了。我国除上海、北京、天津三个城市的人口不可能有太多的增长外（也不是不能增长），其他各大中小城市大有发展的空间，按比较保守的估算，200万人口以上的13个城市中平均增加200万人口，计增加2600万人；100—200万人口的24个城市平均增加200万人口，计增加4800万人，50—100万人口的205个城市平均增加50万人，计增加7560万人，以上总计可转移农村人口增加城市人口3亿人。这样我国城市化率可达70%以上。而届时我国实际总人口将增至15—16亿。我国城市化的近期目标应该是达到50%的中等发达国家水平即达到实现现代化的最低标准，中长期目标应该是使城镇化水平达到 70%以上。

由此可见，绝不能把城市化进程仅仅寄托在小城镇上，我国各大中小城市在城市化进程中必须打开“城门”。加快城市化，首要任务就是改革二元户籍制度，坚决推倒将城乡分割起来的“户籍墙”。二元户籍制度已被公认为极大地阻碍了我国城市化和现代化进程，耸立在城乡之间的“户籍墙”是阻碍我国人口自由流动的重大障碍。现在是该彻底抛弃二元户籍制度的时候了。我国政府多次声称尊重的《世界人权宣言》和已经签署的两个国际人权公约都规定公民有自由迁徙的权利。为了加快我国城市化和现代化进程，建议尽快修改宪法，重新恢复 1954 年宪法规定的确保公民自由迁徙的权利，废除 1958 年通过的《户口登记条例》，按照国际惯例制定确保公民迁徙自由的新《户口登记法》。

孙中山曾说过：“世界潮流，浩浩荡荡，顺之则昌，逆之则亡。”城市化是人类文明进步的历史潮流。为了使公平、公正、自由的全国统一大市场的顺利实现，加快我国城市化和现代化进程，迫切需要人们万众一心推倒“户籍墙”。

（本文原载《城乡建设》2001 年第 7 期）

第二篇
解放农民与农民自由

解放农民

当我写上这个题目时，我的心情是相当沉重的。而农民生存状态的日益恶化，又迫使我不断增强奋笔疾书的使命感。中国是一个典型的农民国家，农民问题是中国革命、建设和改革的根本问题。半个多世纪来，中国农民事实上已经经历了几次重大的解放：新民主主义革命的胜利，使农民从“三座大山”的剥削和压迫下解放出来，开始翻身作了国家和社会的主人；包产到户的推行，使农民从饥饿半饥饿中解放出来，开始吃饱了肚子，过上了温饱和小康生活；村民自治的推行，使农民从政社合一的人民公社体制的桎梏中解放出来，开始向民主政治的大道迈进。难道今天还需要再提解放农民吗？

是的，解放农民不但需要，而且还十分紧迫。当前挑战中国的“三农”问题，特别是日益尖锐的农民问题，使我更加认识到了解放农民的必要性、重要性和紧迫性。我敬佩像郭书田、刘纯彬这样的政策研究专家，他们早在上个世纪80年代中后期就敏锐地提出了严重束缚农民的二元社会结构理论；[①]我敬佩像杜润生、党国英这样的农村问题研究学者，他们孜孜不倦地为农民这一弱势群体说话呐喊；[②]我敬佩像李昌平这样与农民直接打交道的基层党员干部，他们敢于舍弃“乌纱帽”而忘身为民请命。[③]但决策层又怎样采取根本性措施和采取怎样的根本性措施，才能使中国彻底走出“兴亡百姓苦”的历史怪圈呢，我认为这就是新时期的农民解放。

---

① 参见农业部政策研究中心课题组：《二元社会结构：城乡关系：工业化·城市化》，《经济研究参考资料》1988年第90期。

② 参见杜润生：《给农民创造一个更好的制度环境》，载《中国改革》2000年第10期；党国英：《我们为什么要为农民说话》，载《南方周末》2000年12月7日。

③ 参见黄广明、李思德：《乡党委书记含泪上书，国务院领导动情批复》，载《南方周末》2000年8月24日。

将农民从二元结构中解放出来

解放农民，就是要把农民从二元社会结构的羁绊中解放出来，撤除城乡隔离的人为樊篱，打碎套在农民身上的体制性枷锁，给农民以公平公正的国民待遇、平等自信的公民地位和自由广阔的生存发展空间。建国后，在苏联模式的影响下，我国迅速建立高度集中的计划经济体制，为确保这个体制的运转，祸害无穷的二元社会结构就牢固地建立起来。包含户籍制度、住宅制度、粮食供给制度、副食品和燃料供给制度、生产资料供给制度、教育制度、医疗制度、养老保险制度、劳动保护制度、婚姻制度等多项具体制度在内的二元社会结构，人为地把我国切割成市民与农民相区别、城市与农村互隔离的畸形社会，农民成为低人一等的“二等公民”，农村也曾一度成为城市人“犯错误”、“受处分”的下放和改造之地。一个国家就这样分成泾渭分明的两大块，各大块年复一年地进行着封闭的体内循环。与此同时，国家还实行“挖农补工”政策，通过“剪刀差”无偿地从农民那里获得工业化所需的原始积累。据统计，从 1952 年到 1986 年，34 年间国家通过价格“剪刀差”从农业中隐蔽地抽走了 6868.12 亿元的巨额资金，约占这些年间农业所创造价值的 18.5%。进入 20 世纪 90 年代后，“剪刀差”还呈不断拉大的趋势。这种二元社会结构，直接造成了农村的落后贫困和农民经济、政治、法律和社会地位的丧失。全国至少还有 3000 万农民尚未解决温饱，城乡差距日益拉大。1978 年城乡居民收入比率为 2.36:1，1987 年扩大到 2.38:1，1995 年扩大到 2.79:1，2000 年扩大到 3.2:1。世界上大多数国家的城乡收入比率为 1.5:1，超过 2:1 的极为罕见，而我国城乡收入的比率实际上已高达 4:1 的惊人程度。[①] 没有经济地位的农民，也没有政治、法律和社会地位。农民被市民贱看已成习惯。一些乡村干部目无党纪国法直接侵犯农民的生命财产权利并非特例。为了从农民身上搜刮更多的利益，有的地方乡村干部根本不经过法院、检察机关批准，直接带领干部或公安干警到农民家里牵牛抬猪抢粮食，随意捆绑殴打村民，逼死打死农民的恶性事件时有发生。据 1996 年中央办公厅和国务院办公厅关于 1995 年涉及农民负担恶性案件的情况通报，全国共查处 13 起恶性案件，被乡村干部逼死打死的农民 12 人。到 1997 年，中央“两办”通报 1996 年涉及农民负担恶性案件已上升到 26 起，被乡村干部直接逼死打死的农民

① 转引自仲大军：《户籍制度与二元结构对中国农村的影响》，载《中国国情国力》2001 年第 2 期。

26人（其中还有一名11岁的小学生）。[①] 在城市，就没有哪级干部能够如此肆无忌惮地逼死打死市民了。至于涌入城市谋生的农民打工者，却普遍地受到就业歧视，他们干的大都是脏、累、苦、险的活儿，不少私营老板不仅擅自延长工作时间、克扣工资，还随意毒打农民工，民工被毒打致伤、致残、致死的事件不断披露报端。而城市的"正宗"职工就不会有如此原始资本主义积累时期的悲惨境遇。身居社会最下层的农民的基本人权受到了四面楚歌式的围攻。农民不断地付出眼泪、鲜血和生命的代价，却并没有换来社会对他们的强有力帮助和保护。众多事实表明，仅靠表面的学习、形式主义的说教和自律性努力已经制止不了强势集团对农民的欺凌和侵害。我国社会主义市场经济体制已经建立起来，在计划经济体制下形成的二元社会结构却没有相应地改变，农民的不平等待遇和受歧视的地位没有根本性地扭转，农民依然在窒息他们的二元社会结构中挣扎。时代发展到今天，不解放农民，就不可能有农民的积极性和创造性；不解放农民，就不可能有农民的自由和幸福生活；不解放农民，就不可能有富强民主文明的现代化；不解放农民，就不可能有中华民族的伟大复兴。

加快改革束缚农民的旧体制

解放农民，就是要顺应时代潮流和农民的普遍意愿，加快推进农村体制改革。中国的改革本来是从农村开始的，而1990年代以后农民却陷入了前所未有的艰难困苦之中，其根本原因在于农村改革的滞后。发展才是硬道理，改革才有大出路。家庭联产承包责任制和村民自治这两项伟大的改革，曾使农村发生了根本性的变化。可进入20世纪90年代，农村改革就基本上停滞了。也正是在1990年代，"三农"问题像滚雪球似的日益膨胀和严重，农民收入越来越少，农民负担越来越重，基层政权对农民的盘剥和粗暴干预越来越厉害，"官逼民死"和"农民逃亡"现象怵目惊心，农民已经被逼到了生存危机的边缘，连朱镕基总理都义愤地指出已经到了"民怨沸腾"的地步。这一切的罪魁祸首，不是别的，正是传统的钳制农民的旧体制。邓小平说过，制度问题更带有全局性、根本性、长期性，制度好可以使坏人无法任意横行，制度不好可以使好人无法充分做好事，甚至会走向反面。解放农民，就是对旧体制的一场深刻革命，对旧体制的革命就是要加快推进农村体制改

① 转引自梁骏等编著：《村民自治——黄土地上的政治革命》，中国青年出版社2000年版，第18页。

革。

一是要消除压力型管理体制。一项由海内外学者联合完成的研究揭示，中国的县乡政治体制是一种“压力型体制”。[①] 这种体制通过将政府确定的经济发展的硬指标逐级分解下达，从县、乡镇再到村，村再将每一项指标落实到每一个农民头上，各级收缴各种税费时，又层层加码，最后摊到农民头上已经是“天文数字”了。各级官员为了展示自己的“政绩”和表现自己的“才华”，就竭力超额完成任务。在这种压力型体制下，完全排除了国家与农民分权的任何可能性，居于弱势地位的农民无处申诉，就只有任人宰割的命运。

二是解除户籍制度和土地制度对农民的严重束缚。公民的居住和迁徙自由是全世界公认的一项基本人权，1954 年《宪法》就规定了公民的这项权利。但为配合计划经济体制的运行，1958 年 1 月全国人大常委会通过的《户口登记条例》就将公民的这项基本权利轻易地取消了。1982 年《宪法》也未予恢复。1997 年和 1998 年，我国政府先后签署了包含公民居住和迁徙自由权在内的两个“国际人权公约”。可以说，现在是彻底改革户籍制度，重新恢复和确立全体公民居住和迁徙自由权的时候了。农村的土地制度也亟须改革，坚持家庭承包责任制不变，但这不能成为强迫农民种田的借口。本来农业的比较效益低，加上名目繁多的乱集资、乱收费、乱摊派，农民种田已毫无利润可言。现行的土地制度没有充分确认农民的产权关系，限制了土地的合理流转。这对农民来说，就是你不种田也得种田，种田有没有利润你都得上交各种税费，这种强迫农民种田的逻辑该彻底抛弃了。在城市，你办企业开商店没有钱赚，可以停办企业关门大吉，有关部门不至于再上门收税费吧。在农村则不然，种田没有利润，可农民不能不种，不种田要收取你的“撂荒费”，不管你种不种，各种税费一分不能少。这种土地税赋制度明摆着欺侮老实农民，这正应着中国的一句古话：老实人吃亏。因为农民作为弱势群体，只能“善”不能“恶”，只能当“老实人”。所以各级各部门就大胆地把手伸向农民而无后患之忧。

三是取消“三提五统”和农业税。1983 年撤销人民公社、建立乡政府后，与人民公社体制相对应的农村提留统筹制度却保留下来，并沿袭至今。据统计，从 1993 年到 1998 年，全国提留统筹费由 380 亿元增至 729.7 亿元，平均增长 13.9%。按人均计算的提留统筹费由 44.6 元上升至 84 元，年增 13.8%。[②] 从本质上说，“三

① 参见荣敬本等：《从压力型体制向民主合作体制的转换——县乡两级政治体制改革》，中央编译出版社 1998 年版。

② 方言：《我国农村税费现状及成因分析》，载《经济研究参考》2001 年第 24 期。

提五统”是用于提供农村公共产品和服务的公共需要，而这些公共需要，在城市则全部由国家财政包下来，在农村则由全部农民自己包下来，这是极不公平的。提留统筹制度早已经失去了其存在的合理性，应该予以取消。由于农业是弱质产业，在实行市场经济的国家一般都没有单独设立农业税，而是对农业与其他纳税对象征收同样的税收，不仅如此，这些国家都普遍地实行对农业的特殊保护和财政支持政策，确保农业在市场经济中得到健康发展。我国农业税虽然不算太重，年均不过300亿元（“九五”期间全国农民年均交纳农业税254亿元），[①] 但仍然需要取消。取消上述两项税费，可能有人会认为乡村两级不能正常运转，国家税收会减少，影响中央财政调控能力。其实不然，以上两项税费加起来不过600—1000亿元，我们不要算其他的帐，只需精减党政机构和控制公款消费就能解决这个问题。据有关部门统计，全国乡级供养人员已增至870.9万人，乡均200人。[②]。如果乡镇干部人员精简一半就是430多万人，平均每人每年以1万元支出（含工资、办公费用）计，此项就可节省430多亿元，而全国党政机关公款吃喝、公款消费、公款送礼等挥霍每年不下1000亿元。[③] 如果能够建立起与社会主义市场经济相适应的公共财政框架，大力进行公共财政支出改革，问题就更加迎刃而解了。所以，只要改革就有出路。不仅要取消“三提五统”和农业税，而且也要取消义务工、积累工，取消一切面向农民收取的不合理、不公平的费用。至于在教育、卫生、电力、公路、信贷、水利建设、邮电通讯和其他基础设施建设及社会保障等方面，国家再也不能继续实行城乡有别、厚此薄彼的“一国两策”了。我们认为，只要深化改革，就完全有财力确保城乡居民待遇的一体化。[④]

四是实行乡镇自治化、农民组织化。从秦始皇统一中国到1949年，我国的乡镇自治有着悠久的历史传统，中国历代统治者基本上都只将国家政权机构设置到县一级，县以下实行自治。所以自古就有“皇权不下县”的说法。清朝政府1908年

---

① 方言：《我国农村税费现状及成因分析》，载《经济研究参考》2001年第24期。

② 同上。

③ 这个数据只是笔者多年前的最低估算。据有的学者最新保守估计，2007年，全国行政事业单位公车花费（不含购置费）、公款招待、公费出国三项为7690亿元。参见周天勇：《税费不能承受政府支出之重》，载《中国经济时报》2009年11月3日第12版。

④ 从2001年开始，笔者就在相关文章中反复呼吁取消农业税。2004年3月，温家宝总理在《政府工作报告》中首次提出5年内逐步取消农业税，到2006年全国彻底取消农业税，标志着在我国实行长达2600年的农业税退出历史舞台，中国农民结束了种田纳税的历史。取消农业税，打开了中国农村改革发展的崭新局面。从此，中国农村改革进入了一个鼓舞人心的新时期。

颁布的《城镇乡地方自治章程》至今仍有借鉴意义。[①] 解放前，共产党在根据地就实施了地方自治制度。现在，乡镇不仅没有财力建立一级完全政府，而且其职能也已“三要化”（要粮要钱要命），一些乡镇还呈现出带头违法犯罪的现象，它在加重农民负担、干预村民自治、侵害农民人身权利和财产权利等方面扮演着极不光彩的角色，与造福一方的宗旨和提供公共服务的职能背道而驰。为了维护广大农民的根本利益，为了扩大基层民主，健全法制，必须尽快撤销乡镇政府，[②] 相应地实行乡镇自治制度。正如工人有工会组织一样，农民在村民自治的基础上，还需建立一个代表自己利益为自己说话的农民组织即农会。设立农会不是今天才需要出现的，在民主革命时期，党的许多领导人就非常善于组织农会，搞好农会工作。在市场经济的大潮中，作为个体的农民，要能与其他组织进行有效地谈判和博弈，真正达到保护自己利益的目的，就必须把单个、分散的农民组织起来，组成自己的农会。

城市化是农民的一条解放之路

城市化是农民的解放之路。中国革命走的是一条农村包围城市的道路，中国的现代化必须走一条农民进入城市的道路。农民进入城市的过程也就是城市化的过程，城市化的过程就是解放农民的过程。城市化是中国农民的解放之路。

回首已走过的历程，我国在这条路上走得太慢太艰难，这根本缘于国家对农民进城设置太多的障碍，农民在迈向城市化、现代化的道路上，肩负着太多太重的包袱。国际经验表明，在现代化的道路上，有三个关键性的城市化水平的指标，一个是城市化水平达到30%时，进入城市化快速发展阶段；一个是城市化水平达到50%时，进入基本实现现代化的历史阶段；再一个是城市化水平达到70%时，才能真正消除工农差别、城乡差别、体力劳动和脑力劳动的差别。[③] 建国以后，由于户籍制度的人为限制，我国城市化进程十分缓慢。1949年我国城市化水平为10.6%，1959年为18.4%，1978年为17.9%。从中可以看出，1959年至1978年的20年间，我国城市化水平不仅没有上升，反而下降了0.5个百分点。从1950年到1980年30年间，世界城市化水平从29%迅速上升到41.3%，其中发展中国家由16.7%上升到30.5%，先进工业化国家由52.5%上升到70%以上。到1997年，全

① 参见郑法：《农村改革与公共权力的划分》，载《战略与管理》2000年第4期。
② 参见邓大才：《乡级政府该撤了》，载《中国国情国力》2001年第3期。
③ 参见课题组：《现代化标准研究》，载《宏观经济研究》2000年第4期。

世界城市化平均水平已达46%，发达国家一般都在70%—80%，发展中国家也在40%以上，而我国仅为29.9%，相差甚远。我国有13亿多人口，9亿是农民，要实现现代化，就必须把绝大部分农民转移到城市来。

中共十五届五中全会通过的“十五”计划的《建议》提出了“实施城镇化战略”，这是非常及时和正确的。但在实施城镇化战略的理论和实践中却存在着严重的误区。

一是把城镇化战略理解为小城镇战略。发展小城镇已经成为官方的主流政策和地方的主流行动，其实这是中国城市化的重大失误。发展小城镇既不符合世界城市化的发展规律，也不符合农民的普遍愿望，同时，小城镇也不能完成我国城市化的艰巨任务。国际经验表明，只有规模较大的城市才能产生明显的聚集效应，从而创造较高的规模效益、较多的就业机会、较高的科技进步力、较大的外部扩散效益以及比较完善的城市功能，事实证明，小城镇创造不出较多的就业机会、较大的规模效益和完备的城市功能，盲目发展小城镇还明显地造成巨大的土地和财产浪费，造成低水平的粗放型的重复建设。从完成我国城市化的目标任务来看，小城镇也力不从心，以50%的城市化水平计算，我国目前12亿多人口，就需6亿多人生活在城市，以70%的城市化水平计算，就需8亿多人生活在城市。全国2000多个县，充其量估算，每个县的县城（含中心镇）平均增加10万城镇人口，也只能解决2亿多人口的转移问题，还有4—6亿多农民必须进入全国各大中小城市。发展小城镇之所以成为时下主流，主要是囿于二元户籍制度的严格局限和对农民命运的擅作主张。可以肯定地说，那些主张小城镇的人，他自己就不会放弃大城市而到小城镇去生活。在城市化进程中，各大中城市不能无动于衷，紧闭“城门”。为了不使人们对城市化产生理解上的歧义和由此造成的不利后果，在主流话语中应提倡以“城市化”取代“城镇化”，城市化其实已内在地包含发展小城镇，城市化不排斥发展小城镇。

二是把户籍制度改革局限于小城镇户籍改革。半个世纪以来城乡隔离的二元户籍制度是计划经济体制为农民套上的沉重枷锁，在市场经济条件下必须予以根本性地改革。中共十一届三中全会以来，户籍制度开始松动。1984年，国家允许农民自带口粮到县城以下集镇落户，到2000年，小城镇户籍改革在各地大步推进，从2001年10月1日起，全国两万多个小城镇全面推行户籍制度改革，这是我国改革开放的重大成果。但户籍制度改革仅限于小城镇的做法显然是远远不够的，户籍制度改革的终极目标应该是实现人口的自由迁徙。为此，我曾对掌握公民户口命运的国家公安部颇有微词，后来了解到早在1985年国家公安部就着手起草对户籍制度进行根本性改革的《户口法》，但却迟迟出不了台，主要原因是遭到了诸如教育部等有关职能部门的强烈反对。[①]改革是第二次革命，是对传统不合理利益格局的重新调整，必然要触及到一些部门和个人的既得利益。但为了广大人民的根本利益和国家民族的前途命运，对于阻碍改革的势力，必须予以宣战。执政党提出要始终“代表中国最广大人民的根本利益”。9亿多农民的根本利益，就是中国最广大人民的根本利益。2001年以来，一些大中城市的户籍改革频见报端，特别是8月1日河北石家庄市户籍改革正式实施，[②]拉开了我国省会城市户籍改革的帷幕，尽管其中仍有许多不尽如人意之处（比如仍然设置过高的进城门槛），但毕竟开了一个好头，希望在不久的将来，大中城市的户籍改革能够得到迅速普及。

解放农民，是农民的迫切愿望；解放农民，是中国现代化建设和民族伟大复兴的希望所在。让我们以对美好生活向往的坚定信念和大无畏精神，万众一心改革旧体制，齐心协力解放全体农民。

（本文原载《书屋》2002年第1期）

① 参见参见寿蓓蓓：《中国户籍制度悄悄改革》，载《南方周末》2001年8月30日。寿蓓蓓：《中国户籍制度悄悄改革》，载《南方周末》2001年8月30日。

② 同上。

农民自由发展与乡镇体制改革

“三农”问题已经成为我国改革开放和现代化建设的重大瓶颈。“三农”问题的核心是农民问题，农民问题实质上是权利问题，是农民的自由而全面发展问题。从保障农民权利、促进农民自由而全面发展入手探讨乡镇体制改革，乃至整个“三农”问题，可能更有助于人们视野的开拓、思维的启迪和问题的解决。

权利缺失：农民的三重困境

1949年共产党革命的胜利，将中国农民带入了“三千年未有之变局”中。从照搬苏联模式搞高度集中的计划经济，到改革开放以来实行社会主义市场经济，半个多世纪的中国农民实质上面临三重困境。

一是制度歧视的困境。在南非，有过漫长的白人歧视黑人的种族歧视。直到20世纪90年代，以曼德拉为代表的南非人民经过长期的斗争，终于废除了持续300多年的种族歧视，建立了种族和解与自由发展的新南非。在中国，没有种族歧视，却有农民歧视。农民歧视是一种政策制度歧视，它根源于建国后在计划经济体制下出台的一系列剥夺农民宪法权利的制度安排，使农民处在完全不平等的制度环境中，将农民降为“二等公民”的地位。这种以歧视农民为本质特征的政策制度安排，在全世界形成了绝无仅有的二元社会结构。20世纪80年代后期，一些学者就研究出农村人口和城市人口在国民待遇方面有14个不一样。[①] 著名社会学家陆学艺称之为“城乡分治，一国两策”。[②] 这种“城乡分治、一国两策”，实质上是一种治国上的“双重标准”，对农村和农民是一种歧视性的标准，对城市和市民是一种

---

① 参见农村工业化城市化与农业现代化课题组：《二元社会结构：分析中国农村工业城市化的一条思路》，载《经济研究参考资料》1989年第171、172期。

② 陆学艺：《走出“城乡分治 一国两策”的困境》，载《读书》2000年第5期。

保护和特权式的标准。在户籍制度、就业制度、教育制度、社会保障制度等各个方面，农民丧失了宪法赋予的平等的公民权利。

二是市场失灵的困境。改革开放以来，市场取向的改革，使农民在歧视性旧制度的束缚下走向市场的汪洋大海。一方面，市场经济是优胜劣汰的竞争性经济，它要求市场主体的平等地位和自主权。可中国农民却在歧视性制度之绳捆绑住手脚的情势下去与市场中的强势主体进行不平等的竞争，其不利因素是显而易见的。同时，农民的生产自主权也常遭到基层政权的干预，乡镇政府可以打着农业结构调整的旗号强制农民种植指令性作物。在种田无利乃至亏本时，农民没有休耕的自主权，乡镇政府对那些自愿休耕的农民则强行收取“撂荒费”。另一方面，即便是农民拥有平等的市场主体地位，农民在市场经济的竞争中也会处于不利地位，因为极其分散的小农经济必然在市场经济的竞争中走向破产和衰落。在温铁军看来，中国农村最基本的土地、劳动力和资金三要素现在还没有条件被市场这只“看不见的手”自发调节。①

三是政府失灵的困境。在市场经济条件下，政府的主要职能是提供公共物品，维护社会的公平和正义。在社会转型时期，我国政府职能比较普遍地呈现出“越位”和“缺位”的倾向。一方面，政府“越位”，热衷于“积极行政”，侵害了农民的“消极自由”。政府行为要“有所为有所不为”，政府行政可分为“积极行政”和“消极行政”。基层政府的“积极行政”就可能妨碍农民的“消极自由”，比如发展集体经济、调整农业结构、大兴政绩工程等这种“以权谋公”式的“积极行政”，在当前十分盛行，它严重干预了农民的生产生活，侵害了农民的基本权利和自由。农民作为共和国公民应当享有的言论自由权、人身自由权、财产权以及生命权等基本权利和自由，政府不去干预，农民自然享有。农民这种自然享有的“消极自由”，只有在遭到政府的干预时才会遭受损害。政府的这种“积极行政”，就是“越位”，做了不该做的事。要保障农民的“消极自由”，政府就只能“消极行政”，“有所不为”，不要去扰民，让民休养生息，安居乐业。另一方面，政府又不能“缺位”，不能无所作为“消极行政”，要在提供公共物品上“积极行政”“有所为”。在现代社会，分工越来越细，人们对政府的要求也越来越高。对农民来说，既不希望政府去干预他们的正常生产生活，又渴望政府提供必要的公共服务。这就是农民的“积极自由”，与此相适应，政府也应当“积极行政”，把政府“缺位”的事补上去，要

① 温铁军：《“市场失灵＋政府失灵”：双重困境下的“三农”问题》，载《读书》2001年第10期。

"有所为"。政府"积极行政"的范围，主要包括为农民提供公共设施、就业、社会保障和教育、科技、文化、卫生、体育等公共服务，为农民的公共生活和公共活动提供保障和创造条件。当前尤其要重点突出两方面：一是突出保障农民的受教育权、社会保障权和就业权。收费式的义务教育和产业化的医疗卫生事业，使农民一怕上学二怕生病。就业是民生之本，大量的农村剩余劳力对统筹城乡就业提出了迫切的要求。二是突出对农业的扶持和对农民的补贴。农业既是基础产业，也是弱势产业，要承担自然风险和市场风险，国家必须加强扶持和保护，这是世界各国普遍的做法。我国作为农业大国和农民大国，在加入 WTO 后的今天，更要加强对农业的扶持和对农民的直接补贴。

在上述三重困境中，农民收入增长连年下降，农民的人身权利和财产权利遭到了一些基层行政的空前侵害。基层的行政尤其是乡镇的暴力行政，产生了触目惊心的"基层暴政"现象。一些乡镇在"压力型体制"下，为完成上级下达和层层加码的目标管理责任制任务，滥施权力，对农民暴力相向。这种暴力行政集中体现在四个方面：

一是以调整农业结构为名，强行毁掉农民的青苗，强迫农民种这个种那个，呈现出逼迫农民致富的现象。2000 年 5 月 13 日，湖北省房县某乡政府打着调整农业结构的旗号，强行拔掉农民陈某某种的苞谷苗，迫使她种辣椒，最终逼迫陈某某服毒身亡。①

二是在收缴税费中抢劫农民财物、关押毒打农民，甚至致农民于死地。不少乡镇政府组织小分队进村入户牵牛抬猪抢粮食，酿成了一系列恶性案件。1999 年 12 月 29 日，四川省鼓州市某镇政府为了非法收取 4 万多元的村建公路集资款，组织"催收队"一行数十人到楠林村，先后用手拷棕绳将 5 名"不听话"的村民捆绑起来游村、游街，并将这 5 名村民非法关押近 12 个小时，其中一村民右手被打断。②农民被乡村干部逼死打死的也为数不少，据中办、国办通报，仅 1996 年被乡村干部逼死打死的农民 26 人。③这个数字是各地上报的，可能还有一些隐瞒未报的。

三是打击报复为首的农民上访代表。毛泽东曾说过，哪里有压迫，哪里就有反抗。这句话用在一些干群矛盾比较突出的地方也是恰当的。由于农民没有制度化的利益表达渠道，也缺乏有效的司法救济，不堪重负和欺压的农民只能选择越级上

① 黄广明、张仲民：《逼农"致富"逼死农妇》，载《南方周末》2000 年 6 月 23 日。
② 《五农民受辱记》，载《南方周末》2000 年 3 月 10 日。
③ 梁骏等编：《村民自治——黄土地上的政治革命》，中国青年出版社 2001 年版，第 18 页。

访；而农民越级上访一旦成功，县乡村三级具体责任人就可能遭受丢掉“乌纱帽”等重大损失。在这种背景下，打击报复为首上访的农民代表就显得尤为突出。1999年12月，山西青年农民李某某因上访反映村小学建筑中的经济问题等情况，竟然被公安机关抓到看守所严刑拷打，并被惨无人道地割掉了舌头。[①] 有的上访农民代表竟被法院以各种罪名判刑。2002年10月11日，河南省唐河县法院就以“聚众扰乱社会秩序罪”，将反映该县上屯镇张清寨村财务不清、村民选举等问题的上访代表岳某某、张某某、谢某某等5人分别判处有期徒刑二至五年。[②]

四是计划生育工作的暴力行为。由于计划生育是一项“基本国策”，各地往往实行“一票否决”和“政治承包”制，这样一来，一些乡镇就采取诸如重罚、抄家、抓人、限制人身自由、强行手术、株连近亲邻里等非常手段来对待和处理超生的村民。[③]

改革开放以来出现的一些地方基层暴力行政现象，是一个后果极其严重的社会政治问题。面对这种空前的严重侵害农民人身权利和财产权利的暴力行政，一个主流的观点就是指责某些党政干部作风粗暴、工作方法简单。其实，这是典型的违法犯罪行为，应该绳之以法，从严惩处。

权力扩张：基层政权构建的本质特征

基层政权的构建体现了国家与农民的分权关系。托克维尔认为，乡镇是自然界中只要有人集聚就能自行组织起来的唯一联合体。在西方民主国家，政府权力有着明确的边界，乡镇自治有着悠久的历史，由此形成了有效保障自由的乡镇精神。

中国是一个有着漫长的专制主义传统的国家，在国家与农民的关系上，传统的主流思想和政策制度的精髓就是统治、控制和管理，它只突出强权统治，而不提供公共服务；只强调严格控制，而不保障民众自由；只加强自上而下的管理，而不允许自下而上的政治参与。由此，几千年来，中国在国家与农民关系上，表现为国家权力的无限扩张与农民权利的毫无保障。

从历史上看，中国乡镇体制的变迁都深深地打上了权力扩张的痕迹。为了加强对农民的统治，历代中央政权无不把对乡村社会的控制与治理作为第一要务。中央

① 《山西“割舌事件”真相调查》，《南方周末》2000年5月12日。

② 李钧德：《唐河县五名村民上访竟被判刑》，载新华社《内参选编》2003年第15期。

③ 于建嵘：《农村黑恶势力和基层政权退化》，载《战略与管理》2003年第5期。

集权专制主义与地方权势集团密切结合，逐渐形成了独具特色的乡村社会政治结构和控制机制。从秦始皇统一中国至今，乡镇体制的演变可分为三个大的时期：

一是从公元前221年秦王朝建立到清朝末年，2000多年来“皇权不下县”传统。国家政权机构只设置到县一级，县以下实行乡亭制、保甲制等制度。这种乡镇治理体制，始终维护皇权至高无上的统治地位，具有乡绅和宗法社会治理的自治性质，但它既不是现代一级的政权机构，也不是现代意义上的自治组织。

二是从1908年到1949年，40多年纷乱的“地方自治”探索。在西方的严重挑战下，摇摇欲坠的清王朝1908年颁布《城镇乡地方自治章程》，从此，具有西方话语色彩的“地方自治”成为政权合法性的重要基础。这种乡镇“地方自治”使乡村政治结构由保甲制转变为乡镇保甲制，乡镇成为县以下的基层行政建制，其下实行保甲制。北洋政府于1914年、1919年、1921年先后颁布了《自治条例》、《地方自治条例》和《乡自治制》，将县以下的乡改建为具有法人性质的自治团体，其自治权主要为办理本地方的教育、卫生、交通、水利、农业、商务、慈善等事务。1928年国民政府颁布《县组织法》，规定了“地方自治”的原则，后来发展到乡镇具有一级行政区划的乡镇公所。这一时期的乡镇治理体制，以“地方自治”为主流话语，虽然因战乱和政权更替频繁，“地方自治”大多有名无实，但它毕竟还不是一级政权组织。[①]

三是从1949年至今，50多年来全能主义主导下的“万能政府”构建。共产党革命胜利后，建立了中国历史上最强大、最集权的中央政权和渗透最深入、控制最严密的地方和基层政权组织。就乡镇政权的变革来说，50多年来可分为明显不同的三个时期：（1）1950—1958年的乡村政府时期。1950年12月政务院通过《乡(行政村)人民政府组织通则》，组成乡镇和村级人民政府，这在历史上第一次将政府设置下沉到乡镇一级，甚至在村一级也罕见地建立了政府，充分体现了共产党政权对乡村社会渗透和控制的意图和能力。截止1957年12月，除台湾和西藏的昌都地区，全国共有120 753个乡镇政府，其中乡政府117 081个，镇政府3 672个。（2）1958—1983年的人民公社时期。1958年9月中共中央政治局扩大会议通过《关于在农村建立人民公社的决议》，撤销乡镇，推行人民公社化运动，实行政社合一、三级所有、队为基础的体制。到1982年，全国共有人民公社54 352个。在人民公社时期，公共权力侵蚀了所有的个人领域，以“加速实现共产主义”。农

① 参见于建嵘：《乡镇自治：根据和路径》，载华中师范大学中国农村问题研究中心编：《乡镇体制改革研讨会论文集》，2004年2月。

民戴上了“社员”的帽子，完全丧失了个人的自主权，成为狂热的公社化机器上的螺丝钉。(3) 1983年至今重建乡镇政府时期。1983年10月，中共中央、国务院发出《关于实行政社分开建立乡政府的通知》，到1985年底，农村废除人民公社、恢复建立乡政府的工作基本结束，全国共建立了91 590个乡镇人民政府。2002年12月31日，我国大陆31个省、自治区、直辖市共有39 240个乡镇，其中镇20 600个，乡17 196个，苏木282个，民族乡1 160个，民族苏木2个。[①] 建国以来的乡镇体制，突破了2000多年“皇权不下县”的传统，放弃了清末以来40多年“地方自治”的实践努力，空前地将国家政权下沉到乡镇一级，建立了历史上和世界上最强大而又缺乏有效约束的乡镇政权。

改革开放以来，乡镇政权恶性膨胀，这种膨胀体现在机构膨胀、人员膨胀和权力膨胀上。以往多次以精简机构和人员为目标的乡镇机构改革不仅没有走出精简—膨胀—再精简—再膨胀的怪圈，反而产生了机构越精越大、人员越减越多的现象。这根本的原因在于忽视对权力膨胀的改革。从某种意义来说，权力膨胀是机构和人员膨胀的原因，机构和人员膨胀是权力膨胀的结果。乡镇政权的权力膨胀或权力扩张，是乡镇体制的核心症结所在。这种权力膨胀或权力扩张的直接后果就是导致农民个人权利的损害。一个十分突出的问题是，传统的制度安排强化了权力扩张，使公共权力的约束和农民权利的保障长期滞后于现实政治生活的需要。

一是农民缺乏平等参与制定游戏规则的权利。对于农民人口占绝大多数的农民大国来说，基层政府直接与农民打交道，应该直接为农民服务。政府与农民的这种直接服务关系需要一定的规则来界定。在计划经济体制下，政府实行指令性的计划管理，政府与农民的关系是一种“命令—服从”的关系；在市场经济条件下，农民拥有市场经济中平等的主体地位，政府与农民的关系应该是一种“规则—遵守”的关系。这种“规则”应该是政府与农民共同制定的规则，这种“遵守”应该是政府与农民的共同“遵守”。但在现实生活中，一方面，政府仍然习惯于行政命令，对农民指手划脚，未能实现从“命令—服从”关系到“规则—遵守”关系的转换。另一方面，政府习惯于单方面制定规则而又不习惯去遵守约束自我的规则，这就使农民在关系到自身切身利益时，却缺乏制度化的参与制定游戏规则的管道和要求政府同样遵守规则的“强制性力量”。

二是农民缺乏正当的利益表达渠道。在市场经济中，各种市场主体都有自身的

---

① 以上数据参见詹成付：《关于深化乡镇体制改革的研究报告》，载中央党校：《“三农”研究参考》，2003年第11期。

利益诉求。为数众多的中国农民在与权力和资本等强势集团的博弈中明显处于利益不保的劣势。在世界各地，农会和其他农民经济合作组织作为农民维护自身利益最重要的基本组织，广泛地存在于社会之中。我国拥有世界上人口最庞大的农民阶层，但却没有农会这样一个最基本的农民利益表达组织。这不能不说是制度设计上的重大缺陷。农民没有农会，不是农民不愿意组织农会，而是被人为的政策制度因素取消和限制了。众多事实已经表明，在分散的农民与有组织的政府和其他社会集团之间，存在着明显的力量不对称，强势的政府和其他社会集团常常对弱势的农民滥用权力，农民缺乏最基本的谈判地位和议价能力。党国英认为："农会活动的目的主要是保障农民最基本的政治经济权利，为农民得到平等的市场交换权利、公正的司法裁判待遇服务，并监督基层政府严格执行国家在农村的各项政策，使农民享有国家应该赋予农民的各项实际利益。"① 农民利益表达渠道的不畅，必然放纵和造成社会不公，积压大量的社会矛盾。

三是农民缺乏利益受损后的司法救济。在共同的游戏规则中，利益受损的一方应该得到有效的司法救济。在现行的体制安排下，司法机关往往受制于基层政权的干预和掣肘，甚至沦为行政权力的一部分，助长了权力扩张。基层政府在压力型体制下，为完成目标管理责任制任务和彰显个人政绩，在发展经济的强势话语中"积极行政"，必不可免地要损害农民的权利。同时，为防止权利受害的农民"运用法律武器"到法院起诉，一些基层政权明确要求法院在农民负担、计划生育、社会治安综合治理等方面不予立案。这样一来，保障在"全社会实现公平和正义"的法院就对最需要司法救济的受害农民关紧了大门，由此造成了遍布全国各地的农民上访现象。世界上只有中国才有如此惊天动地的农民上访，这是法治不力和正义不张的直接产物。司法公正有赖于司法独立，"如果司法权不同立法权和行政权分立，自由也就不存在了"。②

四是农民缺乏必要的新闻舆论支持。在民主国家，新闻权被誉为除立法权、行政权和司法权之外的"第四权"，新闻记者享有"无冕之王"的美称。美国第三任总统杰斐逊说，在一个有政府而没有报纸和一个有报纸而没有政府的社会里，他将毫不犹豫地选择后者。希尔斯曼在《美国是如何治理的》一书中认为："不管民主的定义是什么，没有新闻自由，民主本身就无法存在。"现代社会之所以需要新闻自由，是因为新闻舆论能广泛地体现民意和有效地监督政府。我国一些地方人为酿

---

① 党国英：《中国需要重建农会》，载《中国国情国力》1999 年第 7 期。

② [法] 孟德斯鸠：《论法的精神》(上)，商务印书馆 1997 年版，第 153 页。

成的涉农恶性案件和安全事故等大都是新闻界曝光后才得到及时的处理。但新闻工作坚持“以正面宣传为主”的方针，使曝光的报道只占极少数，即便如此，一些地方对新闻舆论的监督也表现出极大的惶恐和反抗性，诸如“《人民日报》遭扣压”和新闻记者遭打击报复的事件时有发生。一切有权力的人都容易滥用权力。如果新闻不自由、不能监督权力，甚至新闻媒介沦落为权力的自导自演和自我称赞的舞台，那么，民众就只有在谎言和强权的夹击中忍受煎熬了。

农民自由而全面发展：乡镇体制改革的目标取向

现行的乡镇体制，是在计划经济体制下强化权力的制度安排，这种体制的最大弊端在于限制和束缚了农民的自由而全面发展。改革开放以来进行的多轮乡镇机构改革之所以收效甚微，根本原因是没有抓住“促进农民自由而全面发展”这个关键。众所周知，乡镇政权直接面对农民，与农民的命运息息相关，乡镇体制改革决不能忽视农民的愿望和诉求。2003 年温家宝总理在美国哈佛大学的演讲中认为中国改革开放以来取得的巨大成绩，根本在于中国人民“基于自由的创造”。完全的个人自由和充分的个性发展，不仅是个人幸福所系，而且是国家繁荣和社会进步的主要因素。农民的自由而全面发展，离不开乡镇体制的重构。在托克维尔看来，“在各种自由中最难实现的乡镇自由，也最容易受到国家政权的侵犯。全靠自身维持的乡镇组织，绝对斗不过庞然大物的中央政府。为了进行有效地防御，乡镇组织必然全力发展自己，使乡镇自由为全国人民的思想和习惯所接受。因此，只要乡镇自由还未成为民情，它就易于被摧毁；但只要它被长期写入法律之后，就能成为民情的一部分”。①

新一轮乡镇体制改革，应该走出为民作主、忽视农民权利和自由发展的历史窠臼，应该在理念上坚持以人为本，尊重和保障人权，促进每个农民自由而全面的发展。为此，应撤销乡镇政府、实行乡镇自治、坚持党政分开、放手组建农会。

一是撤销乡镇政府。一个国家的长治久安，在很大程度上取决于政府公共权力与农民私人领域边界的平衡。政府公共权力一旦越过适当的边界入侵农民私域，就意味着农民基本权利和自由将遭受损害，从而势必产生社会问题，激化社会矛盾。在政府与农民的关系上，要既有利于社会管理，又有利于农民的自由发展。对执政

① [法]托克维尔：《论美国的民主》(上)，商务印书馆 1997 年版，第 66—67 页。

者来说，政府层级越多，对社会的控制就愈强；同时，社会控制愈强，农民的个人自由也就愈少，农民的个人自由愈少，人的创造性和社会的活力也就愈缺乏。建国以来，我国首次将国家政权下沉到乡村社会，建立了历史上最强大的政府，这种强政府体现在两个方面：一是政府公共权力的空前强大，导致农民个人权利的普遍萎缩，二是在政府层次上突破了历史上和世界各国只设置中央、州、县三级政府的惯例，绝无仅有地设置了中央、省、市、县、乡镇五级政府，如果再加上一度将政府设置到村一级以及县与乡镇之间的区公所，政府层级达到六级半。新中国之所以建立如此强大的政府组织和庞大的政府系统，主要缘由于苏联极权主义高度集权的政治影响和计划经济体制下汲取资源、动员乡村社会的国家目标。后来的乡镇体制虽几经变革，但都没有触及收缩和约束公共权力这根弦。1990 年代以来乡镇政府出现的“三要”（要粮要钱要命）倾向，就完全背离了政府提供公共物品的职能，动摇了政府的合法性基础。随着农村税费改革的深入和农业税费的完全取消，作为以农业税费为主要财源的乡镇政府将更加难以为继。20 多年来，由于县乡两级政权在设置上采取“县政权建设取实、乡政权建设取虚”的原则，乡镇政府在事实上也从未成为一级完全政府。“徒有虚名”的乡镇政府，在当前各种矛盾日益集中和尖锐化的情形中，绝不是如有的人所期望的那样逆难而上去“不断加强”，而应该激流勇退予以撤销。[①] 几千年的历史经验和国外的普遍做法，实质上揭示了国家(政府)与农民关系的一个合理边界，就是将国家基层政权设置收缩到县一级。

二是实行乡镇自治。撤销乡镇政府并不是如某些人简单理解的那样要放弃中央政权对农村的“领导和管理”，更不是搞“无政府主义”，而是要将公共权力规范到一定的范围之内，拓宽农民自由而全面发展的合理空间，形成政府与农民的良性互动和协作关系。当前除了极个别人声称要“为现行乡镇政府辩护”和某些打肿脸充胖子要不惜代价将乡镇政府建设成为“名副其实的完全政府”外，决策层和学术理论界普遍主张改革现行的乡镇体制。在乡镇体制改革上主要有三种代表性的方案：第一种方案是撤并乡镇。这是当前中央政策鼓励和允许的，也是各地正在进行的一种最现实的改革措施。这种行政区划调整式的改革事实上已进行过多次。在城市化进程中，适当将一些小乡镇撤并成大乡镇，可能有利于人口的集聚和小城镇建设，但撤并乡镇并没能解决公共权力扩张的核心问题，因而只能是一种必要的过渡措施而不是乡镇改革的终极选择。不过，在县与乡镇之间作为县政府派出机构的区公所

① 郑法：《农村改革与公共权力的划分》，载《战略与管理》2000 年第 4 期。

是应该坚决撤销的。据笔者调查，有的地方却至今保留或变相保留着区公所设置。比如拥有80多万人口的湖南省溆浦县在1995年撤区并乡工作中，虽将50个乡镇撤并为43个乡镇，但却变相保留了江口、麻阳水、花桥、低庄、桥江、水东、两丫坪和龙潭8个区公所，相应地将之更名为办事处。这种办事处主要有两大作用：一是多了一级管理乡镇的“婆婆”，二是多了一处安排干部的岗位。[①]第二种方案是将乡镇改为县政府的派出机构。解放前，国民政府曾在一些省内成立作为县政府派出机构的乡镇公所，公所下设民政、警卫、经济和文化四股，由县政府委派正副乡镇长，开创了乡镇的行政化。当前徐勇教授主张“县政、乡派、村治”的观点具有一定的代表性。他提出将乡政府改为县政府的派出机构，乡长由县长委任，不设副职，可根据需要设乡长助理之职，设立乡民代表会议，乡财政由县政府统一编制预算和开支。[②]这种方案有利于扭转过于强大的公共权力对乡村社会的渗透和控制，是乡镇体制改革富有创造性和可行性方案之一。除此之外，我感兴趣的还有，在公民广泛参与政治生活的当今社会，农民如何参与管理乡镇公共事务，如何培育具有自治精神的现代公民。第三种方案是乡镇自治。在我国这样幅员辽阔、人口众多的发展中大国，任何一刀切的乡镇体制改革模式可能都会产生不利因素。但不管何种改革模式，一个共同的理念和目标应该是有利于尊重和保障人权，有利于人的自由而全面发展。在乡镇体制改革中，我认为乡镇自治或许最能体现这种改革要求，也最能符合农民的普遍意愿。因而笔者与沈延生、郑法、于建嵘、李昌平等人一样主张实行乡镇自治。[③]托克维尔通过对英国和美国的考察后发现：“在这两个国家，我看到人们把国家的弊端归咎于许多原因，而唯有地方自由不在其内。我听到公民们说他们国家强大和繁荣有一大堆原因，但他们在列举优点时都把地方自由放在首位。”因此他认为：“只有地方自治制度不发达或根本不实行这种制度的国家，才否认这种制度的好处。换句话说，只有不懂得这个制度的人，才谴责这个制度。”[④]实行乡镇自治的本质在于保障人民真正地当家作主。第一，乡镇长由乡镇居民普遍自由选举产生和罢免，乡镇长连任不得超过一届，废除职务终身制。候选人可以由县政府推荐，但更多的应该由本乡镇居民推荐或者个人竞选。第二，改革乡镇与县政

---

① 2009年11月18日，湖南省溆浦县召开办事处机构改革总结会议，宣布撤销全县8个办事处机构，从此，标志着设置了长达59年之久的办事处机构正式退出该县历史舞台。参见中国溆浦网：http://www xupu gov cn/main/xpnws/list asp ？ id=5924&type= 新闻快讯。

② 参见徐勇：《县政、乡派、村治：乡村治理的结构性改革》，《江苏社会科学》2002年第2期。

③ 郑法：《农村改革与公共权力的划分》，载《战略与管理》2000年第4期。

④ ［法］托克维尔：《论美国的民主》（上），商务印书馆1997年版，第108页。

府传统的行政隶属关系。取消县政府与乡镇的目标管理责任制，剥离乡镇直接发展经济和收税费的职能。乡镇的原有职权根据性质的不同分别上收至县政府、平移给乡镇自治机构和下放给社会组织。

三是坚持党政分开。在乡镇体制改革的探讨中，大都有意或无意地忽视中国共产党基层组织的改革，而忽视执政党基层组织这个真正的基层权力机构，改革的成效就可能大打折扣。我们的态度就是正视现实不回避，理性探讨求真知。人所共知，在中国开创以党治国先例的是受俄共影响的国民党。孙中山最早主张“以俄为师”，从而仿照俄共体制建立了一套新的党务组织系统。1928 年国民党一党独掌全国政权后，在“训政”体制下，中央党部之下依次设立省党部、县党部、区党部和区分部，分别与省、县、区、乡等行政系统相对应，形成了历史上从未有过的“双重衙门体制”，这是中国有史以来政治控制体制由政府单轨制向党政双轨制的重大转变。[①] 对国民党这种以党治国、党政不分的体制，中国共产党曾是坚决反对的。早在 1941 年邓小平就认为“以党治国的国民党遗毒，是麻痹党、破坏党，使党脱离群众的最有效的办法。我们反对国民党以党治国的一党专政，我们尤要反对国民党的遗毒传播到我们党内来。”[②] 但由于中国共产党是在苏俄高度集权的建党原则的直接指导下建立起来的，1949 年成为执掌全国政权的执政党后，沿袭了以党治国的做法，将党权下沉到村一级，使党政不分的现象更加突出。对此，邓小平是有清醒认识的。1980 年 8 月 18 日，邓小平在中央政治局扩大会议上作了《党和国家领导制度的改革》的重要讲话，提出要“着手解决党政不分，以党代政的问题”。[③] 之后，邓小平还作了多次讲话，党的十三大政治报告历史性地把党政分开作为政治体制改革的首要任务提到了全党面前。但由于种种原因，党政分开的改革遇阻而止。几年前，我与党国英先生探讨了村党支部委员会和村民委员会的关系，他主张“两委合一”，[④] 我则感到“两委合一不利于民主政治的发展”。[⑤] 其实，问题的关键恐怕还不只是两委合不合一的问题，而是党组织权力化、行政化的问题。党的十二大政治报告指出，“党不是向群众发号施令的权力组织，也不是行政组织和生产组

① 王奇生：《党政关系：国民党党治在地方层级的运作 (1927—1937)》，载《中国社会科学》2001 年第 3 期。

② 《邓小平文选》(第一卷)，人民出版社 1993 年版，第 12 页。

③ 同上，第 321 页。

④ 参见党国英：《“两委合一”：乡村民主政治的重要发展》，《中国改革》2001 年第 5 期。党国英：《“两委合一”是一种过渡性制度安排》，《中国改革》2001 年第 9 期。

⑤ 参见张英洪：《两委合一 岂能推广》，《中国改革》2001 年第 8 期。

织”。而现在的乡镇党委和村党支部，实质上是同级组织中的“领导核心”，拥有事实上的“最高权力”。有鉴于此，我们主张：第一，党政分开的改革要从中央转移到基层，先从基层试点和突破。这有利于确保政局的稳定和改革的成功。中国共产党是执政党，执政党的地位要通过执掌国家政权来体现，这是毫无疑问的，但执政党执掌中央政权与执政党基层组织的权力化、行政化是两码事，是可以分离的。第二，乡镇和村级党组织应该率先实行党政分开，使基层党组织向非权力化、非行政化转型。这绝不是某些人误解的放弃“党的领导”。“党的领导”首先表现在执政党对全国政权即中央政权的领导；其次表现在党将自己的主张和人民的愿望通过法定程序上升为国家意志成为法律，各级组织和个人遵守法律就是接受和服从了党的领导；再次表现在执政党基层组织与乡镇自治组织和公民个人一样有共同遵守法律的义务和责任。所以，执政党党员可以依法担任乡镇长，各民主党派和非党人士同样可以依法担任乡镇长。第三，从长远看，基层党组织的干部编制和各项经费应该从国家公务员序列和国家财政预算中剥离出来，使基层党组织真正从一个权力和行政组织向“先锋队”组织的回归。

四是放手组建农会。改革开放以来，市场化取向的改革自然培育和形成了多元化的利益主体，不同利益主体之间的利益实现程序在很大程度上依赖于自身的组织化程度。只有制度化了的利益集团才能在市场经济的博弈中起到维护本集团利益的特殊作用。上个世纪 90 年代以来，农民逐渐演变为改革成本的主要承担者和利益受损阶层，而没有制度化的利益表达组织是农民利益严重受损的根本原因。农民要具备表达自身利益诉求的渠道和能力，就必须从高度分散的状态中组织起来，成立农会和其他农民经济合作组织。世界各国大都有农会组织，建国前农会与工会一样是中国共产党动员民众革命的重要渠道。建国后，工会仍然存在，农会却被人为地取消了，致使世界上农民人口最多的中国却没有一个维护农民利益的农会组织。这种极不正常的现象，并不是经济社会发展的自然选择，也不是农民的自身意愿，而是计划经济条件下公共权力扩张的必然结果。在加入 WTO 后的今天，对于农会组织，不是要不要成立的问题，而是如何重建的问题。第一，农会不是权力组织。农会是农民表达利益诉求的非政府组织而不是权力组织。理解这一点非常重要。在革命战争年代，“一切权力归农会”的倾向使农会成为取代基层政权的权力组织，这就扭曲了农会的性质，成为建国后农会被取消的重要原因。第二，成立农会既符合农民的利益，也符合执政党和国家的根本利益。农会作为农民利益的表达组织，能够通过制度化的渠道与政府和其他社会强势集团平等“议价”，在合作与妥协中平衡各方面的利益，能有效化解矛盾冲突，有利于社会的长治久安。台湾学者在总结台湾农业和乡村发展的成功经验时指出，台湾政府与农民之间有明确的责任划分，在台湾，农会经收三分之一的生产稻谷，分配五分之四农民使用的肥料。农会办理农业推广计划。台湾政府的责任减轻至仅限于政策制定和辅导监督，而将实际执行之责任交付农会。[①]第三，放手组建农会，可先进行试点。组建农会可能比撤并乡镇更有价值，因为组建农会更有利于农民维权和乡村自治。

新一轮的乡镇体制改革必须有新的理念和举措。必须充分认识到，我国是一个中央集权的单一制国家，乡镇体制改革的成败和农民自由发展的程度，实质上取决于国家宏观制度的设计和创新。从国家宏观制度层面上来说，一要统筹城乡发展，尽快改变城乡二元结构；二要普遍实行免费式义务教育，建立健全包括农民在内的社会保障制度；三要实现司法独立，保障新闻自由；四要实行对农业的扶持和对农民的直接补贴。当前，进行乡镇体制根本性变革的时机已经成熟，这是因为我国实现了从计划经济向市场经济的转变，从“政治国家”向“社会国家”转变，[②]从传统人治向现代法治的转变，从单纯追求经济增长向政治经济社会协调发展转变，从忽视人的权利向以人为本、尊重和保障人权、促进人的自由而全面发展转变。

（本文原载《湖南师范大学社会科学学报》2004年第4期，合作者周作翰）

① 参见郑法：《农村改革与公共权力的划分》，载《战略与管理》2000年第4期。

② 周作翰：《社区：社会现代化的基础》，载《光明日报》2004年3月2日。

自由迁徙：离我们还有多远?

自由迁徙是一项基本人权

从一般意义上说，迁徙自由是宪法和法律赋予公民自由离开原居住地到外(包括国内和国外)旅行、定居的权利。迁徙自由是公民人身自由的重要组成部分。对于我国广大老百姓来说，长期的城乡隔离政策和二元户籍制度的人为限制，已经严重窒息了他们的创造性和对基本权利的诉求。只要给他们一个城镇户口或花费巨额资金购买到一个城镇户口，都会使他们感到由衷的兴奋、自尊和对政府的感激。他们可能大都不知道或者遗忘了公民还有自由迁徙的权利。其实，迁徙自由是一项十分重要的基本人权。

人类对迁徙自由的追求、奋斗和对该项权利的普遍确认，有着悠久的历史。迁徙自由权就其最早的成文法渊源来看，可追溯到1215年英国的《自由大宪章》，该宪章第42条规定:“自此以后，任何对余等效忠之人民，除在战时为国家与公共幸福得暂时加以限制外，皆可由水道或旱道安全出国或入国。”1791年的《法国宪法》是最早以成文宪法形式规定公民迁徙自由权的法律，该宪法第1篇第2款规定:“各人都有行、止和迁徙的自由。”19世纪以后，世界各国宪法普遍对迁徙自由作了直接或间接的规定。第二次世界大战后，迁徙自由不仅成为各国国内法所普遍确认和保障的基本权利，而且也成为国际人权公约所确认的基本人权之一。1948年12月10日联合国大会通过的《世界人权宣言》第13条规定:“(1)人人在各国境内有权自由迁徙和居住。(2)人人有权离开任何国家，包括其本国在内，并有权返回他的国家。”1966年12月16日通过的《公民权利和政治权利国际公约》把公民的自由迁徙和居住作为基本人权予以确认和保障。

在我国，最早在宪法上确认自由迁徙权的是孙中山领导的南京临时政府。1912

年颁布的《中华民国临时约法》第 6 款规定“人民居住迁徙自由”。此后，无论是北洋军阀政府还是国民党政府，都在宪法性文件中承认公民的自由迁徙权。中国共产党成立以来，就不断地为争取中国人民的自由、人权而奋斗，1923 年党就举起了“争自由，争人权”的旗帜，1935 年发出了“为人权自由而战”的号召，1940 年首次提出了“保障人权”。20 世纪 40 年代，党在抗日根据地就制定了“保障人权”的条例，成立了人权保障组织，而自由迁徙是人权保障的重要内容。1941 年《陕甘宁边区施政纲领》第 6 条就作过迁徙自由的类似规定。1949 年 9 月 29 日中国人民政治协商会议第一届全体会议通过的起临时宪法作用的《中国人民政治协商会议共同纲领》第 5 条就把自由迁徙作为人民的 11 项自由权之一。1954 年 9 月 20 日第一届全国人大一次会议通过的中华人民共和国第一部《宪法》第 90 条第 2 款明确规定“中华人民共和国公民有居住和迁徙的自由”。

由此可见，自由迁徙作为一项基本人权，不仅得到了世界各国的普遍认可，也是中国各族人民经过长期艰苦卓绝的奋斗而争来的属于全体公民的宝贵权利。

计划经济排斥自由迁徙

由于深受苏联模式的严重影响，建国后，我国建立起高度集中的计划经济体制。计划经济的基本特征就是对资金、商品和人力资源实行高度集中的计划配置和管理，完全排斥市场机制的作用。1953—1957 年，我国照搬苏联模式实行了第一个五年计划，人口的自由迁徙，尤其是农村人口向城市迁移开始受到了限制。由于计划经济本能地排斥自由迁徙，为确保计划经济体制的运行，以限制人口自由流动的户籍制度为核心内容的二元社会结构逐步建立起来。

建国初期我国城乡人口流动比较活跃，特别是大量农民流入城市，这本来是我国人口城市化进程中的正常现象，如果能因势利导，肯定会大大促进我国城市化的发展。可当时囿于计划经济的僵化思想认识和计划经济体制的内在排斥功能，政府便连续多次发出指示，劝阻农民盲目流入城市，并开始逐步改变自由迁移政策为控制城市人口规模和限制农民进城的政策。1957 年 12 月 18 日中共中央、国务院联合发出《关于制止农村人口盲目外流的指示》，要求城乡户口管理部门严格户籍管理，切实做好制止农村人口盲目外流工作。农民向城市迁徙开始被贬称为“盲流”。在此基础上，1958 年 1 月 9 日第一届全国人大常委会第 91 次会议通过了《中华人民共和国户口登记条例》，这标志着国家严格限制农民进城的二元户籍制度正式以立法的形式确定下来。这条似有违宪嫌疑的《条例》，半个世纪以来深深地影响着中国的每一个家庭每一个人，至今仍起着主导作用。为配合计划经济体制的运行，公安部门和其他职能部门相应地制定了一系列限制农民进城的具体规定，使户籍制度日益与其他一系列特殊的利益密切结合，形成了我国特有的二元户籍制度，全体公民被人为地划分为农业户口和非农业户口，农民成为低人一等的二等公民，农民一生下来就注定是不能改变命运的农村户口（除非考上高等院校）。这种二元户籍制度和计划经济体制，把宝贵的迁徙自由排斥得无影无踪。

长期限制人口自由迁徙的做法，造成了相当严重的后果。1990年代以来日益突出的“三农”问题，其实质就是长期以来严格限制人口迁徙所积累的众多矛盾的集中反映。

市场经济呼唤自由迁徙

我国的改革，实质上是以市场为取向的。1992年中共十四大正式提出建立社会主义市场经济体制的改革目标，使市场对资源配置起基础性作用。市场经济内在地需要资金、商品和人力资源的自由流动。只有让全体公民自由流动起来，才能使社会主义市场经济健康发展，同时，只要全体公民自由流动起来了，就一定会惊人地创造出国家的活力和繁荣。

伴随着改革的深入，久违了的迁徙自由开始逐步回到老百姓中来。1984年，国家开始有条件地允许农民“自理口粮”到县城以下的集镇落户。1992年实行“当地有效城镇户口”（也称蓝印户口），允许农民进入小城镇落户。1997年7月国务院批转公安部《关于小城镇户籍制度改革试点方案》，规定试点镇具备条件的农村人口可以办理城镇常住户口。2000年6月13日，中共中央、国务院下发了《关于促进小城镇健康发展的若干意见》，规定从2000年起，凡在县级市区、县人民政府驻地镇及县以下小城镇有合法固定住所、固定职业或生活来源的农民，均可根据本人意愿转为城镇户口。2001年10月1日，国务院批转的公安部《关于推进小城镇户籍管理制度改革的意见》开始实施，全国2万多个小城镇全面推行户籍制度改革，只要有固定住所和合法收入的外来人员都可办理小城镇户口，公民的迁徙自由有了历史性的重大进展，这是我国改革开放以来取得的重大成果。

我国户籍制度改革的终极目标是恢复和实行全体公民的居住和迁徙自由。2001年8月1日河北石家庄市在全国省会城市率先实行户籍制度改革。在此前后，北京、上海、山东、河南、广东、浙江、江苏、重庆、安徽等省市也纷纷出台了一些城市户籍制度改革措施。虽然这些户籍制度改革的力度还很有限（比如依然设置过高的进城门槛），但它却表明了半个世纪以来的严格户籍控制的局面开始松动。坚冰已破，曙光在前。加快户籍制度改革，实现自由迁徙已经成为一股不可阻挡的时代潮流。

为了切实保障公民的迁徙自由，我国宪法必须重新恢复居住和迁徙自由的规定。现在，重新恢复公民的居住和迁徙自由权的条件已经成熟。

（本文原载《百姓》2001 年第 12 期）

给农民自由

汤因比说:“没有一种最低限度的自由,人就无法生存,这正如没有最低限度的安全、正义和食物,他便不能生存一样。”自由是每个人自我实现、发挥创造潜能的根本条件,同时也是社会繁荣进步的根本条件。若要社会进步,就必须给人以自由,若压迫自由,便从根本上阻碍了社会进步。给农民自由,并不是说农民完全没有自由,而是说在旧观念、旧体制的束缚下,宪法赋予农民的各项自由权利并没有完全得到实现。在社会转型时期,农民的自由发展依然受到旧观念、旧体制的严重制约,这是我国农民问题的症结所在。解决农民问题,实现民族复兴,必须进一步给农民自由。

消除对自由的错误理解

自由是人类最可贵的价值,也是宪法予以确认和保障的基本权利。但不少人对自由存有种种误解,甚至将“自由”视为忌讳的词语,这是很不正常的。究其因,主要根源于两个直接的因素:

一是把“自由”错误地等同于毛泽东反对的“自由主义”。毛泽东在1937年《反对自由主义》一文中,列举了诸如拉关系、做好人、当面不说背后说、明哲保身、但求无过、不要组织纪律、泄私愤、图报复、不宣传群众、见损害群众的行为不愤恨、办事不认真、得过且过、摆老资格、工作随便、学习松懈、自己错了又不想改正等他所反对的“自由主义”的主要表现。可见,毛泽东反对的“自由主义”,没有一项是针对政治学和宪法学意义上的自由和权利,而是党员领导干部的作风问题和品德问题。问题是,在长期的“左”倾思想和路线指导下,政治运动连年不断,动辄给人扣上“自由主义分子”、“右派”、“反革命”等政治帽子。由此,人们心中对“自由”避之唯恐不及。

二是把自由混同于邓小平反对的“资产阶级自由化”。反对资产阶级自由化是邓小平最先提出来的，邓小平指出，资产阶级自由化的核心是“反对党的领导”。可见，“自由”与“资产阶级自由化”是完全不同的两码事。但问题是1989年政治风波后，一些“左”派分子借机围攻改革开放路线，把改革开放说成是引进和发展资本主义，认为和平演变的主要危险来自经济领域，动辄把坚持改革的人扣上“自由化分子”的帽子，这就不能不使人心有余悸。虽然邓小平指出“要警惕右，但主要是防止‘左’”。但人们对“自由”的忌讳似乎还很深。

其实，马克思、恩格斯在《共产党宣言》中明确宣布：“代替那存在着阶级和阶级对立的资产阶级旧社会的，将是这样一个联合体，在那里，每个人的自由发展是一切人的自由发展的条件。”后来在《资本论》中，马克思又进一步阐述未来新社会形式将是“以每个人的全面而自由的发展为基本原则”。恩格斯在去世的前一年在回复记者向他提出最能体现社会主义最基本特征是什么时，恩格斯说，再没有比《共产党宣言》中的那句话即“代替那存在着阶级和阶级对立的资产阶级旧社会的将是这样一个联合体，在那里，每个人的自由发展是一切人的自由发展的条件”更适合来描述未来社会的基本特征了。

毫无疑问，努力促九亿农民的自由而全面发展，是我国现代化建设的重要内容。现在，是光明正大地讨论宪法赋予公民自由权利的时候了。

破除二元社会结构

给农民自由，就是要破除二元社会结构，将农民从二元体制的束缚中解放出来。二元社会结构的实质是对宪法赋予农民自由权利的限制和剥夺，是农民长期陷入贫困的一个制度性根源，也是农民问题的重要症结所在。

二元户籍制度是束缚农民自由的重要因素。1984年以来，户籍制度改革逐步得到改革，农民事实上可以自由进入城镇谋生。2000年10月以来，小城镇户籍制度改革取得了突破性的进展，但户籍改革的艰巨任务并没有完成，尤其是大中城市的户籍门槛仍然很高。农民工事实上已经进城打工了，但他们却没有获得合法的城市户口身份，因而仍然受到多方面的体制性束缚。要知道，任何公民都有居住和迁徙自由，农民喜欢到什么城市生活就让他到什么城市生活，政府的职责不是想方设法设置重重关卡限制农民，而应当是千方百计增加就业机会，广泛提供公共物品和公共服务。

传统的政府一方面是无所不包、无所不管的“万能政府”，另一方面又干不好本职范围内的事，于是就人为地把绝大部分农民圈在农村，只管城市少部分市民的生活福利。这既不适应市场经济发展的需要，也不符合宪法精神。破除二元社会结构，就是要从根本上废除城乡分治、一国两策的思维模式和制度安排，树立宪法至上的神圣信念，任何政策和法律法规的制定和出台，都必须坚持人人平等的原则，不能歧视农民。在计划经济体制下歧视农民的户籍制度、就业制度、社会保障制度、教育制度等等应该一概废止，要切实把农民从长期束缚他们的二元社会结构中解放出来，还给农民本属于他们的宝贵自由。

在新的历史条件下，政府应及时转变观念和职能，不能再将“屁股坐在市民一边”了，而是要兼顾城乡、工农和全体公民的共同福祉。

取消三级利益共同体

给农民自由，就是要取消县乡村三级利益共同体，将农民从三级利益共同体的盘剥中解放出来。县乡村三级利益共同体是直接与农民打交道的县乡村三级基层权力组织在与农民的博弈和互动中所结成的利益同盟。县乡村三级利益共同体概念并不完全反映县乡村三级的全貌，但在一定程度上反映了县乡村三级权力运作的体制惯性及其与农民问题的关联。农民常常说“中央政策好，就是下面不执行”，说的就是这种情况。

广大农民一方面在宏观大环境中受到歧视农民的二元社会结构的制约，被人为地限制在农村这个狭小的天地之内，另一方面又在微观小环境上遭受着三级利益共同体的盘剥。二元社会结构是造成农民问题的重要制度根源；三级利益共同体是盘剥农民、损害农民利益的既得利益集团，是加重农民问题的一个重要症结。

县乡村三级之所以结成利益共同体，除了客观上的“人缘”和“地缘”关系外，更主要的在于一系列已经不适应市场经济发展的传统政策制度设计促使他们自然结成“利益同盟”。县乡村三级利益共同体一旦形成，就具有强大的体制性惯性，形成强大的排他性权力漩涡。中央政权年复一年禁止增加农民负担，但三级利益共同体则我行我素；中央又输入民主性质的“村民自治”，三级利益共同体却视之为“尤物”而竭力加以干扰。一旦发生诸如涉农恶性案件、小煤窑安全等重大责任事故，县乡村三级利益共同体往往结成“攻守同盟”，相互隐瞒和庇护。已经利益结盟化的县乡村三级共同体，在很大程度上成为压制和束缚农民自由的一个重大的直接因素。

给农民自由，就必须加速摧毁三级利益共同体，实行乡镇自治，取消干部任命制，实行民主选举罢免制，取消企业化性质的目标管理责任制，树立提供公共物品的政府理念。

历史和现实都已证明，只要给农民自由，农民就会创造出惊人的历史奇迹。

（本文原载《改革与理论》2002年第2期）

解读《户口登记条例》

农民的迁徙自由是怎样失去的？

1958年1月9日，这是一个极平常的日子，也是一个深远影响了中国每一个家庭、每一个人的日子，更是中国农民从法律上丧失“居住和迁徙自由”的日子。这一天，中华人民共和国第一届全国人民代表大会常务委员会第91次会议正式通过了《中华人民共和国户口登记条例》，同日，毛泽东主席签署公布。这个为今天尖锐化的“三农”问题埋下严重祸根的条例的核心内容，就是严格限制农民进城。该条例第10条规定：“公民由农村迁往城市，必须持有城市劳动部门的录用证明，学校的录取证明，或者城市户口登记机关的准予迁入的证明，向常住地户口登记机关申请办理迁出手续。”该条例的正式出台，从法律上剥夺了农民的居住和迁徙自由权。

从此，中国人被严格划分为农业户口和非农业户口两种人。一道固若金汤的城乡户籍隔离之墙将农民阻隔在城市之外，农民被人为地钉在农村这块画地为牢的土地上。口里还刚刚唱着“翻身得解放”革命歌谣的贫苦农民，一夜之间却被人为地用“户籍之绳”一个一个地牢牢系住在农村，不知不觉地降为此后备受限制和歧视的“二等公民”。农民的苦难开始被制度化为十分平常的日常生活。在走过一段漫长而曲折的道路后，蓦然回首，人们才发现农民被人为地阻隔在现代文明之外，一个发达繁荣的城市中国与一个贫穷落后的乡土中国失衡地行走在现代化的崎岖道路上。[①]

本来，户口登记是一个国家和地区的基本社会制度。从个人角度看，一个人的

---

① 参见郭书田、刘纯彬等著：《失衡的中国——农村城市化的过去、现在与未来》，河北人民出版社1990年版。

出生、血缘关系、教育、工作、婚姻等基本情况如果没有一个合法的登记，就不具备合法公民的资格；从社会角度看，户口登记可以为政府公共决策提供必要的人口信息资料。因此，古今中外大都有规范的人口登记制度。世界各国一般叫民事登记、生命登记或人事登记。大多数国家实行事后迁移制度，公民不受人为因素的限制，居民迁徙或改变居住地，不受户口登记机关的约束，也无需办理户口或人口迁移证。这充分保证了公民的居住和迁徙自由。至于像中国这种人为实行城乡隔离的户口登记制度，则在太阳系中有人类居住的星球上是绝无仅有的。

1949年以前，中国没有城乡分割的二元户籍制度。要不然，作为大多来自农村的共和国开国元勋和建国功臣们，也就不可能自由地从农村迁往城市搞革命了。

难道来自农村的共和国元勋们对农民没有感情？绝对不是。革命领袖的农民情结是显而易见的，全国上下天天高呼要“消灭三大差别”（工农、城乡、体力劳动和脑力劳动的差别）就是明证。可事与愿违的是，《户口登记条例》刚刚颁布不久，中国就陷入了“三年困难时期”，被“户籍之绳”牢牢系住不能自主谋生的农民，活活饿死的达4000万之巨。这也证明了“农民出身的人并不一定能维护农民的利益”这句断言。

难道宪法没有规定公民的居住和迁徙自由权？也不是。1941年《陕甘宁边区施政纲领》第6条就明确规定保证“人权、政权、财权及言论、出版、集会、结社、信仰、居住、迁徙之自由权”，1949年9月29日通过的起临时宪法作用的《中国人民政治协商会议共同纲领》第5条把迁徙自由列为人民的11项自由权之一，1954年9月20日第一届全国人大一次会议通过的《中华人民共和国宪法》第90条第2款明确规定“公民有居住和迁徙的自由”。正因如此，时任公安部部长的罗瑞卿在《关于中华人民共和国户口登记条例草案的说明》中就引用《宪法》条文，并认定“条例草案中某些带有约束性的规定”同宪法规定的“公民有居住和迁徙的自由”是“完全一致的”，因为宪法所规定的自由是“有领导的自由，不是无政府状态”。在当时，已经沦为权力婢女的宪法，早已是一纸空文，没有什么是与宪法“相抵触”的。在一个没有建立民主宪政的社会，宪法不会有权威，公民的权利也不会有保障。

在1975年的宪法中，公民的“居住和迁徙自由权”就干脆从条文中删掉了，至今未予恢复，而《户口登记条例》却至今在起着重大作用。这给人们的启迪是，只要存在着这种宪法服从于条例，即下位法凌驾于上位法之上的现象，就没有真正的法治可言。

苏联模式

全盘照搬苏联模式，实行高度集中的计划经济体制和高度集权的以党治国的政治制度，是农民戴着“户籍的锁链”陷入“三农”问题泥淖之中的总根源。

最能清楚地将一个自由国家的状态和一个在专制政府统治下的国家的状态区分开的，莫过于前者遵循着被称为法治的这一伟大原则。这是哈耶克在观察自由世界和极权世界后得出的一个判断。在法治国家，宪法具有至高无上的权威，议会不得制定和通过与宪法精神相抵触的任何法律。1791 年 12 月 15 日批准生效的美国宪法修正案，就明确规定国会不得制定剥夺人民言论或出版自由等法律。在中国，第一届全国人大常委会顺利通过明显违宪的《户口登记条例》，这是人治的必然结果，却是农民不幸的新开端。

在“议行合一”理念中架构的人大制度，其缺陷是人大始终只是作为行政权的一个执行环节而不是独立行使立法权的独立主体。当立法权从属于行政权的时候，就别指望良法了。旨在剥夺公民居住和迁徙自由权的《户口登记条例》的颁布实施，使人不得不惊叹 250 多年前孟德斯鸠的睿智：“当立法权和行政权集中在同一个人或同一个机关之手，自由便不复存在了；因为人们将要害怕这个国王或议会制定暴虐的法律，并暴虐地执行这些法律。”

在传统的发展模式中，形成了以限制和剥夺农民的自由去追求经济社会发展的路径。事实上这种发展观无异于缘木求鱼。只有自由，才能充分发掘人的内在潜能；只有自由，才能创造更多财富和真正的幸福。《户口登记条例》给我们的教训是，今天解决“三农”问题，必须从限制、剥夺农民自由向创造一个自由而开放的社会转变。

改革开放使中国经济得到了快速发展，其根本原因就在于中国人民自由空间的不断扩展。国家是一种必要的“恶”，在国家观念上，应该走出“国家无非是一个阶级镇压另一个阶级的机器”这样的革命化判断。国家的目的在于促进每个人的自由发展，尊重和保障人权。在解决“三农”问题上，迫切需要毫不犹豫地砸碎人为系在每个农民身上的“户籍锁链”。

铁板一块的户籍制度，在改革开放后出现了不同程度的松动，这无疑是社会进步的产物。各地纷纷出台的户籍制度改革方案，虽然赢得了不少赞誉之声，但它只是对“有财人”和“有才人”敞开城市之门，而不是对公民居住和迁徙自由权的认同和尊重，因而它并没有动摇《户口登记条例》的核心内容。

中国需要现代政治家

从《户口登记条例》的颁布实施到至今未能彻底废除，这就不能不使人从内心深处发出呼唤：21 世纪的中国迫切需要现代政治家。

所谓现代政治家，就是既不同于传统的官僚政客，也不同于从苏联引进的“领导干部”概念。传统的官僚政客，就是以“父母官”自居，满脑子的官本位思想，把民众当作儿子来统治、管制、束缚和教训，他们从不谋求改变奴役人的专制制度，却热衷于跻身特权阶层并维护其特权利益。从苏联引进的“领导干部”，就是自称“人民的公仆”，却突出领导者的个人权威，强化了人命令人、人控制人、人服从人的人治意识。千篇一律的公众形象，使他们大都丧失了独立的个性和基本的创新能力。而以“人民的公仆”自居的“领导干部”，实质上异化为“人民的主人”。

现代政治家不需要太多的政治智慧，却需要一股非凡的勇气，能够真心实意地遵循宪法这个治国安邦的总章程。遵循宪法，就意味着国家权力受到宪法的严格制约，公民权利得到宪法的切实保障。现代政治家不需要创造新的伟大理论，因为政治家首先不是理论家，即便是杰出的理论家，他除了自由地发表自己的理论观点外，无权强迫任何人接受他的理论观点。现代政治家只需要在宪法之光的照耀下，捍卫人类共同的政治文明成果。中国需要的政治家，就是具有革除体制弊端的智慧和勇气，促进社会公平正义，带给人们以信心和希望。

对《户口登记条例》的解读，使人看到，尽快废除这条有违宪法精神的法规已刻不容缓。废除《户口登记条例》，是中国农民自由而全面发展的重要条件。

（燕园评论网 www.yypl.net 2003–03–28 首发）

恢复迁徙自由正当其时

一个公民在自己祖国的大地上要办理“暂住证”，这是举世罕见的咄咄怪事。没有“暂住证”的公民随时会被城市“收容遣送”顿失自由，这是文明社会的人造毒瘤。2003年发生的“孙志刚事件”，怵目惊心地在世人面前上演了一幕公民被剥夺迁徙自由后的凄惨悲剧。虽然那伙披着“执政为民”外衣却丧尽天良残害孙志刚的“暴徒”们在社会的一片正义声中受到了应有的审判和惩处，但“孙志刚事件”的更深层意义在于启迪国人：恢复公民的居住和迁徙自由正其时。

正视迁徙自由权

迁徙自由是公民人身自由的重要组成部分，是一项十分重要的基本人权。人类对迁徙自由的追求、奋斗和对该项权利的普遍确认，有着悠久的历史。迁徙自由权就其最早的成文法渊源来看，可追溯到1215年英国的《自由大宪章》，该宪章第42条规定：“自此以后，任何对余等效忠之人民，除在战时为国家与公共幸福得暂时加以限制外，皆可由水道或旱道安全出国或入国。”1791年的《法国宪法》最早以成文宪法形式规定了公民迁徙自由权，该宪法第1篇第2款规定：“各人都有行、止和迁徙的自由。”19世纪以来，世界各国宪法普遍对居住和迁徙自由作了直接或间接的规定。

第二次世界大战后，居住和迁徙自由不仅成为各国国内法所普遍确认和保障的基本权利，而且也成为国际人权宪章所确认的基本人权之一，并得到了世界各国的普遍认可。

在我国，最早在宪法上确认自由迁徙权的是孙中山领导的南京临时政府。1912年颁布的《中华民国临时约法》第6款规定“人民居住迁徙自由”。此后，无论是北洋军阀政府还是国民党政府，都在宪法性文件中承认公民的自由迁徙权。中国共产党早在1941年就在《陕甘宁边区施政纲领》中作过迁徙自由的规定。1949年9月29日中国人民政治协商会议第一届全体会议通过的起临时宪法作用的《中国人民政治协商会议共同纲领》第5条把自由迁徙作为人民的11项自由权之一。1954年9月20日第一届全国人大一次会议通过的《中华人民共和国宪法》第90条第2款明确规定“中华人民共和国公民有居住和迁徙的自由”。迁徙自由权是人类社会普遍承认的基本人权。正视并保障迁徙自由权，是现代文明政府的重要职责之一。

迁徙自由的阙如

由于深受苏联模式的严重影响，建国后我国建立起高度集中的计划经济体制。计划经济的基本特征就是对资金、商品和人员实行高度集中的计划配置和管理。1953—1957年，我国照搬苏联模式实行了第一个五年计划，公民的居住和迁徙自由开始受到了限制。农民向城市迁徙开始被贬称为“盲流”。

1958年1月9日第一届全国人大常委会第91次会议通过了《中华人民共和国户口登记条例》，该条例第10条第2款明确规定：“公民由农村迁往城市，必须持有城市劳动部门的录用证明，学校的录取证明，或者城市户口登记机关的准予迁入的证明，向常住地户口登记机关申请办理迁出手续。”这标志着国家严格限制农民进城的二元户籍制度正式以立法的形式确定下来。这条明显违宪的从根本上剥夺公民居住和迁徙自由权的《户口登记条例》，近半个世纪以来深深地影响着中国的每一个家庭每一个人，至今仍在起着主导作用。

1975年《宪法》在没有做任何说明的情况下干脆取消了1954年《宪法》对公民居住和迁徙自由的规定，1978年《宪法》和1982年《宪法》对公民居住和迁徙自由权也未予以恢复。1988年、1993年和1999年的三次宪法修正案也都没有涉及公民居住和迁徙自由这项基本权利。中国公民宝贵的居住和迁徙自由权就在这种宪法意识淡薄的制度环境中被排斥得无影无踪。

恢复迁徙自由正当其时

限制和剥夺公民居住和迁徙自由的消极后果是十分明显和严重的。改革以来，中国发生了翻天覆地的变化。但由于政治改革的滞后，一系列不适应时代发展的旧观念、旧做法和旧体制延续至今，已成为制约人的自由而全面发展的重大羁绊。

“孙志刚事件”就是一起典型的新时代与旧体制相碰撞的一起揪心血案。

现在，在宪法中重新恢复公民的居住和迁徙自由权的时机已完全成熟。抛弃计划经济，发展市场经济，是我国改革的逻辑起点和必然选择。市场经济客观上需要资金、商品和人员的自由流动。人员的自由流动是市场经济充满活力的真正源泉。在宪法的层次上确立公民的居住和迁徙自由权，是确保市场和社会有序运转的根本途径。

以市场为取向的改革，已经和正在冲击那些限制和剥夺公民居住和迁徙自由的旧观念、旧做法和旧体制。全面建设小康社会，发展民主政治，建设政治文明，实现人的自由而全面发展，没有公民起码的居住和迁徙自由是不可想象的。我国政府先后签署了《经济、社会和文化权利国际公约》及《公民权利和政治权利国际公约》，签署和批准这些国际人权公约，当然要在宪法中重新恢复公民的居住和迁徙自由权。

在宪法还没有明确保障公民居住和迁徙自由权的时代变革中，各个城市的收容遣送站已不折不扣地蜕变为明目张胆敲诈勒索的“榨油机器”和明火执仗践踏人权的“罪恶堡垒”。对于一个常常习惯于道德追问而轻轻放过制度质疑的民族来说，好了伤疤忘了痛是常有的事。“孙志刚事件”尚未平息，湖南岳阳又重演收容遣送站打人惨剧。这就使人感到，在法治的视野下，对收容遣送制度绝不是修改完善的问题，而是必须尽快予以根本废除的问题。

我们希望孙志刚的死，能理性地唤起国人对自由的渴望和珍视。现在，是我们彻底告别“暂住证”和“收容遣送制度”，庄严地将公民的居住和迁徙自由权写入宪法的时候了。

（燕园评论网 www.yypl.net 2003–06–13 首发）

促进农民自由而全面发展

农民的生存境况：数字的视角

“三农”问题的核心是农民问题，农民问题突出表现在农民增收困难上，表现在农民生存状况的恶化上。对此，大家都会有相同的感受。我想，了解和掌握下面的一些数据可能更有助于我们加深对“三农”问题的认识。

第一，从1997年起农民收入增长连年下降。从1997年到2003年，中国农民收入增长持续下降。1997年农民收入增长从上年的9%猛降到4.6%，1998年降到4.3%，1999年又降到3.8%，2000年再降到2.1%，陷入历史低谷，2001年因粮价上升回升到4.2%，2002年增长4.8%，2003年增长4.3%。这7年中农民人均纯收入年均增长4%，而同一时期，城镇居民人均可支配收入年均增长8%。农民人均纯收入增长只有城镇居民收入增长的一半。

第二，农村还有9000万人口生活在贫困之中。中国扶贫基金会会长王郁昭2003年指出，当前中国农村人均年收入在500元人民币(1.37元／天)以下的绝对贫困人口有1459万人，人均年收入在1000元人民币(2.74元／天)以下的贫困人口9033万，人均年收入在1000～2000元(2.74～5.48元／天)的人口31079万人。中国13亿人口9亿是农民，按人均625元／年的标准，没有摆脱贫困的人口是3000万，如果标准再增加200元，中国的贫困人口就是9000万之多。

第三，农民负担居高不下，各种支出呈刚性增长之势。中国农民负担一直就存在。上个世纪90年代以来，农民负担逐年增长，农民已不堪重负。据统计，从1990—2000年，国家征收农业各税总额由87.9亿元增加到465.3亿元，增长4.3倍。从1993—1998年全国提留统筹费由380亿元增加到729.7亿元，年均增长13.9%，至于各种乱收费则无法统计。“一税轻、二税重、三税是个无底洞”正是农民对各种乱收费的形象概括。另外，高昂的学费和医疗费成为农民最沉重的经济负担和精神负担。一个十分严重的困境是，农民收入增长连年下降，而各种支出却呈刚性增长之势。

第四，中国城乡居民收入差距已高达 6:1 的惊人程度。自从人类社会创造出城市以来，城乡差别就产生了。一定范围内的城乡差别既是城乡不同属性决定的，也有利于农村人口向城市流动和集聚，有利于整个国民经济发展和社会文明进步。但城乡差距一旦超过了一定的限度，就会产生新的矛盾和问题。改革开放以来，我国城乡收入差距明显拉大了。据有关部门测算，我国城乡居民收入差距已经由上个世纪 80 年代的 1.8:1 扩大到 2002 年的 3.11:1，这个比率没有计算城市居民大量的隐性收入，大部分学者认为城乡收入差距要远远高于这个比率。有的学者认为城乡居民收入差距实际上高达 6:1 的比率。而世界上绝大多数国家城乡收入之比为 1.5 ：1，超过 2:1 的极为少见。我国已成为世界上城乡收入差距最大的国家。

第五，财富日益集中到少数人手中，统计平均数大大掩盖了农民的生存困境。基尼系数是国际上衡量一个国家和地区贫富差距的重要指标。基尼系数越大，说明社会贫富差距也就越大。西方国家基尼系数在 0.3 左右。据一些专家测算，1980 年中国内地的基尼系数为 0.3 左右，整体差距不大。到 1988 年，城乡合计的基尼系数已上升到 0.382，1994 年为 0.434，突破了 0.4 的国际警戒线。到 1998 年，基尼系数又上升到 0.456。据 1998 年数据，10% 的高收入者占了总收入的 38.4%，而 20% 的低收入者仅占总收入的 5.5%；从全国居民储蓄存款来看，1.26% 的富人占有 7 万亿元存款的 27%，7.8% 的富人占有 7 万亿元存款的 65%。中国 15% 的人却拥有了 85% 的财富。这说明社会财富日益集中到少数人手中，贫富差距明显拉大，两极分化已相当突出。世界银行认为中国已成为世界上收入分配最不平等的国家。现在经常使用的一些统计平均数，大大掩盖了农民和其他低收入阶层的贫困状况。

第六，农民要靠外出打工才能维持基本的生存和生活需要。现在一些地方种田不仅没有赚头，而且还要倒垫。同时，农民负担居高不下、高昂的学费和医疗费迫使农民进城打工以谋求最基本的生存和生活。据 2000 年第五次人口普查资料，离开户籍所在地半年以上的人口约 1.2 亿，其中进入城镇二、三产业打工的农民工约 8000 万人，农业部、劳动和社会保障部等有关部门估计 2002 年离土又离乡的农民工约 9460 万人。2002 年农民工打工总收入约 5278 亿元，寄回、带回家的约 3274 亿元。在统计中，农民人均纯收入的一半是靠一亿多农民进城打工挣来的。如果没有农民进城打工的收入，几乎不能想象农民怎样生存和生活下去，而一个被普遍忽视的问题是农民工的打工收入本应该全部用于农民工在城市的消费。

制约农民自由而全面发展的人为因素

“三农”问题既有自然的历史的原因，也有人为的政策制度原因。自然的历史的原因就是人们常说的中国是一个人多地少的农业大国。这种自然的历史的原因是客观存在的，需要在长期的发展中逐步加以解决。我们感兴趣的是到底有哪些人为的政策制度因素制约了农民增收和农民的全面发展？撇开历史上的极“左”路线和革命化的政治运动不谈，我认为主要有以下三个大的方面。

一是在发展战略上，选择“挖农补工”。建国以后，我国照搬苏联模式建设社会主义，实施工业化尤其是重工业优先发展，实行“挖农补工”战略。国家从1953年开始实行农产品统购统销政策，实行工农业产品不等价交换，以剪刀差的形式从农村源源不断地吸取巨额资金支持工业和城市的发展。这种以国家权力作后盾实行的工农产品不等价交换，使广大农民付出了惨重的代价。当年斯大林、毛泽东都承认国家对农民“挖得很苦”，承认农民对国家的工业化作出了“很大贡献”。据测算，1954—1978年，国家通过剪刀差从农民手中获取了5100亿元的巨额资金，1978—1991年，剪刀差累计已高达12329.5亿元，相当于同期农业生产总值的22%，也就是说农民将自己创造的五分之一的财富无偿交给了国家。进入20世纪90年代以来，剪刀差还呈不断扩大的趋势，每年剪刀差绝对额都在1000亿元以上。这就是说，本来收入较少的农民，每年还要通过剪刀差的形式向远远高于自己收入的城市市民无偿支援1000亿元。这种人为的工农产品不等价交换，给中国农民造成的负担时间之长、数额之大在历史上都是绝无仅有的，在世界上也是十分罕见的。

建国初期实施工业化优先发展战略时，将工业化分为三个阶段，在工业化初期，实行挖农补工，农业支持工业的发展；在工业化中期阶段，实行农工自补，农业与工业平等发展；在工业化后期，实行以工补农，工业反哺农业。学术理论界普遍认为，到20世纪80年代中期，我国工业化初期阶段即农业向工业提供剩余的历史时期已经完成。按理说，国家应及时调整挖农补工政策，但国家的宏观经济政策却惯性运行。连续半个世纪的挖农补工，使整整二三代农民为国家工业化、城市繁荣和市民生活水平的提高作了巨大的牺牲，也付出了惨重的代价。

二是在制度安排上，实行“一国两策”。建国以来，我国建立了高度集中的计划经济体制，为确保这个体制的运转，国家就人为地实施了一系列城乡分离、工农分离、市民和农民分离的城乡隔离政策，形成了中国特有的二元社会结构。著名的社会学家陆学艺称之为“城乡分治、一国两策”。根据一些学者的研究，我国农村人口和城市人口在国民待遇上有14个方面是完全不一样的。农民被人为地降为“二等公民”的地位。

在户籍制度上，1958年1月9日，第一届全国人大常委会第91次会议不顾1954年《宪法》关于公民居住和迁徙自由权的规定，出台了限制和剥夺农民进城的《户口登记条例》。从此，国家以农业和非农业户口把全体公民划分成标志鲜明的两个类别，农业户口的公民除考取国家正规大中专院校外，原则上不能转为非农业户口。改革开放以来虽然不同程度进行了户籍制度改革，但各大中城市的城门仍然对农民紧闭着。居住和迁徙自由权自1975年从《宪法》取消以来，至今未能在宪法中予以恢复。

以二元户籍制度为依据，一系列城乡不平等的政策制度纷纷建立起来。比如，在政治上，选举全国人大代表时，城市人口是24万人选举产生一名代表，而农村人口却是96万人才产生一名代表。在教育制度上，城市中小学教育全部由国家投资，农村中小学教育则以摊派的方式主要由农民掏腰包解决。据国务院发展研究中心调查，现在农村义务教育经费中央只负担2%，省地两级负担11%，县级负担9%，78%的经费要由乡镇这一级负担，而所谓乡镇负担，实质上就是由农民负担。在就业制度上，国家只负责城市市民的就业和培训，农民则自谋生路，市民失业有救济，农民失业无人问。对农民来说也不存在童工和退休的问题，从小就得干活，一直劳累到年老躺在床上不能动弹为止。同时，农民不能到党政机关、事业单位和国有企业谋求正式工作，因为招工招干和录用公务员的首要条件就是城镇户口，这就完全把广大农民排除在国家政权机关和国有企事业单位就业之外，农民制度化地丧失了公平参与管理国家事务、经济事务和社会事务的权利。在社会保障制度上，国家每年为城市居民提供成百上千亿元的各类社会保障（养老、医疗、救济、补助等），而农民的生老病死就只能自己照顾自己和寄希望于孝子贤孙上。大多数农民有病无钱治疗，小病靠忍，大病等死。除此之外，在公共设施上、在税费负担上、在财政补贴上、在兵役制度上等各个方面都明显存在着城乡有别的“双重标准”。

三是在施政手段上，推行暴力行政。当代中国的农民身处在一个大环境和小环境之中。大环境就是国家宏观层面人为建立的二元社会结构，二元社会结构的本质就是歧视农民。小环境，就是直接管理农民的县乡村三级，这三级基层权力组织在与农民的博弈中，形成了利益共同体。这个县乡村三级在不少地方呈现出暴力行政的倾向。县乡村三级之所以结成一定的利益共同体和推行暴力行政，这除了直接面对农民的地域性特征外，在县乡村三级内部形成了一整套欲罢不能的游戏规则。首先是自上而下的干部任命制。马克思主义老祖宗对干部的任命制是坚决反对的，恩格斯曾明确说过："州政府任命专区区长和市镇长官，这在讲英语的国家是绝对没有的，而我们将来也应该断然消除这种现象，就像消除普鲁士的县官和参政官那样。"[①] 干部的任命制是在苏联时期才得到普遍采用并逐渐僵化起来的。我国深受苏联模式的影响，广为推行干部自上而下的任命制。这种自上而下的任命制成为维系县乡村三级的主要纽带。县里任命乡镇干部，乡镇任命村级干部，这种干部自上而下的任命制，决定了各级干部只能对上负责而难以对下负责。其次是层层分解的目标管理责任制。这种目标管理责任制将政府确定的经济和社会发展的指标层层分解，从县分解到乡镇，从乡镇分解到村，村再分解到每个农民头上。这种目标管理责任制在实践中形成了一种典型的"压力型体制"，使县乡村三级的经济指标承包制演变为政治责任承包制。为加大这种目标管理责任制的成效，各级还相应地制定了计划生育、财税任务、社会治安综合治理等"一票否决制"。这种三级利益共同体内的游戏规则，孕育和助长了行政暴力，产生了触目惊心的"基层暴政"现象。一些地方的暴力行政集中体现在四个方面：一是以调整农业结构为名，强迫农民意愿，呈现出逼迫农民致富的现象。二是在收缴税费中抢劫农民财物、关押毒打农民，甚至致农民于死地，严重侵害农民的财产权利和人身权利。三是打击报复为首的农民上访代表。四是计划生育工作中的暴力行为。改革开放以来出现的基层暴力行政现象，是一个后果极其严重的社会政治问题。面对这种严重侵害农民人身权利和财产权利的暴力行政，一个主流的观点是指责某些干部作风粗暴、工作方法简单。其实，这是典型的违法犯罪行为，应该绳之以法，从严惩处。

农民生活的艰辛和困苦，大家都是有目共睹的。50多年来为农民说话的有三个标志性人物，第一个是梁漱溟。梁漱溟可能是共和国为农民说话第一人。1953年，在农村作了长时期调查的著名爱国民主人士梁漱溟一次在全国政协会议上发言，引用有人说"工人生活在九天之上，农民生活在九天之下"来说农民生活还很苦，提醒共产党进城后不要忘了农民等等。谁知这番逆耳忠言使毛泽东极为不快，过了几天，毛泽东就在会议上对梁漱溟的"九天九地之说"的"反动思想"进行了

① 《马克思恩格斯选集》（第四卷），人民出版社1995年版，第4147页。

猛烈的批判。梁漱溟被打倒后，再也没有人敢为农民说话了。1959—1961 年三年困难时期，农民被活活饿死的达 4000 万人众，这是人类历史上空前的大灾难。第二个为农民说话的是彭德怀。三年困难时期饿死那么多的农民，鉴于梁漱溟的教训，知识分子是不敢说话了，这时候只有开国元勋的彭德怀敢在庐山会议上对“大跃进”运动的“狂热性”提出质疑。在那种极“左”思潮盛行的不正常年代，彭德怀也就在劫难逃了。第三个为农民说话的标志性人物就是 2000 年上书国务院总理朱镕基的李昌平。李昌平无疑是为农民说话最幸运的人，他在一定程度上大大促进了中央高层和普通民众对“三农”问题的重视。

当然，基层干部也有很大的委屈。中国社会科学院于建嵘在湖南衡阳调查时就说，他看到了许多流泪的场面。农民在讲述他们受的冤屈时痛哭失声；减负上访代表为自己受到县乡政府不公正镇压和得到农民舍身营救与精心照顾而泪流满面；乡镇干部为领不到工资而不得不让独生子女远行打工而哽咽难言。应该说，流泪的农民和流泪的乡镇干部，都是不合理的干部管理体制的受害者，而这不合理的体制又把两个受害者变成了冤家对头。乡干部迫于各种压力 (当然也出于自己的利益) 对农民暴力相向，农民则称阻止宣传政策的干部是现行“反革命”。不少农民领袖扬言与县乡干部誓不两立，你死我活。这是他们双方的不幸，更是国家的不幸。国家的长治久安，系于上下级的平等沟通。自下而上的言路不畅，必导致自上而下政令不通。

中国的“三农”问题是个十分复杂的经济、政治和社会问题。广大农民不仅关心自己的经济利益，也关注自己的民主权利。所以，我们不能就农民增收而谈农民增收。要真正解决“三农”问题，必须着眼于促进农民自由而全面的发展。

构建农民自由而全面发展的制度环境

邓小平曾说过，制度问题更带有根本性、全局性、稳定性和长期性，制度好，可以使坏人无法任意横行，制度不好，则使好人无法充分做好事，甚至会走向反面。促进农民自由而全面发展，就是要构建一个良好的制度环境。在计划经济体制下出台的歧视农民的政策制度，违背了宪法原则和宪法精神。这些违宪性政策制度突出表现在限制和剥夺了农民作为共和国公民应当享有的平等权利，同时放纵了公共权力的滥用。这些旧的政策制度已经完全不适应改革开放和市场经济发展的需要，不利于建设现代法治国家。我们要构建的制度环境，就是要建立一个有效约束公共权力、切实保障农民人权的制度环境，就是要建立一个有利于促进每个农民自由而全面发展的制度环境。

为此，必须树立宪法的神圣权威，破除对农民命运擅作主张的陈旧思维。宪法是共和国之母，没有宪法就没有共和国。宪法的基本功能有二：一是约束公共权力，二是保障公民的权利。宪法学界已有基本的共识，即宪法是人民给政府制定的契约，它是人民用来规范约束政府权力、防止政府权力滥用、保障公民基本权利和自由的根本大法。宪政的基本原理是人民制定一个根本的法律即宪法来约束政府，然后政府才根据宪法精神制定法律来管理社会。政府权力受到宪法的约束，人民的行为受到法律的约束。如果政府只要求公民守法，而自己不受宪法的约束，这就不是一个现代法治社会。著名宪法学家蔡定剑认为，从理论上说，依法治国主要是依宪治国，在走向法治的今天，普通法律已越来越深入大众生活，为广大民众所熟悉，惟有宪法在现实生活中仍默默无闻，备受冷落。2004 年第十届全国人大第二次会议对现行宪法作了第四次修正，尤其是把“国家尊重和保障人权”写入宪法，大大激活了现行宪法的生命力。笔者一直执著于从宪法的高度关注农民问题，认为只有严格约束公共权力、切实保障农民权利，才能从根本上解决农民问题，只有给农民以宪法关怀，才能走出“兴亡百姓苦”的历史怪圈。既然农民是人民共和国大家庭中的平等一员，既然各级领导干部都是人民的公仆，我们就没有理由歧视农民，我们就不能自以为是地为民作主。新一届中央领导提出以人为本的执政理念，内在地要求促进每个农民自由而全面的发展。

一是解放农民，给农民国民待遇。歧视农民的二元社会结构是中国农民面临的最大和最不公平的制度环境。这种二元性的制度安排严重违背了人人平等的宪法原则，必须尽快予以废除。在法治的视野下解放农民，给农民平等的国民待遇。

给农民国民待遇，首先要废除 1958 年出台的《户口登记条例》，彻底改革户籍制度，恢复公民的居住和迁徙自由权。1954 年《宪法》明确规定了公民的居住和迁徙自由权，1958 年出台《户口登记条例》却严格限制农民进城，在事实上取消了宪法规定的公民居住和迁徙自由权。1975 年《宪法》干脆取消了公民居住和迁徙自由权的规定，1978 年《宪法》和 1982 年《宪法》也都没有恢复，这次修宪也没有恢复，这不能不说是一个遗憾。公民的居住和迁徙自由是全世界普遍公认的一项基本人权。多年来，我们一直在呼吁加快户籍改革尤其是大中城市的户籍制度改革。近些年来户籍改革明显加快，农民已经可以到县城安家落户了。这次中央一号文件也提出“推进大中城市户籍制度改革，放宽农民进城就业和定居的条件”，这是一个巨大历史性进步。其实，在世界上，比如欧洲，公民可以在国与国之间自由流动，而我国公民却在自己祖国的大地上要受到种种限制，这是很不正常的。

给农民国民待遇，就是要统一城乡税制，从减轻农民负担到取消农民负担。全世界只有中国才有农民负担这种概念。发达国家如法国，每年对农民人均补贴 4 万元人民币以上；不发达国家如印度，不但不找农民要负担，还提供免费的教育和医疗。世界上仅仅只有中国和越南对农民征收农业税费。印度能做得到的事，中国为什么做不到？现行农村税费改革在一定程度上降低了农民负担，但并没有突破城乡二元税制结构。这次中央一号文件就突破性地取消了除烟叶以外的农业特产税，降低农业税率 1 个百分点，同时鼓励有条件的地区进一步降低农业税税率或免征农业税。北京第一个宣布取消农业税，实行农民零赋税。2004 年 3 月，温家宝总理在十届全国人大二次会议上又宣布 5 年内取消农业税。这对于广大农民和“三农”问题研究者来说是十分令人欣喜的。现在看来本届中央政府的农业和农村政策比较对头，令人鼓舞。根据国务院发展研究中心韩俊的研究，现在取消专门针对农民的农业税收在财政上也是可以承受的。2002 年全国各地征收农业税 320.067 亿元，农业特产税 99.9531 亿元，合计为 420.0205 亿元，占地方财政收入的 4.93%，相当于中央财政收入的 4.04%。统一城乡税制是国际上通行的做法。综观世界各国的税收制度，基本不设立农业税这一专门面向农业的税种。在统一税制下，农民的税收负担与其他社会成员一样，按其经济活动的属性，分别在相应的税种下缴纳所得税、增值税、地产税、遗产税等。农民作为纳税人，与其他社会成员一样享有相同的税收制度，只是在税率的减免等方面与其他纳税对象有所差别。

给农民以国民待遇，就是要给农民平等的受教育权、就业权和社会保障权。义务教育的主要责任在政府，尤其是中央和省级政府。可我国农村义务教育却成了农民的义务。这对农民来说是极不公平的，对国家对民族来说也是极其有害的。因为广大农民子女上不起学，这不但剥夺了他们的受教育权，也势必影响整个民族素质的提高。义务教育是政府的一项重要公共职责，必须由政府尤其是中央和省市政府承担起来，同时应当普遍实行免费教育。在就业问题上，必须打破农民在农村就业、市民在城市就业的思想观念和政策制度。现在农民进城打工，却享受不到市民的身份和产业工人的地位，这是长期以来僵化的思想观念和僵化的体制造成的。其实，农民不仅可以到城市打工成为正式的工人，而且有权平等地进入党政机关、事业单位和国有企业谋取正式的工作职业。长期以来在录用国家公务员和企事业单位录用正式工作人员时事先设置要具备“城镇户口”这样一个准入条件，这对农民来说是不公平的，同时也是违宪的。在社会保障上，我国50多年来社会保障仅仅覆盖城镇居民，这种状况也必须加以改变。因为最需要社会保障的人群应该是农民和其他社会弱势群体。可我国现行社会保障制度的功能却恰好相反，它几十年来只保障那些生活条件本来就好的城镇居民，而把广大农民排除在外。1990年代以来，城镇下岗职工的社会保障也成了问题。如果农民和下岗职工没有社会保障，那么这种社会保障就只能是一种少数人的特权制度。以“国家财力不够”为由搞少数人特权式的社会保障在现代社会是站不住脚的。其实，国际人权公约对每个人的受教育权、工作权和社会保障权都有明确的规定和要求。比如，我国政府1997年签署并已经全国人大常委会批准生效的《经济、社会和文化权利国际公约》明确规定：“人人有受教育的权利”，“初等教育应属义务性质并一律免费”，各种形式的中等教育和高等教育“特别要逐渐做到免费”。我们原以为义务教育应当免费，想当然地认为高等教育不属义务教育可以“高收费”，看了国际人权公约后才知道国际上对高等教育也是要求做到免费的。该国际公约还规定“人人有工作权”，“人人有权享受社会保障”等等。十届人大二次会议通过修正后的宪法明确增加了“国家建立和完善与经济发展水平相适应的社会保障制度”的条文，这又是一个历史性的重大进步。

二是重构基层政权，保障农民的基本权利和自由。如果国家在宏观政策制度层面解放了农民，使农民获得了平等的国民待遇，这就构建了农民自由而全面发展的大环境。与此相适应，直接与农民打交道的县乡基层政权也必须进行新的构建，以营造有利于促进农民自由而全面发展的小环境（这种大小环境的构建没有先后之分）。政府行为要“有所为有所不为”，政府行政可分为“积极行政”和“消极行政”。我在这里从政府的“有所不为”和“消极行政”入手，探讨基层政府主要是乡镇的重构问题，因为村级实行了村民自治，目标已经十分明确，而且村民自治的主要障碍来自于乡镇的干预。县级政权历史悠久，自秦设郡县制以来2000多年基本保持稳定不变。只有乡镇设置变化极大，学术理论界的争论也大。在当前的“三农”问题中，乡镇的各种问题也特别集中，它迫使人们去深入思考。

当前，乡镇事实上成为干群矛盾的焦点，其中的一个重要原因在于乡镇政权的“积极行政”相当突出，比如发展集体经济、调整农业结构、兴建政绩工程等等。这种“以权谋公”式的“积极行政”，在当前十分盛行，它严重干预了农民的生产生活，侵害了农民的基本权利和自由。农民作为公民应当享有的基本权利和自由，比如言论自由权、人身自由权、财产权以及生命权等，政府不去干预，农民自然会享有。农民的这种“消极自由”只有遭到政府干预时才会遭受损害。按照200多年前《独立宣言》的说法，政府存在的目的就是“保障公民的生命权、自由权和财产权”。当前乡镇政府在很大程度上背离了这一目的。为什么乡镇政府热衷于充当发展经济的主角、乐于兴建劳民伤财的“政绩工程”？这与现行的体制安排和政绩观有密切关系。从历史眼光、世界眼光和发展眼光来看，我们主张撤销乡镇政府，实行乡镇自治。

对于基层的党员干部来说，可能大多数人听到撤销乡镇政府，第一个反应恐怕就是“谁去管理农民”？这暴露了我们时时想管住农民、控制农民和当官为民作主的传统心态。您怎么老是想到要去管理农民？为什么就没想到去服务农民？事实上，政府要去管理的不是人而是管理公共事物，要服务的对象才是人。我们要相信农民具有自治的能力。从历史上看，自秦以来“皇权不下县”，县以下实行自治。从世界上来看，各国一般也只设置中央、州、县三级政府，而我国从中央到乡镇却设有五级政府。在现实中，我国的乡镇政府实质上是“虚设”的，还不是一级“完全政府”。农业税收的取消，对乡镇政府来说无异于釜底抽薪。乡镇政府何去何从，现在已经从一个探讨性的理论问题变成为一个紧迫性的现实问题。

2004年2月底，笔者在武汉参加一个乡镇体制改革研讨会。与会代表提出了很多乡镇体制改革的方案。主要有三种：一是撤并乡镇。这是当前中央政策鼓励和允许的，也是各地正在进行的一种改革举措。但这种方案只是原有乡镇规模的撤销或扩大，至于政府职能和权力运行机制并没有根本性的变化。二是改为派出机构。就是撤销乡级政府，设立办事处，作为县政府的派出机构，其建制相当于城市区级政府下属的街道办事处，乡办事处负责人由县政府委派，取消乡级财政，精简职能，协助县政府办理乡域内的公共事务，指导村委会的工作。三是实行乡镇自治。撤销乡镇政府，建立自治组织，健全和强化县级政府职能部门如公安、工商、税务、计生、教育等派出机构，发展农村经济中介组织，开放农会等农民利益代表组织。

中国是一个幅员辽阔的人口大国，各地的情况千差万别，上述方案都可以试，应避免一刀切。但总的要求是尊重农民的自主权，相信农民的自治能力，通过重构基层政权，使官权退，民权进，让民休养生息，变现在的掠夺型政府为服务型政府。

三是转变政府职能，服务和扶持农民。上面我们说了农民的“消极自由”和政府的“消极行政”，就是说政府不要“越位”，不要去做不该做的事，要“有所不为"。但在现代社会，分工越来越细，人们对政府的要求也越来越高，政府的职能也呈不断扩大之势。对农民来说，一方面希望政府不要干预他们的生活，另一方面又需要政府提供必要的公共服务和保障。这是所谓的农民的"积极自由"，与此相适应，政府也应当"积极行政"，要把政府"缺位"的事补上去，要"有所为"。在市场经济条件下，政府的主要职能是经济调节、市场监管、社会管理和公共服务四个方面。在这里，我想突出强调两点：一是公共服务，二是扶持农业、补贴农民。

我们先说公共服务，就是政府要为农民提供公共产品和服务，包括公共设施建设，为农民提供就业、社会保障和教育、科技、文化、卫生、体育等公共事业，发布公共信息等，要为农民的公共生活和农民参与社会经济、政治、文化活动提供保障和创造条件，建设一个服务型的政府。对照这些要求，我们的县乡镇政府为农民提供了多少公共服务？我们习惯说税收"取之于民，用之于民"，而我们县乡镇两级从农民手中收取税费后又把多少钱用在农民身上？一个普遍的现象是县乡镇财政都成了"吃饭财政"，甚至连发工资都没有保障，哪里还能"用之于民"呢？"我统治你，你就应该交税供养我"，这是几千年来中国传统政府的强权逻辑。在现代文明社会，不向民众提供公共服务，政府就没有征税的合法性。农民需要的公共服务很多，但当前农民迫切需要的公共服务是"教育、医疗和就业"。现在农民有三怕：一怕上学，二怕生病，三怕乡镇干部来收费。我国高昂收费式的义务教育实在是有损义务教育的名声。从失学儿童到交不起学费的大学生，这难道只是一家一户的悲剧吗？最近一件事又使我认识到医疗保险比义务教育更重要更急迫。2004 年 2 月，湖南省溆浦县第二中学女学生刘某突因四肢发麻、不能正常行走，便来到长沙湘雅医院就医。医院诊断为格林巴利综合征，需要医疗费一二十万元，这对于一个普通的农村家庭来说，无异于天文数字。刘某住了十几天院就花费了 1 万多元，而这 1 万多元全是刘的父母四处借来的，包括学校募捐的 3000 元。医院多次催交医药费，病人的父母但实在是借不到钱了，没有办法，医院就动员病人出院。3 月 3 日，在病床上度过 17 岁生日的刘丽娟虽然病情未见好转，但仅仅是因为没有钱治疗，她的父母不得不办理了出院手续，回农村老家去顺其自然疗养。我们发现，在现行的卫生医疗体制下，出现了一个很奇特的现象：对病人来说，不是病治不好；对医院来说，不是没有药治疗，只是因为病人支付不起昂贵的医疗费，医院就要对病人停止治疗。这种对生命的漠视令人十分震惊！当我们在医院说到学校和医院的高昂收费使农民不堪重负时，刘某的父母说，医院高收费的害处比学校高收费的害处要大得多，因为农民交不起学费，充其量不读书算了，回家还可以务农生存下去，而农民交不起医疗费，生命就会危在旦夕！这使我们感到我国现行的农民没有医疗保险和医院实行高昂收费的体制是多么的不正义！据世界卫生组织公布的2000年全球医疗卫生服务报告，在191个国家和地区医疗卫生资源分配公正指数中，中国排名第188位，是全世界最不公平的少数几个国家之一。对于就业，世界各国都将全体国民考虑在内，而我国建国以来只考虑城镇居民的就业，把广大农民排除在就业视野之外。我国的失业率只统计城镇的失业人口，不包括农村农业人口，比如2003年城镇失业率是4.3%。如果把全国失业农民统计在内，这个比率是多少？就业是民生之本，把广大农民纳入就业体系，既是对几十年来人们思想观念的一种巨大冲击，也是对各级政府执政能力和领导水平的严重考验。

再说扶持农业、补贴农民，这既是一种奢望，也是一种发展趋势。我国农业在GDP构成中的份额已经降到14%以下，工业化已进入中期阶段，“挖农补工”的历史任务早已完成。按照国际惯例，人均GDP超过800美元就应该进入“以工补农”阶段，而2003年我国人均GDP已达1090美元。实行“以工补农”，既是对几十年来农业支持工业的历史性回报，也是整个国民经济和社会持续协调发展的内在需要。现在中央提出统筹城乡发展，这是非常及时和正确的，关键是要落到实处。另一方面，农业既是基础产业，也是弱势产业，要承担自然风险和市场风险，加快农业农村发展仅靠市场调节是不行的，国家必须加强扶持和保护，这是世界各国普遍的做法。国际上一个通行的做法就是对种粮农民实行直接补贴。比如在美国，每个农户每年平均得到政府的农业补贴是12500美元。我国已加入WTO，根据WTO的黄箱政策，我国政府对农民的收入补贴可以达到农业总产值的8.5%，按照2001年农业总产值26180亿元测算，补贴总额可达2225亿元，平均每个农民可得到171元的补贴收入，但我国目前还没有做到。令人欣慰的是，2004年中央一号文件已经明确提出为保护种粮农民利益要“建立对农民的直接补贴制度”。另外，面对市场经济造成“贫者越贫，富者越富”的“马太效应”，防止社会过度的两极分化，政府尤其要在国民收入的第二次分配中突出公平优先的原则，向低收入阶层实行适当的政策倾斜，这是现代国家宏观调控的重要内容。

通过上面的分析，可以预料，经过体制改革和制度创新，农民的负担会减轻，农民的收入会增长，农民的权利也会得到保障。但一个基本事实是，我国农村人多地少，农业总体上仍然处在小农经济阶段，在市场经济的竞争中，农民很难富裕起来，或者说，要使中国农民富裕起来，还有很长的路要走。不过，对中国农民来说，还有一条充满希望的出路，这就是城市化。加快城市化发展应该成为我国经济和社会发展的战略任务，现在的关键是消除人为的体制性障碍，打开“城门”，做大做强大中城市，兴建新兴城市，保障农民的居住和迁徙自由权，农民愿意到哪座城市生活就尊重农民的意愿。只要做到这样，我国的城市化将有一个大的快速发展。现在上亿的农民工在全国各大中城市打工谋生，他们事实上已经成为城市居民中的一部分，应该享有城市居民的基本权利，可传统的旧制度却不承认他们的市民身份和地位，致使形成了世界上绝无仅有的“农民工阶层”，这种不正常的状况应当尽快加以改变。只有大多数农民进入城市成为市民后，我们才能从一个“乡村中国”转变为一个“城市中国”，也只有这样，我们才能真正谈得上富裕农民。

在当前，中央已经提出把解决“三农”问题作为全党工作的重中之重，明确要求“地县两级领导要把主要精力放在农业和农村工作上”。对于各级党委政府和领导干部来说，关键是要做到三条：

第一条，要树立和落实科学的发展观和正确的政绩观。就是要以人为本，关注民生，保障民权，坚持经济社会协调发展，统筹城乡共同发展，促进农民自由而全面发展。政府不能只顾城市不顾农村，只顾市民不顾农民；也不能只追求经济增长而忽视社会的公平和正义，更不能以发展经济为名掠夺自然资源、破坏生态环境、侵害公民的基本权利和自由。对此，温家宝总理有个很全面的讲话。

第二条，要有革除体制弊端的勇气。我国正处在社会转型时期，这种转型是由计划经济向市场经济转型，由传统人治向现代法治转型，由集权型政治向民主型政治转型，由单纯的经济发展向政治经济社会和人的全面发展转型。在这种社会转型中，一系列束缚发展的旧观念、旧做法、旧体制，必须予以坚决冲破、改变和革除。如果各级领导干部没有革除旧体制的勇气，我们就不能前进一步。

第三条，要提高执政能力和领导水平。改革开放以来，我国社会发生了巨大的变化，这对于各级党委、政府和领导干部的领导水平和执政能力提出了现实的紧迫要求。在我们这个建设政治文明、促进人的全面发展的新时代，农民可以对一切不公正的旧制度说不，可以对一切违法行政的党政干部说不，可以对一切侵害农民合法权利的行为说不！对各级党委、政府和领导干部来说，提高领导水平和执政能力，最基本的要求就是要统筹兼顾、依法行政、保障人权。不统筹兼顾就会顾此失彼，不依法行政就会滥用权力，不保障人权就丧失了政府存在的基本理由。在现代法治社会，对于政府来说，法无明确规定不可为之；对于公民来说，法无明文禁止皆可为之。

（本文最初系本人2004年3月17日在湖南省茶陵县学习2004年中央1号文件专题讲座上的报告提纲，后与周作翰合作刊载于《湖南文理学院学报（社会科学版）》2005年第1期）

从梁漱溟到李昌平：欲说农民好困惑

自从看到李昌平的事迹后，我就在脑际里想到了这个题目。我一直在想，共和国诞生以来，为什么总有人要为农民说话？为什么农民值得有人为他们说话？为什么为农民说话的人又大都没有好下场？为什么明知为农民说话是一件费力不讨好的苦差事，却仍然有人“偏向虎山行”关注农民为农民说话？你敢站出来为农民说话吗？我们到底怎样为农民说话？这一系列困惑常使我夜不能寐。

敢为农民说实话

李昌平是因为给朱镕基总理写信诉说“农民真苦、农村真穷、农业真危险”而引起人们普遍关注的。我不认识李昌平，但冲着他作为乡党委书记敢于为农民说真话这一点，我就与他无形之间缩小了心灵的差距。我与他通过几次电话，记得有一次我在电话中对他说:“如果你成立中国农民问题研究中心，我愿申请加盟。”言毕，电话里传来了他千里之外爽朗的笑声。

有人说李昌平是“一个时代的发言者”，此话一点不假。作为中国这样一个农民大国，在农民的生存环境一直险象环生的境况下，没有人站出来为农民说话，倒真的是整个民族的悲哀了。一百多年前，谭嗣同慷慨陈言:“各国变法，无不从流血而成，今未闻有因变法而流血者，此国之所不昌也，有之，请自嗣同始”，毅然为变法而流血牺牲。李昌平似乎也可以说:“各国发达，无不关注弱势阶层，今中国未闻有为农民说话而弃乡党委书记之职者，此‘三农’问题悬而未决之故也，有之，请自昌平始。”李昌平毅然为农民说话而辞职南下打工，值!

讲到李昌平，我不能不自然想到梁漱溟。梁漱溟可能是建国后知识分子为农民说话的第一人。共和国本来是劳动人民翻身得解放自己当家作主的新型人民共和国。照理说，几千年来身居社会最底层的中国农民，在自己建立的人民共和国中，其生存环境将大为宽松，幸福的生活就在眼前。至于为农民说几句话更属合情合理合法。

但其实不然，1953年，在农村作了长时期调查的民主人士梁漱溟，一次在全国政协会议上发言说到农民生活还很苦，应引起足够的重视，并引用有人说“工人生活在九天之上，农民生活在九天之下”，提醒“共产党进城后不要忘了农民”云云。谁知此番逆耳忠言闯下了弥天大祸，不几天，毛泽东就在会议上对梁漱溟“九天九地”之说的“反动思想”进行了猛烈地批判。人们现在还可以从《毛泽东选集》第五卷中看到那篇“批判梁漱溟的资产阶级反动思想”的文章。据梁漱溟的一些传记披露，《毛泽东选集》第五卷里的那篇文章不完全是毛泽东当时批判梁漱溟的原话，而是后来根据形势发展的需要又添加了不少内容。当时对梁漱溟的批判显然是在世人面前来了一顿“杀威棒”。随着反右运动的开展，中国知识分子由天然的“批判现实主义精神”的人文传统异化为“歌颂现实主义”。1959—1961年三年困难时期农民被活活饿死的达4000万之众，这可是相当于欧洲一个中等国家的总人口！可面对这空前的灾难，知识分子则只能一天到晚沉醉在歌颂和赞扬现实的自欺欺人的竭力作秀之中。倒是彭德怀、刘少奇这些共和国开国元勋为农民说了几句话，却不幸又“运交华盖”，被纷纷“打倒”，甚至被迫害致死。

这种极不正常的状况是中华民族发展史上的空前灾难。中共十一届三中全会实现了历史性的“伟大转折”，人们从那场噩梦中惊醒过来，邓小平所说的那种“对人民实行法西斯专政”的时代已一去不复返了。

为农民说话的“风险”

可在人们的心目中，为农民说话仍心有余悸，风险似乎始终存在。就是到了经过改革10年后的1988年，著名的《社会》杂志在收到舟莲村一篇《谈农民的不平等地位》一文时，也迟迟不敢发表，编辑部后来表白是“怕做小梁漱溟”。

不过，时代发展到今天，人们应该清醒地认识到，与改革开放以前完全不同的是，现在中央高度关注“三农”问题，倡导为农民说真话，朱镕基总理就曾带头怒斥一些地方盘剥农民已经到了“民怨沸腾”的严重地步。我们知道，“民怨沸腾”这个词如不是总理说出来，人们是不敢乱使用的。李昌平反映“农民真苦”的信引起了总理的高度重视，总理先后两次作了重要批示。由此可见，现在为农民说话的“风险”已经不再来自中央，而是来自地方和基层，来自传统习惯势力和既得利益集团。李昌平为农民说话被迫辞职，李绿松为农民呼吁被残忍地割掉了舌头（从张志新被割喉到李绿松被割舌，这其中定有某种必然的内在联系），桂晓琦为农民编一本《减轻农民负担工作手册》却被撤职，卖出去的1.2万册书被强行收缴1.1万多册，还有不少农民上访反映“三乱”时被无辜毒打、关押、拘留、判刑甚至被活活打死。这一切都是一些地方基层干部明目张胆与中央“对着干”、粗暴践踏《宪法》的违法犯罪行为。

在由计划经济向社会主义市场经济转轨的过程中，基层政府的职能未能及时转变，在权力运作上，依然沿袭计划经济体制下企业化的目标责任制管理模式，使政府行政的目的不是向社会提供公共物品，而是不择手段地完成上级下达的和自己加码的数字指标任务，农民已经不是政府服务的对象，而成为配合完成“数字指标任务”的工具。政府职能异化成“数字型政绩至上主义”。加上各级干部的自上而下的任命制，完成数字任务就成为考察干部政绩的唯一依据，一切不利于基层政府完成数字任务的行为就等于妨碍了基层干部的仕途升迁，必然遭到基层干部的无情报复和打击。由此，“上有政策，下必有对策”，中央农村政策执行难就成为一个难以解决的普遍现象。至于农民负担屡减不轻，涉农恶性案件频频发生，党群关系日益恶化，这些都与县乡村三级利益共同体有不解之缘。

其实，为农民说话，就是为弱势阶层说话，为公平正义说话，就是为社会进步说话，为社会和谐稳定说话。由于农民没有掌握必要的政治资源、经济资源和文化资源，他们的弱势地位是不可避免的。问题是一个现代文明社会，应该为弱势阶层创造一个公平公正的制度环境，并增进对弱势阶层的人道关怀，使弱势阶层能够得到基本的生存保障和自由权利。

关键是要给农民以宪法关怀

笔者认为，在我国，为农民说话，关键是要给农民以宪法关怀，赋予农民一切平等的宪法权利，这是中国农民走出几千年来“兴亡百姓苦”历史性怪圈的必然选择。

所谓给农民以宪法关怀，就是树立农民也是共和国公民的意识，一切法律法规和政策的出台，都不得有歧视农民的任何因素。当前，迫切需要做的有两件大事：一是破除二元社会结构，二是摧毁县乡村三级利益共同体。

破除二元社会结构，就是要把农民从长期歧视他们的二元社会结构的枷锁中解放出来，保障农民的宪法权利。在计划经济条件下形成的二元社会结构，是国家对全体公民实行城乡有别的“双重标准”的结果，这种二元性的政策法律制度，对市民是一套，对农民是另一套，这就使得作为弱势阶层的农民的地位更加弱势化。破除二元社会结构，迫切需要尽快调整“挖农补工”战略，取消人为“剪刀差”，彻底废除二元性质的户籍制度、教育制度、劳动和社会保障制度、就业制度、税负制度等等，实行全体公民的平等一致，消除一切特权。同时，加入 WTO 后，还需依照国际惯例，对农业和农民予以应有的强力保护。

摧毁县乡村三级利益共同体，就是要把农民从直接盘剥他们的基层政权的压制中解放出来，给农民自由。县乡村三级利益共同体是建立在地缘和人缘基础上盘剥农民的既得利益集团。这个三级利益共同体形成了明显的排斥性“权力漩涡”，它是中央农村政策的效力逐渐丧失甚至异化为掠夺农民的顽固堡垒。摧毁三级利益共同体，关键是要彻底废除领导干部自上而下的任命制，撤销乡镇政权，实行乡镇自治，在县乡村三级完全实行直接选举。同时，彻底废除计划经济体制下政府管理的企业化模式，取消目标管理责任制，抛弃“数字型政绩至上主义”，建立公共服务型政府，强化政府提供公共物品的职能。

俗话说，既要有报国之志，又要有报国之技。为农民说话，不仅要有一腔热血，更要找到一条造福农民的正确道路。笔者认为，在 21 世纪，农民最需要的不是别的，而是神圣的宪法。只有真正实施了《宪法》，农民的基本人权才有切实的保障，农民也只有在宪法之母的庇护下才能获得自由、平等和幸福。

让我们为农民说话不再困惑。

（本文原载《百姓》2002 年第 4 期）

第三篇

农民负担与村民自治

宏观视野中的农民负担

中国是一个历史悠久的农业大国，更是一个农民人口占绝大多数的农民大国，农民问题始终是中国革命、建设和改革的根本问题。当前，农民问题的焦点是农民负担问题，农民负担问题的实质是国家与农民的关系问题，是农民宪法权利的保障问题。中国几千年来的农民起义和朝代更替，都是国家权力与农民权利恶性互动的结果。切实减轻农民负担，从根本上解决农民负担问题，关乎农民的切身利益和积极性，关乎社会的公平正义原则，关乎国家的长治久安，关乎农民的自由而全面发展，关乎改革开放和现代化建设的全局。

新中国成立以来，一直存在着农民负担问题，只是农民负担成为全社会关注的一个热点问题，则是从上个世纪 80 年代开始的。农民负担是农民向国家、集体和社会无偿支付和承担的一切费用、劳务和压力的总和。农民负担问题不仅仅是一个重大的经济问题，也是一个重大的社会问题和政治问题。农民负担从其范围大小来说，可分为广义负担和狭义负担，广义负担是指农民所承担的所有税收、工农业产品价格剪刀差、提留统筹及各种集资摊派等，狭义负担是指农民所承担的除税收以外的所有负担；从其合法性来说，可分为法定负担和非法定负担，法定负担是指农民依照国家的法律、法规和有关政策承担的税收、村提留乡统筹、劳务（义务工、积累工）及其他社会性负担，非法定负担是指农民承担的由一些单位和部门非法出台而又违反农民意愿的乱收费、乱集资、乱摊派、乱罚款负担；从其透明度来说，可分为显性负担和隐性负担，显性负担是指农民向国家、集体和社会有关方面直接支付的负担，如税收、提留统筹费等，隐性负担是指农民承担的由不合理的价格转嫁而来的负担，如工农业产品价格剪刀差等；农民负担从性质上来说，还可分为经济负担、精神负担、心理负担、安全负担等。

作为县乡镇基层政权，他们理解和关心的农民负担仅限于“五乱”（乱收费、乱集资、乱摊派、乱罚款、乱加码）上，至于剪刀差也好，农业税收也好，三提五统也好，教育集资也好，都是国家法律、法规明文规定的征收项目，他们没有随意更改的权力，只有照收不误的义务，因而基层政权把“减负”工作仅仅局限在制止“五乱”上却也无可厚非（至于制止“五乱”的实际效果如何则又另当别论）。但作为国家宏观决策层在政策设计和制度安排上必须着眼于全局进行通盘考虑，学术理论界应该从更广阔的宏观层面进行考察分析，只有这样才能有助于农民问题的真正解决。

关于农民负担问题的几个认识误区

进入20世纪90年代后，农民负担问题在一片“减负”声中却愈演愈烈，涉农恶性案件频频发生，群体性事件彼伏此起，农民上访大军浩浩荡荡，党群干群关系严重恶化。综观十多年来的“减负”努力，呈现出“两头热中间冷”的现象，作为底层的农民群众，“减负”愿望十分强烈；作为高层的中央政权，“减负”态度十分坚决；而作为直接与农民打交道、直接加重农民负担的县乡村三级却“态度暧昧”，搞“上有政策，下有对策”，依然“我行我素”，其结果就是农民负担“久减不轻”。多年来，学术理论界迟迟研究不出理想可行的科研成果，决策参谋部门迟迟设计不出科学完整的“减负”方案，最高决策层又迟迟出台不了切实有效的“减负”措施。而身处最底层的农民却一日又一日地忍受着沉重的负担，他们热切渴望尽快甩掉身上的沉重包袱。笔者深感全社会应该特别增强“减负”的紧迫感，农民负担问题不能再这样一年又一年地拖下去。农民负担问题迟迟得不到切实有效的解决，从一个侧面反映了我们的思想认识、理论、政策和制度设计大大落后于实践，应变能力和纠错机制十分缺乏。可以说，减轻农民负担称得上是一场真正的解放农民的“战争”，如何尽快打赢这场“战争”，无疑是对当代中国人政治理论智慧和制度创新勇气的最大考验。

长期以来人们对农民负担问题认识过于片面，不澄清这些片面认识，就不利于真正减轻农民负担。这些似是而非的片面认识主要有五种观点：

第一种观点认为是法制不健全。这当然有道理，但一个国家要具备非常健全的法制恐不是短期内能够实现的，法制健全不健全也是一个相对的概念。事实上，这十多年来在减轻农民负担上，国家还是出台了不少法律法规，1985年颁布了《义务教育法》，1991年颁布了《农民承担费用和劳务条例》，1993年颁布了《中华人民共和国农业法》，1998年正式颁布了《中华人民共和国村民委员会组织法》等等，应该说，农民负担还是“有法可依”的。农业税、农业特产税、三提五统、义务工、积累工、教育附加等税费都有明确的法律法规依据。有的人建议尽快制定《农民负担法》，笔者担心即使出台了这样的法律，也难以保证农民负担会公平合理。看来农民负担问题恐怕还不只仅仅是个出台和颁布几部法律就能解决的。

第二种观点认为是治吏不严，干部作风不好。一些基层干部作风不好确是事实，治吏也应该从严。多年来针对干部队伍中存在的种种问题，党中央一贯强调“治国必先治党，治党务必从严”，并把加强基层党组织建设提高到“党的全部工作和战斗力的基础”的空前高度，这还不仅仅停留在口头上说说，而且是进行了有计划、有组织、有部署、有检查、有验收、有惩处的部署安排，20 世纪 90 年代以来，在农村先后开展了“社教”、“评三户”、“基层党组织建整”、“三讲教育”、“三个代表学教活动”等，中共十五届六中全会又专门作出了加强和改进党的作风建设的决定，一些违法乱纪的领导干部也受到了严惩，“杀鸡儆猴”的事也做了，基层干部头上的“紧箍咒”可谓念个不停。放眼世界，像我国这样长期以来花费这么大的精力和声势严格教育和管理基层干部的做法，也许在全世界找不到第二个。另外，干部作风好了就一定能减轻农民负担倒也未必，建国后很长一段时期内干部的作风有口皆碑，但五六十年代农民的负担也很不轻，三年困难时期农民饿死的就有好几千万，十分惨痛。就是今日，一些作风好的基层干部似乎对减轻农民负担也无能为力。湖北省监利县棋盘乡党委书记李昌平面对农民沉重的负担，食不甘味，寝不安席，2000 年 3 月他便含泪上书国务院，呼吁减轻农民负担。这种深受农民欢迎的基层干部应该说作风够好了，可到头来却被迫辞职南下打工，留下了一串“说句真话不容易”[①] 的叹息声，给人们以深刻的思考。有的主张基层干部要像当年那样与农民“三同”（同吃同住同劳动），这当然是好的优良传统，可现在的农民不一定都希望干部与他们“三同”，综观世界各国基层官员并没有搞什么“三同”却并不存在“农民负担”问题或“党群关系”问题。可见，笔者认为基层干部作风一定要切实转变，但农民负担问题恐怕还不只是个干部作风问题。

第三种观点认为是农村改革滞后。这也有道理，但我国改革最早是从农村开始的，时至今日农村改革也没有停止。1980 年实行家庭联产承包责任制，1983 年撤销人民公社建立乡镇政府，1985 年取消农产品统购统销改为合同定购，1987 年试行村民自治，1994 年分税制改革，1998 年正式实行村民自治，2000 年安徽全省和

① 李昌平：《说句真话不容易》，载《百姓》2001 年第 6 期。

其他一些地区实行税费改革，而县乡镇机构每隔几年改革一次，从未中止过，2001年全面实施小城镇户籍制度改革等等，一些在城市还算“做梦”的改革却在农村率先实行了，比如村委会的民主直接选举，县乡两级人大代表直接选举，小城镇户籍制度改革等。可见，农村改革并没有停止，问题恐怕还在于怎样改革如何改革等。

第四种观点认为是农民增收不快。这话本身没有错，但是，一方面，农民增收是一个永无止境的历史过程，而农业本身属于一种比较效益低的弱势产业，其增收的潜力是有限度的，农业在市场经济竞争中的不利地位也是显而易见的，西方发达国家都一致对农业实行特殊的扶持和保护政策，确保从事农业生产的人能获得平均利润。另一方面，农民增收是一种把“蛋糕做大”的行为，而加重农民负担是一种“切蛋糕”的行为，“做蛋糕”受到客观因素的制约，不可能使“蛋糕”无限大，“切蛋糕”受主观私欲的驱逐，而人的欲望是无止境的，一些人认为只要把“蛋糕做大”了就能把“蛋糕切好”的想法是天真的。追逐自身利益最大化的“食利阶层”在没有任何有效制约的情况下，任凭你把“蛋糕”做得多大，都会被“切割”完毕。笔者虽然认为要想方设法增加农民收入，但这与减轻农民负担几乎扯不上边，是两码事。

第五种观点认为是农民素质差，不善于运用法律武器保护自己。这虽然看到了农民素质低的一面，但没有看到农民运用法律武器十分困难的一面，更没有认识到农民素质差并不是应该承受层层盘剥的理由。首先，从整体上说，农民的文化法律素质偏低，具有悠久的历史原因，也是建国后二元社会结构对农民受教育权的不公正对待的结果。其次，农民具有强烈的学习法律法规的自觉性和当家作主的积极性，但农民的这一觉醒意识却不程度地遭到基层政府的压制，一些基层领导干部害怕农民掌握党和国家的“减负”政策和法律法规，有的基层干部并不把党和国家的政策法律法规告诉农民，甚至还要强行收缴农民自发购买的有关“减负”政策法律法规的书报。2000年8月发生在山西省一些地区和有关部门强行收缴农民购买的《减轻农民负担工作手册》一书的惊世事件，[①]就典型地代表了一些地方、部门的干部对农民掌握法律武器的空前恐惧。有的地方还明确规定基层法院不得受理有关农民负担问题的案件。在催收农民税费时，一些地方常常习惯于组织公检法三家“联合作战”。农民根本不可能就过重的负担问题到法院进行正常的司法诉讼，备受委屈的农民只有选择上访之路。

① 《一本奇书的奇遇》，载《南方周末》2000年10月12日。

农民负担沉重的主要人为因素

当今世界，只有中国才有如此尖锐和严重的农民负担问题，这不能不引起人们从更深层次的角度上来进行理性思考。虽然农民负担的产生有极其复杂的多种原因，但笔者认为，一些客观存在的原因不是一下子就能解决得了的，它需要在不断的发展中逐步消解，但一些直接加重农民负担的人为的政策制度，就必须予以清醒地认识，从而果断地予以废除和改革。从根本上说，我国新时期的农民负担主要是人为的政策制度造成的，主要有五个方面：

人为因素之一："挖农补工"战略。建国后，我国照搬苏联模式建设社会主义，实施工业化优先发展战略，尤其是重工业优先发展战略。为了确保工业化优先发展所需的原始积累资金，国家从 1953 年开始实行农产品统购统销政策，人为实行工农业产品不等价交换，隐蔽地获取工业化所需的原始积累资金，这种工农业产品价格剪刀差一直延续到现在。尽管 1985 年国家改农产品统购统销为合同定购，但剪刀差并没有消除。这种农产品不等价交换是农民的最大一项隐性负担，斯大林、毛泽东都承认国家对农民"挖得很苦"，农民对国家作出了"很大贡献"，这种"挖得很苦"、"很大贡献"，对农民来说就是人为的政策制度给他们带来的最大的不公平负担。据测算，1954—1978 年，国家通过剪刀差从农民手中获取 5100 亿元的巨额资金；[①]1978—1991 年，剪刀差累计已高达 12329.5 亿元，相当于同期农业生产总值的 22%；1987—1991 年，每年剪刀差绝对额高达 1000—1900 亿元，成倍高于改革前的数额。[②] 进入 20 世纪 90 年代，剪刀差还呈不断扩大的趋势，每年剪刀差绝对额都在 1000 亿元以上。这说明本来很贫困的农民每年还要向城市和市民支付 1000 亿元以上的负担。这种工农产品不等价交换形成的剪刀差，给农民造成的负担时间之长、数额之大，在历史上都是绝无仅有的。但大多数农民并不清楚个中缘由，也没有切身的体验，这是因为这种农民负担的方式和方法具有很强的隐蔽性特征，在人民公社政社合一的体制下，政府不是与单个的农民进行交易，而是通过公社、大队、生产队发生交易行为，加上连续不断的政治运动和高压控制，故而未引起农民外向的强烈不满，但这种隐蔽性加重农民负担的做法却是以农业的长期落后和农民的长期贫困为代价的。

---

① 参见侯石安：《国家与农民"取"与"予"的关系研究》，载《农业经济问题》2000 年第 6 期。

② 参见雷宁志：《理论偏差——农民负担根源探析》，载《农业经济问题》1994 年第 1 期。

人为因素之二：城乡隔离政策。20 世纪 50 年代以来，我国在苏联模式的影响下建立起高度集中的计划经济体制，为确保这个体制的运转，国家人为地实施了一系列城乡分离、工农分离、市民农民分离的城乡隔离政策，形成了中国特有的二元社会结构。在户籍制度上，以农业和非农业户口把全体公民划分为标志鲜明的两个类别，农民不能进城定居生活和寻找职业。在教育制度上，城市中小学教育全部由国家投资，农村中小学教育则以摊派的方式由农民掏腰包解决。1985 年国家财政还取消了对农村每个中学生 31.5 元、小学生 22.5 元的教育拨款，改由农民在集体提留中提取。义务教育由政府的主要责任转变为农民的主要义务。在就业制度上，国家只负担城市市民的就业和培训，农民则自谋生路，市民失业有救济，农民失业无人问，尤其突出的是，农民不仅不能到国有集体企业就业，更不能到党政机关和事业单位工作，国家行政事业单位招干招工的首要条件就是你必须具备非农业户口，这就把农民排除在国家机关事业单位就业之外，农民完全丧失了担任公职和公平参与管理国家事务、经济事务和社会事务的权利。在社会保障制度上，国家每年为城市居民提供成百上千亿元的各类社会保障（养老、医疗、救济、补助等），而农民的生老病死伤残就只能自己顾自己，不仅如此，农民还要为政府分担补助救济农村五保户和烈军属。对农民来说，不存在什么童工、退休的问题，从小就得干活，一直劳累到年老死去，大多数农民有了病无钱治疗，就靠“忍过去”。除此之外，在公共基础设施建设上，在财政补贴上，在兵役制度上等各个方面都明显存在着城乡有别的“双重标准”。时至今日，歧视农民的二元社会结构仍然没有得到根本性的动摇和破除。这种人为的城乡隔离政策是建国以来中国农民的又一项最沉重的制度性负担，这种实行“双重标准”的城乡分治政策，是“农民真苦、农村真穷、农业真危险”的制度根源。①

人为因素之三：现行税费缺陷。现行税费制度是一种合法但不合理的制度。农民现行的法定税费负担主要包括农业税（含地方附加、农业特产税、屠宰税、耕地占用税、契税）、提留统筹费、义务工和积累工、教育集资以及国家规定的粮食、棉花等主要农产品的定购任务等项。且不说基层政府和部门打着合法税费之名违背法律法规任意重重加码、搭车收费、提高基数、重复变相征收等种种混乱行为，单就上述合法税费本身来说，却存在严重的不合理因素。首先，从农业税来看，现行农业税制主要沿袭 1958 年颁布的《中华人民共和国农业税条例》，1988 年新开征

① 参见黄广明、李思德：《乡党委书记含泪上书，国务院领导动情批复》，载《南方周末》2000 年 8 月 24 日。

农业特产税，1994 年改为农业特产农业税，简称农业特产税，1994 年分税制改革后将农业税、农业特产税划分为地方税；20 世纪 80 年代后期，农业税逐步由实物形式改为货币形式。传统的观点认为我国农业税率不高，但有的学者指出我国农业税远远高于发达国家增值税的基本税率，也高于发达国家农业所实际负担的税率。[①]不过，综观世界各国税制，基本上不单独设立面向农业和农民的税种，我国单独设立面向农业和农民的农业税的做法有损税收的统一、公平和中性原则。比照城市居民月收入 800 元以上才征收个人所得税，我国绝大部分农民根本没有达到纳税的起点标准。就法理来说，如果土地长期承担着农民的社会保障，国家没有面向农民的社会保障制度，那么政府也就没有直接向农民的农业收益收取税费的理由。[②]据统计，“九五”期间，农民年均缴纳农业税 254 亿元，农业特产税从 1996 年 79.6 亿元上升至 1999 年的 88.9 亿元，年均增长 3.8%。其次，从“三提五统”来看，20 世纪 80 年代初，随着人民公社的解体和乡镇政府的建立，与人民公社体制相对应的“三提五统”制度却仍然保留下来，并沿袭至今。法规规定“三提五统”属于集体资金，应归集体使用，其实则为“二税”性质，成为乡镇财政的重要收入来源。“三提五统”实际上是对农民超经济强制，变相地平调了农民的财产，侵犯了农民的财产权。在“三提五统”的实际征收过程中，不少乡镇政府擅自提高农民人均纯收入基数，使法定的“不超过 5%”的杠杠形同虚设。据统计，从 1993 年到 1998 年，全国“三提五统”费由 380 亿元增至 729.7 亿元，年均增长 13.9%，人均由 44.6 元增至 84 元，年增 13.8%。再次，从农民“两工”和教育集资来看，农民义务工和劳动积累工实质上是人民公社政社合一体制下对农民劳动的强制性无偿的计划调配和使用，已经与家庭承包责任制和社会主义市场经济体制不相适应，现在农村剩余劳力庞大，在组织大规模农田水利基本建设时，应引入市场机制，坚持自愿有偿的原则使用农民劳力，农民“两工”已经丧失其存在的合理性。不少乡镇政府借“两工”合法之名，行摊派之实。全国可统计的农民“两工”已从 1994 年的 16.4 个上升到 1999 年的 18 个，不少地方强行搞“以资代劳”，1999 年全国农民承担“以资代劳”资金 64 亿元，人均 6.9 元，劳均 13.6。[③]义务教育的主要责任在政府，可在农村，农民却被迫“越俎代庖”代替政府掏钱办义务教育。《义务教育法》

---

① 参见冯海发：《关于我国农业税制度改革的思考》，载《中国农村经济》2001 年第 5 期。

② 参见农业部农村经济研究中心：《中国农村研究报告 (1999)》，中国财政经济出版社 2000 年版，第 125—126 页。

③ 以上数据均转引自国家计委宏观经济研究院课题组：《农村税费问题研究》，载《经济研究参考》2001 年第 24 期。

规定的教育集资就成为基层政府加重农民负担的合法借口。特别是配合教育“双基达标”而进行的教育集资活动，在很多地方不仅把它当作经常性的集资项目，而且数额特别巨大。湖南省湘潭县近几年为完成教育“双基”达标验收，共投入1.75亿元，基本上是向农民收取的，1995—1997年连续三年每年向农民集资5000万元，1998年又集资2600万元。[①] 全国各地大都差不多。

人为因素之四：基层政权膨胀。农村基层政权恶性膨胀主要体现在机构膨胀、人员膨胀、权力膨胀。家庭联产承包责任制推行以后，为了克服人民公社政社不分的严重弊端，国家从1983年起撤销人民公社建立乡镇政府，到1985年全国撤社建乡完成，中国建立起了史无前例的庞大的乡镇基层政权管理体制，十多年来，其机构和人员像滚雪球似的越滚越大。过去人民公社时期，公社仅有八大员，成立乡镇政府后，却增至十几大员、几十大员，甚至上百大员，过去一个公社的全套人员不过二十几人，而现在一般都达七、八十人，多的则上百人。多轮县乡机构改革也都未走出“精简－膨胀－再精简－再膨胀”的怪圈，机构越精越大，人员越减越多。目前，全国共有4.8万个乡镇政府、80万个村委会和520万个村民小组，全国县及县级以下农民出钱养活的干部（不包括教师）高达1316.2万人，平均每68个农民供养一个县及县级以下干部。[②] 另据统计，全国乡镇总供养人员为1285万人，除去已离退休的280万，在职的还有1005万人，其中党政机关人员140万人，平均每个乡镇31人，而每个乡镇实际供养人员已高达235人。[③]

人为因素之五：政绩至上理念。根据社会主义市场经济的一般要求，政府的主要职责是全力为民众提供公共物品，造福人民。可在计划经济体制下，政府成为无所不管、无所不能的万能政府。在计划经济体制向社会主义市场经济体制转轨过程中，政府的职能未能及时转变，相反，基层政府和各职能部门纷纷成为市场经济中的逐利主体。各级各部门的内部权力运作已蜕变成“政绩至上”的行政理念，而这种“政绩”又主要体现在一大堆上级下达的和各级加码的数字指标上，所以笔者称之为“数字型政绩至上”，这种“数字型政绩”就是把各级各部门的“政绩”简单浓缩成一大串“数字指标”，完成或超额完成“数字指标”，就表明“政绩突出”，这是各级干部升迁的主要依据，否则就是“无能”，升迁无望。在这种“数字型政

---

① 参见张红宇等：《要高度重视农民增收减负问题》，载《中国农村经济》1998年第9期。

② 转引自朱忠贵：《农业税制改革与农民负担》，载《农业经济问题》1999年第4期。

③ 转引自赵阳：《农村税费改革：包干到户以来又一重大制度创新》，载《中国农村经济》2001年第6期。

绩至上主义”的行政理念驱使下，各级各部门为了炫耀自己的“政绩”和表现自己的“才华”，就必然全力以赴提前或超额完成“数字指标”任务，这就使得政府行政的最大目的已经不再是提供公共物品，而是不择手段地完成“数字指标”任务，为此，虚报瞒报数字者有之，贷款交税者有之，强行收税费置民于死地者有之，所谓“数字出官，官出数字”正是这种“数字型政绩至上主义”的必然结果。对基层干部来说，既然完成上级“数字指标”任务可博取“政绩”，而完成自己加码的“数字任务”又可获取私利，那么在没有外部有效约束的情况下，疯狂追逐自身利益最大化的权力，必然横冲直撞，置民于无法招架的地步。在这种泛滥的权力面前，农民不断付出眼泪、鲜血和生命的代价来“配合”完成“数字指标”任务。由于公、检、法部门在催交农民税费时常常是“一锅煮”，受到侵害的农民只能集体上访。在这样一种行政理念下，一切妨碍基层政府实现“数字政绩至上”行为的都会遭到无情地打击、摧残和限制，“官逼民死”和“农民逃亡”的现象怵目惊心。据中央办公厅、国务院办公厅关于涉农恶性案件的通报，1995 年全国共查处 13 起恶性案件，被乡村干部逼死打死的农民 12 人；1996 年涉农恶性案件上升到 26 起，乡村干部逼死打死的农民 26 人（其中还有一名 11 岁的小学生）。[①] 近几年来，涉农恶性案件还在不断发生。著名经济学家盛洪称这是农民“最沉重的负担”。

解决农民负担问题关键性对策建议

中国农民负担问题是一个十分复杂而艰巨的重大经济、政治和社会问题。如果不从更高的层次上、更宽广的视野上、更有力的改革上入手，农民负担问题就不可能得到真正的解决。笔者认为，切实解决农民负担的过程，就是真正实践“三个代表”的过程。要从根本上彻底解决农民负担问题，就必须走出一个怪圈、树立一种信念、实施五大改革。

走出一个怪圈。就是走出一个对农民命运擅作主张的历史性怪圈。在几千年的皇权专制主义统治下，农民都是统治阶级任意摆布的动物和工具，农民没有任何约束统治阶级以保护自己的权利，也根本没有参与制定游戏规则的权利，只有坚决执行、埋头苦干的义务。我国是社会主义国家，消灭了人剥削人、人压迫人的旧制度，劳动人民在历史上第一次当家作了国家和社会的主人。但建国后囿于当时的国

① 转引自梁骏等编著：《村民自治——黄土地上的政治革命》，中国青年出版社 2000 年版，第 18 页。

际国内形势，我国建立起高度集中的计划经济体制，农民又受到了新的严重束缚，农民的主人翁地位得不到保障，无论是“挖农补工”经济发展战略，还是限制农民进城的户籍制度，抑或其他诸方面，农民都无权参与政策的制定，只有被动地执行和落实。目前被一些人乐观称为减轻农民负担治本之策的税费改革，其实也是沿用计划经济体制下排斥农民参与决策的旧模式，虽然在短期内税费改革或许能在一定程度上减轻农民负担，但税费改革并没有触动农民负担的总病根，其实际效果很难使人乐观。

树立一种信念。就是树立宪法神圣的信念。宪法是共和国之母，没有宪法就没有共和国。共和国之所以需要宪法，是因为宪法具有最基本的两重功能，一是保障公民的自由和权利，二是约束国家权力，而要有效约束国家权力，就必须对权力进行分解和制衡。在宪法之母的眼中，没有富贵和贫贱之分，也没有工人、农民、知识分子、国家干部、公务员等之别，只有在法律面前人人平等的公民概念。历史和现实都已证明，抛弃宪法之母的“不孝”之子，必然惨遭权力的万般蹂躏。树立宪法神圣的信念，体现在农民负担问题上，就是要做到三条：一是农民与其他任何职业人员一样都是共和国公民，农民的自由权利必须得到切实的保障，一切政策法律法规的制定和出台，都不得有歧视农民的规定，不能实行城乡有别的双重标准，而且对于像农民这样的弱势群体，法律还应给予保护。二是破除计划经济体制下代替农民作主和城乡、行业等分割的思维模式，抛弃城市中心主义。在制定政策法律法规时，不能把农民撇在一边，不能单由管制农民的强势集团和社会精英代替农民作主制定政策和法律法规。三是让农民平等地参与制定游戏规则。共和国是人民当家作主的国家，农民应该平等地参与制定游戏规则，充分体现农民在社会主义新社会成为国家、社会和自己命运的主人。让农民参与制定的游戏规则，各方都必须共同执行，确保制度的有效性。制度经济学认为，要使制度具有有效性，其规则必须对所有有关的行为主体都有约束力，制度一旦实施，任何行为主体都无权事后单方面修改规则，对违规行为，必须有一套有效的发现机制和严厉的外部惩治手段，以加大违规行为的代价，否则，制度就是有缺陷的，其有效性是不足的，甚至是无效的。历史已经证明，只要给农民自由，农民就会创造出惊人的历史奇迹。

实施五大改革：一是调整工业倾斜政策，消除人为剪刀差。建国后我们选择优先发展工业化战略时，将工业化的发展分为三个阶段，并在不同的阶段采取相应的不同政策。在工业化初期阶段，实行挖农补工，农业支持工业发展；在工业化中期阶段，实行农工自补，农业与工业平等发展；在工业化的后期，实行以工补农，工业反哺农业发展。学术理论界普遍认为，到20世纪80年代中期，我国工业化初期阶段即农业向工业化提供剩余的历史时期已经完成。按理说，国家应及时调整挖农补工政策，但是，国家宏观经济政策却仍然实行工业化初期阶段的挖农补工政策。连续近半个世纪的挖农补工，使农民以自身的贫困支撑起国家工业化的发展、城市的繁荣以及市民生活水平的提高，整整二、三代农民为此作出了巨大的牺牲。可现在身居城市的决策者和市民似乎遗忘了当年的“诺言”，这是很不应该的。建议国家审时度势，乘我国正式成为WTO成员国之际，及时调整挖农补工政策，取消人为制造的剪刀差，并适应WTO的需要，依照国际惯例和国外对农业实行普遍扶持和保护的做法，实行以“以工补农”，切实扶持和保护农业，维护农民的切身利益。

二是废除“一国两策”政策，破除二元社会结构。在一个国家内实行城乡隔离政策，这在全世界都是绝无仅有的，应该坚决废除。在户籍制度上，废除二元户籍制度，实行城乡一致的户口登记制度和居民身份证制度，尽快将户籍制度的改革从小城镇扩大到大中城市，撤除人为的城乡樊篱，万众一心推倒“户籍墙”。公民的居住和迁徙自由是一项十分重要的基本人权，应重新修改《宪法》，恢复公民的居住和迁徙自由权，废除1958年1月通过的限制农民进城的《中华人民共和国户口登记条例》，制定和颁布确保公民居住和迁徙自由的新《户口登记法》。在教育制度上，真正实行和普及义务教育，明确规定义务教育的主要责任在各级政府，城乡中小学一律由国家公共财政统一投入，修改《义务教育法》，取消要农民出钱的教育集资，全体公民在受教育权上一律平等。在就业制度上，建立城乡统筹就业制度，党政机关、企事业单位一律对包括农民在内的全体公民开放，农民与市民一样有到党政机关、企业事业单位工作和就业的权利，有直接参与管理国家事务、经济事务和社会事业的权利。在社会保障上，国家应该着眼于全体公民，统筹兼顾、公平一致地建立社会保障制度。让包括农民在内的全体公民平等地享受国家提供的社会保障，既是社会主义制度优越性的重要体现，又是“国际人权公约”的普遍要求。我国政府1997年签署、全国人大常委会2000年2月批准的联合国《经济、社会和文化权利国际公约》于2001年7月开始在我国生效，该国际公约规定“人人有权享受社会保障，包括社会保险”。总之，国家在制定政策和法律法规时，应该历史性告别计划经济体制下的“双重标准”。政府不仅仅是城市市民的政府，也是农村农民的政府，在制定任何政策和法律法规时，政府不能老是把“屁股坐在城市和市民一边”。

三是改革传统税费制度，取消一切不合理收费。现行税费制度是在计划经济体制和思维模式下形成和制定的，极不适应社会主义市场经济的需要，也与国际惯例不相适应，与世界各国统一公平的税负原则不相适应。应对我国传统税制进行根本性地改革。现在正在试点的税费改革，实质上是对传统税制进行细枝末节的修补，其效果难遂人愿。首先，应该采取国际上通行的做法，在农业税制度改革上，取消农业税和农业特产税，将其分别并入相应的增值税、企业所得税、个人所得税、消费税和资源税中，使农民作为纳税人取得与其他社会成员平等的纳税地位。进入20世纪80年代后我国农业税收占国家税收收入的比重在5%左右，总额不过二三百亿元，农业特产税不到100亿元，两项加起来300多亿元，而浙江一家远华走私大案的走私金额就达300多亿元。其次，取消乡统筹、村提留和农民“两工”。乡统筹实质上是人民公社旧体制的产物，属于集体资金，它不应该在税费改革中并入“正税”之内，而应完全取消。村提留属于村集体所有的资金，也不应并入“正税”之中，应该在村民自治的框架下，由村民民主决策予以解决。农民的义务工、积累工是人民公社时期大搞集体生产和群众运动的产物，应该坚决取消。至于教育集资等一切收费、集资、摊派都应统统予以取消。再次，确立“不经人大批准，政府不能征税”的最高原则。议会产生的原始动因就是人民限制国王胡乱征税而逐渐发展壮大起来的。早在英国革命时期，流行一句非常有名的口号是“不经议会批准，国王无权征税”。这既是对人民财产权利的保护，又是对国王滥用权力的制约。从理论上说，我国税收的征管必须经全国人大审议批准，否则任何单位和个人都不得向人民群众征税。可我国的现实情况是，各级各部门不仅擅自制定每年税收增长目标以示“政绩”，而且纷纷出台各种收费项目中饱私囊，连乡镇政府和职能部门随意下个文件就可以向农民收取种种名目繁多的费用，这种空前紊乱的局面举世罕见，这不能不说我国人大应对此负有很大责任。严峻的现象向我们昭示，我国也应该确立这样的信念原则：“不经人大批准，政府不能征税”，更不能收费。至于各级各部门乱收费就更加不用说了。

四是撤销乡镇政权，实行乡镇自治，提高农民组织化程度。我国在撤销人民公社的基础上建立起了历史上和世界上最庞大的乡镇基层政权，尽管中央政权每隔几年进行一次县乡镇机构改革，但其结果是越精减越庞大。庞大的乡镇机构和人员已成为加重农民负担的一个突出的直接原因。现行的县乡两级政权同时在农村一个行政区域内行使国家政权机构的职能，使乡镇管理领域内事实上存在两个政府，而且由于县乡两级政府的设置原理是“县政府建设取实，乡政府建设取虚”，乡政府实质上是“有名无实”。在实际运作中，许多乡镇政府缺乏建立一级完全政府的财力，并且在职能上已经沦落为要粮要钱要命的“三要”政府。根据我国历史上几千年来的乡村自治传统和国际上通行的地方自治做法，应该在行政体制安排上撤销乡镇政权组织，相应地实行乡镇自治，成立乡镇自治委员会，其成员由乡镇居民直接选举和罢免。这也是我国基层民主政治建设由村一级扩大到乡镇一级的必然趋势。为适应市场经济发展，迫切需要提高农民的组织化程度，组建农会和其他农民经济合作组织。本来组织农会与工会是党在革命时期动员民众、推翻剥削阶级统治的重要力量，但建国后工会保留下来，农会却消失了。世界农村发展的经验表明，一个健康发展的农会有利于改变农民相对低下的社会地位，也有利于社会稳定，成立农会的目的主要是保障农民最基本的政治经济社会权利。成立农会，可以使农民有组织地参与国家政策和法律法规的制定，使农民平等地参与制定游戏规则。

五是正确定位政府职能，强化权力制约和监督。传统的政府是无所不包的万能政府，与民争利；在社会主义市场经济条件下，在我国加入 WTO 的情况下，应该重新界定政府的职能，建立公共服务型政府。根据国际惯例，政府的职能主要定位于提供公共物品，为民谋利。在转变政府职能上，必须实行政企分开，政社分开，还权与企业，还权与社会，充分发育和发挥社会中介组织的积极作用。政府内部管理方式要实行根本性改革，废除计划经济体制下形成的企业化的目标管理责任制，抛弃“数字型政绩至上主义”。废除干部任命制，实行民选罢免和公平的考试录用制。废除人为的财政目标增长制，建立与市场经济相适应的公共财政体制，改“量出制入”为“量入为出”，有多少税收多少税，而不是事先定下税收任务总目标，再去挖地三尺找税。加强基层政权的权力制衡和监督，司法权力地方化现象相当突出，后果十分严重，应改革司法制度，确保司法独立和司法公正，地方不能搞公检法“联合作战”。在强化上级监督、同级监督和群众监督的同时，进一步强化新闻舆论的监督，在坚持党的基本路线和宪法法律的前提下，新闻媒体要加大对基层政权和干部行为的监督力度，在全社会形成监督权力的强大氛围。

（本文原载《经济学家》2002 年第 2 期）

公共品短缺、规则松弛与农民负担反弹

面临公共品短缺的湖南省S村，在新农村建设中进行大规模集资，导致了农民负担的严重反弹。这说明城乡二元结构尚未完全破除的情况下，农村公共产品供给所造成的现实困惑。农村公共产品投资的配套体制，为村干部在规则松弛下的自利性偏好提供了新的谋利机会，从而使新农村建设可能蜕变为干部“开票”而由村民“买单”的新游戏。重构以保障和扩展农民权利为中心的乡村治理结构，成为有效推进社会主义新农村建设的迫切任务和现实课题。

问题的提出

免征农业税后，全国的农民负担明显减轻。农民负担问题也不再成为“三农”问题的焦点。人们一般认为农民负担已经走向了“终结”。但2009年春节，笔者在湖南西部农村调查时发现，农民负担问题并未“终结”。在一些地方，农民负担过重的问题卷土重来。新一波农民负担的主要特点是在新农村建设中以公益事业建设的名义掀起的。

在一些地方的新农村建设中，由于村庄公共品的严重短缺，村民群众和村干部都有强烈的改变村庄公共品短缺面貌的愿望。在投资配套体制下，一些村干部向农民集资建设新农村已形成燎原之势，农民负担之重已大大超过税费改革前的任何时期。一度减轻的农民的负担，已经出现了明显的反弹。据统计，湖南西部X县仅2006年在新农村建设中共投入建设资金12788万元，其中县级财政投入6995万元，村民群众“自筹”5793万元。从该县村民“自筹”的巨额资金中，可以看出农民负担之重。看来，以向农民集资摊派的方式建设新农村，在一些地方已成为新的发展“模式”。

在该县S村，农民负担反弹最使人惊讶。该村下辖11个组，470多户、1680

多人，耕地面积1100多亩，人均耕地不足7分。村里青壮年劳力基本外出打工，留在村里的都是些老弱妇幼之人，属于集体经济“空壳村”。正是这样一个经济还相当落后的普通山村，从2008年8月到2009年3月，在短短几个月内，村里连续掀起了三次大规模的集资活动，使该村农民负担之重达到了历史之最，成为税费改革以来农民负担反弹“最牛的村”。

2008年4月，在第七届村委会选举中，该村“选举”产生了新的村委会班子。走马上任的村委会班子在新农村建设的旗帜下，掀起了一个又一个“集资高潮”。

8月，S村开始修建村庄水泥道路，村干部决定向村民集资，一般各组农户需交纳人平200元的集资费，第5组因地处偏远，集资标准定为人均2000元，最高的一户需要交纳道路集资费26000元！

时过2个的10月，该村开始修桥，并规定村民人平300元的修桥集资费。村干部收取集资款的范围不只局限于本村户籍人口，而是将其扩展到从该村走出去的其他人口，这就使该村每家每户需交纳修路修桥集资费大都在千元以上，有的超过了几万元。

2009年3月，该村又搞农网改造，开始收取户平320元的农网改造集资费。在不到一年的时间里，该村频频开展大规模的“集资活动”，使该村陷入了前所未有的“集资漩涡”之中，村民承受着从未有过的大规模集资之苦。在该村，大规模集资以后，干群关系重新趋于紧张，村庄治理倒退到税费改革以前的状态之中。

这种让农民买单的新农村建设，并不只是S村独有的现象。在该县其他村庄，以新农村建设为名向农民集资已十分盛行。这种由“干部开票、农民买单”的新农村建设，已成为新农村建设中带有一定倾向性的严重问题。

投资配套、约束失灵与“二次维权”

农村基础设施建设的投资配套体制是导致农民负担反弹的一个关键性因素。在该县，村庄道路硬化建设资金要求农民自费配套的比例高达40%以上。县交通部门要求村民自己先修通毛路，县里再支持修水泥路。在该县，修建村庄水泥路的费用一般为每公里16万—18万元，县里只解决每公里9万元，村里需要自筹每公里6万元以上。一段时期以来，以向农民集资的方式修建村庄公路等基础设施，是该县不少乡村的普遍做法。

农村的道路交通等基础设施，是政府应当提供的基本公共产品。但长期的历史欠债，使农村各项基础设施严重短缺，在该县，不少乡村患上公共品短缺饥渴症。加快农村基础设施建设，既是村干部打造政绩的首选项目，又是其借机谋利的重要渠道。同时，修路、修桥，尽快改善村庄落后的道路交通状况，也是许多村民的共同愿望。正因如此，一些乡村干部就在新农村建设的旗帜下，以改善本村道路交通状况的名义，在旧有的思维模式左右下，重走向农民强制性集资摊派的老路，从而加重了农民的负担。S 村现任村班子就是在减轻农民负担的大背景下走上前台的，村民们对之寄予厚望。但是，咄咄逼人的修路修桥集资开始后，不少村民认为新班子比老班子“牙齿还长些”，在向村民摊派集资上比老班子“厉害多了”。有的村民说：“虽然村里讲明修了路修了桥，但农民被搞死了。”当地一些开明的乡村干部也认为，如果上面对农民群众自筹配套资金的比例低一点，农民群众的积极性可能就更高一些。S 村支书邓 ×× 向笔者坦陈：“搞这些建设确实增加了农民的负担，可以说农民负担甚至比前几年还要重。但村干部的工作也不好搞，如果不向村民集资，路和桥就修不起来。”有的人提出，如果城市的街道改造都要住在两边的市民集资解决，也许没有市民会接受得了。

农村税费改革后，农民负担大为减轻。但为了解决村内兴办公益事业，农业部会同有关部门和单位制定了《村民一事一议筹资筹劳管理办法》，湖南省也出台有《村内一事一议筹资筹劳办法》。“一事一议”制度成为农业税取消后基层干部向村民筹资筹劳的惟一政策口子。“一事一议”筹资筹劳除了村民自愿外，还有严格的程序和上限规定，比如湖南省的筹资上限为每年每人 15 元。人均上限 15 元的“一事一议”制度设计虽然旨在防范村庄权力的滥用以加重农民负担，但农村基础设施建设投资的资金配套比例，使人均 15 元筹资的上限规定无法满足投资缺额的需要。在此情况下，村干部乐于将“一事一议”制度弃之一旁不顾，而习惯性地重拾传统的向农民集资摊派的旧做法以“推动工作”。表面上设计良好的“一事一议”制度面临约束失灵的尴尬局面。

村民自治法规也在这种要农民买单的新农村建设中遭遇失灵的命运。村民自治已经在农村实行了二十多年，所取得的成果世人瞩目。但人们往往对村民选举过程表现出极大的热情和兴趣，而对选举之后的权力性质与权力日常运行的关切则明显不足。S 村的事例说明，即使是村民自己“选举”出来的村干部，如果没有相应的公共治理理念与公共规则的转型，如果村民的公民权建设长期滞后，那么，村民同样会遭受新的“选举产生的权力”的滥用之苦。这个村曾经为了减轻负担，持续上访，但新班子组成后，却以同样的强制手法加重农民负担；这个村曾经为了财务公开，废了九牛二虎之力，但老班子被更换以后，新的班子同样没有公开财务的积极性。村干部缺乏基本的公共规则的约束，村民则缺乏基本的知情权、参与权、表达权与监督权。可见，仅仅停留在人事更替上的村庄政治，很难在政治上有所建树。张静曾指出，已进行了若干年的乡村选举，虽然它建立了有别于委任荐举的权威产生途径，但没有解决新人选确定后的治理问题，在多数地方，对于如何依赖制度约束，防止乡村权威滥用权力问题，选举带来的有效影响相当微弱，就是说，选举对于乡村宪政发展的建设性贡献相当有限。①

为了减轻农民负担，以张 ×× 为代表的 S 村民从 1990 年代开始就持续上访。

维权需要付出个人巨额成本，而不维权则将眼睁睁地看到村民权益的巨大损害。但面对农民负担严重反弹等问题，在广州打工的张 ×× 在经过痛苦的思索之后，没有选择沉默，而是把为村民“维权”看得比个人“挣钱”更重要，他再一次选择了在体制内展开维权活动。为此，他带头向各级农民负担监督管理办公室和有关新闻媒体反映该村农民负担严重反弹等问题。目前该村农民负担反弹现象已引起有关部门的初步重视。

2009 年 3 月下旬，村民维权代表张 ×× 应该县有关部门领导的邀请，放下手头的活儿从广州赶回老家，与县减办负责人、镇党委书记、村干部等就该村农民负担反弹以及其他诸问题进行了当面“对话”。张 ×× 在十几年前的第一次维权中，竟然遭到了镇干部的粗暴殴打，时过境迁，这次他进行的第二次减负维权，却意外地受到镇党委书记的邀请而从外地赶回老家与之“对话”。从被基层干部“殴打”，到应邀与之“对话”，S 村民维权代表张 ×× 的个人际遇，凸显了乡村政治的重大变化，这是乡村政治转型的标志性事件，也是基层政权在新的形势下提高执政能力的重要尝试，其积极意义不可低估，值得深入观察和进一步探讨。目前 S 村的“二次维权”活动正在进行之中，其处理方式与维权结果都有待于继续观察。

公民权、村民权与乡村治理

乡村治理有两重含义，一是国家对乡村社会的治理，二是乡村社会的自我治理。这两种意涵是紧密交织在一起的，不可分割。近几年来，国家在解决“三农”问题上出现了历史性的重大转机。从取消农业税到粮食直补，从新农村建设到推进

---

① 张静：《基层政权：乡村制度诸问题》，世纪出版社集团、上海人民出版社 2007 年版，第 196 页。

城乡一体化等等，中央的“三农”政策令人鼓舞。

但是，由于农村相应的制度建设没有跟上，一些地方的农村干部大大滞后于中央新的执政理念和政策转型的新要求，仍然习惯性地沿袭传统的控制与掠夺式的工作方式。在一些农村地区，以人为本的科学发展观未能内化为乡村干部的基本信念和行为准则。这就造成了处在乡村干部实际控制之下的农民，难以充分享受中央一系列惠农强农政策的好处。“上有政策、下有对策”依然是中国农村面临的严重问题。如果不进行以扩展农民公民权利为核心的相应体制改革和制度创新，中央推出的一系列改善民生、惠及农民的免费和补贴政策，可能为一些地方和部门提供新的乱收费空间和寻租机会。在当前良好的“三农”政策下，一些地方的基层干部竟然“想集资就可以集资”，“想集资多少就能集资多少”，而村民则根本缺乏相应的制度武器对之有效制衡或进行抵制，这是乡村治理面临的最核心的症结所在。在新农村建设中，一个深层次的问题在于，国家决定了的惠农政策往往在基层得不到认真执行。这说明中国正面临着发展中国家普遍存在的“软政权”问题。①

当前，农村改革发展的新形势，要求重构乡村治理结构。在笔者看来，其核心在于构建以农民权益为中心的乡村治理体系。

农民权益有两个层面的问题，一是农民作为国家政治共同体的成员，享有公民权；二是农民作为村庄集体共同体的成员，享有村民权。

在现代国家，凡拥有某一民族国家的国籍就获得该国的公民身份，享有该国的公民权利，承担相应的公民义务。学界公认为公民权理论肇始于英国社会学家托马斯·H. 马歇尔（Thomas Humphrey Marshall，1893—1981）1949年在剑桥大学所作的《公民权与社会阶级》的著名讲座，马歇尔在这次讲座中开创性地提出了公民权（citizenship）理论。马歇尔分析了英国的社会阶级结构，提出公民权的三维视角：公民权利（civil rights）、政治权利 (political rights) 和社会权利 (social rights)。② 在现代社会，公民权将农民与国家的联系制度化了。在现代社会，国家通过公民权这一中间媒介，将农民从传统的分割性的地方权威的控制下解放出来，使之成为国家

① ［瑞典］冈纳·缪尔达尔：《亚洲的戏剧——南亚国家贫困问题研究》，塞思·金缩写，方福前译，首都经济贸易大学出版社2001年版，第36页。

② Thomas Humphrey Marshall，Citizenship and Social Class and Other Essays, Cambridge University Press, 1950. 有关马歇尔这次著名讲座内容的中文译文，参见［英］T. H. 马歇尔：《公民权与社会阶级》，刘继同译，载《国外社会学》2003年第1期；T. H. 马歇尔：《公民身份与社会阶级》，刘训练、李丽红、宁睿英译，载马德普、［加］威尔·金里卡主编：《中西政治文化论丛》第5辑，天津人民出版社2006年版，第507—574页。有关马歇尔公民身份理论较详细的中文译著，参见郭忠华、刘训练编：《公民身份与社会阶级》，凤凰出版传媒集团、江苏人民出版社2007年版。

这一政治共同体的成员，将之置于国家的保护之下。国家赋予农民统一而平等的公民身份，对每个农民的公民权进行界定和保护；农民则对国家这个全新的政治共同体产生认同，从而表示忠诚与服从。国家赋予并保障每个国民的公民权，是从根本上培育和塑造国民的国家认同观念与爱国主义精神的真正基础与不竭源泉。

现代公民权有几个基本的特征：一是平等性。在现代社会，几乎所有的国家都会在公开的宪法性文本中规定其公民在法律面前的平等地位。二是取得公民身份主体的普遍性。现代国家将公民的身份资格推广到其所管辖范围内的所有国民，就是说任何人只要取得一国国籍就自然成为该国的公民。现代国家将所有不同身份的人都拉入到国家共同体之中，赋予其共同的公民身份。三是公民参与公共事务的广泛性。无论是国家层次、地方层次还是社区层次，凡与公民利益相关的所有公共事务，公民都有制度化的参与渠道。四是公民权有一个不断扩展的历史过程。

村民权是村集体共同体的成员所享有的局限于该共同体内的成员资格权利，村民权一般是一个行政村内的村民所享有的权利，类似于俱乐部成员的权利。公民权是与国家相联系的，村民权则是与村集体相联系的；公民权具有更大的开放性，而村民权则对非本村人员具有排他性。农民的公民权和村民权都是一种成员权，即公民权是农民作为现代国家的成员权，村民权是农民作为村集体的成员权。一般来说，农民集公民权和村民权于一身。当然，在某种情况下村民权与公民权会存在着“抵牾”。①

根据公共产品理论，农村的道路属于公共产品，应由公共财政负责供给。② 长期以来，由于城乡分割的二元体制的消极影响，农村公共产品供给严重不足，农民承担了本应由政府公共财政承担的公共品的供给责任，这是加重农民负担的一个重要的制度因素。③

S 村的农民负担之所以反弹，一是政府将农村公共产品供给责任转嫁给农民，二是村干部权力的失控，村干部掌握了向村民任意集资的权力——这是一个特别危险的权力。

近几年来，中央在有关政策文件中提出和强调要保障人民的“知情权、参与权、表达权、监督权”。无论在国家层面还是在村集体层面，农民要充分享有和履

---

① 张静：《基层政权：乡村制度诸问题》，世纪出版社集团、上海人民出版社 2007 年版，第 295—307 页。

② 参见陶勇：《农村公共产品与农民负担》，上海财政大学出版社 2005 年版。

③ 李华：《中国农村：公共品供给与财政制度创新》，经济科学出版社 2005 年版，第 67 页。

行这四种权利，需要相应的制度安排和实施机制。

农民作为共和国公民，应当享有平等的公民权利。具体就农村道路等公共产品供给来说，应该城乡一体，统一由公共财政承担。国家已经提出了让公共财政的阳光普照农村、加快基本公共服务均等化、推进城乡一体化等政策目标。这就要求改革农村公共产品投资体制，在公益性建设中，彻底取消要农民配套资金的做法。[①]当前，对“一事一议”制度，一个主流的政策选择是，有关部门要求各级采取有效措施，确保各地严格按“一事一议”制度办事，将农民负担控制在能接受的范围之内。“一事一议”制度相对来说是一个设计得良好的控制农民负担过重的好制度，如果各地真正按“一事一议”制度办事，每年每人筹资上限不超过15元，也许绝大多数村民都能接受。但现实情况是，考虑到“一事一议”制度的上限规定，有的地方干脆由政府财政统一投资安排农村交通道路建设，有的集体经济发达的村则由村集体承担，这两种情况就不再动用“一事一议”制度；而在其他地方，如在湖南省西部的S村，如按“一事一议”制度办事，村庄道路硬化资金缺口就无法弥补，在这种情况下，“一事一议”制度也只有被弃之不用。在农村，真正按“一事一议”制度办事的可能并不多。

有关部门在强调确保各地严格按“一事一议”制度办事的同时，笔者以为对“一事一议”制度也需要重新认识。设计这个制度的愿望是好的，但其有严重的局限性，就是说，它仍然建立在城乡二元体制的旧思维上，仍然从制度上安排农民承担公共产品供给的责任——虽然这个责任有上限控制。这与城乡一体化发展态势并不协调。更严重的是，它从制度上赋予了村干部每年都可以向农民筹资的权力——这个看似很小其实很大的权力，将会超出国家的控制，其结果就是作为国家代理人和村民代表者的村干部，蜕变为“赢利型经纪人”。[②]S村的农民负担反弹个案为此提供了最新的佐证。从城乡一体化发展要求和趋势来看，应该取消面向农民筹资筹劳的“一事一议”制度，使农民与市民一样平等享有由公共财政提供的基本公共产

---

① 2009年“中央一号文件”提出要加快农村基础设施建设，并明确从当年起，国家在中西部地区安排的病险水库险加固、生态建设、农村饮水安全、大中型灌区配套改造等公益性建设项目，取消县及县以下资金配套。城市维护建设税新增部分主要用于乡村建设规划、农村基础设施建设和维护。2009年3月5日，温家宝总理在《政府工作报告》中提出：“大幅度增加对中西部地区农村公益性建设项目投入，取消县及县以下相关资金配套要求。”参见《中共中央国务院关于2009年促进农业稳定发展农民持续增收的若干意见》，人民出版社2009年版；温家宝：《政府工作报告——2009年3月5日在第十一届全国人民代表大会第二次会议上》，人民出版社2009年版。

② 参见［美］杜赞奇：《文化、权力与国家——1900—1942年的华北农村》，王福明译，江苏人民出版社2003年版。

品和公共服务。

作为村庄公共生活重要规则的村民自治制度，也需要与时俱进地进行改革创新。在S村大规模集资活动中，村民面对村干部咄咄逼人的集资压力，贫困而无力完成集资任务的村民根本缺乏制约村干部的制度手段。就是说，村民难以行使“自治权”，二三个掌握公共权力的村干部，就可以置成百上千的村民意愿于不顾，甚至可以将数千村民踩在脚下。这种村干部权力失控导致村民自治失灵和村民权利不保，是乡村治理最严重的问题之一。S村的村委会干部虽然是经过村民“民主选举”产生的，但“民主选举”产生的干部并不必然维护村民的利益，相反，他们仍然可能成为村民利益的剥夺者。当前，需要进一步完善村民自治法律体系，村民自治不仅要关注“民主选举”，还要同样关注“民主决策、民主管理、民主监督”，要将村民的知情权、参与权、表达权和监督权纳入到村民自治的法律框架中去。

特别是，在国家明确提出废除领导干部职务终身制几十年后，《村委会组织法》却仍然保留有“村民委员会成员可以连选连任”的规定，为村级领导干部事实上的职务终身制创设了制度空间。自从邓小平倡导废除领导干部职务终身制以来，从中央到省市，再到县和乡镇，各级领导干部职务终身制现象事实上基本被废除，虽然其制度化还远远不够。在村一级，任职几十年的支部书记、村主任数不枚举，村一级事实上成为领导干部职务终身制最强大的堡垒和最宽广的避难所。村级领导干部职务终身制与改革以来我国民主政治发展的时代潮流相悖离，其所造成和隐含的严重后果不容忽视。在新农村建设中，废除村级领导干部职务终身制应该提上农村改革发展的重要日程。

简短结论

农民负担反弹是一些地方新农村建设中面临的一个新的突出问题。其直接根源在于公共品供给的城乡差别。农村公益事业建设的县以下资金配套体制，在经济条件相对落后、集体经济不发达的中西部地区，极有可能转化为由农民分担公共产品供给的责任，其结果必然导致农民负担反弹。这种在新农村建设中出现的农民负担的反弹，消解了国家推出的建设社会主义新农村的初衷，与来之不易的农村改革发展的良好态势相背离。“一事一议”制度使村干部获得了向农民进行日常集资的权力——不管他们是否严格按“一事一议”制度行事，这是一个危及村民利益并影响村庄和谐稳定的重要权力。乡村政治的发展迫切需要基本的公共规则的约束与规范。如何构建以保障和扩展农民权益为中心的乡村治理结构，永久剥夺村干部的集资权，废除村级领导职务的终身制，是农村改革发展面临的重大任务。在新农村建设中，要通过践行以人为本的科学发展观，使S村的每个村民都能在大山的脚下自由、安全和有尊严地生活，而不应在任何权势者的脚下呻吟。

（本文原载《调研世界》2009年第7期）

党群关系："刀把"在干部手中

当前农村中的党群关系恶化是一个比较普遍和突出的焦点问题。这其中当然有多方面的原因。但造成党群关系紧张的主要原因在于乡村干部方面，也就是说，主要责任在干部，干部是党群矛盾的主要方面。只有正确区分矛盾的主要方面和次要方面，才能真正解决现实问题。

湖南安仁县龙市乡党委书记张艾春在《南风窗》2001年第11期上发表《一个乡镇党委书记眼中的党群关系》一文，文章提出了一些正确的看法，发人深省，从中也可以看出张艾春这位基层党委书记的"拳拳爱民之心"。但该文的一些立场和观点却存在着明显的错误倾向，这些错误的倾向和观点在一定程度上暴露了当前乡镇干部在认识上的迷茫和普遍心态，如果对乡镇干部中存在的这种错误认识不及时予以澄清和清除，就肯定不利于转变干部作风，不利于党群关系的改善。

问题本来就简单，是干部搞复杂了

我认为改善党群关系并不像张艾春所说的那么复杂。张艾春列举的说明"事情没有这么简单"的三个例子都是站不住脚的，它恰恰说明了是干部把问题搞"复杂"了。

第一个例子是建一个水坝问题。这个水坝原是1998年被洪水冲毁的，老百姓向乡镇领导干部反映修复水坝并没有错，错就错在乡党委政府强行要老百姓集资来搞"面子工程"、"政绩工程"。从严格意义上来说，"集资"不仅要分红，而且是自愿的。当前农村不少地方以向群众"集资"为名搞这样那样的建设，实质上是搞硬性摊派，是对农民财产的无偿侵占。即使像修水坝这样的公益事业，乡镇也必须充分尊重农民的意愿。况且作为水毁工程，乡党委和政府应该积极向上级部门争取资金支持，或者开动脑筋想想其他更好的办法加以解决。我们的思维方式不要老是把眼睛盯在农民的“口袋”上，打农民的“主意”。事实证明，“好心”未必办好事。作者说乡镇两级干部“做工作不下10次”才把水坝“建成”，这就足以说明以“集资”的方式修这个水坝是极不令群众“满意”的强制性举措。但乡镇干部最终还是从农民的口袋里掏出去了“6000元集资款”，这又足以说明我们的农民实在是太淳朴、太善良了，在公权力面前太无奈了。

第二个例子是干部作风问题。作者说在“收缴农业税和四费”过程中，要求干部“改变作风”。可干部到农民家里自己动手“帮农民拖粮背谷”就满腹埋怨起来，可见喊出口号“改变作风”是虚，摆“官架子”是实。也许干部们长期以来习惯了“衣来伸手，饭来张口”，所以一旦“自己动起手来”不舒服了，就牢骚满腹了，就认为农民很“复杂”了。农民说上交税费供养干部根本没有错，人民群众是我们的衣食父母嘛，干部们上门服务也是完全应该的，公仆公仆，就是要服务。农民们种田下地辛辛苦苦忙一年，把自己的粮食交出来，干部们“动动手”难道还不应该吗？没这个道理。我认为干部们还是多问问自己到底是做“人民的公仆”，还是“当官做老爷”。

第三个例子是向农民收费的问题。这个例子其实属于“乱收费”，更怪不得农民了。作者说某乡决定对计划生育中的妇检透环对象进行“有偿服务”，全乡按“每例15元的标准收费”。问题就出在这个“有偿服务”上。“有偿服务”本身并没有错，譬如说各人自愿到人民医院去检查身体，交几十元检查费是正常的，扯不上“乱收费”。但关键是对全乡村民实行强制性检查而非自愿原则，这样的“有偿服务”就是“乱收费”了，难道群众连“反应”一下都不应该？这样的“有偿服务”不仅农民群众害怕，恐怕我们所有的人都害怕。如果说，哪一位农民提出要对乡政府干部实行“有偿服务”，拿把秤来称一称每位乡干部的体重就得交几十元钱，而且每个乡政府干部必须称一称，必须交钱，看你们干部干不干？

作者说上述“三个例子”给他上了“生动的一课”。“生动”虽然算得上“生动”，可惜作者理解就相反了。这使我想起湖北省监利县棋盘乡原党委书记李昌平来。同样是乡党委书记，李昌平却忘身为民请命，道出了“农民真苦、农村真穷、农业真危险”的心声。我不是说每个乡党书记都要像李昌平那样“上书国务院”，而是说，每个基层干部都应该清醒地认识到“三农”问题的严重性，认识到作为一个“人民公仆”的重大责任，认识到转变干部作风和工作方法的紧迫性、重要性和必要性。

虽然不都是乡干部的错，但主要责任在干部

正如作者所说的，造成当前党群矛盾紧张“既有历史原因，又有当前的时代背景，既有上级有关部门的指导思想问题，也有基层干部作风不实的问题，既有体制原因，又有主观因素。”但不可否认，影响党群关系的责任不在群众而在干部。

乡镇干部至少在如下三个方面严重破坏了党群关系，损害了党和政府的形象：

一是任意加重农民负担。这是举世公认的。党中央、国务院一而再、再而三地制止增加农民负担，可不少乡镇几乎是充耳不闻，搞“上有政策，下有对策”，有的还层层加码，农民负担到了农民不堪承受的严重地步。根据国家统计局农调总队的资料，未扣除价格因素的影响，1999 年，全国农民人均纯收入较上年增长 2.2%，但人均农业各税负担却增加了 5. 8%。至于“三提五统”的收取，不少地方就人为提高农民人均纯收入基数，使农民的实际负担大大突破 5% 的杠杠。据统计，从 1993 年到 1998 年全国提留统筹费由 380 亿元增至 729.7 亿元，年均增长 13.9%。有些乡镇还假“两工”（积累工、义务工）之名，强行搞“以资代劳”，1999 年全国农民承担的以资代劳负担高达 64 亿元，人均 6.9 元，劳均 13.6 元。

二是任意干预村民自治。村民自治是党和国家扩大基层民主的重大制度安排，深受村民群众的欢迎。1998 年 11 月公布实行的《村民委员会组织法》明确界定乡镇与村委会的关系是“指导、支持和帮助”的关系，这就是说，乡镇与村委会不再存在领导与被领导的关系，不存在行政上的上下级隶属关系。可我们的乡镇干部就是习惯于指挥命令，直接干预村民自治。有的直接操纵民主选举，1998 年海南省琼海市大路镇云满村 16 名村民因联名提名的一位村委会主任候选人与镇党委、政府意见不一致，当天晚上镇党委书记就带领公安干警把提名的村民们抓到了派出所关押；有的直接任免村委会成员，1998 年 12 月 19 日浙江省大虞市章镇党委就用红头文件提名林炳华等 16 人为林岙村等村的村委会主任，建议卢兴尧等 13 人不再担任村委会主任，还建议 7 个村委会主任改任主任助理。

三是任意侵害村民生命和财务安全，乡镇干部逼死打死村民的现象时有发生。1996 年 3 月 2 日湖南省衡阳县集兵镇党委政府擅自决定向中小学收取教育附加费和人均 62 元的建校集资费，初中二年级学生、13 岁的成春花因家庭十分困难交不起 580.5 元的学费（其中学杂费 262.5 元，教育附加 70 元，全家 4 人集资款 248 元）服毒身亡。1998 年 10 月 29 日重庆梁平县新盛镇 8 名干部到民安村最穷的农

民罗昌荣家收取300元的税费，因罗交不出钱，这些干部就毫无人性地将罗昌荣毒打致死。据中央办公厅、国务院办公厅关于涉及农民负担恶性案件的情况通报，1995年全国查处13起涉农恶性案件，被乡村干部逼死打死的农民12人，到1996年，涉农恶性案件已上升到26起，被乡村干部逼死打死的农民26人（其中还有一名11岁的小学生）。有的乡镇还与地方流氓恶势力相勾结，威胁、毒打那些“不听话”、“爱上访”的村民。笔者前不久就认识一位湘西某县农民谢某某，他到省城上访反映乡镇不执行中央减负政策后回到家里，就被乡镇雇佣一伙地痞流氓将其打个半死。这位被打的农民至今卧床不起，而乡镇干部和那些打手们却逍遥法外。可以说，村民的基本人权已经受到了四面楚歌式的围攻。

而张艾春在文章中却对从中央到地方的媒体异口同声强调“基层干部要依法行政”不以为然。我要提醒的是，中共十五大早就提出要依法治国，建设社会主义法治国家。社会在发展，时代在前进，乡镇干部不能再停留在计划经济时代搞行政命令了，那种“刑不上大夫”的官本位思想该彻底抛弃了，那些带头违法犯罪的乡镇干部应该绳之以法。

现在的一个较普遍现象是，不是农民不守法，而恰恰是乡镇干部不守法，有的是带头违法，甚至犯罪。据笔者所知，对于乡镇干部侵害村民群众利益的违法犯罪行为，大多被层层掩盖起来，至于媒体曝光的只是极少数。可我们的一些乡镇干部对新闻媒体极其有限的监督也接受不了，这是没有任何道理的。其实，新闻媒体的监督还远远不够。一些乡镇领导干部寄希望于农民能乖乖的“听话”、新闻媒体能“睁只眼闭只眼”、干部可以“为所欲为”的愚昧时代已一去不复返了。

转变作风与体制改革：双管齐下的对策

在社会转型时期，农民尽管人数众多，但由于他们太穷，太分散，在组织资源和政治资源上与乡镇干部之间极不对称，在乡镇干部与农民的博弈中，作为弱势群体的农民注定要处于极其不利的地位，所以党国英先生就主张在整体上我们还是要更多地“为农民说话”，因为农民更需要有人为他们说话。[①]

在转变作风问题上，特别要澄清一种错误的认识。那就是要转变的是“干部作风”而不是转变“群众作风”。张艾春在文中似乎是对“群众作风”极为不满，这

① 党国英：《我们为什么要为农民说话？》，载《南方周末》2000年12月7日。

代表了当前一部分乡镇干部的错误认识。要知道，古今中外，只有"转变干部（官吏）作风"而没有"转变群众作风"的，用毛泽东的话说，就是"只有落后的干部，没有落后的群众"。干部的身份是人民的公仆，干部的职责是为人民服务。你既然吃上了当干部这碗饭，就必须竭力为民造福，也必须接受群众的批评和社会监督，如果说像某些乡镇干部所错误理解的那样要转变"群众作风"，那么中共十五届六中全会所作的决定就不是加强和改进"党的作风"问题，而是改进"群众作风"问题了。笔者认为，当前乡镇干部不从思想认识上走出这个重大误区，就不能真正理解和实践"三个代表"，也不能真正落实中共十五届六中全会精神。

当然，不断推进农村体制改革也是十分重要和紧迫的。笔者认为下面两个方面的改革是至关重要的：

一是改革户籍制度，加快城市化。要从根本上消除计划经济体制下形成的二元户籍制度，破除钳制农民的二元社会结构，加快城市化步伐，恢复和实现自由迁徙，给农民以公平公正的国民待遇、平等自信的公民地位和自由广阔的生存发展空间。

二是要撤销乡镇政府，实行乡镇自治，提高农民组织化程度。从秦始皇统一中国到1949年，我国乡镇自治有悠久的历史传统，中国历代统治者都只将国家政权机构设置到县一级，县以下实行自治。现在，我国的乡镇机构日益庞大，据统计，全国乡级供养人员已增至870.9万人，人均200人，这直接加重了农民负担。为了养活这些冗员，乡镇不得不向农民强行摊派，这直接破坏了党群关系。乡镇不仅没有建立一级完全政府的财力，而且其职能也已蜕变为"三要化"（要粮要钱要命），甚至呈现出带头违法犯罪的现象，这与造福一方的宗旨和提供公共服务的职能背道而驰。为了代表和维护广大农民的根本利益，为了进一步扩大基层民主、健全法制，必须尽快撤销乡镇政府，相应地实行乡镇自治制度，乡镇自治委员会成员全部由村民直接选举和罢免。同时，由于农民组织化程度低，无法形成院外游说压力集团，使农民在国家资源分配和制度安排上处于极端不利的地位。随着市场经济的发展，利益多元化的格局迫切需要单个的、分散的农民组织起来，组建农会，形成自己的利益代言人，只有这样，才能使农民改变弱势地位，才能使农民在与其他组织进行有效地谈判和博弈中维护自己的切身利益。

（本文原载《南风窗》2001年12月上）

三级利益共同体：县乡村权力运作与农民问题

中国是一个历史悠久的农业国家，从事农业生产的农民是中国最大的弱势群体。对于中国这样一个农民大国来说，几千年来的农民起义和朝代更替，实质上都是国家权力与农民权利恶性互动的结果。为了加强对农民的统治，历代政权无不把对乡村社会的控制与治理作为第一要务。中央集权专制主义与地方权势集团密切结合，逐渐形成了独具特色的乡村社会政治结构和控制机制。辛亥革命推翻了几千年来的君主专制，中国开始曲折地走向民主共和。但传统的乡村结构和治理模式仍以惯性力量发挥着巨大的作用。当政治现代化在县级以上的国家政权建设层面取得一些明显的成就时，乡村社会权力结构的合理化却进展迟缓，甚至出现“国家政权内卷化”现象。①

中国共产党领导的新民主主义革命的胜利，推翻了压在农民身上的帝国主义、封建主义和官僚资本主义“三座大山”，这是中国农民宏观政治环境和社会环境的历史性巨变。对农民来说，中央政权已经建立在“全心全意为人民谋福利”的理念基础之上，但直接管治农民的县乡村三级却在传统乡村社会历史惯性的作用下，借助计划经济体制的丰富遗产，在市场经济转型的过程中，结成牢固的利益共同体，以新的面貌出现在中国现代化的舞台上。研究当代中国农民问题，就不能不研究县乡村三级利益共同体。如果说历史上中国农村是在专制主义统治下地方精英治理的乡村社会，那么当代中国农村就是在二元社会结构制约下三级利益共同体治理的乡村社会。

---

① 参见 [美] 杜赞奇：《文化、权力与国家——1942 年的华北农村》，王明福译，江苏人民出版社 1994 年版。

农民问题：从二元社会结构说起

建国以来，新中国的农民虽然摆脱了旧的奴役和“三座大山”的压迫，但又被套上了新的体制性枷锁，背负着新的“两座大山”艰难地行走在现代化的道路上。农民身上这种新的体制性枷锁和新的“两座大山”就是“二元社会结构”和“三级利益共同体”。

早在1988年，农业部政策研究中心的一批专家学者在深入调查研究的基础上，提出了著名的“二元社会结构理论”。[①]这个理论很快被学术理论界普遍接受，并被公认为分析研究当代中国“三农”问题最重要的理论工具。

在苏联模式的严重影响下，我国建立起高度集中的计划经济体制，为确保这个体制的运转，国家制定和运用包括户籍制度、粮油供应制度、就业制度、教育制度、社会保障制度等十多项具体制度，严格地把农民限制在农村，并通过“挖农补工”和“剪刀差”获取工业化优先发展所需要的原始积累资金，重点实施重工业优先发展战略。这一系列城乡有别的二元性的政策制度，都是以剥夺农业和农民为代价来保证城市工业的发展和市民生活水平的稳定提高。这种二元社会结构，把整个国家严格地划分为农村和城市两大块、农民和市民两大类，从此在中国，城市与乡村严格分割、农民与市民明显有别，农民被人为地降为低人一等的“二等公民”。这种二元社会结构，实质上是对农民权利和利益的严重剥夺，是农民长期陷入贫困的一个重大的制度根源，也是当今中国农民问题日益尖锐化的症结所在。

对这种二元社会结构给农民造成的贫困和不公平待遇的认识，并不是始于上个世纪80年代中后期，而在50年代初就被人尖锐地提了出来。新中国为农民说话的“始作俑者”，就是被誉为高风亮节、宁折不弯的梁漱溟先生。当时梁漱溟先生就指出“农民在九天之下”。这种正视农民的理性思考却被毛泽东严厉指责为“冒充农民代表”而遭到无情地批判。[②]从此，正常的理论研究和学术探讨无法正常进行，举国上下万马齐喑，很少有人再敢为农民的利益说话了。就是到了1980年代中期，人们还在为农民说话心有余悸，一个著名的杂志编辑部收到一篇“谈农民的不平等

---

① 参见农业部政策研究中心课题组：《二元社会结构：城乡关系：工业化·城市化》（执笔 刘纯彬），载《经济研究参考资料》1988年第90期；课题组：《二元社会结构：分析中国农村工业化城市化的一条思路》（执笔 刘纯彬），载《经济研究参考资料》1989年第171、172期。

② 参见《毛泽东选集》（第五卷），人民出版社1977年版，第107—115页。

地位”的文章时就迟迟不敢发表，原因就是“怕做小梁漱溟”。[①]

时至今日，二元社会结构理论已广为学界认同，二元社会结构的严重后果也日益凸现出来，但二元社会结构却仍然没有得到根本性地废除，它依然在钳制农民的自由发展。半个世纪以来的二元社会结构，造成的损失是巨大的，它的两个直接后果是造成了农民的普遍贫困和城市化水平的严重滞后。

一是农民的贫困。据统计，从 1952 年到 1986 年 34 年间，国家通过“剪刀差”从农民手中隐蔽地拿走了 6868.12 亿元的巨额资金，约占这些年间农民所创造价值的 18.5%。而进入 1990 年代以来，“剪刀差”还呈不断扩大的趋势，每年“剪刀差”的绝对值都在 1000 亿元以上。同时，城乡收入差距不断拉大，1978 年城乡居民的实际收入比率为 2.36:1，1987 年扩大到 2.38:1，1995 年扩大到 2.79:1，2000 年估计为 3.2:1，世界上多数国家的城乡收入比率为 1.5:1，超过 2:1 的极为罕见，但我国现在竟然超过了 3:1。按中国社会科学院经济所赵人伟先生的计算，如果加上城市居民所享有的实物性福利，目前我国城乡居民实际收入的比率在 4 左右。[②] 不仅如此，通过“八七扶贫”攻坚，到 2000 年底我国还有 3000 万农民没有解决温饱问题，并且还存在严重的返贫现象。

二是城市化水平的严重滞后。城市化水平被公认为是衡量一个国家或地区经济发达和文明程度的重要标志。国际经验表明，在现代化的道路上，有三个著名的城市化水平的衡量指标，一个是城市化水平达到 30% 左右时，开始进入城市化加速发展阶段；一个是城市化水平达到 50% 时，进入基本实现现代化的发展阶段；一个是城市化水平达到 70% 时，进入消除“三大差别”（工农差别、城乡差别、体力劳动和脑力劳动差别）发展阶段。据世界银行统计资料，1996 年，全世界城市化水平已达 45.5%，发达国家城市化水平一般都在 70% 以上，譬如美国为 76.3%，英国 89.3%，法国 74.9%，德国 86.7%，日本 78.3%，俄罗斯 76.3%，加拿大 76.8%，意大利 66.7%，发展中国家的平均水平也在 40% 以上。一些看似与我国经济发展水平差不多的发展中国家和一些新兴工业化国家的城市化水平也都大大高于我国，如巴西为 78%，阿根廷 88.4%，澳大利亚 84.7%，新西兰 86.1%，韩国 82.3%，菲律宾 54.9%，新加坡则为 100%，而同期我国仅为 29.9%，差距之远令人惊愕。我国城市化水平之所以大大滞后于经济发展水平，其根本原因就是人为的二元户籍制度对农民进城的严格限制。有鉴于此，笔者曾大声呼吁“万众一心推倒‘户籍墙’”。

① 参见舟莲村：《谈农民的不平等地位》，载《社会》1988 年第 9 期。

② 参见仲大军：《户籍制度与二元结构对中国农村的影响》，载《中国国情国力》2001 年第 2 期。

我国建立的这种明显歧视农民的二元制度，实质上是一种城乡有别的“双重标准”。

改革开放以来，一批有良知和正义感的著名学者开始自觉地发扬“梁漱溟精神”，勇于面对现实，不遗余力地为农民鼓与呼。有的提出要给农民创造一个更好的制度环境，“给农民国民待遇”；[①] 有的提出要“再一次解放农民，改变城乡分治、一国两策的格局”；[②] 有的提出在整体上“我们还是要更多地为农民说话，因为农民更需要有人为他们说话”；[③] 有的提出要“使农民真正成为国家的主人”，[④] 等等。他们的声音，代表着广大农民群众的心声，也代表着改革的方向。可见，二元社会结构确实是压在当代农民身上的“一座大山”。

三级利益共同体：概念与特征

压在农民身上的另“一座大山”是三级利益共同体。在计划经济条件下，国家人为构筑的二元社会结构把农民限制在农村这个狭小的范围之内，使农民享受不到市民的平等待遇；同时，在农村这个狭小的范围之内，农民又遭受着县乡村三级利益共同体的强力控制。这就是当代中国农民面临的大环境和小环境。当代中国农民正是在这种环境的夹缝中谋求生存。用一个比喻来说，农民是一群绵羊，政府在大环境上把这群绵羊牢牢地围圈在农村，不准“外逃”；而在农村这个小环境里，又有一群虎视眈眈却没有套上任何缰绳的恶狼，羊群的命运就可想而知了。这种比喻也许有点骇人听闻，但研究和分析直接控制和管理农民的县乡村三级的权力结构和运作机制，对进一步研究农民问题无疑是很有意义的。

三级利益共同体是指直接与农民打交道的县乡村三级基层权力组织在与农民的博弈和互动中所结成的利益同盟。三级利益共同体的基本特征主要有如下几个方面：

地位的独立性。县乡村三级处在国家权力结构的低端，远离中央权力中心，这种相对于中央权力的边缘性使县乡村具有自身的独立性，这就是人们常说的天高皇帝远。这种中央权力鞭长莫及的状况容易放纵和滋生欺压百姓的“土皇帝”。像全国知名度极高、广为世人瞩目的天津大邱庄都能在现代文明社会孕育出“土皇帝”禹作敏，其他各村就很难说了。这种地理位置的边缘性和权力的低端性，决定着基

① 杜润生：《给农民国民待遇》，载《中国改革》2001年第10期。
② 陆学艺：《“农民真苦，农村真穷”？》，《读书》2001年第1期。
③ 党国英：《我们为什么要为农民说话？》，载《南方周末》，2000年12月7日。
④ 郭书田：《再论当今的中国农民问题》，《农业经济问题》，1995年第10期。

层权力的独立性。对农民来说，服从基层干部的管治，就是服从中央政权的领导，但同时，基层干部的胡作非为也会损害中央政权在农民心中的威信和形象。

对象的单一性。中国是一个著名的农民大国，70%的总人口生活在农村，三级利益共同体直接面对的就是这些数量十分庞大而又相当分散的九亿农民，农民的命运与三级利益共同体的命运紧密相连。二元社会结构使大量人才流出农村，世世代代劳动和生活在农村这个小圈子里的大都是没有文化或文化程度不高的农民。而三级利益共同体内的干部素质也参差不齐，不少县乡村干部即使怀揣一张高学历的文凭却仍有一种蛮横无理的封建“酷吏”作风。这种管理对象的单一性，使三级利益共同体无需花费更多的工作技巧方法和提高法律道德文化素质就能解决实际问题，甚至基层干部作风的粗暴和工作方法的简单似乎更有效。

成员的本地性。三级利益共同体成员（县乡村三级干部），绝大多数都是土生土长的本地人。这种成员的本地化特性，使他们十分熟悉本地的风土人情，他们在血缘、地缘、业缘关系交织而成的关系网络中，很容易结成利益集团。干部的异地交流既十分稀少，又相当艰难，即使在县一级有个别领导实行了极其有限的异地交流，他们也大都有一种“强龙压不过地头蛇”的感叹。

运行的封闭性。这种封闭性体现在三个方面，一是二元社会结构使农民固定在农村这个狭小的圈子之内封闭性地劳动和生活；二是县乡村三级在权力运作上严格遵循着体内循环，难以与外部的大世界连成一体；三是县乡村三级共同体具有明显的排外性、排他性，所谓“地方保护主义”正是这种权力封闭运行的真实写照。

利益的一致性。县乡村三级利益共同体具有明显的利益一致性，三级利益共同体实质上也是一种命运共同体，一荣俱荣，一损俱损。这种利益的一致性通过种种目标责任制把县乡村三级紧紧地捆绑在一起，只有共同维护、巩固和遵守三级利益共同体的利益，才能确保每一级的自身利益和每一个成员的切身利益。

管理的强制性。县乡村三级利益共同体内部有着十分明确的管理制度，为确保管理的有效性，三级利益共同体通过干部的任命制和目标责任制实行层层控制和管理，下级必须顺着上级的权力棒运转，否则就会被“罚下场”。这种内部管理的严格性和强制性已经形成一种巨大的惯性，任何个人几乎都无法招架和抵挡。

监督的软弱性。对县乡村三级利益共同体的监督主要有四个方面，一是共同体内部的监督，内设在共同体内的监督部门事实上已构成共同体的一部分，其监督的无效性已广为人知；二是农民群众的监督，虽然从监督学上说这是很重要的监督，但在传统体制下，农民缺乏监督三级利益共同体的合法性制度安排，因而这种监督不可避免地演绎成浩浩荡荡的“上访大军”；三是上级的监督，上级监督是最有效的监督，但由于监督面过大，上级实际上处于力不从心的状态，不少在人们看来强有力的监督制约措施一旦到达三级利益共同体时，就可能被“上有政策，下有对策”所化解；四是新闻舆论监督，目前这种监督具有一定的威慑性，比如中央电视台焦点访谈栏目就被农民视为“焦青天”，但新闻单位“坚持正面宣传为主”的方针，其监督的有限性也是显而易见的，而一部分新闻工作者又不断地受到三级利益共同体的威胁、收买和同化，监督路上千难万险。

县乡村三级利益共同体的形成，有其深刻而复杂的政治、经济、文化等多重根源。从政治上来说，中国几千年来实行的是君主专制政体，建国后又实行高度集中的计划经济体制，这种计划经济体制限制农民的自由发展，使县乡村三级利益共同体更加膨胀和凝固化；从经济上说，中国农村始终停留在自给自足的小农经济状态，家庭承包责任制的推行虽然一度极大地解放了农村生产力，解放了农民，但在这种分散的家庭经营下，农民缺乏组织化，难以摆脱原子化式的小生产者的命运；从文化上说，几千年来的专制主义思想在农村根深蒂固，而长期的计划经济体制，又使专制主义残余思想有了最好的寄生体，农村就成为是专制主义残余思想的最大藏身之地。不管是农民还是基层干部，都不同程度地深受专制思想的严重影响。加上农村地域的封闭性和二元制度的隔离性，农民无法与外部世界进行有效的交流，这种二元社会结构无形之中巩固了三级利益共同体的制度基础，农村的资金和人才纷纷流入城市，成了“肉包子打狗——有去无回”。广大农村，特别是中西部地区的农村仍然保留着落后的生产生活方式，广大农民则被远远地排除在现代化的门槛之外，致使一个现代化的城市社会与一个传统的农业社会长期并存。

三级利益共同体的游戏规则

县乡村三级利益共同体的权力运作有一整套行之有序的内部游戏规则：

自上而下的干部任命制。对干部的任命制，马克思主义经典作家是坚决反对的，因为它是民主政治的大敌，与社会主义高度民主原则相背离。恩格斯曾明确说过：“州政府任命专区区长和市镇长官，这在讲英语的国家是绝对没有的，而我们在将来也应该断然消除这种现象，就像消除普鲁士的县长和参政官那样。”[①] 巴黎公

① 《马克思恩格斯选集》（第四卷），人民出版社 1995 年版，第 4147 页。

社时的公职人员就取消了从上到下的任命制，由各社区代表普选产生，并且随时予以撤换。干部的任命制是在苏联时期才得到普遍采用并逐渐僵化起来。我国深受苏联模式的影响，广为推行干部自上而下的任命制。这种自上而下的干部任命制，就成为维系县乡村三级利益共同体的主要纽带。虽然从理论上说，干部是人民的“公仆”，是全心全意为人民服务的，但在具体工作生活中，每个组织和个人都有自身的切身利益，而干部自上而下的任命制，又决定各级干部只能对上负责而难以对下负责。县里任命乡镇干部，乡镇任命村里干部，这种任命制成为上级控制下级的有效手段，下级干部为了得到上级领导的赏识和提拔重用，就必然想方设法“巴结”、“讨好”上级领导，“不是奴才不是才”，“拍马屁”就已经成为干部积极钻研的必修课。人类所应当信仰的“人服从正义、真理和法律”在这里就演变成了“人服从人”。于是溜须拍马盛行，买官卖官屡禁不止。既然干部的升迁决定于上级领导而与农民群众无关，干部们自然不可能真正把农民群众放在心上，即使迫不得已做些“亲民”的事，也只不过是为了取悦上级领导而做的表面文章。对干部来说，大部分情况是下级干部对上级领导俯首帖耳，对农民群众则颐指气使，这种对领导的卑躬和对农民的傲慢，构成了干部的“二重性”。

层层分解的目标责任制。实行目标责任制是县乡村三级共同体突出的管理模式和基本特征，这种目标责任制通过将政府确定的经济和社会发展的硬指标层层分解，从县分解到乡镇，从乡镇分解到村，村再分解到每个农民身上。年初各级签订目标责任状，年终依据目标责任状进行考核，以确定“政绩”。这种目标责任制管理方式，实质上是计划经济体制下对企业进行计划指标管理方式的翻版，它完全漠视了市场经济条件下政府角色的“裁判员”身份和提供公共物品的职责。这种目标责任制在实践中形成了一种典型的“压力型体制”，使县、乡、村三级的“经济指标承包制”演变为“政治责任承包制”，形成“县委县政府——乡镇党委政府——村党支部村委会”的连坐制。[①] 为人民服务的原则就蜕变成了为完成具体目标责任制指标而奋斗。凡是与目标责任制有关的“指标”，各级领导和干部就想方设法（包括弄虚作假、盘剥农民）去完成，与目标责任制无关的事，就一概不管。所以常常出现这样的困惑：各级各部门每年都出色地完成了年初签订的目标责任状，可农民群众却怨声载道，各种问题堆积如山，社会矛盾日益尖锐。

政绩至上的任务完成制。在自上而下的干部任命制和层层分解的目标责任制行

① 参见荣敬本等：《从压力型体制向民主合作体制的转换》，中央编译出版社 1998 年版。

政管理模式下，政府行政的目标就完全由口头上的“为民造福”转变为实际工作中的“政绩至上主义”，而这种“政绩至上”又仅仅体现在一大堆空乏的“数字指标”上，所以不妨称着“数字型政绩至上”。在这种“数字型政绩至上”的行政理念驱使下，各级干部为了炫耀自己的“政绩”和表现自己的“才华”，就竭尽全力提前、超额完成上级下达的以及自己加码的“数字任务”。这样，形式主义和官僚主义就相伴而生，不仅如此，在缺乏有效制约的情况下，疯狂追逐自身利益最大化的权力，必然横冲直撞，置民于无法招架的尴尬境地。为完成上级下达的数字指标任务和自己加码的数字指标任务，县乡村三级常用的工作方法，一是弄虚作假填报泡沫数据，二是四处借贷完成上级财税任务，三是任意加重农民负担。虽然这些“数字任务”在各级不择手段的种种努力下到年底都画上了圆满的句号，但普遍呈现出来的严重问题是：统计数字严重失真、乡镇债务日益扩大、“三乱”现象屡禁不止、农民群众怨声载道、干群矛盾不断激化等等。

为完成各项数字指标任务，虽然各级干部可以不择手段，但一旦闹出大的群体性事件被新闻媒体曝光，也会引起中央的动怒而遭受处分。为此，三级利益共同体就积极在“数字政绩至上”和不发生“涉农恶性事件”的底线中寻求平衡。但在体制性障碍没有消除、农民负担减不下来、干部作风未根本转变等情况下，涉农恶性案件还会随时发生，为此，三级利益共同体就心照不宣地采取反现代文明的做法：

一是实行愚民政策。他们遵循着“民可使由之，不可使知之”的古训，千方百计地阻止和剥夺农民对中央减负政策和法律法规的知情权。2000 年 8 月发生在江西省有关部门强行收缴农民购买的《减轻农民负担工作手册》一书的惊世事件，最典型地揭示了三级利益共同体对农民觉醒的空前恐惧。①

二是剥夺农民起诉权。三级利益共同体在目标责任制中明确规定“计划生育”和“社会治安”两项工作实行“一票否决”，这两项工作直接关系到基层干部的“乌纱帽”，为确保这两项任务的完成，有的县级政权就采取了相应的配套措施，规定人民法院不得受理农民有关计划生育和农民负担方面的案件。正常的司法诉讼大门已经向农民紧闭，农民只有选择向市、省和中央机关及新闻单位的集体上访之路。一些盲目指责农民不善于运用法律武器保护自己合法权益的人，是对农民的诬蔑和对农村现实的无知。

三是层层隐瞒恶性案件。由于中央在严峻的农村形势下已经明令各地要确保不

① 《一本奇书的奇遇》，载《南方周末》2000 年 10 月 12 日。

得再发生涉农恶性案件，否则基层干部就有丢官受罚的可能，但一些基层干部不是在如何克服涉农恶性案件的根本问题上下功夫，而是依然我行我素，一旦发生了恶性案件，就迅速结成攻守同盟，严禁消息外泄，实施层层掩盖。这类事情被查出来的比比皆是，尚未揭开盖子的尚不知有多少。

这种三级利益共同体的游戏规则，虽然使各级干部因“政绩”突出而得到上级领导的赏识和重用，但这种游戏规则造成的普遍后果是农民利益的严重损害和干群关系的日益恶化。在这种泛滥的权力面前，最大的受害者无疑是农民。广大农民不断付出眼泪、鲜血和生命的代价，来“配合”县乡村三级完成“数字任务”。县级政权为了支持乡镇“数字任务”的完成，也就有意无意地容忍和包庇胡作非为的乡村干部，于是当代的“官官相护”就在县乡村三级利益共同体的“契约”下形成了。受到严重侵害的农民的所有冤屈，几乎都不可能在县乡村三级共同体内得到及时、有效的解决。县公、检、法机关也因为直接隶属于县级政权的领导而成为捍卫三级利益共同体最坚强的柱石。在催收农民税费时，常常是公检法“联合作战”，他们在权力指挥棒的挥舞下，不是冲锋陷阵抓捕农民，就是刑讯逼供残害百姓。这种不受制约的权力泛滥，必然产生怵目惊心的“基层暴政”。

三级利益共同体的权力漩涡

三级利益共同体在严格的“游戏规则”运作下，已经形成强大的“权力漩涡”。这种县乡村三级利益共同体的“权力漩涡”一经形成，就具有强烈的排他性，一切不适应这种“权力漩涡”运转的个人，都将在这种“权力漩涡”中遭到无情地排挤和围剿。

中央政权对县乡村三级共同体的制约主要来自两个方面：一个是革命战争年代形成的行之有效的政治纪律性约束。但在新的历史条件下，这种政治纪律性约束的功效已大不如前，并被异化为一种形式主义的说教。另一个是适应法治国家建设需要的制度安排。村民自治的推行就是中央政权对县乡村三级共同体的最大一项反“权力漩涡”的权力制约性制度供给。村民自治无疑受到中央政权的高度重视，也得到农民群众的普遍欢迎，但却受到村党支部和乡镇政权的强力抵制，县级政权则大都处在一种既不积极倡导，也不公开反对的状态，事实上是默许了乡镇“重党轻民”的做法，有的地方则干脆下文要求村委会服从村党支部，这就使中央政权对基层的民主建设被逐渐消解。

目前，村党支部书记和村委会主任这两种权力来源完全不同的角色正在不同程度地僵持着。村党支部以加强“党的领导”为名牢牢控制权力，村委会则以村民自治法律为依据要求自治。这样，村党支部和村委会之间的矛盾事实上已不可避免。同理，乡镇政权也在“权力漩涡”中自然而然地与自己直接任命的村支部书记站在一起，共同对付外部输入的“民主尤物”——村民自治。据《人民日报》2001 年 3 月 21 日报道，山东栖霞市 4 个镇 57 名村委会成员集体要求辞职，辞职的原因是由于村党支部和镇党委政府片面强调“党领导一切”，采取村支部包办代替村委会的做法，新“村官”上任一年多，村里的财务、公章不交接，财务由村支书一人说了算，镇党委政府不但不解决“村官”反映的问题，反而对村委会成员随意“诫勉”，甚至停职。[①] 这种乡镇政权与村党支部联合围剿村民自治的现象绝不仅仅只发生在山东一些地方。

乡村两级之所以不认同村民自治，关键是中央政权在三级利益共同体内输入民主性质的村民自治与传统的人治色彩浓厚的“权力漩涡”的运作极不协调，也就是说，民主性质的村民自治必然有碍于三级利益共同体顺利实现自身利益最大化的目标。村委会与村党支部、乡镇政权的矛盾冲突，实质上是现代“民主潮流”与传统“权力漩涡”激烈碰撞的“浪花”。

虽然孙中山早就说过：“世界潮流，浩浩荡荡，顺之则昌，逆之则亡。”但中央政权对三级利益共同体内供给的“村民自治”尚停留在“孤军深入”的地步，缺乏必要的强大“后援”，因而村民自治实际上在与传统的乡村力量的博弈中处于相当弱势的地位。乡镇政权可以不顾《村组法》界定的乡镇只能对村委会实行“指导、支持和帮助”而非领导关系的法律规定，任意干预村民自治，力图掌握村级干部包括村委会成员的全部控制权，实现其对村级组织（村党支部、村委会）的有效控制，从而使村干部习惯性地成为贯彻乡镇意图的有力工具。在这种情况下，不少地方的村委会已经沦为乡镇政权的附属物。这种三级利益共同体的“权力漩涡”，使村干部听命于乡镇领导人、乡镇领导人听命于县级领导人。作为一种回报，上级领导也在一定程度上放纵下级干部的以权谋私与腐败行为。所以说，在三级利益共同体内根本不存在上级领导不知道下级的种种腐败和非法行为的问题，而是在这样的“权力漩涡”中已经丧失了自我净化的功能。

进入这种“权力漩涡”的干部，个人也是无法克服和左右“权力漩涡”的。在

① 《村官的当家权》，载《南方周末》2001 年 3 月 29 日。

这种“权力漩涡”之中的干部，大概可以分为四种：

第一种是积极适应这种“漩涡”并进一步促进“漩涡”运转的人。这种人常常被称为“适应”农村基层工作，自己也爱好这种“权力漩涡”，这种人一旦造成涉农恶性案件，常被指责“工作作风粗暴”和“工作方法简单”。其实他们是利用旧体制的不完善，积极充当旧体制的“帮凶”和“打手”，是一种违法犯罪行为，这些人也大都是农民的儿子，但在工作中确走向了农民的对立面，这种现象可以称为“干部的异化”。

第二种是出于无奈，尽量避免涉农恶性案件发生，又尽量完成各项任务，力图在二者之间寻求最佳的平衡点，这需要一种高超的实际工作艺术。对这种人，上级领导欣赏，农民群众也不责怪，是颇受“肯定”的一种人，但这种人却不是很多。

第三种是既不出头露面欺压老百姓以免遭谴责，也不大显身手完成指标任务以博取奖赏，而是顺着“权力漩涡”旋转，得过且过。

第四种是具有强烈的责任感和使命感。这些人对农民的遭遇深表同情，对旧体制的弊端深刻反思，对一些干部的粗暴作风极为不满，他们力图以自身的人格力量来解脱农民的不幸命运。这种人虽然深得农民的喜爱，但在实际工作中就难免不合“权力漩涡”的“节拍”，其结果必然是悲剧性的，他们不是被“权力漩涡”排挤出局，就是被“权力漩涡”彻底埋葬。湖北省监利县棋盘乡原党委书记李昌平的遭遇就是不适应这种“权力漩涡”而被甩出“权力漩涡”的一个典型代表。①

无论哪种情况，几乎所有的乡村干部都会诉说自己“没有办法”，大有“人在江湖，身不由己”之叹。同时，受害的农民也大都找不到具体的责任主体，似乎谁都不应该对损害农民利益的事负责。通过对三级利益共同体的理论分析，可以看到“权力漩涡”的巨大惯性和威力。

事实已经证明，三级利益共同体已经无法克服自身的重重矛盾，它无法孕育出克服“权力漩涡”惯性的新制度。对中国这样一个中央集权的单一制国家来说，唯一的有效途径，就是在中央政权的强力主导下，不断进行新的制度供给，加速三级利益共同体的崩溃。

---

① 参见李昌平：《说句真话不容易》，载《百姓》2001年第6期。

能否打破三级利益共同体？

三级利益共同体严重侵害了农民的切身利益，损害了执政党和政府的形象，与执政党的根本宗旨和政府的基本职能相背离。在现行体制下，中央政权的宏观政治目标与县乡村三级利益共同体的微观工作目的并不完全一致。中央政权的一个重要目标是为人民谋幸福，“得民心者得天下”；而县乡村三级利益共同体具体工作的一个重要目的是为了个人的升迁，“得领导心者得官位”。这种矛盾，必然使三级利益共同体做出不利于甚至严重损害农民群众的事来，这种事一旦发生，中央政权的形象和威信也会遭到重大损失。而中央政权又迟迟未能进行确保上下政权行政目标一致的制度安排，这就使违背中央政权意旨的“基层暴政”应运而生。

对农民来说，他们一般不会区分中央政权与基层政权的这种差异性，他们甚至没有必要做出这种区分，他们只能从自身的体验中来判断一个政权的正义性和合理性，他们往往把对来自基层政权和组织的体验来比照中央政权。当然，农民也有一种传统性的习惯性认识，即“中央是好的，就是下面的歪嘴和尚将经念歪了”。但如果农民感到“下面的歪嘴和尚一直在念歪经”，而中央却对此不予有效制止和纠正，那农民对中央的信心就可能下降。为维护中央政权的形象和农民的利益，中央政权必须真正下大力气加强对基层政权的有效约束。中央政权在强化政治纪律性约束的同时，积极推行依法行政是最好的良方。但在社会转型时期，各种制度和法律很不完善，依法行政任重道远。因而在市场经济和依法治国的条件下，理论创新和制度创新就显得迫在眉睫，比如政府的职能需要重新定位，人民对国家权力机关性质的理解应该由在革命时期的片面强调专政机器和暴力机关转变为保护人民生命财产安全和提供公共物品。而要做到这些，政治体制改革的深化是必不可免的。

当前，迫切需要摧毁县乡村三级利益共同体，进一步解放农民，使农民真正摆脱几千年来乡村社会的羁绊，成为既是现代化文明的创造者又是现代化文明成果的享受者。我国已经加入 WTO 后，以开放倒逼改革，加速摧毁三级利益共同体的时机已经到来。

加速三级利益共同体的崩溃，有利于适应经济全球化的需要。经济全球化是不可阻挡的时代潮流，积极主动融入经济全球化，是一个国家和民族跻身世界发达之列的必然选择。三级利益共同体的反现代进步性和封闭落后性，极不适应经济全球化的需要。

加速三级利益共同体的崩溃，是现代化建设的需要。实现现代化是中华民族几个世纪的梦想，而作为一个农民大国，没有农业的现代化，就没有国民经济的现代化，没有农民的小康，就没有全国人民的小康，没有农村的繁荣稳定，就没有整个国家的繁荣稳定。不摧毁三级利益共同体，就不可能使占总人口绝大多数的农民汇入到现代化的潮流中来。

加速三级利益共同体的崩溃，是建设民主政治的需要。没有民主，就没有社会主义，就没有社会主义现代化。实行民主政治是党始终不渝的奋斗目标，而三级利益共同体却最大限度地保留着专制人治的糟粕，极大地阻碍了农民群众当家作主权利的发挥。

加速三级利益共同体的崩溃，是解放农民的需要。进一步解放农民，使农民从旧体制的束缚中解放出来，是党和国家坚定不移的方针，是全国人民的共同心愿。解放农民就是打破旧体制的枷锁，还给农民自由。三级利益共同体无疑妨碍了农民的自由发展。

鉴于三级利益共同体自身创新机制的严重丧失，加速三级利益共同体的崩溃，必须在中央政权的主导下，大规模地输入新的民主政治制度，使这些新的制度安排强大到足以阻止和破坏原有的“权力漩涡”才能产生积极的效果。县乡村三级利益共同体最害怕的“克星”无疑是开放、民主、法治和监督。

扩大农村开放。彻底废除沿用半个世纪的户籍制度，从根本上打破二元社会结构，重新恢复和确立公民的居住和迁徙自由，还给农民公平公正的国民待遇，实行城乡一体化的就业制度、教育制度、社会保障制度等，加快城市化步伐，使绝大部分农民从农村进入城市变为市民。还给和保障农民的自由，这是传统社会向现代社会转变的必由之路。

实行基层民主。一切专制主义的传统势力最怕的就是民主。共产党执政就是要最大限度地实行民主。根据我国民主政治建设的路径选择，实行基层民主意义重大。在当前实行村民自治的基础上，应尽快撤销乡镇政权，实行乡镇自治，并推及到县级政府自治，在地方自治的基础上全面实行直接选举，彻底打破任命制，废除终身制，对各级领导干部实行民主选举和罢免，并限定任期。必须重新界定和突出市场经济条件下政府公共行政职能，废除计划经济体制下的目标管理责任制。

建设法治国家。法治是人治的天敌，真正的法治是对公民权利的切实保护和对政府权力的严格约束的统一。要坚持和实行依法治国，努力建设社会主义法治国家，树立宪法的神圣权威，使农民的宪法权利得到切实的保障。基层政府必须严格依法行政，一切违宪违法行为都必须予以追究。

强化监督制约。“一切有权力的人都容易滥用权力，这是万古不易的一条经验。有权力的人们使用权力一直到遇到界限的地方才休止。”[①] 为了防止基层权力的滥用，必须以权力制约权力，加强对权力的监督。首先，建立以权力制约和监督权力的机制；其次，强化新闻舆论的监督；再次是建立农民群众有效监督的机制，使农民能依照法定途径和程序监督权力机关和领导干部。并且适应市场经济利益多元化的需要，提高农民的组织化程度，形成农民自己的利益代言人。

（本文原载《湖南公安高等专科学校学报》2004 年第 2 期）

① ［法］孟德斯鸠：《论法的精神》上册，张雁深译，商务印书馆 1961 年版，第 154 页。

村民自治：困惑与依赖

“两委合一”能否推广？

在我国农村推行村民自治以后，如何处理好“两委”（即村党支部委员会和村民委员会）之间的关系，成为当前农村最为棘手和最引人注目的重大实践问题和理论问题。

众多的理论工作者和实际工作者都对此进行了多种积极探讨，但似乎都没有从根本上解决问题。归纳起来，在处理“两委”关系上主要有四种形式：第一是许多地方实际实行的制度，即党支部最终说了算，在大的问题上，特别是在财物支配上村委会听党支部的。第二是规定让党支部主管思想政治工作，把自治权的行使真正交给村委会。第三是指两票制，在老百姓中投票产生党支部书记候选人，而最终选举在支部大会上进行。第四是两委合一。

党国英先生在分析了前三种形式的弊端后，认为“两委合一”“开了一个好头，其中酝酿着我国乡村民主政治发展的重要突破”，“在实践中已经产生了明显的效果”，因而主张这种做法“很值得在全国推广”。[①] 我认为这种做法不可在全国推广。我为什么不主张“两委合一“呢？其实道理很简单。

首先，它与政党组织的性质不符。现代国家政治生活几乎都是政党政治，政党在国家政治生活中发挥着十分重要的作用。虽然任何政党都是以取得政权、参与政权和维护政权为主要政治目标，但政党包括执政党本身并不是权力组织。中共十二大政治报告指出：“党不是向群众发号施令的权力组织，也不是行政组织和生产组织。”作为党的最基层组织的村党支部，显然不具备对村委会和群众发号施令的行

---

① 党国英：《“两委合一”：乡村民主政治的重要发展》，载《中国改革》2001 年第 5 期。

政权力。“两委合一”后，行使自治权的“两委”，身份到底是党支部还是村委会，很不明确。如果是党支部，显然缺乏合法性基础；如果是村委会，那粘附在一起的党支部扮演什么角色？

其次，它强化了传统体制的弊端。我国传统政治体制的主要弊端就是党政不分、以党代政、权力高度集中等。显然，“两委合一”并不是什么新东西，它是党政不分、以党代政、以党治国、权力高度集中等现象在村庄中的具体表现。因而“两委合一”并不是“酝酿我国乡村民主政治发展的重要突破”，相反，它实质上是我国政治体制改革在农村认识上和实践上的一种倒退。

再次，它与执政党依法治国方略矛盾。中共十五大正式提出了依法治国的基本方略，这是执政党治国方式的重大转变。而要依法治国，建设社会主义法治国家，首先就需要党的各级组织带头遵守宪法和法律。中共十二大以来，党章和宪法都规定“党必须在宪法和法律的范围内活动”。作为党在农村最基层组织的村党支部，理所当然应该在《村民委员会组织法》之内活动，而不能置身于该法之外，更不能凌驾于《村民委员会组织法》之上。村党支部要想行使合法权利，就必须依法参加民主选举，合法进入村委会，并以村委会的名义而不是党支部的名义对全村行使权力，这绝不是简单的“两委合一”。

这里还需要质疑“两委合一”的是，如果非党员当选村委员主任后，不愿意入党怎么办？党国英相信“这种情形目前极为罕见，但也不能忽视”。他认为“遇到这种情形，要在免去原党支部书记的同时，由上级党组织派员担任党支部书记，任期直至有党员当选村委会主任为止”。这里面有重大的技术问题，就是“非党员当选村委会主任”后村委会与“上级党组织派员担任党支部书记任期直到有党员当选村委会主任”后的党支部，肯定无法“两委合一”，这段间隔时期内，又如何处理“两委”之间的关系呢？可见，“两委合一”本身还存在重大的理论和制度缺陷。

那么，到底怎样才能正确处理好“两委”之间的关系呢？毫无疑问，党领导人民并代表人民的意志通过法定程序颁布《村民委员会组织法》，广大农民依法产生的村委会，我们应该毫无疑问地把它看作就是坚持了党的领导。有的人总认为村党支部是坚持了党的领导，而不认为依法产生的村委会也同样坚持了党的领导。他们一听到加强党对农村工作的领导，马上就想到党支部而不是村委会。这种认识，是当前思想理论界和实际工作中的最大误区。

实行政权内领导范式是正确处理“两委”关系最可行的模式选择。所谓政权内领导范式，就是执政党及其基层组织的领导方式，由传统的党政不分向法治转变，由凌驾于政权之上的领导向置身于政权之内的领导转变。政权内领导范式与党政合一、党政不分有本质的不同。

在农村“两委”关系中，政权内领导范式的具体要求就是，村党支部书记与其他候选人一样平等竞选村委会主任，一旦当选，即以村委会主任的身份和村委会名义在全村合法行使权力。当选村主任后的村党支部书记，可以辞去党支部书记一职，村党支部另外选举新的支书主持党务工作但不得干涉村委会的法定权力，村委会完全依法行使《村民委员会组织法》赋予的一切权力。如果在村委会民主选举中，非党人士当选村委员主任，该人可以申请入党，也可以不申请入党，村党支部不应干预村委会的一切合法工作，未当选的村党支部书记应当辞职，另选新的村支书，充分发挥党员的先锋模范作用，积极竞选下届村委会主任。

这种政权内领导范式，并不是削弱了党的领导，相反，它正是在党提出依法治国方略后坚持和改善党的领导的制度创新。

村民自治的困惑

推行村民自治是党发展基层民主、建设社会主义民主政治的重大举措。但在村民自治的实践中，呈现出一些严重制约村民自治深入发展的种种困惑。

一是“两委”关系矛盾的困惑。实行村民自治以来，村党支部委员会和村民委员会这“两委”之间的矛盾已经成为广大农村推进村民自治的一个重大困惑。目前，在“两委”关系的实际运作中，主要有四种模式：一是村党支部居于领导核心地位，村委员按村党支部的意见办。这种模式使村委会处于被领导地位的状况不符合村民自治的原则和本意，难以为广大群众所接受。二是“两委”职责分开，党支部只管政治思想工作，村委会行使自治权。这种模式使一些人认为村党支部被晾在一边，丧失了在农村的领导权，难以为一些党员干部所接受。三是“两票制”，即村党支部书记由村民和党员分两次投票选举产生。这种模式看似比较民主，其实质还是属于第一种模式，它依然强调和突出村党支部对全村事务的实际控制和管理，只不过通过“两票”选举尽量选出更符合民意的村党支部书记而已，而村委会在此就显得无足轻重，显然不利于村民自治本身的健康发展。四是“两委”合一制，即村党支部与村委会“两块牌子，一套人马”。有的学者看到“两委”分开的矛盾却又想不出更好的办法，就提倡“两委”合一。如搞不好“党政分开”，就只好搞“党政合一”。“两委”合一的模式虽然表面上解决了“两委”之间的矛盾（“两委”

既然都“合一”了，矛盾当然就没有了），但实质上还是强化了旧体制党政不分的弊端，与推行村民自治的初衷和建设法治国家的理念相去甚远。

二是农民负担沉重的困惑。实行村民自治，发展农村基层民主，需要一定的经济条件作保障。而在当前，农民负担的居高不下和农村的严重贫困，已经成为一个十分突出的社会经济和政治问题。广大农民对自身经济生存环境和切身利益的诉求，大大超过对村民自治的热情。农民负担沉重已经压迫农民无心于村民自治的深入，他们迫切需要的是尽快甩掉压在身上沉重负担的包袱。1980 年代后期以来，农民收入增长减缓，而农民负担却节节上升，大大超过了农民的承受能力。据有关资料统计，“七五”期间，全国农民上缴的村提留和乡统筹年均增长 20.1%，比国家税金的增长速度高出 2.8 个百分点，比农民人均纯收入的实际增长高出 16.4 个百分点。1994—1995 年，全国农民人均纯收入、人均家庭经营纯收入，年均递增 12.6% 和 10.4%，而人均缴纳的税款、集体提留和摊派，却分别递增 8.52% 和 14.61%。1999 年，全国农民人均纯收入较上年增长 2.2%，但人均农业各税负担却增加了 5.8%。不少地方层层下达农林特产税、屠宰税和个人所得税等指标，按人、地平摊。一些垄断性部门和行业变相提高农用水电、农用电话、农用生产资料的价格和农村教育收费标准，而乡村组织又借此搭车收费等，农民的实际负担还要严重得多。在农民负担一年比一年重的同时，村级集体亏空一年比一年多，乡镇财政赤字一年比一年大。李昌平在给国务院领导的信中指出，现在 85% 的村有了亏空，平均每个村亏空不少于 40 万元，90% 的村有负债，平均负债 60 万元以上，月利率 20‰；90% 的乡镇财政有赤字，平均赤字不少于 400 万元，平均负债不少于 800 万元，月利率高达 15‰。村级负债每年增加 10—15 万元，乡级负债每年增加 150 万元左右。在农民负担加大，乡村债务巨大、城乡差距拉大的情况下，不管是广大村民，还是乡村两级组织，对村民自治只能敷衍了事就可想而知了。

三是农村人才和劳力外流的困惑。这主要表现在两个方面，一是考上高等院校的农家子弟一旦跳出“农门”，就不再回到村里工作和就业，全国农村每年考出去的年轻学子达几百万名。二是广大农村青壮年劳力大量外出打工。李昌平在给国务院领导的信中写道，他们乡有 40000 人，其中劳力 18000 人，现在外出打工 25000 人，其中劳力 15000 人。就是说，该乡外出打工为数占全乡总人数的 62.5%，其中外出劳力占总劳力的 83.33%。农村这种大半数人口外出的状况，又怎能在村民自治中开好村民大会和村民代表大会呢。尚留在农村的大都是一些老弱病残者。从总体上说，农民的文化素质普遍偏低，农村人口中文盲达 3 亿多，就业人口中，文盲半文盲占20.7%，小学生程度占38.8%，初中占29.14%，高中仅为4.55%，在近6000万残疾人中，农村占70%。据中国农业大学调查显示，有81.1%的农民从没有接受过普法培训，55%的农民对三提五统不超过纯收入的5%的法定比例不知道，至于知道和熟悉《村民委员会组织法》内容和程序的就更少了。在这样一个文化素质偏低、年龄结构不合理和法律知识短缺的农村，很难想象能把村民自治深入推向健康发展的轨道。

四是乡镇政权干预的困惑。《村民委员会组织法》明确规定乡镇与村委会是指导、支持和帮助的关系，不再是领导与被领导的关系。事实上，各乡镇对村委员的行政干预比较普遍和严重，村民自治组织被扭曲为乡镇政权在村一级的延伸。一些乡镇政权常常直接下达有关任务指标，村党支部和村委会常在应付乡镇交办的永无休止的事务中疲奔于命，不少地方的村民自治实质上只能流于形式，一些新上任的村委会主任也因为“不听话”而被乡镇随意停职或免职。另一个令人困惑的是，虽然《村民委员会组织法》明确规定乡镇不得干预依法属于村民自治范围内的事项，但乡镇一旦干预村民自治事务，又缺乏相应的制裁手段和违法处理规定，这就使得乡镇对村民自治的直接干预变成了习以为常的“职权内的事”。在乡镇这个“严婆婆”的干预下，村委会要想带领群众做到自治何其艰难。

路径依赖

制度经济学认为，制度的变迁存在着“路径依赖”，就是说，一个国家的制度变迁离不开自己的历史，同时也要在自己的历史的基础上进行创新。村民自治作为当代中国农村基层的制度模式，虽然最先发源于村民的自主创新，但在全国的推广则属于国家主导的强制性制度变迁。这个变迁过程，自然具有路径依赖的特性。

作为湖南省村民自治典型标志的湘粤村模式的突出特点，一是村民直选，二是村党支部书记和村民委员会主任“一肩挑”。村民直选村委会成员，既是《村民委员会组织法》的明文规定，也得到了学术理论界和实际工作者的广泛认同，这一点并不存在分歧和争议，关键是要进一步完善程序，排除干扰，提高透明度，确保直选真正体现民意。

在当前村民自治中，一个十分突出的焦点问题是“两委”关系问题。在当前意识形态环境中，有的地方为此进行了大胆的创新，探索出了“两委”合一、“两票制”乃至湘粤村“一肩挑”等模式。

“两委”合一曾得到了党国英先生的赞同，并认为这是一种有效的过渡模式。[①]在党政不分的宏观体制环境中，已经权力化、行政化了的基层党组织，不可能放弃手中已经大权在握半个多世纪的权力，面对新生的村民自治，“两委”合一就是一种符合逻辑的制度演进，这是路径依赖的生动体现。

“两票制”其实是村民自治对村党支部权力来源冲击后的一种应变形式，它是先由村民对村党支部书记候选人投信任票，再由党员投选举票，其目的是增强村党支部书记的群众基础，是村党支部应对村民自治的积极反映。但经过“两票制”的村党支部与村委会的关系问题仍未解决，就是说即使获得民意支持的村党支部，也未能有效解决村民自治中“两委”矛盾的根本性问题。“两票制”的真正目的在于扩大村党支部书记的民意基础，强化村党支部书记的合法性和个人权威，但这与村民自治本身关系不太。

湘粤村的“一肩挑”模式，相对于“两票制”来说，克服了村民的“选举疲劳”。表面上看，“一肩挑”模式还有另外两个优点，一是大大缓和乃至消解了“两委”矛盾，二是大大降低了村级治理成本。在现行意识形态和体制环境中，这种“一肩挑”模式或许会得到学术理论界和各级执政者的广泛认同，因而具有普通效法的可能性，是一种符合当前主流意识形态需要的可行性现实选择。

在笔者看来，仅仅从技术上来说，“一肩挑”模式也存在明显的纰漏，固守“一肩挑”模式将不可避免地导致行政强制，产生专横的权力，从而使村民的自治权变相化为乌有。“一肩挑”模式的具体运作是，由村民直接海选出村委会主任候选人，当选村委会主任的候选人自然要兼任村党支部书记，只有这样才能实现“一肩挑”。湘粤村“一肩挑”的特殊性在于作为海选出来的村委会主任正好就是现任的村党支部书记。但如果村民海选出来的村委会候选人不是党员怎么办？可能的情况会是组织责令原村党支部书记辞职，再发展村委会当选主任入党并使其当选为村党支部书记。但如果村里的全体党员不选举村委会当选主任为村支部书记，那又怎么办？或者说，村委会当选主任不想加入党组织又怎么办？对此情况有的人可能会说，没有人不愿入党的，组织上还可以“做工作”。那么这里就为人为的强制打下了可怕的伏笔。为了保障“一肩挑”的组织意图的不断实现，人们有理由担忧组织上的强制手段会合乎逻辑地入侵村民的自治选举，宪法和法律保障的村民自治权就可能被扭曲和变样。

① 党国英：《“两委合一”：乡村民主政治的重要发展》，载《中国改革》2001年第5期。

在现实生活中，村民自治中“两委”关系的现有模式设计，缘于长期以来党的一元化领导体制的路径依赖。要真正探索出村民自治的新路径，首先需要改善各级领导和学者的心智模式。

心智模式是管理学中的一个新概念，它是伴随着学习型组织理论的产生而进入人们的视野的。心智模式就是人的思维定势。思维定势不易改变，心智模式具有极强的顽固性，它影响我们对世界的看法。由于我们深受计划经济和党的一元化领导的长期训练，在此条件下形成的心智模式严重制约着我们对新事物的看法和判断。不断改善心智模式，就是要改变我们的计划经济观念、人治观念、党的一元化领导观念，尤其要改变把党组织看成权力组织和行政组织的观念，要改变“党的领导”就是各级党组织直接管理公共事务和经济社会事务的观念。

在“两委”关系中，问题的关键不只是“两委”合不合一的问题，而是党组织权力化、行政化的问题。执政党的地位要通过执掌国家政权来体现，这是毫无疑问的，但执政党执掌中央政权与执政党基层组织的权力化、行政化是两码事，是可以分离的。乡镇和村一级应率先实行党政分开，使基层党组织向非权力化、非行政化转型。从长远看，基层党组织的干部编制和各项办公及人头经费应该从国家公务员序列和国家财政预算中剥离出来，这将大大减少需要财政或村民供养的干部队伍人数，历史性地降低基层治理成本，使基层党组织真正从一个权力化和行政化的组织向“先锋队”组织的回归。

村民自治的制度演进存在着路径依赖，但并不是说我们在旧体制的轨道上只能“顺其自然”无所作为。在这个改革的时代，关键是要改善人们习以为常的心智模式，勇于改革创新。

（本文相关内容原载《中国改革》2001 年第 8 期、《改革内参》2001 年第 22 期、《湖南公安高等专科学校学报》2004 年第 5 期）

《村民委员会组织法》的缺陷及其完善

村民自治的推行，引起了国内外的广泛关注和极大的研究热情。但广大理论工作者多侧重于村民自治理论与实践的研究，而对村民自治规范化、制度化的法律依据的《村民委员会组织法》本身的研究显得远远不够。笔者深感制约村民自治深入发展的一个重要因素就是《村民委员会组织法》这部法律本身还存在着严重的缺陷，亟须在实践中不断完善。

“两委”关系界定不清

村民委员会是村民自我管理、自我教育、自我服务的基层群众性自治组织，实行民主选举、民主决策、民主管理、民主监督。而中国共产党在农村的基层组织即村党支部，在村民自治中扮演什么角色就显得十分关键，《村组法》规定它“按照中国共产党章程进行工作，发挥领导核心作用”。这就使得村党支部与村委会关系不清，从而在实践中产生了普遍性的“两委”矛盾。比如，2001 年 3 月，山东省栖霞市 4 个镇 57 名村委会成员集体要求辞职，其原因就是因为村党支部和镇党委、政府一味强调“党领导一切”，采取村党支部代替包办村委会的做法，使新当选的村委会主任上任一年多来，村里的财务、公章也不向村委会移交，村财务支出由村党支部书记一个人说了算，村委会只起着“摆设”的作用。

如何处理“两委”关系，已经成为推行村民自治的一个矛盾焦点。目前，在“两委”关系的实际运作中，主要有四种模式：一是村党支部说了算，村委会按党支部的意见办。这种模式使村委会丧失了自治权，不符合村民自治的原则和本意，难以为广大群众所接受。二是“两委”职责分开，村党支部只管政治思想工作，村委会全权行使自治权。这种模式使一些人认为村党支部被晾在一边，丧失了在农村的“领导权”，难以为乡村干部所接受。三是“两票制”，即村党支部书记由村民和党员分两次投票选举产生。这种模式看似比较民主，其实质还是属于第一种模式，它依然强调和突出村党支部对全村事务的实际控制和管理，只不过通过“两票”选举尽量选出更符合民意的村党支部书记而已，而村委会在此就显得无足轻重，这显然不利于村民自治本身的发展。四是“两委合一”制，即村党支部与村委会“两块牌子，一套人马。”有的学者认为“两委”合一是一个好办法。这种模式表面上解决了“两委”之间的矛盾（“两委”既然都“合一”了，矛盾当然就没有了），但实质上还是强化了旧体制党政不分的弊端，是传统“党政合一”体制的现代版本。

“两委”矛盾源于《村组法》对“两委”关系界定不清，而“两委”关系界定不清又根本地源于人们对“党的领导”的认识误区。改革以来，在对“党的领导”的认识上，已经形成了这么几点共识：一是党不是权力组织。二是党必须在宪法和法律的范围内活动。三是党的领导是政治、思想和组织的领导。

中共十五届六中全会指出：“总揽全局，协调各方，是中央和地方各级党委在同级各种组织中发挥核心领导作用的基本原则。”但这并没有说基层党组织，尤其像村党支部这样的基层党组织也必须“总揽全局、协调各方”。事实上，在基层，各种组织都只能是贯彻执行党的基本理论、基本路线、方针政策和国家的法律法规，完全可以说，各级各部门各行各业，只要执行了政策和法律，就是坚持和服从了党的领导。村党支部与村委会一样，有贯彻执行党的政策和法律的义务，村党支部不必像党中央那样“总揽全局”，对村委会“发号施令”。

作为党的最基层组织的村党支部，没有直接向村民群众和村委会发号施令的权力，也没有直接行使村民自治的权力，它必须在宪法和法律的范围内活动，具体说，村党支部必须在《村组法》内活动。因此，《村组法》第三条应该修改为：村党支部必须在《村民委员会组织法》之内活动。这就是说，村党支部书记可以作为候选人依法参加村民委员会选举，如果当选，即以村委会的身份和名义行使法律赋予的权力，村党支部书记也可以不参加村委会选举，但村党支部不得凌驾于《村组法》之上，也不能置身《村组法》之外。

对乡镇干预村民自治的法律责任未作规定

《村组法》第四条规定，乡镇人民政府对村委会的工作给予“指导、支持和帮助”，但“不得干预依法属于村民自治范围内的事项”。这项规定明确界定了乡镇与村委会不是行政隶属关系，不是领导与被领导的关系，乡镇不得干预村民自治。但事实上乡镇政权对村民自治的干预相当普遍和严重，主要有这么几个方面：

一是直接操纵民主选举。众多事实表明，乡镇对村民选举的违法操纵，是农村选举不能正常进行的重要原因。有的乡镇为了将民主选举纳入自己控制的“轨道”，使自己指定的人能够当选，不惜代价，怪招迭出。有的用等额选举代替差额选举，有的欺下瞒上、偷梁换柱，有的动用专政机关武力压制村民，甚至任意网织罪名将持有不同意见的村民抓起来等等，不一而足。1998 年海南省琼海市大路镇云满村 16 名村民因联名提名一位村委会主任候选人与镇党委、政府的意见不一致，当天晚上镇党委书记就带领公安干警开着警车，把提名的村民们抓到派出所，并要村民们承认“破坏”选举的“罪行”。此事经村民上访并在报刊上披露后，虽然镇里没有进一步迫害村民，琼海市人大也口头表示重视此事，但却没有任何一个机构或部门明确表示支持村民的民主选举，更谈不上如何处分有关违法的干部。

二是直接任免村委会成员。虽然《村组法》明确规定村委会成员由村民直接选举产生，但一些乡镇对村委会成员的直接任命和免职也不同程度地存在。2000 年上半年，湖南省 S 村新当选的村委会主任邓 ×× 因在催农民上交“三提五统”问题上不能令乡镇满意，就被乡镇干部威逼写了“辞职报告”，随后该乡镇未经村民同意就指定一人为所谓的“村主任”，因村民议论较大，又改称“代理主任”，后来又迫于村民舆论，乡镇干部就要求村民对该“代理主任”进行投票“选举”，以便顺理成章地使其“转正”，可懂得法律知识的村民没有买他们的账。后该村村委会主任位子长期空缺。

三是直接干涉村民内部事务，侵害村民生命和财产安全。《村组法》第 19 条规定，涉及村民利益的八项大事，村民委员会必须提请村民会议讨论决定，方可办理。可这些与村民切身利益密切相关的事项，往往是乡镇直接插手，下达任务指标，限定完成任务时间，最后动用警力和几十名乡镇干部进村入户强行执行，根本不管村民自治不自治。1990 年代，农民负担日益沉重，有的酿成了“官逼民死”的恶性事件，这是乡镇直接干涉村民自治事务、严重侵犯村民人身权利和财产权利的反映。1998 年 10 月 29 日，重庆市梁平县新盛镇 8 名干部到民安村最穷的农民罗昌荣家收取 300 元的税费，因为罗没有钱，交不出税费，这些乡镇干部就毫无人性地将罗昌荣按在地上拳打脚踢，直到有人将罗家的唯一值点钱的东西—— 一头猪赶走，这些干部才放手，第二天罗昌荣吐血死亡，而非法毒打罗的干部们却没有受到任何处分。这些被新闻曝光出来的恶性事件还很多，至于没有曝光的，肯定更多。这充分说明，进行自治的村民无力对抗权力不受制约的乡镇政权。村委会就成了乡镇的派出机构，成了乡镇权力在村里的延伸。

《村组法》在乡镇非法干预村民自治中显得不知所措。这除了长期以来乡镇实行对村级的领导习惯、乡镇职能未转变、相应的农村体制未进行改革等原因外，就《村组法》本身来说，就是其缺乏对干预村民自治进行处理的法律硬性规定。《村组法》中充足着一些“应该”、“应当”、“不得”等纪律性软约束词语，却没有一旦违反该法就必须受到相应法律惩处的规定。在村民自治实践中，乡镇干预村民自治后没有相应地承担法律责任，这就使得他们更加为所欲为、有恃无恐，《村组法》的权威性也就丧失殆尽了。

所以，《村组法》必须增加干预村民自治、违反该法的法律责任的硬性规定，并使之进入法院诉讼程序，乡镇一旦干预村民自治，或发生其他违反该法的行为，村委会或村民可以直接向人民法院起诉，法院必须依法追究违法责任。这样，就不至于使村民依靠上访来宣泄心中的不平了。同时，不仅乡镇人民政府不得干预村民自治，而且也应规定乡镇党委不得干预村民自治。因为在现实生活中，乡镇党委已经权力化了，在村民眼中，乡镇党委和政府也是“合一”的，在干预村民自治的案例中，乡镇党委和政府是分不开的。

没有设立村民会议的机构和班子

《村组法》没有设立村民会议的机构和班子，恐怕也是该法的一个不足。《村组法》共 30 条，其中有 8 处提到村民会议。从该法中我们可以体会到，村民会议不仅是指全体村民召开的一次会议，而且也是一种村民自治组织系统中最高的议事决策机构。村民通过参加村民会议，充分表达自己的意愿，讨论决定涉及全村村民利益的重大问题，从而实现对本村各项政治经济社会事务的管理，行使当家作主的权利。村民会议具有法律赋予的决定村中大事的权力，是村民自治组织系统中的最高议事、决策和权力机构。从《村组法》提到村民会议来看，不设立村民会议这样的最高议事决策机构，就不能顺利地推进村民自治。

第一处，是《村组法》第 13 条提到的。该条规定，村民委员会的选举，由村民选举委员会主持，村民选举委员会成员由村民会议或者各村民小组推选产生。如果村民会议不作为一种机构，而仅仅当作一次村民召开会议的东西，就有许多问题得不到解决。在这条中，村民选举委员会成员由村民会议推选（暂不提名村民小组），那么，村民会议由谁召集、由谁主持？议事程序怎么规定？由谁规定？候选人的情况怎么掌握？凭什么条件推选候选人？等等，都得不到解决。在实践中，村民会议有的可能是由村党支部书记召集和主持，有的可能是村委会主任召集或主持，有的可能是乡镇党委、政府负责人召集或主持。这三种情况其实都不顺，缺乏法理依据。

第二处，是《村组法》第 16 条提到的。该条规定，村民要求罢免村委会成员时，村民委员会应当及时召开村民会议，投票表决罢免要求。正常行使罢免权是民主政治的内在要求，在村民自治实践中也屡见不鲜。问题是《村组法》的这种规定，不利于村民行使罢免权。首先涉及的是由谁主持村民会议？《村组法》规定由村民委员会召开村民会议，这是一种悖论。试想，如果村民要求罢免村委会主任，按照该法规定，村委会主任应该召开和主持村民会议，这种自己召集会议罢免自己的情况，恐怕在全世界都找不到这样觉悟高的人。而实际情况往往是，要么村委会拒绝召开会议，要么是久拖不办。这样，村民的罢免权就等于白了。所以人们常常看到村民到上级上访要求罢免“村官”的现象。这里的根本原因是村民会议还不是一个机构，还没有班子，没有合适的人召集和主持会议。

第三处，是《村组法》第 17 条提到的。该条规定村民会议由本村 18 周岁以上的村民组成。这条解决了村民会议的成员资格，还规定了召开村民会议的人数比例问题以及所作决定生效的比例问题。问题是，如果没有村民会议这样的机构和班子，由谁登记村民的状况、主持村民会议都落不到实处，把这些职责交给村委会是不妥当的。

第四处，是《村组法》第 18 条提到的。该条规定，村民委员会向村民会议负责并报告工作，村民会议每年审议村民委员会的工作报告，并评议村民委员会的工作。这就明显要求村民会议应该成为一种机构，具有相应的人员，作好会前、会中和会后的各项工作。只有设立村民会议的机构和班子，才能对村民委员会的工作起到监督作用。该条规定，村民会议由村民委员会召集，笔者认为是不妥的。自己召集会议自己报告工作，村民如何评议？必须由有村民会议这样的机构和班子召集村民会议，才会起到应有的作用。

第五处，是《村组法》第 19 条提到的。该条规定，涉及村民利益的八项大事，村民委员会必须提请村民会议讨论决定，方可办理。这种规定显然是暗含由村民委员会召集和主持村民会议。讨论涉及村民切身利益时，肯定会有不同意见，甚至发生争执，尤其是当村民的意见和村委会相左时，可能就会出现问题，如果村委会民主作风好，就依了村民的，一旦村委会执意要办某事，村民又执意不同意办，这中间就缺少一种回旋和协调机制。只有村民会议这个机构主持村民会议，听取村民委员会的工作汇报，才能作出民主科学的决策。

第六、七、八处，是《村组法》第 20、21、22 条提到的。这几条规定，村民会议可以制定和修改村民自治章程；人数较多或者居住分散的村，可以推选产生村民代表，由村民委员会召集村民代表开会，讨论决定村民会议授权的事项；村民委员会实行村务公开制度，要公布由村民会议讨论决定的事项及其实施情况。从法理上说，村民自治是直接民主，不宜实行村民代表会议制，因村民代表会议是间接民主。但农村的实际情况可能比较复杂。如要解决人数较多或者居住分散等情况，确需要村民代表会议，每户应当选出一个代表名额。这几处提到的村民会议，也都需要村民会议这样的机构和班子去具体组织、实施和监督。

所以，《村组法》应该单独设立村民会议的机构和班子，明确界定其权限和职责。根据权力制衡的原则，也需要村民会议这样的机构来监督和制约村民委员会。村民会议可设议长一人，也由村民直接选举产生，任期与村委会相同。

《村组法》规定村民委员会设立人民调解、治安保卫、公共卫生等委员会，同理，村民会议这种最高议事决策和权力机构也可以设立选举罢免委员会、村民理财委员会、民主监督委员会等，这样，村民会议才能有效监督村委会的工作。

废除村干部职务终身制

在《村组法》这部民主政治的法律中，却遗憾地留有一条旧尾巴，这就是该法第 11 条规定的“村民委员会成员可以连选连任”。任何掌握公共权力却没有任期任届限制的职务安排都可能是危险的。

在我国几千年的传统社会里，官员的职务都是终身制的，终身制导致官僚主义，助长官本位，形成种种特权，产生严重的腐败现象。终身制减弱了政治权力机构的自我净化功能，最后导致人亡政息。

1980 年 8 月，邓小平在《党和国家领导制度的改革》的著名讲话中，就把“干部领导职务终身制现象”作为党和国家的领导制度、干部制度五个方面的主要弊端之一。邓小平指出干部职务终身制现象的形成，同封建主义的影响有一定的关系，同党一直没有妥善的退休解职办法也有关系，强调关键是要健全干部的选举、招考、任免、考核、弹劾、轮换制度，对各级各类领导干部（包括选举产生、委任和聘用的）职务的任期，以及离休、退休，要按照不同情况，作出适当的、明确的规定，并指出“任何领导干部的任职都不能是无限期的”。《党章》也作了类似的规定。1989 年 5 月 16 日邓小平在会见外宾时总结了自己一生所做的主要工作，并指出还没有能够实现的，就是“废除领导职务终身制”。由此可见邓小平对废除领导职务终身制是重视和牵挂的。

众所周知，我国广大农村的村党支部实际上实行的是变相的终身制，村党支部书记一般都是连选连任。笔者 1998 年曾对湘西某县 659 个行政村的党支部书记任职情况作过初步了解，发现长时间任职的村支书为数不少，有的任职达 10 年、20 年以上的，也有 30 年以上的。

村党支部书记终身制造成许多严重的后果。一方面，他们大都七老八十的，“三个干部两颗牙”，不但观念陈旧，头脑也跟不上时代的步伐，这些人往往家长制作风盛行，长期不发展新党员，即使迫于上级压力发展几个党员，也大都是“武大郎开店——高的不要”，或者是搞近亲繁殖，父业子承；另一方面，终身制现象大大挫伤了村民的积极性，损害了党和政府的形象，党的农村政策得不到有效贯彻执行，村级财务长期不公开不审计，群众上访频繁，党支部的凝聚力和战斗力大大削弱，不少村成了“失控村”，终身制村党支部书记没有几个身上是清白的，几乎都有群众反映强烈的经济问题。

《村组法》的制定者可能是考虑到农村人才缺乏和社会稳定，才作出“村民委员会成员可以连选连任”的规定。其实，这种考虑是站不住脚的。

首先，“千里马常有，而伯乐不常有”。这是千古真理。农村不是没有人才，而是缺乏人才成长的机制和体制，干部职务终身制不仅培养不出人才，相反却大大压制了人才的成长和人才的脱颖而出。其次，职务终身制不仅无益于农村的稳定，相反还助长了不稳定因素。当前不少农民前仆后继上访要求查账、减负，大都是针对那些任职多年的“不倒翁”式的村支书。干部职务终身制还是“干部只能上不能下”这种观念在作怪，这种陈腐的观念和制度，到了今天已经是不用批驳就应该破除和废除了。

对村委会成员职务实行任期任届限制，不仅能大大调动村民的政治参与热情，创造人才辈出的体制环境，还能够有效地防止贪污腐化和“土皇帝”的出现。禹作敏就是“土皇帝”的典型代表。我们要吸取教训，不能重复走“连选连任”这种终身制的老路，要坚定地走任期任届限制的民主大道。现在，连国家主席都早已实行了任期任届限制，难道区区村委会主任还有什么理由不废除终身制吗？

所以，《村组法》应该取消“村民委员会成员连选连任”的规定，重新规定村委会成员任期不得超过两届，彻底废除职务终身制。

上面四个主要方面的缺陷，虽然表面上看是法律规定不够，其实质是涉及到观念更新和体制创新，所以笔者作了重点分析。至于像《村组法》中存在的其他缺陷，比如说，换届选举的时间统一规定、村委会干部的主动辞职以及缺位干部的增补程序、选举与罢免村委会成员票数的对等一致等等属于技术上的具体问题，既可以通过修改《村组法》，也可以由各地结合实际制定具体实施办法加以解决。

（本文原载《湖南公安高等专科学校学报》2003 年第 2 期）

能否废除“村官”职务终身制?

废除干部领导职务终身制是改革以来中国政治发展的重大成果之一。从中央到乡镇，各级党政一把手事实上的终身制被废除。但是，在最基层的村一级，“村官”职务终身制现象却延续至今。长期以来，无论是从事党内民主研究的党建研究专家，还是从事村民自治研究的“三农”研究专家，对“村官”职务终身制现象的讨论和研究都鲜有论及。“村官”职务终身制是当前乡村政治发展面临的一个严重的现实问题，值得广泛讨论和深入研究。改革进行到今天，人们有理由追问：我国已经废除了国家主席的终身制，现在能否废除“村官”的终身制?

村庄成为终身制的最大乐园

经过30多年的改革开放，中国从中央到乡镇的各级党政主要负责人事实上的终身制已经被废除。邓小平为废除干部领导职务终身制做出了重要努力。1980年2月，中共十一届五中全会讨论的党章草案，就提出废除干部领导职务终身制。8月18日，邓小平在中央政治局扩大会议上作了《党和国家领导制度的改革》的重要讲话，在这个讲话中，邓小平将干部领导职务终身制现象视为党和国家领导制度和干部制度五大弊端之一，认为干部领导职务终身制现象的形成“同封建主义的影响有一定的关系”，指出任何领导干部的任职都不能是无限期的。从1982年中共十二大起，《中国共产党章程》都明确规定党的各级领导干部，无论是由民主选举产生的，或是由领导机关任命的，他们的职务都不是终身的，都可以变动或解除。

1982年颁布施行的我国现行《宪法》，规定全国人民代表大会每届任期五年，委员长、副委员长、国家主席、副主席、总理、副总理、国务委员“连续任职不得超过两届”。就是说，宪法规定了国家领导人的任职最多不超过10年。这是废除国家领导人职务终身制的重要制度安排。从中央到乡镇，各级党政主要负责人终身任职的现象基本消除了，中国政治实现了从终身制向限任制的重大转变。

但是，不容忽视的是在全国60多万个行政村，却事实上保留着“村官”职务终身制现象。这个现象尚未引起各界的注意和重视。据笔者的不完全调查，任职十多年、二十多年的村党支部书记比较多，而有的村党支部书记任职多达三十年甚至四十年以上，这是典型的终身制现象。这些终身任职的村党支部书记，有的从“大跃进”开始任职，历经各种政治运动，跨越“文革”与“改革”，他们既可能是“文革”岁月中的“红人”，又可能是改革时代的“先锋”，真可谓“任凭风浪起，稳坐钓鱼船”。本文所说的“村官”主要指村党支部书记和村委会主任。在现实政治生活中，最高层的终身制在事实上被废除了，但在最底层，终身制式的“村官”却比比皆是。改革几十年来，“村官”终身制现象似乎不受国家层面废除终身制的影响，这就造成了村庄成为干部领导职务终身制事实上的最后堡垒和最大乐园。

笔者并不怀疑一些终身任职的村党支部书记或村委员主任的个人能力、思想境界和道德品质。在长期任职的村党支部书记中，人们能够举出如大邱庄禹作敏这样“土皇帝”式的“反面典型”，也能找出华西吴仁宝这样“大家长”式的“正面人物”。不管如何，正如邓小平所说的那样，终身制现象与“封建主义的影响”有关，它是传统的政治不发达的产物。

废除终身制还缺乏制度化

尽管《党章》和《宪法》从理念和原则上否定了干部领导职务终身制，但相关的制度建设还比较滞后。《党章》虽然载明党的各级领导干部“职务都不是终身的”，但并未对上至总书记、下至村支书的各级领导干部的任期作出明确的限制性规定。《宪法》除了对全国人大常委会委员长、副委员长、国家主席、副主席、总理、副总理、国务委员、最高人民法院院长、最高人民检察院检察长的连续任职规定“不得超过两届”外，对军委主席的任职期限没有明确规定，同时，《宪法》虽然规定了地方各级人民代表大会和各级人民政府“每届任期五年”，但没有对地方各级权力机关和地方各级行政机关主要领导人的任期进行限制（但在事实上，地方各级党委政府行政首长在同一地方同一职位上一般只能任职两届）。这是废除干部领导职务终身制的理念、原则和精神在具体制度安排上的缺陷和不足。

2006年8月发布施行的《党政领导干部职务任期暂行规定》是废除领导干部职务终身制的重要制度建设，但其适用范围“只管中间、未及两头”，就是说它并未将最上头的中央总书记、最下头的村党支部书记任职限制明确下来。

在废除干部领导职务终身制上，虽然相关的制度安排还比较滞后，但在事实上，从中央到地方，各级党政主要领导的终身制现象基本消除了，这主要归功于国家建立干部退休制度、升迁制度、异地任职等制度，从而化解了领导干部在同一地区、同一单位长期担任同一职务的可能性，在事实上确立了以限任制取代终身制。

改革以来，村庄权力结构已由改革前的党的一元化权力演变为党支部与村委会共同分享村庄权力的二元权力结构。因此，村干部领导职务终身制现象可以从两个基本的制度来源上进行考察。

从党组织系统来看，《党章》只规定村党支部委员会的每届任期，却没有限制村党支部书记连任的规定。《中国共产党农村基层组织工作条例》对此也没有涉及。就是说，村党支部书记终身制现象，一方面违背了《党章》有关各级领导干部“职务都不是终身的”这一原则、理念和精神，另一方面它又符合《党章》对村支部委员会事实上可以连选连任的具体规定。这是《党章》的基本理念、原则和精神缺乏相应的具体体制支撑的结果。

从村民自治组织系统来看，《村民委员会组织法》被视为实行基层民主的重要制度安排，它虽然依照现代民主自治理念界定了村委会每届任期 3 年，但又明确规定“村民委员会成员可以连选连任”。这为村委会主任的终身制任职创设了“合法”的制度空间。

上述两个层面之制度文本的内在张力，凸显了蕴藏于立法者思维深处的传统与现代、专制与民主、人治与法治、终身制与限任制相互交织的内在矛盾与困惑。党和国家提出与践行废除干部领导职务终身制虽已过去数十年，但相应的制度化安排仍然相当滞后。

“村官”终身制的政治后果

“村官”职务终身制的政治后果还远未为人所认知。或许是人们以为村庄权力相对微小而可以忽略不计。事实上，绝大多数中国人都生活在村庄共同体之中，受到村干部的管理和控制。终身制“村官”垄断村庄公共权力的事实和现象，必将永久地存留在村民的记忆深处，无论这些村民的人生走向是跳出村庄抑或终老桑梓，都会对其产生重大的影响。权力本身所具有的腐蚀性，不可能使权力的终身垄断者能独善其身而无害于公共和个人利益。“村官”职务终身制的政治后果决不可忽视。

“村官”职务终身制将导致村庄民主政治停滞不前。“村官”终身制本身是专制主义影响下的产物，同时，它又会自然而然地延续和繁殖专制主义，从而阻滞村庄民主政治的发展。一个村庄的发展走势，会受到终身制“村官”的极大影响。如果终身制“村官”专横跋扈，那么成百上千的村民就可能被他一个人踩在脚下。一般来说，终身制“村官”会在自己掌权期间持续实施自我偏好的政策。如没有限任制的安排，人们只有等到终身制“村官”生命的尽头才能看到调整或纠正其政策危害的希冀。“村官”职务终身制所孳生的“土皇帝”现象，常常会使村民陷入权利不保的绝望和恐惧之中。村庄作为中国社会的基座，是中国政治发展的基础，一旦其沦为终身制“村官”繁殖和扩张专制主义的场所，中国人的民主法治理想就不得不痛苦地往后推延。

“村官”职务终身制将阻隔村民对国家的认同。将全体国民从分散的地方权威的控制下解放出来，并赋予其平等而有保障的公民身份，增强国民对国家的认同与忠诚，是现代国家不同于传统国家的基本特征之一。“村官”职务终身制现象会强化“村官”对村庄和对村民个人的强力控制，从而使村民对终身制“村官”的依附取代对国家的认同。无论这个终身制“村官”是“好”还是“坏”，它都会阻隔村民与国家的联系，从而构成对现代国家内部制度统一的威胁。因为如果终身制“村官”被认为是“好”的一类，那么，村民对其个人的依附或认同可能抵消或取代对国家的认同；如果终身制“村官”被认为是“坏”的一类，那么，村民就难以摆脱“坏”的终身制“村官”的强力控制，村民“奔向国家”的意愿和努力就会遭到终身制“村官”的打击。禹作敏私设监牢关押毒打不服从的村民就是典型的例子。当前盛行的劫访现象正是地方切断与阻隔村民与国家联系的典型反映。试图“奔向国家”而谋求国家保护的村民上访现象，体现了村民对国家的认同。如果国家漠视或容忍地方政府的劫访行为，其实质是在放纵地方势力对国家合法性的侵蚀，其后果犹如对千里之堤下的蚁穴无动于衷一样。

废除“村官”终身制的基本设想

废除“村官”职务终身制是乡村政治发展的必然环节。从制度文本上说，最直接的办法就是修改《党章》和《村民委员会组织法》。《党章》在重申“党的各级领导干部职务都不是终身的”同时，应明确规定从中央到村支部，所有领导职务“连续任职不得超过两届”，同一人也不得隔届当选同一组织的同一职务。这项制度建设就村庄层面来说，旨在消除村党支部书记终身制产生的制度渠道。

考虑到村委会与村党支部共同构成村庄二元权力结构，在废除村党支部书记职务终身制的同时，也要废除村委会主任职务的终身制。修改后的《村民委员会组织法》应取消“村民委员会成员可以连选连任”规定，明确规定村委会主任“连任不得超过两届”，并且增加“同一人不得隔届当选同一行政村的同一职务”条款。这项制度建设旨在消除村委会主任终身制产生的制度渠道。

修改上述两个基本法律法规，是从制度上根除“村官”职务终身制现象的根本举措。但仅仅做到上述法律法规的修改是远远不够的。在现实工作和生活中，还需要改革和创新一系列确保“村官”职务从终身制向限任制转变的体制机制。

长期以来，村干部的任用和管理存在三个明显的局限：一是将村干部的来源局限于本村。村干部一般都是从本村户籍人口中产生，外村人、外地人、本村非农业户口人员基本上不能在本村担任村干部。这是一种狭隘的干部产生模式。近年来出现的大学生“村官”是对这种模式的突破。二是将村干部的任用范围局限于本村。村干部一般来自本村，同时，又只能在本村工作，外村干部不能到本村来工作，本村干部又不能到外村去工作，造成村干部不能异村交流任职。这是一种封闭的干部任用模式。三是将村干部局限于“永久”定格于村干部的位子上。村干部一般既不能向上流动到上级机关或部门任职（有少数例外），也不能制度化地退出村干部队伍。国家还没有建立与村干部相适应的制度化的退出机制，这是“村官”事实上存在职务终身制的一个重要因素。许多村干部不是年老自动退出舞台，就是因腐败或群众抗争被上级免职走人。

针对上述积弊，至少应从以下三个环节入手推进村干部任用管理制度创新：

一是在村干部来源环节上，打破只能从本村挑选村干部的传统做法。只要有志于从事庄村公共事务的人，不管本村、外村，也不管农业户口还是非农业户口，都可以竞选某村党支部和村委会主任职务。近年来逐渐推行的大学生“村官”，就是非本村、非农业户口人员进入村干部队伍的重要尝试。有关部门可制定与村级工作需要相适应的村干部任职基本标准和基本要求。

二是在村干部使用环节上，也可以实行异村交流任职。村党支部和村委会主要领导干部如果确实优秀，当然可以在本县范围内各村交流任职。这是村干部的水平流动。有关部门需要制定相应的具体政策措施。有的经济发展和各项工作搞得好的村庄在总结其成功秘诀时，千篇一律的首要经验就是有一个好的“领头人”。如果这个经验真的特别管用，何不将“领头人”调往其他“贫困落后”村庄以带领更多村民“脱贫致富”？

三是在村干部退出环节上，首先要创新村干部的上升机制，使一些德才兼备的优秀村干部有向上流动的机会；其次要创新退休机制，建立与村干部相适应的正常的退休补贴制度。再次，创新村干部去职机制，建立健全村干部免职、罢免、辞职等方面的正常制度规范。

通过相关制度的建设，使“村官”从封闭体系走向开放体系，从体内循环走体外循环，从只能上不能下、只能进不能出走向能上能下、能进能出，从终身制走向限任制。

从城乡一体化发展趋势上看，笔者认为，应取消农村村民委员会和城市居民委员会的二元划分，统一建立社区居民委员会，制定全国城乡统一的《社区自治法》和《社区居民委员会组织法》等法律。城乡社区居民委员会应实现治理理念和治理规则的结构转型，其主要职责应集中于向城乡社区居民提供公共服务。必须从根本上剥夺社区居民委员会对城乡居民人身和财产的强制性权力。此外，特别值得引进的一项重要制度创新是社区义工制度，城乡居民委员会可以通过推行义工招募制，培育新的社区公共精神。

需要指明的是，废除“村官”职务终身制只是村庄政治现代化的一个重要方面而不是全部。村民如要不受“村官”的专横压制，真正过上自由而有尊严的生活，还必须建立健全现代民主法治秩序。

（本文删节稿刊载于《湘声报》2009 年 7 月 14 日）

第四篇

弱势阶层与宪法关怀

弱势阶层与社会稳定

在任何时代、任何社会，都可能存在弱势阶层或弱势群体。可以说，弱势阶层的生存状况决定着一个社会的和谐稳定程度。任何统治阶级总是想方设法把保持社会稳定作为第一要务。保持社会稳定通常有两种方法，一是通过高压控制获得的消极稳定，二是采取主动疏导形成的积极稳定。无论采取哪种形式，社会稳定最终决定于执政者和上层社会对弱势阶层的态度。

农民是中国最大的弱势群体

农民是中国最大的弱势群体。几千年来，农民一直生活在社会的底层。在中国历史上，数不清的农民起义和朝代更替，大都是国家权力与农民权利恶性互动的结果，一句话，就是作为弱势阶层的农民常常被统治阶级和上层社会逼到了生存危机的最边缘，揭竿而起就成为他们唯一的选择。

所谓“逼上梁山”，就是主流社会无视底层民众生存危机的一种心境描述。自古有云“得民心者得天下”，这个“民心”，主要就是生活在社会底层的“农民的心愿”；怎样才算得“民心”？就是要维护弱势阶层的切身利益，这种利益，既包括经济利益，也包括政治利益。中国历代帝王虽然大都懂得这个道理，但也大都难以做到。通常情况是，一个朝代兴起时，统治阶级还能体恤民情，实行轻徭薄赋，与民休养生息，但随即而来的就是朝廷的横征暴敛和官吏的胡作非为。黄炎培对这种“其兴也勃焉，其亡也忽焉”的历史周期率十分困惑。元朝诗人张养浩更是对“兴亡百姓苦”大加感叹，这种“兴亡百姓苦”，就是弱势阶层始终得不到有效保护的真实写照。

中国古代思想家们对社会底层民众的不幸遭遇深表同情，他们开出解决底层民众苦难的药方体现在“仁政”上，即寄希望于“明主贤君”以“仁政”治天下。而权力具有天然的侵害性，自觉行“仁政”的君主实在太少，弱势阶层始终跳不出“兴，百姓苦；亡，百姓苦”的历史性怪圈。在一些西方思想家眼中，“英明领袖”是靠不住的，他们强调区分权力和权利，主张通过约束公共权力来保护个人权利。经过文艺复兴、启蒙运动到政治革命，保障民权、限制君权的宪法意识和宪政政治大行其道。

保护弱势阶层是文明社会的基本诉求

在人类历史上，保护弱势阶层的最宏大的理论，要属社会主义了。马克思主义自称无产阶级解放的理论，其实质就是弱势阶层求得解放的理论。马克思被评选为人类千年伟大思想家第一人，恐怕在于他的理论是为弱势阶层说话的理论，是解放弱势阶层的理论。时至今日，那些信仰马克思主义、向往社会主义的人，可能看重的就是这一点。

当今世界，保护弱势阶层，促进每个人自由、平等和发展，已成为文明社会的基本诉求。在西方，尤其是二战后，各国纷纷借鉴社会主义的一些基本原则，着力修补资本主义的种种弊端，不断化解来自社会底层的呼声和矛盾，有效地避免了暴力革命的发生。在北欧，普遍建立起了典型的保护弱势阶层利益的福利社会。着眼于为弱势阶层谋福利的第三条道路在欧洲正方兴未艾。在美国，保护弱势阶层已经形成为一种强大的美国精神，人们普遍认为，一个关心群众福利的犯错误的政府要比一个漠视人民疾苦无所作为的政府好。罗斯福提出了影响深远的言论、信仰、免于匮乏和免于恐惧的新四大自由。从此，有人挨饿就不仅是私人的事，而是被剥夺了基本权利，政府和全社会都有责任改变这种不合理的现象。从这一观念出发，一系列保护弱势群体的政策法令不但有了依据，而且是政府和社会强势集团应尽的责任，于是覆盖社会全体成员的社会安全和社会保障的观念和制度得以确立和完善。

在美国政府采取种种政策措施保护弱势阶层的同时，美国的知识分子阶层毅然承担起批判特权、为弱势阶层说话的神圣使命。在美国，知识分子的定义就和批判精神联系在一起，代表自由、平等、公正的理想和以此为核心的社会良心，对一切有悖于这一理想的社会弊端加以无情地挞伐是其天职。整个知识阶层自觉地以批判特权为己任，而政府也从未想到要对知识分子的言行加以压制。这样，在全社会就形成了为弱势阶层说话的强大氛围。更难能可贵的是，除了政府征收高税率的遗产税外，发了财的美国人都乐于向弱势阶层和社会捐赠，私人慈善公益事业十分发达。这就使得处在社会底层的弱势阶层有了最基本的生存保障和自由权利，而身居社会上层的强势集团的种种善举，也赢得了弱势阶层的理解和信赖，整个社会处在一种和谐平衡的发展状况之中。维护社会的稳定，不仅是上层社会的追求，也成为低层民众的愿望。这种稳定，不是死水一潭，而是每天都包含着改革、充满生机勃勃的稳定。著名美国问题专家资中筠对此深有感触。

农民为何弱势化？

虽然上上下下都一致认识到农民问题始终是中国革命、建设和改革的根本问题，但在具体对待农民这一弱势群体上，却常常做出事与愿违的事来。就是说我们不但没有有效地保护弱势阶层，相反，我们还从各个方面限制和歧视弱势阶层，这就使农民这个弱势群体的地位更加弱势化。

在国家宏观层面上，我国深受苏联模式的严重影响，建国后建立起高度集中的计划经济体制，为确保这个体制的运转，一方面，国家实行“挖农补工”战略，人为制造工农产品价格“剪刀差”，长期以来隐蔽地从农民手中抽走巨额资金，农民以自身的贫困支撑起国家工业化的发展、城市的繁荣和市民生活水平的提高。这实质上是强势集团利用手中掌握的组织资源对弱势阶层的剥夺。与此同时，国家还人为地实行城乡有别的二元政策制度，对市民是一套，对农民是另一套。在户籍制度上，人为划分农业人口和非农业人口，严格限制农民进城；在就业制度上，国家只对市民负责，而对农民撒手不管，农民不能到国家机关、事业单位工作；在教育制度上，国家只负责城市中小学教育，农村中小学教育则由农民自己掏腰包解决；在社会保障制度上，国家只承担对市民的保障，而对农民置之不理，农民只有把自己的生老病死全部寄托在贫瘠的土地上，等等。这种歧视农民的二元政策制度，形成了举世独有的二元社会结构，使农民这个弱势阶层的生存状况日益恶化。

在基层政权层面上，直接管辖农民的县乡村三级在社会转型时期，未能及时转变职能，相反却成为市场经济中的逐利主体，各级各部门的内部权力运作已蜕变成“数字型政绩至上主义”的行政理念。在这种“数字型政绩至上主义”的行政理念指使下，政府行政的最大目的已经不再是为民众提供公共物品，而是不择手段地完成“数字指标”。这种“数字指标”就成为目的，而农民则成为“配合”完成“数字指标”任务的手段，于是乡村干部逼死打死农民的现象就不绝于耳，弱势阶层的基本人身安全竟然缺乏应有保障。著名经济学家盛洪称这是农民“最沉重的负担”。

可见作为弱势阶层的中国农民，在大环境上遭受国家二元制度的歧视，在小环境上又承受县乡村三级利益共同体的联合挤压。

在社会舆论层面上，知识分子批判特权、为农民说话则要承担巨大的政治风险。从1953年共和国为农民说话的“始作俑者”梁漱溟诉说农民生活在“九天之下”遭到无情地批判，到2000年上书国务院总理诉说“农民真苦”的湖北省监利县棋盘乡党委书记李昌平被迫辞职南下打工，50年来，一句话，欲说农民好困惑。建国后，经过反右斗争、“文化大革命”，饱经沧桑的知识分子万马齐喑，谁也不敢再为弱势阶层说话了，更不敢批判特权。知识分子天然的“批判现实主义”精神竟然异化成举世罕见的“歌颂现实主义”，社会主流舆论由为弱势阶层说话转变成为强势集团“帮腔”，由批判特权蜕变为赞扬特权。弱势阶层的不幸遭遇就在一片歌颂声中被彻底淹没。在三年困难时期，被活活饿死的弱势群体达4000万之巨，这可是相当于一个欧洲中等国家的总人口。可在当时，知识分子对此却视而不见，一天到晚沉醉在赞美特权的“大好形势”中。

而发了财的“先富阶层”，大都缺乏回报社会、捐赠社会的文明意识，他们不是对尚在贫困之中的弱势阶层麻木不仁，就是盛气凌人。有钱无处花的“先富阶层”的生活方式不是大势修建豪华坟墓，就是包二奶，花天酒地。这就使得暴富阶层与弱势阶层必不可免地产生巨大的心理隔阂，社会不稳定的隐患在滋长。

如果这个社会不认真对待弱势阶层，社会的长治久安就没有切实的保障。人们当然反对极具破坏性的暴力革命，但人们更加渴望尽快形成社会平衡协调机制，切实保护弱势阶层的基本权益。

保护弱势阶层的“两大步”

在我国，保护农民这一弱势阶层的利益，必然分为两步走，第一步是坚决废除一切歧视农民的政策制度，使农民享有宪法赋予的公民权利。当前迫切需要调整“挖农补工”战略，废除二元社会结构，进行彻底的户籍制度改革，重新恢复和确立公民的居住和迁徙自由，任何大中城市都无权紧闭“城门”，也无权抬高进城“门槛”。政府行政的理念应着眼于全体公民，而不是只顾市民不顾农民。只有解决包括农民在内的全体公民的就业、教育、社会保障等宪法赋予的基本权利，为整个社会成员提供更多更好的公共物品，这个政府才算得上称职的现代文明政府。保护弱势阶层的利益，实质上是在保障人权、维护宪法的神圣权威。

第二步，就是上层社会和强势集团对弱势阶层的政策倾斜和人道关怀。上层社会和强势集团积极主动地向弱势阶层伸出援助之手，既是社会文明进步的重要标志，也是确保社会稳定的润滑剂。整个社会都应该为弱势阶层创造更优越的生存发展环境，确保弱势阶层的每个成员自由而全面的发展。

笔者注意到，近些年来，“三农”问题引起了广泛的关注，决策层在不断地推出有利于弱势阶层的政策制度。比如说，村民自治、小城镇户籍改革、税费改革试点等。学术理论界对“三农”问题的关注热情空前高涨，呈现出不少为农民这一弱势阶层说话的专家学者，各类媒体也不惜版面刊载“三农”问题的文章，这当然是很好的现象，但这一切还仅仅是开了个好头，要达到目的，还任重道远。不过，我们都应当有这样一个共同的信念：为弱势阶层说话，就是为社会进步说话，就是为社会和谐说话。

（本文原载《同舟共进》2002 年第 8 期）

“打工仔”基本权利的保护

“打工仔”是我国改革开放后出现的新事物。由于人们思想观念的严重滞后，“打工仔”的社会政治地位被普遍忽视，他们长期遭受着原始资本主义时期那种普遍存在的剥削和压迫。切实保障“打工仔”的基本权利，必须首先明确“打工仔”的工人阶级地位，严格依法保护“打工仔”这种新兴工人阶级的基本权利，依法从严约束私营企业主等新兴剥削阶级的经营行为。①

“打工仔”是新兴的工人阶级

以马克思主义为指导的中国共产党，经过长期的革命斗争，推翻了帝国主义、封建主义和官僚资本主义的“三座大山”，建立了新中国。建国后，经过社会主义改造，资产阶级被消灭。马克思批判的那种资产阶级剥削工人阶级的状况已经不复存在。新中国的工人阶级就是在国有企业和集体企业工作的人员。

这种单一的公有制和计划经济体制，在消灭资产阶级剥削的同时，也产生了新的问题和矛盾。主要是经济效率不足以及官僚主义膨胀。这样，在实行单一的公有制和计划经济体制30年之后，以市场为取向的改革登上了中国历史舞台。改革理论认为，我国还处于社会主义初级阶段，需要大力发展非公有制经济。这样，曾经被彻底消灭了的非公有制经济重新得到了恢复和发展。

但正像在历史上常犯“顾此失彼”的错误一样，在大力发展个体私营、外商投资等非公有制经济的同时，各级政府却大大忽视了广大非公有制企业雇佣工人——

① 本文2001年在有关期刊发表时，就较早提出了农民工是新兴工人阶级这一重要观点。2006年3月，国务院在《关于解决农民工问题的若干意见》中，正式将农民工定位于产业工人的重要组成部分。从此，国家解决农民工的公共政策发生了重大转机。参见《国务院关于解决农民工问题的若干意见》，人民出版社2006年版；国务院研究室课题组：《中国农民工调研报告》，中国言实出版社2006年版。

“打工仔”基本权益的保护。一方面，非公有制企业雇佣的数以千万计的广大“打工仔”，长期没有被正确认定身份。在人们的眼中，他们被视为民工、农民工、打工仔、流动人口等非规范性的角色。另一方面，国家倾向于鼓励非公有制经济发展，却明显缺乏对非公有制企业的规范和约束。特别是非公有制企业中的劳工关系长期没有得到正视和解决。致使广大“打工仔”的基本权利屡屡受到非公有制企业的严重侵害，有的已经到了怵目惊心的地步。曾经一度被消灭了的资本主义的种种罪恶现象开始重新泛滥开来。

其实，“打工仔”是我国改革开放后出现的新事物，是工人阶级中的一部分。切实保障“打工仔”的合法权益，不仅是我国社会主义国家的性质决定的，也是广大人民群众尤其是广大“打工仔”的迫切愿望。

“打工仔”基本权益面临挑战

改革以来，以“打工仔”为主体的新兴工人阶级的基本权益普遍面临侵害。主要有以下几种常见的表现：

一是大量雇佣童工。一些私营企业为了降低使用劳动力的成本，有意雇佣不满16岁的童工，强迫他们从事艰苦繁重的体力劳动。据《武汉晨报》2000年6月23日报道，湖北省武警总队家属大院中的一家私营服装加工厂大量使用不满16岁的童工。童工王敏告诉记者，她是仙桃农村人，刚满15岁，与母亲一起在此打工已有2个多月，平均每天工作12小时以上，每月只有一天休息。在此打工的童工还有7个，其中13岁的3个，14岁的4个，都是女孩。据一位女工透露，加班高峰时在此干活的童工约有13个，都是老板招聘的，工资很低。记者采访了多个女工，她们都说干活非常累，厂里实行封闭管理，一进厂身份证就被扣压了，想走也走不成，老板还规定工人不能对外讲厂里的事。

二是强迫超时劳动。马克思在《资本论》中分析资本家榨取工人剩余价值的两种途径，一是通过延长必要劳动时间而进行的绝对剩余价值的生产，二是通过改进管理、采用先进设备和科学技术而进行的相对剩余价值的生产。在我国改革开放后，大量的私营企业普遍采用延长“打工仔”工作时间这种绝对剩余价值生产方式来对工人进行野蛮的剥削。一般“打工仔”的工作时间都在12小时以上，而且没有星期六、星期天以及法定节假日的休息。在国际共产主义运动史上，广大工人阶级用自己的鲜血和生命换来8小时工作制却在那些私营企业中不复存在。据《楚天都市报》2000年5月15日报道，广东惠州市吉隆县金梅花鞋厂共有近200名工人，工人进厂都没签劳动合同，每天要干十几个小时，有的甚至通宵加班，“五一”劳动节期间也没有放一天假，还得不到加班工资。

三是恶劣的工作环境。绝大部分私营企业的工作条件不是十分简陋，就是十分恶劣，“打工仔”的身心健康遭到严重威胁和摧残，有的没有起码的安全保障，常常导致“打工仔”在劳动中非正常死亡。据《湖北日报》2000年6月30日报道，一批在海南某金矿打工的民工出家门打工去时，一个个是健壮的棒小子，而回来时则骨瘦如柴，有的不久就告别人世。记者在采访了大量在海南“淘金”返回的民工后获悉，从1980年代开始，海南的一些地方金矿被划片承包，这些矿产主在民工中物色了一些有“号召力”的人担任包工头，怂恿他们到家乡去招募廉价农民工，按矿产主75%、包工头20%、民工5%分成。有的包工头手法歹毒，他们经常采取“民工互换”的手段，转嫁职业病的侵害所要承担的责任。这种毫无安全保护的工作环境使农民工随时处于职业病的侵害和生命危险之中。采访时记者了解到，仅西河口乡从1991年到1995年，死在海南的农民就有十几个。

四是限制人身自由。在私营企业打工的工人没有起码的人身自由，私营企业老板对“打工仔”实行严格的封闭管理，把工人牢牢限制在厂房内，使之完全丧失了人身自由。据《工人日报》2000年6月15日报道，中华环保世纪行记者采访团6月10日来到山西清徐县同戈站暖气片公司时，15位民工不顾一切地逃出公司的大门，挤上采访的汽车。清徐县是全国最大的暖气片生产基地，年产量达1亿片。在此工作的民工每天要工作12至15小时。来自贵州的翻砂工陈忠礼向记者伸出双手和双脚，指（趾）甲没有一个完好的。与高强度的劳动量相比，民工们挣到的工资少得可怜，民工们的自由更少得可怕，很多人一进厂便被要求不准“擅离”厂区。陕西民工张增社两口子都在九厂，媳妇病了想回家，厂里不让，于是他们打电报让弟弟带着钱从陕西来接他们，没想到，不仅他们没有被接出去，反而连他弟弟也没有跑掉。在厂里，民工们劳动时动作稍慢或“不听话”，就会遭到“拳脚侍候”。

五是随意毒打惩罚。私营企业老板对“打工仔”肆意妄为的毒打惩罚十分普遍，“打工仔”缺乏最起码的人身安全保障。据《楚天都市报》2000年6月7日报道，四川攀枝花宏涛自助火锅城老板孙宏伟因怀疑“打工仔”宛某“偷钱”，便纠集一伙人把宛某抓进火锅店大厅，对宛某用皮带抽、木凳砸，之后还将宛某装进一包装箱内带到攀钢石灰石矿白云山一荒凉山洞里继续毒打。见宛某仍不招认，孙便让打手们轮番上阵，孙的弟弟用石头先猛砸宛某肚子，又扒掉宛的裤子，用木棒沾辣椒油捅肛门。接着，他又和杨红贵一道，丧心病狂地用石头将竹签打入宛某十只脚趾头，有的脚趾头扎了三四根。另一打手将啤酒瓶砸烂，刺入宛某右大脚，再用辣椒油抹伤口，惨无人道。据《湖北日报》2000年7月6日报道，湛江市发生民工讨工钱竟被锯断脚的骇人听闻事件，同时该报还报道了广东省中山市横栏镇灯饰厂发生一起18位打工仔被连续毒打近18个小时的恶性事件。至于一些私营企业老板扒掉“打工仔”衣服、当众罚跪等种种侮辱、摧残“打工仔”人格的事例举不胜举。

六是性剥削。这是马克思主义经典作家在批判资本家残酷剥削时未予提及或者未予重点揭露但在当代中国却十分普遍的剥削现象。不少私营企业老板大量招聘雇佣年轻的女工，或对之奸污，或迫其卖淫。遍及各地的“包二奶”现象是新兴剥削阶级和海外资本家明目张胆进行性剥削的真实写照。

僵化的认识与滞后的政策

一百多年前马克思批判的资本主义种种非人道的罪恶现象，已经在神州大地上不同程度地死灰复燃。面对各种怵目惊心的罪恶现象，许多党政领导麻木不仁，传统的马克思主义理论家对此熟视无睹，各类专家学者对此置若罔闻。理论是灰色的，而生活之树常青。那些长期从事马克思主义政治经济学研究的专家们，目无活生生的现实，他们不是教条地僵硬地背诵马克思主义政治经济学教科书上大段的词句，进行空对空的理论研究和令人心烦的说教，就是认为马克思主义政治经济学已经过时，因而纷纷改行从事西方经济学的研究。

令人欣慰的是，还有那些深深怀着现实关怀的记者们，通过对现实的观察和思考，用良心写出了“打工仔”的悲惨际遇，使善良的人们还能够从报刊上看到私营企业老板在社会主义的中国残酷剥削和压迫工人的罪恶行径。

为什么在共产党领导下的社会主义中国，还出现这种原始的资本主义的残酷剥削？这有着深刻的社会政治根源。其中最重要最关键的一个因素就是人们在思想认识上普遍存在一个最为严重的误区。

众所周知，在中国共产党的领导下，我国建立了社会主义制度。随着我国社会主义“三大改造”的完成，资本家作为一个阶级已经不复存在。他们已改造成自食其力的劳动者。因而长期以来，学术理论界对马克思主义政治经济学的研究仅限于对国外资本主义国家的揭露和批判。改革以来，在我国曾经一度绝迹了的个体私营、外国投资企业等非公有制经济得到了迅速的恢复和发展，这些非公有制企业必然要雇佣大量的工人。这些企业雇佣的工人绝大部分是来自农村的剩余劳动力，加上我国特有的城乡分割的二元户籍制度的严重影响，涌入城市打工的成千上万的农村剩余劳力就被人为地称之为“民工”和“打工仔”，这样就有意无意地不把“打工族”纳入工人阶级的行列。这是我国面对新情况、新实际而理论大大落后于现实的突出事例，是忽视“打工仔”基本权利保护的最大根源。基于“打工仔”不属于工人阶级这样的错误认识，整个社会就自然而然地对其深受的压迫和剥削，不是熟视无睹，就是束手无策。由此延伸出一系列政策法律的滞后。

一是忽视在私营企业等非公有制企业中成立维护工人切身利益的工会组织。使广大“打工仔”缺乏最基本的组织资源，成为任人宰割和奴役的工具。

二是将“打工仔”排斥在劳动和社会保障部门之外。各级政府劳动和社会保障行政机关不能因势而变，仍然将其职能严格局限在国有企业和集体企业之内，而对改革开放后呈现出的大量个体私营等非公有制企业中的雇佣工人袖手旁观，致使个体私营等非公有制企业随意招聘录用工人，既不报劳动部门批准，又不履行起码的有关劳动法律法规的责任和义务，既可以不签劳动合同使用雇工，又可以随时一脚将其踢开不管，这似乎使已于 1995 年 1 月 1 日生效的《中华人民共和国劳动法》的管辖范围仅限于国有集体企业，为数众多的个体私营等非公有制企业则逍遥于劳动法之外。

三是公安部门囿于户籍身份的限制，将“打工仔”当作“民工”、“外来人员”以及“盲流”等对象对其进行“治安”管理，而不是将其视为“工人”身份来保障其社会政治和经济权利。这就使许多正在受害的“打工仔”得不到公安部门及时有效和强有力的保护。“打工仔”已实实在在地成为整个社会忽视的“边缘人”。

除此以外，还有一个十分严重的认识误区在于，为了加快个体私营等非公有制经济的发展，各级政府实行了一系列优惠政策，却放松了非公有制经企业的法律管理和规范，从而助长了私营企业主的贪婪和残暴。

重新认识“打工仔”

切实保护“打工仔”的合法权利，是现实的紧迫召唤，一刻都不容迟缓。党要始终代表中国最广大人民群众的根本利益，就必须勇于在新形势下不断进行理论创新和制度创新。

一是要在理论上弄清我国现阶段工人阶级的两种类型。马克思主义创始人研究的工人阶级就是资本主义私有制中的工人阶级。建国前我国的工人阶级也就是那些主要来自农村而受雇于外国资本及本国官僚和买办阶级开办的私有企业。改革前，我国私有经济被彻底消灭，在国有和集体企业工作的广大工人成为国家的主人，他们的社会政治地位能够得到切实的保障。但随着个体私营等非公有制经济的恢复和发展，我国的工人阶级出现了新的变化，可以将新时期的工人阶级划分为两大类，一类是国有集体企业的传统工人，他们的正当权利相对容易得到保障；另一类就是在个体私营等非公有制企业打工的新兴工人，他们的权利缺乏最基本的保障。只有首先从理论上弄清我国工人阶级的这两种类型，才能真正做到保护新兴工人阶级的权利。在划分两类工人阶级类型的基础上，进一步明确“打工仔”的工人阶级地位。承认事实是搞好工作的先决条件。不要老是怀着“恐资病”回避那些所谓敏感的字眼，现在应该明确提出“打工仔”就是新兴的工人，“打工族”就是新兴的工人阶级，私营企业主是新兴的资本家。私营企业主与“打工族”之间存在着不可否认的剥削与被剥削的关系。当然，他们都是中国特色社会主义的建设者，他们的合法权利都要受到保护。

二是政治经济学的研究重点要从书本转向现实关怀。马克思主义政治经济学一直是中国人的必修课，几乎每一所高校都有马克思主义政治经济学的教学和研究。但长期以来，对马克思主义政治经济学的研究却远离现实，几十年不变地把教学和研究的重点放在对世界资本主义的批判分析上，而对自己身边活生生的社会现象置之不理，有的甚至提出马克思主义政治经济学过时论。针对那些脱离实际的理论家，深受私营企业主剥削的“打工仔”的悲惨遭遇无疑是对他们的一记响亮的耳光。究竟是马克思主义过时了，还是那些自我标榜的马克思主义理论家过时了？答案应该是十分明白的。这使我想起法国的托克维尔一百多年前在《论美国的民主》一书中所说的话：“中国人只跟着祖先的足迹前进，而忘记了曾经引导他们祖先前进的原理。他们还沿用祖传的科学公式，而不究其精髓。”这段话至今仍有深刻的启迪。研究马克思主义政治经济学，不应该死记硬背书上的教条，而应该运用马克思主义的基本原理观察、分析和解决中国的现实问题。政治经济学研究必须从马克思主义的书本中走出来，观察、分析和研究当代中国的现实问题。当前必须把“打工仔”和私营企业主的社会政治经济关系纳入研究的视野之内，在全社会形成为“打工仔”鼓与呼的社会氛围，提高对新兴剥削阶级的警惕和批判。这是马克思主义政治经济学在新时代的新使命。

三是要在非公有制企业中普遍成立工会组织。要将在非公有制企业中普遍成立保护工人权利的新型工会组织作为当前工作的重点。长期以来，我国传统工会只顾及国有集体企业工人权利的保护，而忽视对个体私营等非公有制企业职工的保护。建议中华全国总工会认真研究改革开放后我国工人阶级出现的新情况，尽快将个体和私营等非公有制企业的“打工仔”纳入工会组织的保护范围之内。

五是严格依法保护“打工仔”基本权利，从严约束私营企业主的经营行为。邓小平在提出“允许一部分地区、一部分人先富裕起来”的同时，加了个十分明确的修饰词，即通过“守法经营”和“诚实劳动”先富裕起来。过去人们过于强调“先富起来”，而忽视“守法经营”的重要性。现在是严格依法维护“打工仔”合法权利、从严约束私营企业主经营行为的时候了。当前最重要的是严格执行《中华人民共和国劳动法》，已于1995年施行的《劳动法》规定：“在中华人民共和国境内的企业、个体经济组织（以下统称用人单位）和与之形成劳动关系的劳动者，适用本法。”《劳动法》非常明确地将个体私营等非公有制企业纳入了法定的管辖之内，但各级劳动和社会保障行政管理部门在实际工作中却将其忽视了，这是很不应该的。各级政府劳动和社会保障行政管理部门应严格执行劳动法的有关规定，将个体私营等非公有制企业的劳动关系纳入本部门工作的重点，采取切实有力的措施，加强对个体私营等非公有制企业行为的监督。要依据《宪法》的规定，确保“打工仔”集会、结社、游行示威和罢工等权利。公安机关要加强对个体私营等非公有制企业违法行为的打击力度。

总之，通过全社会的共同努力，使“打工仔”以正式工人的身份出现在国家和社会的保护视野之内。

（本文原载《湖南公安高等专科学校学报》2001年第4期）

农民工与“民工荒”

为什么会有农民工？

改革开放后，中国出现了新的社会阶层——农民工。这是长期以来人为扭曲的一系列僵化不变的制度安排的畸形产物。所谓农民工，就是拥有农民身份的工人。所谓农民身份，就是农民一出生就被二元户籍制度终身界定的农民户口。农民工汇聚的“民工潮”，是中国农民对改革开放前高度凝固化的人为歧视农民的二元户籍制度的反叛和抗争，是对画地为牢几十年封闭生活方式的否定和批判，是对与生俱有真诚向往美好生活的核能式释放。但令人关注的是，在追求幸福的道路上，农民工的遭遇能否唤醒国人的人文关怀和对制度变革的诉求？

农民工是新时代的弄潮儿，却是旧制度的遗腹子。改革开放的春风，吹开了城乡隔离之墙的裂缝。向往自由、追求幸福新生活的亿万农民如潮水般地冲出“关押”他们几十年的农村，奔向城市这片自由广阔的天空，含辛茹苦地奉献自己的青春年华。从1980年代起，有中国特色的民工潮就开始在神州大地上翻滚涌起，进入1990年代，民工潮更是一浪高过一浪。目前，全国有一亿多农民工在各大中小城镇打工谋生。农民工是市场经济大海中真正的弄潮儿，他们散布在全国各地，默默地流血流汗，为中国经济持续增长作出了重大贡献。但是，这些数以亿计的农民工，每个人身上都被人为地系上一条旧制度的锁链，它清晰地烙印着作为旧制度遗腹子的鲜明标记。

在一个制度健全、社会健康的正常社会里，根本不可能有农民工这样的制度怪胎。在人类文明的历史进程中，实现由农业社会向工业社会的转型，就必然伴随着农业人口向城市人口的转换，必然是城市化的快速发展。在这个发展的过程中，农民也就自然而然地成为新的城市产业工人、第三产业服务人员和市民的主要来源。

按理说，当农民实现职业和身份的自然转换后，就不再是农民，也不再有什么农民工这样的身份“骑墙派”。英国工业革命时，由农民为主力组成的产业工人不叫农民工；在1949年以前的中国，由农民为主力组成的产业工人也不叫农民工。但在当今中国，农民在市场经济中流动，由农民组成的产业工人不叫工人，而叫农民工。其实农民工就是工人，他们与城镇国有企业的工人一样，都是当代中国的工人阶层，应该完全享受作为工人的政治、经济和社会权利。问题是，中国在计划经济条件下，人为制造了城乡隔离的户籍制度，农民虽然在新的形势下实现了职业的转换，但僵化的旧制度没有相应地改变，在城市打工的农民依旧是农民，他们的名称就是由打工仔、打工妹组成的农民工。

农民工的生存境况，凸现了旧制度的违宪性和不道德性。1954年《宪法》就明确规定公民有居住和迁徙自由权，可1958年1月全国人大常委会却通过明显违宪的《户口登记条例》，完全剥夺了公民尤其是农民的居住和迁徙自由权。从此，农民就被人为地系上了户籍的锁链艰难地徘徊在现代化的道路上。与二元户籍制度相适应，一系列违背宪法精神的法律法规和政策纷纷出笼，农民的宪法权利被严重剥夺。

宪法是公民的庇护神，没有宪法有效庇护的公民，必然惨遭不受制约的权力的万般蹂躏。时至今日，计划经济被抛弃了，市场经济发展了，执政党也公开宣称实行法治，但在计划经济条件下出台的一系列违宪的旧制度却没有彻底废除，相反，一些剥夺农民宪法权利的旧制度仍在起着重大的作用，这是农民工之所以成为毫无法律保障的农民工的制度根源。现行的二元性制度安排，既是严重违宪的，也是极不道德的。它使家庭观念极强的中国农民，经受着父母分离、夫妻分离、母子分离的痛苦煎熬，由此滋生出一系列社会道德问题。

据社会学家陆学艺的最新研究，判断一个国家、地区是否实现了现代化，仅有3000美元的人均国民收入是远远不够的，只有一个国家或地区具备了现代化的社会阶层结构，才足以更深刻、更本质地判断这个国家或地区的整体现代化水平。

农民进城打工，适应了市场经济的发展规律，有利于缩小庞大的农民阶层，壮大社会中间阶层，完全符合现代社会阶层结构变动的总趋势。但旧制度却对社会各阶层的边界进行封锁，致使各社会阶层之间不能进行有效合理地流动，尤其是农民阶层因为人为的制度性篱笆的障碍，不能顺利地通过制度化的管道实现正常的流动和身份转换。这就使得本来已经是工人阶层的农民工，被僵化不变的旧制度无情地阻挡在大中城市、工人阶层和现代文明之外。

"民工荒"凸显政府缺位

珠江三角洲这个多年来吸引大量农民工的经济发达地区，近年来不少中小企业却招不到农民工，呈现出"民工荒"现象。对此，虽然有不少人看到了珠江三角洲地区几十年来不变的低工资水平使农民工涌向工资相对较高的长江三角洲地区，但这只是问题的一个方面，问题的真正症结在于政府职能缺位。

表面上看，农民工由长期低工资的珠三角流向长三角等地，只是劳动力自由流动的市场行为，政府似乎可以把责任推诿给瞬息万变的市场，自己则可以睡大觉。其实，这正是政府长期以来的职能缺位，才造成了"农民工"、"民工潮"和"民工荒"。在市场经济中，随着供求关系的变化，劳动力从一个地方自由流向另一个地方，这是正常的市场行为。特别是工资水平的高低，对于劳动力的流动具有决定性的影响。但是，在我国市场经济尚不完善的情况下，农民工面临双重困惑：一是身份歧视的困惑。计划经济体制下形成的歧视农民的户籍制度，给新兴的工人阶层制度性地扣上了"农民工"的帽子，农民工在各个方面享受着与城市市民完全不平等的国民待遇。这种受歧视性的身份地位使农民工在激烈的市场竞争中明显处于劣势，这好比缚住手脚的人要与放开手脚的人比赛游泳一样，对农民工来说，这是一种极不公平的市场困惑。二是权利缺失的困惑。正因为长期的身份歧视，农民工在就业选择、工资水平、劳动保险等社会保障方面，权利得不到应有的保障。城市政府偏袒市民而漠视农民工的长期现实，对农民工来说，是极不公正的。

企业是一种经济组织，追求利润的最大化是企业的本能冲动。各个企业为降低成本，内在地趋向于延长工人劳动时间、压低工人（农民工）工资水平的"经济人"冲动。政府是一种公共权力组织，追求公平的最大化是政府的根本属性。政府要保持社会和谐稳定，就必须制定公平公正的游戏规则，使劳资双方共同遵循。而长期以来，政府为追求经济增长这个单一目标，有意或无意地放纵了企业主对农民工的低工资水平和其他侵权行为。不少私营企业主的财富增长是与农民工的血泪增长成正比的。在劳资极不对称的博弈中，资方具有天然的强势地位，劳方则不可避免地处于弱势地位。对此，作为社会公平和稳定维护者的政府，自然应该制定法律约束资方的经营行为，同时保障劳方的基本权利和自由。

农民工的需求并不只是体现在工资收入水平上，尽管这一点对外出务工谋生的农民工尤为紧要。必须充分认识到，农民工应该公平分享社会进步的共同成果，整个社会应该为“农民工”摘帽，他们就是新兴的工人阶层，他们的各种权利应该得到切实的保障。在各种公平的权利保障机制尚未充分建立起来的今天，农民工从珠江三角洲流向长江三角洲，一方面说明后者可能在农民工的生存环境上要稍好于前者，但这并不说明后者已经做到了尽善尽美。在二元社会结构尚未改变、全国统一的劳动力市场和覆盖全社会的社会保障制度尚未建立健全的今天，身处弱势而又承受巨大生活压力的农民工从珠江三角洲流向长江三角洲等地区，也只能是一种两害相权取其轻的无奈选择。

在一个统一的主权国家内，对某一群体进行制度性歧视是极不公正和不道德的。经过二十多年的改革开放，执政党和国家都主张并在宪法上规定“尊重和保障人权”，这对改善农民工的地位和生存状况应该说是一次重大的历史性机遇。在坚持以人为本、树立科学发展观的新时期，各地方的经济竞争，将突出表现为政策制度的竞争。作为公共权威机构，政府如果不建立公平的制度环境，就是缺位；企业如果侵害了农民工的基本权利而政府不予追究，这同样是政府缺位，缺位就是失职。

分配不公与“民工荒”

诺贝尔经济学奖获得者刘易斯认为，在不发达国家，如果有足够规模的农业剩余劳动力，而资本积累的规模不能够吸收这个数量的农业剩余劳动力，那么，劳动力的报酬将维持在某种较低的水平（劳动力的边际报酬为零），劳动市场也将不会是一个结构完善的市场，劳动和资本的关系也难以实现权利平等。

从“民工潮”到“民工荒”，说明中国经济进入了一个新的转折期。“民工荒”并不意味着劳动力无限供给的终结，而是对一种公平制度环境的呼唤。

大量农村剩余劳力进城务工，是市场经济和城市化的必然结果。党国英认为，中国农村家庭要过上像样的生活，并维持一定的规模经济，每个农民应该有 50 亩土地，这样，中国农村劳动力至少要有 80% 必须转移出来，就是说，现在近 5 亿农村劳动力有 4 亿要在城市经济部门就业，去掉已经在城市经济部门就业的约 1.8 亿，还有 2.2 亿需要转移。可见，从总体上说，“民工荒”突显的绝不是劳动力供给不足，而是权利保障不足。权利保障不足的一个重要表现，在于现行的分配制度不公。

分配的公正包括初次分配的公正和再分配的公正。所谓初次分配，是指社会成员通过自己的劳动付出或生产要素的投入，对于社会经济做出贡献之后而直接获得的、尚未经过诸如税收等项目扣除的收益。农民工超过 8 小时的日工作量和长期的低工资水平（且不说拖欠农民工工资这种极不正常的状况），对于确立公正的初次分配规则提出了迫切的要求。而农民工社会保障等正当权益的缺失，又使公正的再分配规则日益凸显。

事实已经表明，资方具有天然的强势地位，劳方则不可避免地处于弱势地位，在劳资双方极不对称的博弈中，要保障劳方的正当利益，就只有仰赖政府制定和维持包括分配制度在内的公正的制度环境，以保持社会的和谐稳定。

（本文相关内容原载于《长江日报》2003 年 4 月 17 日、《东莞经济》2004 年 9 月号、《潇湘晨报》2005 年 1 月 4 日）

新旧体制交织下的农民工——对话汤潇[①]

与农民工同吃同住

汤潇：听说你不久前与农民工共同生活了一个多月，为什么？在你眼中，他们的实际境况如何？是否带给你某些触动与感悟？

张英洪：我出生农民家庭，来自湘西农村，曾长期在基层工作，对农民这一弱势群体的生存状况十分熟悉。但对农民工的喜、怒、哀、乐却缺乏切身的体验。我大致可以说，除了一些工作调查任务和课题研究的需要外，几乎没有人愿意花时间、精力和兴趣去近距离接触农民工，更不用说与他们共同生活了。一个偶然的机会，当然也是在一些外界因素的作用下，促成了我与农民工共同生活了 37 天。

2003 年 10 月 19 日，我开始与一位农民工住在一起共同生活。我们所住的破旧房子位于长沙市南阳街 180 号，这栋房子还租住着在附近搞建筑的十几个农民工。与我同住一间的农民工舒某来自湘西农村，现年 18 岁，这正是读高中的年龄，但他因家庭经济困难已在广东打工两年了。刚到长沙打工时，他试用期月工资才 500 元，房租每月 210 元（后来用人单位提供集体住所）。[②]我与他同住期间，房租共同出，我交一半。为了节省伙食开支，他自己买煤炉子做饭，每天只吃小菜，一米六几的个子，体重只有 90 多斤。我对他说，天天吃素怎么受得了？我掏钱，你买菜，天天要吃肉，我们同住同吃。在我 11 月 24 日结束与他同住同吃的前几天，我们一起到附近一处磅秤上称了体重。他站在磅秤上，看到指针正好指向 60 公斤

① 汤潇系《上海城市管理学院学报》主编。

② 据国家统计局统计，2004 年全国农民工的月平均工资为 539 元，同期城镇职工月平均工资是 1335 元。转引自孙立平：《重建社会：转型社会的秩序再造》，社会科学文献出版社 2009 年版，第 259 页。

时，开心地笑了。那笑容至今仍深深地印在我的脑海里。

在这一个多月的时间里，我没有任何调查和课题研究的任务，只是纯粹地增进对农民工这一弱势阶层真实生活的体验。农民工工作苦，劳动强度大，危险性高，权利得不到保障，但他们却任劳任怨，默默地承受着旧体制对他们的种种歧视和不公，令人感叹。长期以来，农民工的诉求没有正当的制度管道可供表达，人们很少能听到农民工的声音。如果我们这些出身农民家庭的学者在农民工面前保持沉默不作为，这既是对农民的背叛，也是对国家对社会的不负责任。

新旧体制的交互作用

汤潇：从英国工业革命开始，世界各国的农民逐步走进工厂，走进城市，自然转变成了产业工人和城市市民。而在我们国家，大量农民进城务工却又没有成为真正的城市工人，这是否具有某些特定的社会背景？

张英洪：所谓农民工，就是农民工人，也就是说，从身份上说他们是农民，从职业上说，他们又是工人。这种既是农民又是工人，或者说既不是农民又不是工人的农民工现象，在世界各国都是绝无仅有的。这种有中国特色的农民工只有在中国特定的体制环境下才会出现。

众所周知，一个国家实现现代化的过程，就是工业化和城市化的过程，也就是农村人口向城市流动和集中的过程。不仅西方各国如此，我国建国前以及建国初期也是这样的，根本不存在什么农民工。

但在苏联模式的严重影响下，我国建立起高度集中的计划经济体制，国家开始严格限制农民进城。1958 年 1 月 9 日第一届全国人大常委会第 91 次会议顾不得 1954 年《宪法》对公民居住和迁徙自由权的规定，通过了影响极其深远的《户口登记条例》，从此，城乡分割的二元社会结构在神州大地上建立起来。这样，我国的工业化虽然在加速进行，但城市化却几乎停滞了。1949 年我国城市化水平已达 10.6%，30 年后的 1978 年却还只有 17.9%，而几乎在同期，世界城市化平均水平从 29% 迅速上升到 41.3%，先进工业化国家从 52.5% 上升到 70% 以上，发展中国家也由 16.7% 上升到 30. 5%。人为限制农民进城的政策法律制度，大大延缓了我国城市化和现代化进程。

党的十一届三中全会以后，我国实行了改革开放，市场机制开始从无到有。1980 年以后，随着家庭承包责任制的普遍推行，亿万农民从人民公社集中劳动的严重束缚中解放出来，农民劳动有了自主，人身有了自由。谋求生存和发展的农民，在各大中小城市和城镇限制农民进入的大环境中，被迫就地办起了有中国特色的乡镇企业，形成了“进厂不进城，离土不离乡”的最早农民工。同时，随着深圳等沿海经济特区的设立，以及十二届三中全会通过《关于经济体制改革的决定》后，我国经济体制改革的重点由农村转入城市，沿海经济特区和各大中城市就吸引了大量的农民工进城从事二、三产业，从此，“进厂又进城，离土又离乡”的农民工在全国各大中城市普遍出现。1992年邓小平南方谈话和党的十四大作出关于建立社会主义市场经济体制以来，农民工进城步伐明显加快。加上20世纪90年代农民负担问题的突显，大大刺激了广大农民涌向城市谋出路，民工潮一浪高过一浪。现在，农民工已遍布全国各个城市。可以说，哪里有城市，哪里就有农民工，哪里有工矿企业和人群居住，哪里就有农民工。

汤潇：尽管如此，绝大多数农民工并未被城市文明吸纳，他们在“城”和“乡”之间流动、奔波：在城里打工挣钱，回家乡娶媳盖房；在城里拼命干活，回家乡养老送终。从社会学的角度看，农民工的归宿应该在城市，但在农民工的心目中，他们这一代的归宿只能是家乡的农田和自建的农舍。这似乎也是当今中国社会转型期的一个典型悖论。

张英洪：改革开放和市场经济的发展，催生了农民工这一新的社会阶层，但同时，计划经济条件下出台的一系列旧制度尚未得到应有的废除，甚至还在起着重大的作用，这些旧体制就自然要给新时代催生的农民工套上农民的身份印记。

我的一个基本判断是，农民工既是新时代的产物，又镌刻着旧体制的烙印。没有新时期的改革开放，也就没有农民工，同时，没有传统的旧体制束缚，同样没有农民工。有人问我，农民工这个词是不是带有歧视性？该不该废除？我说，农民工这个词最真实最生动不过地反映了我国改革开放以来的社会变迁，是研究当代中国最核心的关键词之一，要废除的不是农民工，而是造成农民工的旧体制。

农民工是当代新兴的工人阶级

汤潇：农民工的大量涌现或者说农民工阶层的出现已是活生生的社会现实，它对我们几十年来形成的观念、做法和体制产生重大的挑战，对传统的城乡二元社会结构形成强烈的冲击。如果继续漠视和回避农民工的社会地位和社会权利，将导致严重的社会问题。

张英洪：早在几年前，我就明确提出农民工就是新兴的工人阶级，并将当代中国工人划分为传统的国有集体企业工人和新时期非公有制企业工人两大类，主张政府应当把后一类新兴工人阶级即农民工的权利保护作为工作的重中之重提上日程。

据有关资料，目前农民工不仅成为我国工人阶级队伍中的重要组成部分，而且成为工人阶级的主力军。据国家统计局统计，2000年，我国城镇从业人员23151万人，其中国有单位8102万人，集体单位1499万人，共计9601万人，除去各级各类国家机关工作人员1097万，我国国有和集体所有的二、三产业职工为8504万人，这就是传统的工人阶级，他们有城镇户口。

另据2000年第五次全国人口普查资料，离开户籍所在地半年以上的人口为1.2亿，其中进入城镇在二、三产业单位打工的农民工约8000万人。农业部、劳动和社会保障部等有关部门则估计，2002年离土又离乡的农民工约9460万。这就是新兴的工人阶级，他们没有城镇户口。由此可知，农民工这一新兴的工人阶级队伍在人数上已超过传统工人人数，不折不扣地成为当代中国工人阶级的主力军。

但是，在城乡分割的二元社会结构中，一方面，随着经济的发展，城市内在地吸纳农村人口进城从事二、三产业，同时又在旧体制的惯性作用下不承认农民工的工人地位和市民身份，使他们享受不到应有的社会权利。另一方面，农村在经济发展中也自然产生大量的富余劳动力，这些富余劳动力企望从土地上解脱出来，于是成了进城从事二、三产业的农民工，但农村的旧体制像一根绳索，使他们无论走到天涯海角，都被这根绳索牢牢系着必须归来。

这种新旧体制的交织和摩擦，产生了一系列的问题，这对新时期的体制改革提出了十分迫切的现实任务。

权利缺失与制度供给

汤潇：从目前的情况看，农民工这一弱势人群的权益保障问题十分突出，其实质已触及国家对社会正义的理解和立场。

张英洪：社会弱势群体并不一定是由于个人能力不足而受到社会排斥，更多的情况是由于权利不足和机会缺乏而遭到社会排斥。考察农民工的权利，应有三个方面：一是农民工的个人权利，包括人身自由、言论自由和行动自由；二是农民工的社会经济权利，即社会公正和适当的资源分配权、工作（劳动）权、医疗权、财产权、住房权、晋升权、迁徙权、名誉权、教育权、娱乐权、被赡养权等；三是农民工的政治权利，主要指农民工的政治参与和选举权利以及结社权等。

从目前看来，农民工这三种权利的缺失相当严重。要保障农民工权利，实现社会公正，关键是要破除城乡分割的二元社会结构，统筹城乡经济社会发展。

有中国特色的城乡二元社会结构，形成于20世纪50年代，20世纪80年代中后期农业部政策研究中心的一批学者受刘易斯二元理论的启迪，在一内部参考资料上最早提出二元社会结构理论，之后便得到了学术理论界的普遍认同。党的十六大报告首次正式使用城乡二元经济结构概念，并首次提出要统筹城乡经济社会发展，十六届三中全会又进一步强调要统筹城乡发展，提出树立全面、协调、可持续的发展观。应该说，现在破除二元社会结构的大好时机已经到来。

汤潇：中央关于统筹城乡发展的主导思想为农民工问题的解决提供了政策支持，你对具体的制度变革有何建议？

张英洪：在统筹城乡发展的宏观政策环境下，解决农民工问题的路径不外乎制度废除和制度供给。制度废除就是要全面清理和废除在计划经济条件下出台的人为限制和剥夺农民和农民工权利的法律法规和政策规定；制度供应就是要着眼于完善社会主义市场经济体制和建设社会主义法治国家的目标，有针对性地出台一批适应社会经济发展需要、旨在保障公民宪法权利的法律法规。

具体来说，首先要深化户籍制度改革，在宪法中恢复公民居住和迁徙自由权的规定，应废止剥夺公民居住和迁徙自由的《户口登记条例》，出台新的户籍法，确保全体公民在身份上一律平等。比如，在实际操作中演变成主要针对进城农民的《收容遣送办法》，在孙志刚事件后被迅速废止，这就是革除旧体制弊端的大好事。

其次，各级工会组织要与时俱进地看到我国工人阶级的新变化，明确将在农民工中成立工会组织作为新时期工会工作的首要任务来规划、部署和安排。

再次，劳动和社会保障部门要将农民工纳入城镇统一的就业和社会保障体系。其他政府职能部门也都要适应经济社会的发展，根据新时期农民工的实际状况，相应地革除体制性弊端，比如教育部门要解决进城农民工子女就业难题，现在全国有300万农民工子女面临就学困难，这充分说明传统教育体制的僵化性。又比如卫生医疗部门要适应大量农民工进城的需要，解决农民工就医难的问题，等等。

汤潇：很明显，现行的体制和法律对处于城乡社会边缘的农民工的关怀相当有限，而农民工虽然人数众多，但由于来自四面八方，背井离乡，语言不通，缺乏组织，其个人的呼声微乎其微，几乎没有能力改善自身的境况。那么，处于国家和个人之间的非政府组织有无必要和可能参与和促进农民工问题的解决？

张英洪：在现行体制环境下，一方面，缺乏组织化的农民工丧失了均衡的博弈能力。如果他们自行组织起来，就会被扣上“非法组织”之名而予取缔，但政府在依法组织他们上，比如成立工会、行业协会等时又相当迟缓，这就使他们在与私营企业业主等强势集团的博弈中处于相当弱势的地位。就是在私营企业主拖欠农民工工资的情况下，人们常常看到的是个体农民工以自焚、跳楼等极端行为来发泄不满，鲜有农民工的集体抗争事件。

另一方面，传统的国家宏观政策制度，极不利于农民工维权。比如户籍制度和城市收容遣送制度就从国家法律层面上限制和剥夺农民工的人身自由权利，而个人是无力对抗国家法律的，所以长期以来，他们总体上选择了默默忍受，很少发生农民工集体抗议事件。可见，中国的农民工在新旧体制的夹缝中付出的艰辛最多，忍受的苦难最大，但他们却不能畅通地向社会表达自己的声音。现在为农民工表达利益和诉求的代言人主要是媒体和学者。

应该说，非政府组织在改善农民工生存环境方面大有可为。20世纪后期，世界范围的全球社会革命凸现了非政府组织的价值。非政府组织的最大特点在于从事公益事业的非营利性。在发达国家，热心于社会公益事业的非政府组织十分发达，它们在很大程度上弥补了政府的不足，在改善弱势阶层处境、消解来自弱势阶层的不满和维护社会稳定方面发挥着不可替代的特殊作用。

在我国，官方的非政府组织和民间的非政府组织还处在起步阶段，限于现行体制环境的制约等多种因素，非政府组织与农民工的对接极其有限，有待大力开拓。随着时间的推移，尤其是随着社团管理体制改革的深化和社会的现实需要，非政府组织将发挥越来越重要的社会作用。

农民工欠薪责任在政府

汤潇：说到拖欠农民工工资，这已成为当前引人注目和令人心忧的社会现象。温家宝总理在重庆为农民工讨工钱已成佳话，但这一佳话也暗含这样的市场难题：中国有一亿多农民工，他们被拖欠的工钱是一位总理或某个省长或市长追讨得了的吗？这是否也印证了我们的社会机制和制度安排存在着问题？

张英洪：且不说在旧体制束缚下农民工得不到城市市民身份和工人阶级地位的不合理性，单就农民工拿不到自己一年辛苦到头的血汗钱来说，就不能不使人愤慨，并起而对政府职能进行质疑和追问。一个极不正常的社会问题迟迟得不到有效解决，这说明整个社会的应变机制过于迟缓和纠错机制严重缺失。从这个意义上说，政府作为维护社会秩序的合法权威机关，对于普遍拖欠农民工工资现象显然负有主要责任。

在计划经济条件下，一切经济活动都由政府计划安排，不存在农民工和农民工欠薪问题。在市场经济条件下，国家既鼓励非公有制经济的发展，又鼓励大量的农村剩余劳力进城。但在劳动力供过于求的宏观环境中，缺乏组织化的农民工是典型的城市边缘人群和弱势群体，他们无法形成与企业主平等议价的博弈能力。所以，在当代中国市场转型过程中，作为国家代表的政府，为了维护市场经济秩序和社会公正，必须与时俱进地制定市场经济中公正的游戏规则，同时负责规则的执行。学者康晓光认为，一个敌视社会精英的政府是难以为继的，一个逼得大众铤而走险的政府同样也是难以为继的。改革开放以来，国家对非公有制经济的鼓励和支持在造就经济迅速增长的同时，也不自觉地形成了“满足强者、剥夺弱者”的社会体制。被逼无奈的农民工以跳楼、自杀以及威胁企业主等极端行为来发泄自身基本权利缺失的不满情绪，这些已经在严重警告政府和社会，必须迅速限制精英的掠夺，维护大众的权利。

在农民工欠薪问题上，政府在鼓励、支持和引导非公有制经济发展的同时，更要突出对其“依法进行监督和管理”，确保农民工的基本权利，使劳资双方在责任和权利对等的基础上和谐地合作。为此，政府的当务之急，就是着眼于市场经济体制的完善，在法治的视野下统筹城乡发展，加速制度供给。

促进社会进步和体制完善

汤潇：客观地说，农民工及农民工问题已经引起了学术理论界的广泛关注，尤其是社会学和法学界人士，甚至影响到政府高层的决策。作为与社会底层有较多接触的“草根学者”，你认为这些研究中是否存在着局限和缺陷？

张英洪：学者王沪宁十多年前在一本译著的序言中说过这样一句话：“促进社会进步和体制完善，是一位学者的重要职责。”作为一名学者，我十分赞同王沪宁先生的这种观点。

众所周知，我国正处在社会转型时期，在由计划经济体制向社会主义市场经济体制转变过程中，必然会产生一系列与体制转型相伴而生的众多社会问题。农民工问题就是这种转型性问题。作为社会转型时期的学者，我认为既要有深厚的学术素养，又要有革除体制弊端的理论勇气。

毫无疑问，农民工问题主要是旧体制束缚的结果。但我发现，一些学者在研究农民工问题时，在种种因素的影响下，不是承认现状，就是绕开旧体制，甚至在旧体制面前选择妥协。这种妥协的不彻底的理论研究，必将误导人们的认识和高层决策，不利于旧体制的革除和市场经济体制的完善。

汤潇：你是农民的儿子，又是长期从事“三农”问题研究的学者，这双重的身份是否赋予你更多的使命感？你的学术理想是什么？

张英洪：罗尔斯说过一句值得学者们记取的话：“正义是社会制度的首要价值，正像真理是思想体系的首要价值一样。一种理论，无论它多么精致和简洁，只要它不真实，就必须加以拒绝和修正；同样，某些法律和制度，不管它们如何有效率和有条理，只要它们不正义，就必须加以改造或废除。”[①]

社会主义的目标就是要实现全社会的公平和正义。没有公平和正义的学术理念，就不能成为真正的学者。

多年来我一直关注农民，自认为既非宪法学专家，又非“三农”问题专家，但却执著于以宪法眼光审视中国农民问题，立志以自己的学术努力和独立思考分担农民的身心疾苦，推进中国的民主政治。尽快改变城乡分割的二元社会结构，使农民、农民工与其他所有社会阶层的人们一样，在人民共和国的大家庭里自由、平等、和谐地生活，这就是我的理想，也是我的学术追求。

（原载《上海城市管理学院学报》2004 年第 1 期）

① ［美］约翰·罗尔斯：《正义论》，何怀宏、何包钢、廖申白译，中国社会科学出版社 1988 年版，第 3 页。

给农民以宪法关怀

加入了 WTO 后，我国将给予国外企业和人员以平等的国民待遇，可拥有 9 亿之众的国内农民，能否摆脱旧体制的普遍歧视，享受到公平的国民待遇？这是我们不能不关注的。

我担心一个具有讽刺意味的现象：人们一方面希望农民学会在市场经济的大海中“游泳”，另一方面又将农民手脚牢牢“捆绑”起来丢在“穷乡僻野”，这是一种十分滑稽的现代游戏。中国是一个典型的农民大国，没有农民的解放和自由，就不可能有中华民族的伟大复兴，更不可能有马克思、恩格斯所期望的每个人自由发展的联合体。

二元体制的枷锁

共和国的开国元勋们大都是农民之子，他们对农民的苦难有着最为切身的体验，他们为农民的解放奋斗不息。到过韶山参观的每一个人，都会深切地体会到共和国领袖的农民生涯。进京后的毛泽东始终念念不忘贫苦农民，在“三年困难”时期，当他听到农民正在遭受的饥饿和灾难时，忍不住流下热泪，并坚持不吃肉。这是一种深情的农民情结。

但不必讳言，歧视农民的二元制度至今仍在延续，形成了举世独有的二元社会结构。其根本缘由在于我国在苏联模式的严重影响下，建立起一套高度集中的计划经济体制和包含户籍制度等十多项具体制度在内的二元社会结构，人为地把我国切割成市民与农民相区别、城市与农村互隔离的畸形社会，农村也就成为城市人“犯错误”、“受处分”的下放和改造的“充军”之地。

歧视农民的二元制度，已经深入到社会、经济、政治、科技、教育、文化、法律等各个领域。

在经济发展战略上，国家实行工业化优先发展战略，“挖农补工”，人为制造“剪刀差”，使农民艰苦创造的巨额财富源源不断地流向城市和市民的腰包。据统计，从“一五”计划到国家工业化第一阶段结束（1953—1989），国家通过“剪刀差”共从农民手中拿走工业化资金 7000 多亿元，占农民新创造价值的 1/5。进入 1990 年代，这种“剪刀差”还呈不断扩大趋势，每年绝对额都在 1000 亿元以上。

在户籍身份上，实行城乡有别的二元户籍制度。1958 年 1 月的《户口登记条例》取消了《宪法》规定的公民居住和迁徙自由权，从此，农民不能进入城市生活。时至今日，不少大中城市仍然对农民紧闭“城门”，农民只能在小城镇“安营扎寨”；与二元户籍制度相联系，农民不能到城镇就业，国家机关、事业单位和国有企业招工招干的首要条件是你必须具备“城镇户口”，改革开放后的农民也只能流向个体私营和外资企业“打工”；国家的社会保障也只覆盖城镇市民，而广大农民却被排除在社会保障之外，农民只能把自己的生老病死全部寄托在贫瘠的土地上，国家对城镇的义务教育也全包了下来，而农村的义务教育则由农民自己掏腰包解决，等等。

“压力型体制”

如果仅仅是歧视农民的二元制度，对农民来说，倒还不是最糟糕的，因为中国农民自古以来已磨炼出举世罕见的吃苦耐劳精神和逆来顺受的作风。对广大农民来说，自己比市民低一等倒也罢了，只要地方官吏不要再来敲诈勒索，能够过上一种清贫、宁静和安全的生活，也就谢天谢地了。

但是，在我国农村却常常发生“苛政猛于虎”的悲剧。特别值得关注的是，由于农村改革的严重滞后，激化了“三农”问题的严重性。农民收入越来越少，负担越来越重，一些基层干部对农民的无情盘剥和粗暴干预越来越厉害，“官逼民死”和“农民逃亡”现象怵目惊心，连朱镕基总理都义愤填膺地指出中国农民已经到了“民怨沸腾”的地步。

农民的不幸命运还源于中国农村县乡政治体制是一种特殊的“压力型体制”，这种体制通过将政府确定的经济发展的硬指标逐级分解下达，从县、乡镇再到村，村再分解到每一个农民头上，各级又层层加码，最后摊到农民头上已经是令人咋舌的“天文数字”。在这种“数字型政绩至上”的行政理念驱使下，各级官员为了炫耀“政绩”和表现“才华”，就竭力提前、超额完成“数字任务”。这种“压力型”

体制使政府行政的最大目的已经不是为民众谋福利，也不是提供公共物品，而是不择手段地完成层层加码的“数字任务”。在没有任何外部制约的情况下，疯狂追逐自身利益最大化的权力，必然横冲直撞，置民于无法招架的境地。农民不断付出惨重的代价，来“配合”完成乡村干部的“数字任务”。而县级政府为了支持乡镇“数字任务”的完成，也就有意无意地容忍包庇胡作非为的乡村干部，于是“官官相护”就在县乡村三级利益共同体的契约下形成了，受到严重侵害的农民的冤屈，经常无法在县、乡两级得到及时、有效的解决。这样，有中国特色的农民上访之路就只能延伸到市、省和中央机关以及那些良知未泯的新闻单位，他们就被农民视为“包青天”。

一些惯于对农民兴威作福的基层干部，最怕农民觉醒，也最怕民主。某些乡镇还与地方流氓恶势力相勾结，共同对付那些“不听话”的农民，有的乡镇还直接把税费任务承包给当地流氓头子，达到“以恶制民”的目的。

最令人不可思议的是，一些基层干部和执法干警在驱民虐民之际，毫无负罪之感。一些没有直接参与殴打农民的干部，也不愿摆脱维护“单位形象”的狭隘心胸，去进行人性的反省。一位哲人说过，政府有时会成为强盗，而人民永远也不会。当前某些地方农村基层的行为，正是这句名言的最好注脚。著名经济学家盛洪最近指出:“这些地方的政府机构已经失去了得以存在的基本理由，他们不过是坐在农民家门口的强盗，他们在动摇我们社会的合法性基础。”

农民问题的严重性，已经引起了方方面面的高度重视，但一二十年来的理论探讨和政策制度设计，似乎没有真正解决问题，根本原因在于，这些理论探讨和政策制度设计大都陷入了把农民排除在外的思维定势，走入了人治的死胡同。

在国际上，由几个大国操纵和决定小国命运的做法和行径，被称作霸权主义。同理，在解决农民问题上，我们习惯于由所谓的社会精英等强势群体坐在一起操纵和摆布农民命运，这也是一种典型的霸权主义。

在宪法之母的注视下

历史和现实已经证明，只要给农民自由，农民就会创造出惊人的历史奇迹。现在是进一步解放农民的时候了。这就迫切需要我们虔诚地恭请神圣的宪法之母从幕后走向台前。理性在召唤我们，赋予农民以真正的宪法关怀，是解放农民的终极选择。

宪法是保障人民基本权利的最神圣的法律，没有宪法就没有共和国。宪法的根本功能在于，一方面约束政府易于膨胀的权力，一方面慈祥地保护公民易于受害的权利。在宪法之母的眼中，没有权贵和贱民，也没有工人、农民、知识分子的区分；在宪法之母眼中，只有平等的公民概念，任何人都是慈祥的宪法之母的高贵之子。

在宪法之母的注视下，解放农民，就是要把农民从二元社会结构中解放出来，撤除城乡隔离的人为樊篱，给农民以公平、公正的国民待遇。必须加快户籍制度改革，取消任何形式的身份歧视，加快城市化步伐。现在世界各国普遍赋予公民居住和迁徙自由权，全世界仅仅只有中国、朝鲜和贝宁三个国家实行严格的户籍制度。

中国革命走的是一条农村包围城市的道路，中国的现代化必须走一条农民进入城市的道路，农民进入城市的过程也就是城市化的过程，城市化的过程也就是解放农民的过程，城市化是中国农民的解放之路。现在一些人在城市化道路上主张发展小城镇，这源于对农民命运的擅作主张，忽视农民宪法之子的地位。应该说，政府的职责不是设置重重关卡阻挡农民，而是想方设法为农民创造更多的就业机会，提供更好的公共服务。给农民以公平的国民待遇，就是让农民参与制定“游戏规则”，农民与市民一样有居住和迁徙自由的权利，有在国家机关、事业单位和国有企业就业的权利，有享受城乡平等一致的社会保障的权利，有享受接受城乡一致的受教育的权利，有与市民平等一致的纳税的权利。

当前农民负担沉重，“三乱”现象不止，根本原因在于权力机关不受约束地从四面八方把手伸向农民干瘪的“口袋”。十多年来，农民负担越减越重就足以说明，仅靠表面加强学习、形式主义的动员说教和自上而下的自律性努力，已经制止不了强势集团对农民的欺凌和侵害。要真正减轻农民负担，必须以权力制约权力。笔者想起英国革命时的著名口号：“不经议会同意，国王无权征税。”而在我国，各级各部门随意下个文件就可以从农民身上收费，这种局面必须痛下决心扭转，我们也应该树立“不经人大批准，政府不能征税”的信念。

扩大基层民主

在现行体制下，乡镇等基层政府与中央政府追求的行政目的也并不完全一致，中央政府行政的主要目的在于“得民心者得天下”，努力维护国家主权的独立完整，确保国内稳定，促进人民福祉；不少乡镇等基层政府行政的目的在于“得上级领导心者得官位”，努力完成上级政府下达的指标，从而获得不断升迁的机会。

中央对乡镇等基层政府的约束主要有两个方面，一个是在革命斗争年代积累出来的纪律约束，一个是法治社会所必需的制度供给和安排。现在，中央政府对乡镇等地方政府的纪律性约束成效已微乎其微。不少乡镇不仅没有建立一级完全政府的财力，并且其职能已“三要化”（要粮要钱要命），呈现出带头违法犯罪的现象。有的乡镇干部公开对农民叫嚣“政府就是镇压之府”，完全堕落成违法犯罪的主体；一些乡镇领导干部还百般狡辩当前党群关系恶化的主要责任不在自己，而在“上级”和“体制”。

事实证明，仅仅靠转变作风和走过场式的乡镇机构改革已经无济于事。在建设法治国家的进程中，必须彻底抛弃那种“刑不上大夫”的封建观念。一些乡镇干部和执法人员有恃无恐侵害农民人身权利和财产权利的行为，绝不仅是“工作方法简单”、“工作作风粗暴”的问题，而是典型的违法犯罪行为，必须绳之以法，严惩不贷。中央政府必须善于与时俱进地推进制度创新，加紧供给发展基层民主政治的新制度。

加入 WTO 以后，作为分散的、个体的、弱势的农民，也必须提高组织化程度，着手组织农会和其他经济合作组织，形成自己的利益代言人。只有这样，才能使农民在与其他政治、经济等强势群体的博弈中维护自己的切身利益。

（本文原载《南风窗》2002 年 1 月上）

宪法关怀：解开农民问题千千结

农民问题的普遍性、严峻性和长期性，显示出其必有更深层次的体制根源。让我们用理性的光芒去照亮愚昧的盲区，恭请神圣的宪法，捍卫农民的权利。

农民问题：再次印证历史性怪圈

中国是一个历史悠久的文明古国，在漫长的历史长河中，形成了两个著名的历史性概念：一个是历史周期率。1945年黄炎培访问延安时对毛泽东说，纵观古今朝代更替，都走不出“其兴也勃焉，其亡也忽焉”的历史周期率。毛泽东回答说：“我们已经找到了新路，我们能跳出这个周期率，这条新路就是民主，只有让人民来监督政府，政府才不敢松懈，只有人人起来负责，才不会人亡政息。”[①] 另一个是历史性怪圈。元朝诗人张养浩在散曲中感叹，检讨历代王朝兴衰，都走不出“兴，百姓苦；亡，百姓苦”的历史性怪圈。[②] 如何走出这“兴亡百姓苦”的历史性怪圈，在古籍中似乎找不到相对应的明确回答。从某种意义上说，在这两个历史性概念中，对“历史性怪圈”的思考要远比“历史周期率”的思考更为重要，因为对“历史周期率”的思考着眼于如何永保“江山永固”，是对国家权力的思考；而对“历史性怪圈”的思考则着眼于如何永保“百姓幸福”，是对人民权利的思考。如果说毛泽东已经指出了跳出历史周期率的新路是民主，那么如何走出这历史性怪圈却是当代中国人必须认真思考、积极探索并给予明确回答的重大问题。

因为农民问题再一次严重地摆在了世人面前。中国是一个农民大国，农民问题始终是中国革命、建设和改革的根本问题。农民问题也是一个十分复杂的综合性问题，为了便于讨论起见，可以把农民问题区分为农民负担问题以及农民权利问题。

---

① 参见谭世贵：《廉政学》，法律出版社1995出版，第185页。

② 萧善因选注：《元散曲一百首》，上海古籍出版社1982年版，第48页。

农民负担问题已经成为当前中国最引人注目的热点、焦点和难点问题。农民负担是农民无偿地向政府、村集体和社会提供价值和劳务的总和。1991 年国务院发布的《农民承担费用和劳务管理条例》把农民负担界定为三方面的内容：一是农业税、农业特产税、屠宰税；二是村提留和乡统筹；三是积累工和义务工。税收负担的多少由税率决定，“三提五统”的负担规模不能超过上年人均纯收入的 5%。从 1980 年代中期开始，农民负担开始由实物形式改为货币形式。以上负担可以说还属于“合理合法”的负担。但由于基层政权权力的恶性膨胀，针对农民的乱收费、乱罚款、乱集资、乱摊派十分严重，农民的实际负担已大大超过“合理合法”的界线。1998 年 3 月新上任的朱镕基总理就毫不客气地指出：“很多政府机关在国家规定以外征收各种费用，使老百姓负担不堪，民怨沸腾。”[①]

据统计，1999 年，全国农民人均纯收入较上年增长 2.2%，但人均农业各税负担却增长了 5.8%，农业税、农业特产税重复征收的现象屡见不鲜；从 1993 年到 1998 年，全国提留统筹费由 380 亿元增至 729.7 亿元，年均增长 13.9%，按人均计算的提留统筹费由 44.6 元上升至 84 元，年均增长 13.8%；全国农民承担的积累工和义务工也由 1994 年的 16.4 个增加到 1999 年的 18 个；1999 年全国农民承担的以资代劳负担高达 64 亿元，人均 6.9 元，劳均 13.6 元；农民的社会负担（集资、行政事业性收费和罚没款）由 1994 年的 70.5 亿元增加到 1999 年的 256 亿元，人均由 7.7 元增加到 27.8 元。[②]

农民权利问题是目前受到普遍忽视或有意回避的一个重大问题。农民权利问题是农民应当享有的宪法权利保障的问题，农民负担问题的尖锐化直接引发了农民权利问题的突显，对此必须予以实事求是地正视，否则，农民问题就不可能得到真正彻底的解决。

对于农民权利问题，可以从两个方面来分析，一个是农民最普遍的社会权利被歧视或忽视的问题，一个是农民最基本的人身权利遭到严重侵害的问题。农民最普遍的社会权利被歧视或被忽视的问题，体现在农民不能成为共和国公民中的平等一员，在传统政策和体制的安排下，农民事实上居于低人一等的“二等公民”地位，这集中表现在城乡分割的二元社会结构上。比如，在户籍身份上，农民是严格区分

① 朱镕基等：《在九届全国人大一次会议举行记者招待会上答中外记者问》，载《新华月报》1998 年第 4 期。

② 国家计委宏观经济研究院课题组：《农村税费改革问题研究》，载《经济研究参考》2001 年第 24 期。

于城镇户口的农村户口，农民不能向城市自由居住和迁徙；在就业选择上，农民不能到党政机关、事业单位担任公职，也不能到国有企业就业（改革开放后也只能到个体私营和外资企业“打工”）；在社会保障上，农民不能享受国家给予城镇居民那样全方位的保障，只能把自己的生老病死全部寄托在贫瘠的土地上。

对中国农民来说，这还不是最糟糕的，因为具有惊人忍耐力和罕见吃苦精神的中国农民，虽然争不到与市民平等的权利和地位，但仍然还可以在穷乡僻壤里“苟且偷生”。最糟糕的是，基层干部不断地对农民最基本人身权利的严重侵害和任意剥夺。在疯狂的基层权力侵害下，农民连选择“煎熬”的机会都没有了，一些农民就在这种不受约束的疯狂权力面前悲惨地选择“逃亡”或“死亡”。

尽管迫害农民的恶性事件不断披露报端，可不少乡镇干部却从来不愿反省和检讨自己，他们没有任何道德的谴责和良心的追问，他们常常以“没有办法”为由推卸责任，为自己的行为进行辩护。在这种“基层暴政”的压迫下，农民又重新陷入了历史周期性的怪圈之中。

百计千方：屡屡跌入人治大陷阱

对于日益严重和普遍化的农民问题，可谓从农民到总理，从农村到中央，上上下下都普遍重视。农民自身的呼吁和抗争十分强烈，中央对减轻农民负担的态度十分坚决，社会各界对此密切关注，学术理论界的研究探讨不知疲惫，国家政策法规频频出台，但其结果似乎都不尽如人意，这是为什么呢。

先来看看农民的抗争与无奈。毛泽东曾说过，哪里有压迫，哪里就有反抗。倒过来说，这句话也是成立的，那就是，哪里有反抗，哪里就有压迫。本来中国农民是最勤劳、最朴实、最善良、最安分、最易于满足也最能忍受苦难的弱势群体，但在“基层暴政”的重重压迫下，农民的反抗也就自发地产生了。大部分农民选择了上访的道路，一部分农民选择了法制的道路，另有少部分农民选择了极端的与干部同归于尽的绝路，这需要引起全社会的高度重视。

据《河南日报》1998 年 11 月 11 日报道，9 月 7 日深夜，河南省宁陵县公安局出动 100 多名干警、20 多辆警车，到岳柴村抓捕上访群众代表 8 人；9 月 8 日晨，干警们再次抓人，村民们闻讯逃跑，只剩下 14 岁的柴西涛未来得及跑掉，公安人员向他开枪恐吓，并将其抓走；9 月 9 日，100 多名干警再三进村抓人，全村 800 多人闻风丧胆，四处逃命，在田野里躲了 3 天 3 夜。公安干警就把 66 岁的老人柴月迁抓住毒打一顿，然后让柴的孙子用皮带打爷爷，孙子不从，干警们就用皮带警棍打孩子，凡被抓捕的农民均被非法拘留一个月。后来村民反映，县公安局长任伟1997年在该乡担任党委书记期间，村民们曾因乡村干部吃喝浪费、财务不公开等问题到县、区信访部门反映过情况。1998年5月任伟调任县公安局长，走马上任后的任伟充分运用公安这一"暴力机器"发泄私愤，实施了这次抓捕农民的恐怖大行动。

1998年1月9日，河南驻马店市刘阁乡周楼村农民周绍峰、孙长明在去驻马店市有关部门反映乡村两级加重农民负担问题的途中，被刘阁乡派出所扣押，并被非法羁押29天。1998年3月，河北省唐山市开平区贾庵子村村民刘伯子、刘伯如因反映腐败村官，被唐山市劳教委劳教一年半，等等。这些令人发指的"基层暴政"正是"政府有时会成为强盗，而人民永远也不会"这一名言警句的最好注释。

1997年6月，四川省蓬溪县河边镇农民到县法院起诉县乡政府加重农民负担，但两年多来，法院既不调查也不审理，新华社记者对此事曝了光都没办法审结。这是对盲目指责农民不善于运用法律武器保护自己的一些身居"世外桃源"之人的沉重回答。

有的农民在上访无路、告状无门的情况下，以死抗争，选择了与乡村干部同归于尽的绝路。1996年6月24日，山东省邹城市清庄镇将军堂村支书刘先民等11人到村民刘绪克家强行收取层层加码的定购粮，刘绪克被逼无奈引爆炸药，刘绪克及村干部刘先民、刘召来当场被炸死，村会计刘先秀等4人被炸伤。1996年12月29日上午10时，H省S县H乡D村一青年农民不堪"基层暴政"，身携十多公斤炸药闯入正在研究向农民收费措施的乡村干部会议室，引拉导火索爆炸，当场炸死4人，重伤8人。[①]这些一件接一件的涉农恶性案件难道还不能引起全社会的深刻反省吗?

再来看看党中央、国务院的高度重视。1990年代，党中央、国务院几乎年年下文件发通知强调"减负"，党和国家领导人在讲话中也一再提出"严禁"增加农民负担，此不可谓不重视。1990年国务院下发《关于切实减轻农民负担的通知》，1991年国务院颁布《农民承担费用和劳务管理条例》，1993年中共中央、国务院发出紧急通知，要求凡涉及农民负担的文件和收费项目一律先停后清，同年颁布实施《农业法》，1994年中央、国办通知要求加大减轻农民负担工作力度，1996年中共

① 参见梁骏等编著:《村民自治——黄土地上的政治革命》，中国青年出版社2001年版，第46、53、60、64页。

中央、国务院发出《关于切实做好减轻农民负担工作的决定》，等等。据统计，从1990年起，中共中央、全国人大、国务院先后发出了27个涉及农民负担的文件和政策法规。但这些文件、讲话和法律法规都制止不了基层干部的胡作非为，农民的生存状态日益严峻。

最后来看看学术理论界的探讨。农民负担问题日趋严重自然成为学术理论界探讨的一个热点和重点课题，其论著可谓汗牛充栋，简单归纳起来，大致达成这样的共识：一是认为农民负担确实到了十分严重的地步，二是认为减轻农民负担对于确保社会稳定等方面意义十分重大，三是认为应该从精简乡镇机构和人员、增加农民收入、转变干部作风、破除二元社会结构、调整工业优先发展战略、加快推进税费改革等方面入手解决农民负担问题等，可谓绞尽脑汁献计，想方设法“减负”。

上述各个方面的探讨和措施无疑都有积极意义。但近二十年来农民负担久减不下，甚至越减越重，不能不说种种努力并没有达到预期的目的。广大农民在沉重的负担压迫下焦虑地盼望国家能出台真正解决农民问题的良策。可现行的理论探讨、政策设计和制度安排却远远滞后于实践，大大负于农民的渴望。

笔者认为，目前的种种理论探讨和政策制度设计，其最根本的缺陷在于陷入了历史性的人治泥淖而不能自拔。这就是说，传统思维的理论探讨、政策设计和制度安排，大都忽视了农民作为宪法之子的主体地位，而把农民作为一种被管理的对象而不是平等参与国家和现代社会管理的主人身份加以对待，呈现出把农民当作工具任意摆布的传统倾向。

目前正在进行的被一些人过分乐观地估计为减轻农民负担“治本之策”的税费改革，也没有摆脱传统的人治思维和模式，在改革方案的设计、制定和实施过程中，远远地把农民排除在外，农民只有服从、执行的义务。唐朝的“两税法”、明朝的“一条鞭法”、清朝的“摊丁入亩”这中国历史上三次重大的税费改革的最后失败应该给予我们深刻的启迪。

就安徽省的税费改革试点来说，其实质就是将名目繁多的收费项目合并成简单的正税，将合并后的农业税确定为不超过8.4%，并强调除此之外“严禁”乡镇收取其他费用。这与国务院1991年定下的“三提五统”不超过5%没有本质的区别，因为当时中央也一再强调“严禁”超过5%，“严禁”乱收费，并许诺农民“有权”拒绝一切不合理的负担。但其结果则是由“严禁超过”变成了“大大超过”，农民“有权拒交”变成了农民“妨碍公务”。所谓的“严禁”、“不准”等口号完全成了吓唬“麻雀”的“稻草人”。

现行税费改革思路显然也没有走出历史的窠臼，它只不过是传统人治的现代版本，其实际效果肯定难遂人意。历史的教训和理性告诉我们，只有把我们置身于现代法治社会的视野之内，才能避免屡屡重蹈历史的覆辙；只有表现出神圣的宪法关怀，中国的农民问题才能得到真正的解决，才能彻底走出历史性怪圈。

宪法之母：露出您神圣的威严和慈祥的笑容

宪法是共和国之母，没有宪法，就没有共和国。宪法是国家的根本大法，一切组织和个人都没有凌驾于宪法之上的特权，一切违宪行为都必须予以追究。宪法是实行法治的依据，法治是人类社会进步的共同文明成果。中共十五大明确提出依法治国，建设社会主义法治国家。依法治国，关键是要依宪治国。

人民之所以需要宪法，是因为“我们有一条颠扑不破的经验：凡是有权力的人，总要滥用权力，非碰到限度不止”。[①] 政府的权力天然地大于个人，如果不对政府的权力加以严格限制和约束，人民就会不可避免地蒙受耻辱和遭遇灾难。所以说，宪法就是“以权力制约权力”最基本的法律，是调整国家与公民之间权利义务关系最基本的契约。[②] 宪法的最基本的功能有两条，一是对国家权力的严格制约，二是对公民权利的切实保障。解决农民问题，关键在于呼唤宪法关怀。共和国的每一个公民，都是宪法之子。

在中国几千年的专制社会里，没有法治，只有人治；没有权利，只有统治阶级疯狂的权力。没有农民权利的保障，就不可能有农民问题的解决。1954 年共和国第一部宪法的诞生，是无数革命先烈和仁人志士用鲜血和生命换来的最可珍贵的财富。可随着 1957 年反右斗争扩大化和紧接着爆发的“文化大革命”，宪法之母被打入冷宫，宪法成为一张废纸。改革开放以来，法治开始得到张扬，但不可否认，长期以来专制主义和极“左”思想的严重危害，至今仍然深刻地影响着人们对宪法的信仰。

在解决中国农民问题上，宪法之母具有鲜明的两重性，当她面对国家权力机构时，显现的是神圣的威严和强有力的制约；当她面对共和国的每一个公民时，露出的是慈祥的笑容和强大的庇护。历史已经昭示，抛弃神圣宪法之母的“不孝”之子，必然惨遭权力的万般蹂躏。作为弱势群体的农民，只有在宪法之母的关怀下，

---

① 转引自黄枬森、沈宗灵主编：《西方人权学说》（上），四川人民出版社 1993 年版，第 108 页。

② 胡弘弘：《论宪法信仰》，载《社会科学》2001 年第 3 期。

才能扬眉吐气，真正成为掌握自己命运的主人。

在宪法之母面前，需要澄清和纠正几种流行的错误观念：

一是农民上访是“妨害公务”。农民上访，向上级有关部门揭发或检举不法行为和人员，这是每一位公民享有的一项基本民主权利，是人民群众实现监督的一条重要途径，是合宪合法的行为。《中华人民共和国宪法》第41条规定：“中华人民共和国公民对于任何国家机关和国家工作人员，有提出批评和建议的权利；对于任何国家机关和国家工作人员违法失职行为，有向有关国家机关提出申诉、控告或者检举的权利。”同时，《中华人民共和国刑事诉讼法》第84条规定：“任何单位和个人发现有犯罪事实或者犯罪嫌疑人，有权利也有义务向公安机关、人民检察院或者人民法院报案或者举报。”《宪法》第41条还规定：“对于公民的申诉、控告或者检举，有关国家机关必须查清事实，负责处理。任何人不得压制和打击报复。”《刑法》第254条规定：“国家机关工作人员滥用职权、假公济私，对控告人、申诉人、批评人、举报人实行报复陷害的，处二年以下有期徒刑或者拘役；情节严重的，处二年以上七年以下有期徒刑。”由此可知，农民上访不但不是“妨碍公务”，而是宪法和法律赋予公民的一项权利和义务。一些乡镇干部和执法人员，动辄给上访农民扣上“闹事者”、“刁民”、“妨碍公务”等帽子，并进行残酷的打击报复，其实不过是“文革”作风的延续。

二是农民素质差，法制意识淡薄。这既是对农民的无知，也是对农民的污蔑。事实证明，农民具有强烈的学习法律知识的愿望，而基层干部却害怕农民掌握法律知识。2000年7—8月，发生在江西省有关部门强行收回农民购买的《减轻农民负担工作手册》的惊世事件，[①]就充分说明了一些乡镇干部对农民觉醒的害怕、对民主法治的害怕，他们企图封闭农民的耳目，愚弄农民，以便任其摆布和宰割。2001年10月，蔡定剑等权威专家发布北京大学人民代表大会与议会研究中心两年来在全国近20个点的调查结果，调查表明，受教育程度的高低并不是人民民主积极性高低的决定因素，农民的民主选举热情远在自由职业、文化科研人员和大学生之上。[②]现在农村的现实问题是，不是农民法制意识淡薄，而恰恰是一些干部法制意识淡薄；不是农民不守法，而恰恰是一些干部不守法，不仅如此，一些基层干部和执法人员的带头违法犯罪现象十分严重。

三是基层干部工作方法简单。每当乡村干部逼死打死农民的恶性案件被曝光

---

① 《一本奇书的奇遇》，载《南方周末》2000年10月12日。

② 《中国基层选举状况报告》，载《南方周末》2001年10月18日。

后，人们常听到的一句话是基层干部“工作方法简单”、“工作作风粗暴”。这样的指责实质上是对违法犯罪干部的纵容和对农民生命财产损害的惊人漠视。事实十分明显，一系列涉农恶性案件的发生，绝不仅仅是基层干部“工作方法简单”、“工作作风粗暴”的问题，而是一种典型的有意识的违法犯罪行为。以“工作方法简单”、“工作作风粗暴”袒护基层干部，完全是“官本位”思想和“刑不上大夫”的特权观念在作怪，完全是对神圣宪法的亵渎。广大农民在“基层暴政”的压迫下，不断付出眼泪、鲜血和生命的代价，却并没有换来社会的觉醒。如果我们一方面希望建设现代法治社会，另一方面又习惯于运用人治的手段，其结果必然是一场南辕北辙的现代游戏。

宪法关怀，就是让农民参与制定游戏规则。加入WTO，国人熟知的一个常用专业术语就是我国能够参与制定世界贸易“游戏规则”。这对于我国进行税费改革、减轻农民负担、解决农民问题来说，具有重要的启示，这就是让农民也参与制定“游戏规则”。长期以来，不管在涉及到国家的大政方针还是涉及农民的直接利益，都是各种强势群体研究讨论决定，作为弱势群体的农民只有坚决“照办”的义务。这种对农民命运越俎代庖擅作主张的行径，套用外交上的一句话就是“霸权主义”。让农民参与制定“游戏规则”，也是现代法治的精义。由农民参与制定的“游戏规则”，无论是对政府、集体组织抑或农民个人，都具有同样的约束力。

宪法关怀，就是树立“不经议会批准，政府不能征税”的信念。限制国家向人民乱征税是议会产生的原始动因。早在英国革命时期，议会就是为了限制国王乱征税而逐渐发展起来的，当时流行的一句非常有名的口号就是“不经议会批准，国王无权征税”。这既是对国王滥用权力的严格约束，更是对人民财产权利的切实保障。在我国，不叫议会而叫人民代表大会，其性质也是相似的。从理论上说，国家税收的征管，必须经过全国人大审议批准，否则任何单位和个人都无权向人民征税。可现实情况是，各级各部门一方面擅自制定每年税收增长目标以示“政绩”，另一方面又纷纷出台各种名目繁多的收费项目中饱私囊。连基层政府和职能部门随意下个文件都可以向农民收取各种费用，这种空前的混乱局面，农民何以堪受。严峻的现实迫使我们也应树立这样的信念：“不经人大批准，政府不能征税”。至于各级各部门的乱收费行为必须坚决制止。《宪法》赋予了全国人大最高权力机关的职权，在减轻农民负担中，人大可以发挥更大的作用。

宪法关怀，就是给农民国民待遇。在宪法之母眼中，没有工人、农民、知识分子等各社会阶层的区分，只有在法律面前人人平等的公民概念。农民也是共和国公民，必须给农民以平等的国民待遇。给农民国民待遇，就是要坚决破除在计划经济体制下形成的钳制农民自由发展的二元社会结构，彻底改革现行的户籍制度，重新恢复和确立公民（包括农民）的居住和迁徙自由权。城市不只是市民的城市，而是全国人民的城市；农村也不是农民的农村，而是全国人民的农村。设在城市的政府不只是城市居民的政府，而是全体公民的政府，政府不能只为城市居民着想。必须打开“城门”，取消“进城”限制，加快推进城市化。给农民国民待遇，就是要确保农民与市民享有同样的受教育权，义务教育是政府的一项重要公共职能，必须由政府承担起来，不能让农民代替政府挑起农村义务教育的重担，这也是实施科教兴国的重要保证。给农民国民待遇，就是要建立城乡统筹就业制度和全国统一的劳动力市场，农民与市民一样有权担任国家公职，有权参与管理国家事务、社会事务和经济事务，有权与市民一样在城市获得平等的工作就业机会，市民也有权在农村就业。给农民国民待遇，就是要建立涵盖农民与市民在内的全国统一的社会保障制度，农民向国家交纳了税收，也应该享受社会保障，向全体社会成员提供不受歧视的社会保障，不仅是我国政府已经签署、全国人大已经批准的《经济、社会和文化权利国际公约》的要求，也是社会主义优越性的集中体现。给农民国民待遇，就应该尽快调整实施了近半个世纪的“挖农补工”发展战略，消除人为“剪刀差”，力争“工业反哺农业”。给农民国民待遇，就是要实行全国一致的税收政策，取消单独面向农民的农业税。给农民国民待遇，就是确保农民在经济、政治、法律、科教、文化和社会生活等各个领域都不受歧视。

宪法关怀，也就是要进一步扩大基层民主，加强基层法治。为适应地方自治的需要，应尽快撤销乡镇政府，实行乡镇自治，并逐步扩大全民直接选举范围和层次。要着手组织农会和其他经济合作组织，提高农民的组织化程度，使居于弱势地位的农民借助组织的力量增强其在与其他政治、经济等利益集团的博弈中维护自身利益的能力。宪法关怀，尤其需要建立健全权力制约机制，以权力制约权力，使整个社会都能够在宪法之母的注视下良性运转，以宪法的威严斩断一切伸手农民的“黑手”，对权力的制约就是对农民的保护。宪法关怀，需要宪法获得至高无上的信仰，这是现代法治国家的题中之意。“法治应该包含两重含义：已成立的法律获得普遍的服从，而大家所服从的法律又应该本身是制定得良好的法律。”[①] 为建设法治国家，政治体制改革的推行和深化是必不可免的。

---

① ［古希腊］亚里士多德：《政治学》，吴寿鹏译，商务印书馆 1965 年版，第 199 页。

有妈的孩子像个宝，有宪法之母庇护的公民才有自由。事实已经证明，只要给农民自由，农民就会创造出历史的奇迹。我们也可以坚信，只要给农民真正的宪法关怀，就可以解开千百年来中国农民问题的“千千结”。

（本文原载《湖南公安高等专科学校学报》2002 年第 6 期）

农民问题呼唤宪政民主

“三农”问题的核心是农民问题，农民问题是个几千年未解决的中国问题。时至21世纪，农民问题日益严峻和尖锐，迫切需要人们从深层次上去探讨。在长期的农村调研中，笔者对农民问题有着切肤之痛。加入WTO后，视野的开阔会使人们同旧思维决裂。一切忽视宪法、远离宪法甚至违背宪法的种种求解“三农”问题的“处方”，不但无助于问题的真正解决，而且还会加剧在“三农”问题上的认识混乱。笔者日益清醒地看到，解决当前农民问题，走出中国几千年“兴亡百姓苦”的历史性怪圈的根本途径，就是实行宪政民主。

学术界在瞎子摸象

人们都知道瞎子摸象的故事。其实“明眼人”也常常犯瞎子同样的错误。多年来，学术理论界就在演绎着“瞎子摸象”的游戏。

长期以来，学术理论界普遍存在着的各学科相互隔离的积弊，从事法学研究的不懂经济问题，搞经济的又不懂法学，学农业经济的不懂城市经济，研究宪法学的又远离实际，深入实际的又不懂得政治学。现在研究“三农”问题的人，大都是学农业经济的，不善于从宪法角度看问题，而宪法学家大都从概念到概念，对“三农”问题熟视无睹，等等。这就使得不少人在研究现实问题时常常“只见树木不见森林”，像瞎子一样都只摸到大象的一部分就轻率地下了自以为是的结论。

学术理论界在为中国问题“把脉”上之所以不断地在“瞎子摸象”，原因有二：一是计划经济体制下形成的各学科互相分割、隔离，导致其认识的严重局限和知识结构的单一贫乏。本来所有社会问题都是一个相互关联的错综复杂的综合体，至于设立各种学科、专业乃是人为的结果，社会不会因为你人为分成诸多学科专业而相应机械地分解成几大块。其二是缺乏宪法意识。这恐怕是中国学术理论界最普遍最严重的“集体缺宪症”。不少专家学者看问题、想办法、搞研究、出成果，大都把“宪法”撇在一边，而是习惯于在人治的思维模式下“埋头苦干”、“鞠躬尽瘁”，虽然“勤奋工作”、“劳苦功高”，但终因满脑子的人治思想而与宪政民主“离题万里”。

计划经济体制的最大遗产

选择市场经济，告别计划经济是中国人20世纪末最具历史意义的重大抉择。哈耶克早在1940年代就认识到搞计划经济是一条“通往奴役之路”。可建国后我们认识不到这一点，误把计划经济当作“先进文化”加以全盘吸收。邓小平曾无不痛惜地说：我们不仅要承认自然科学比西方落后，社会科学也落后了，要抓紧补课。诚哉，斯言！

计划经济体制建立初期，就酿成了千年未有之惨剧，“三年困难时期”饿死农民四千万。这可是相当于欧洲一个中等国家的总人口。在“三分天灾七分人祸”与“七分天灾三分人祸”的争论中，共和国第二任主席刘少奇从此走上了“宪法”也保护不了他的不归路。

不管是“三分人祸”还是“七分人祸”，这“人祸”就是计划经济体制的直接结果。现在，学术理论界大都认为计划经济使国民经济到了“崩溃的边缘”。这种判断虽没有错，但笔者认为计划经济体制造成的最严重后果，在于导致中国来之不易的宪政民主进程的骤然中断。所以，有的学者就提出“回归五四，重新启蒙”。

宪法和宪政是人类最伟大的政治文明。纵观中国近代史，洋务运动开启了中国现代化的历史进程，但洋务运动是在维护皇权专制下仅仅学习西方物质文明，“师夷长技”；戊戌变法则已经上升到制度兴国的层面，开始学习世界政治文明。从此，呼唤宪法、实施宪政就成为中国有识之士的奋斗目标。

孙中山创立的中华民国是亚洲第一个共和国。可到如今，宪政民主依然离中国人十分遥远，其根本原因是计划经济体制打断了宪政民主的历史进程。著名学者李慎之先生对此反思比较深刻。我发现，“抛弃宪法之母的‘不孝’之子，必然惨遭权力的万般蹂躏”。不幸得很，时至今日，仍然有不少人尚停留在“洋务派”的认识水平上，只追求物质文明而不谈政治文明。这是计划经济体制造成的重要遗产。

二元社会结构和三级利益共同体

有宪法不一定有宪政，只有真正实施了宪法，才可能迈上宪政民主的大道。宪法的基本功能有二：一是制约公共权力，二是保障公民权利。

在对待农民问题上，建国以来，一系列背离宪法精神的政策设计和制度安排纷纷出笼，造成了两个最直接的后果：二元社会结构和三级利益共同体。也就是说，在宏观层面，国家通过一系列歧视农民的政策制度安排把农民限制在农村；在微观层面，直接管制农民、与农民打交道的县乡村三级又结成利益共同体，对农民进行“联合挤压”，催生当代“官官相护”。

二元社会结构是中国在计划经济体制下排斥宪法的结果。一个国家的政策法律制度，对城市是一套，对农村是另一套，对市民是一套，对农民是另一套，这种明显歧视农村和农民的二元性政策设计和制度安排，明显背离了在“法律面前人人平等”的宪法原则，忽视了农民作为共和国公民的宪法权利。

县乡村三级之所以结成利益共同体，关键在于一系列不适应市场经济发展的制度安排，主要有自上而下的干部任命制、层层下达的目标管理责任制和唯指标是从的“数字型政绩至上主义”的行政理念。乡镇是三级利益共同体的核心。为了完成县级下达的和自己加码的指标任务，乡镇往往不择手段。有的给村“两委”施压，使“两委”事实上成为乡镇完成“指标”任务的工具。有的任意闯入民宅，抓捕农民，置民于死地。笔者 2001 年春节期间在湘西农村发现，不少乡镇政府因计划生育、税费等擅自关押着人数不等的可怜农民。尽管《宪法》已明文规定“公民的住宅不受侵犯”、“任何公民，非经人民检察院批准或者决定或者人民法院决定，并由公安机关执行，不受逮捕。”但乡镇干部却往往以农民不完成“上交”任务、违背计划生育等种种理由任意闯入农民家里牵牛、抬猪、抢粮食，并随意将农民强行关在乡镇政府，只要交钱就放人。当然，这些乡镇干部并不使用“拘留”或“逮捕”等词语。

县级政权为确保乡镇完成自己下达的指标任务，也有意或无意地放纵和包庇胡作非为的乡镇干部。县公检法机关也常常“联合作战”积极配合乡镇完成任务。受到侵害的农民的冤屈，经常无法在县一级得到解决，上访就成为受压迫的农民的唯一选择。当法院积极配合乡镇完成任务，或者是在县级政权的授意下拒绝“民告官”的立案或即使立案也不能公正审判时，孟德斯鸠的话可能会强烈震撼人的心灵："如果司法权不同立法权和行政权分立，自由也就不存在了。"①

人权与法治：农民的新需求

笔者亲身体验到不受制约的权力泛滥对农民权利侵害的残酷性。现在，有不少著名学者，认为"三农"问题的关键是"增加农民收入"。笔者认为增加农民收入非常重要，但这只是解决农民问题的一个重要方面。如果无视农民权利，学者自以为是的处方就可能陷入误区。这好比临床医生对一位被歹徒殴伤的病人下处方说"治疗病人最关键的是锻炼身体"，这看似正确，其实很荒谬。如果说城市基层政府的干部也像乡村干部那样随时闯进市民家里抢东西、打人，并将其强行拉到政府"关起来"，那我可以肯定地说，没有人会认为市民的问题是"增加收入"了。

在当代，保护人权和建立法治已经是人类政治文明的重要标志。当今中国，保障人权，更重要更迫切的是保障农民这些弱势阶层的人权，包括进城打工的"农民工"的人权。笔者提出"保障农民人权"这个概念和命题，以期引起学界的重视。

一些人在人权上存在着严重的"冷战思维"。中国有句古话叫"忠言逆耳利于行"。这句话对个人适用，对一个家庭、一个单位、一个地区、一个国家也同样适用。而一些人在人权问题上，仅仅停留在对西方的"反唇相讥"上。应该说，在人权保障上，我们任重道远。我国政府多次公开声明尊重《世界人权宣言》，1997年和1998年先后签署了两个重要的国际人权公约，中共十五大明确提出共产党执政就是最大限度地"尊重和保障人权"。这就清楚地表明，执政党高度重视人权保障，致力于中国的人权事业。但是，在人权保障上，不仅要说，更重要的在于做；不仅要签署国际人权公约，更重要的在于履行人权公约，只有这样才能促进中国人权事业的大发展。当务之急是赋权于民，给农民作为共和国公民应当享有的宪法权利，切实保障农民人权。

要尊重和保障农民人权，必须实行法治。法治要求法律必须以尊重和保障人权为最根本的出发点和原则。法治建设的重点是规范和限制公共权力，用法律规范和制约公共权力，这是宪政的重要内容。对于政府，法无明文规定不可为之，越权无效，弃权失职；对于个人，法无明令禁止皆可为之。保障人权，实行了宪政民主，也就是真正实践了执政为民。

---

① ［法］孟德斯鸠：《论法的精神》上册，张雁深译，商务印书馆1961年版，第155—156页。

如果学术理论界都从宪法的层次上思考研究问题，如果决策层都从宪政角度进行政策设计和制度安排，那么，每个农民的自由而全面发展就有了切实的制度保障，中国几千年来的农民问题的真正彻底解决也就为期不远了。

（燕园评论网 www.yypl.net 2002–04–19 首发）

走上良宪治国的轨道

中国存在“三农”等诸多重大问题，归根到底，就是一个遵守宪法、实施宪法、践行宪政的问题。在解决“三农”问题、复兴民族大业中，我国应尽快走上良宪治国的轨道。

宪法到底是什么?

良宪治国首先是要普及宪法知识，树立宪法意识。而要在全社会形成浓厚的宪法意识，首先就必须搞清楚宪法到底是什么。一般来说，大家都知道“宪法是国家的根本大法”这个背得滚瓜烂熟的判断句。但问题是恐怕有不少人对宪法还只停留在似是而非的认识上。不错，宪法确实是一个国家的根本大法，是其他一切法律的母法，任何组织和个人都不得有凌驾于宪法之上的特权。但这个关于宪法的判断句只突出了宪法的特别重要性，却看不出它为什么特别重要，更感不到它与普遍公民的紧密关系。所以在一般人眼中，宪法是高高在上的东西，与国家和政治家有关而与平民百姓无涉。

岂不知，宪法恰恰是与每一个公民的关系最为密切的法律。宪法是共和国之母，没有宪法，就没有共和国。法学家往往从理论上把宪法弄得高深莫测，使一般民众不能很好的理解和接受。其实，宪法的基本功能在于保护公民权利，约束公共权力。从本质上说，公民最需要的是宪法。宪法是人民自由权利的保障书，宪法是保障人民自由权利最基本的法律，宪法是严格约束国家公共权力最基本的法律。

宪法是一个“舶来品”。在中国几千年君主专制的土壤上，不可能自发地产生宪法。宪法是人类文明进步的共同成果。当今世界，大致可以说，只要有国家，就会有宪法。

中国的宪政运动已经有一百多年的历史。从戊戌变法，清末预备立宪，到钦定宪法大纲，从辛亥革命到中华民国临时约法，从孙中山五权宪法到中华人民共和国宪法，中国人为了宪法，抛头颅、洒热血，前仆后继，付出了巨大的牺牲。现行《宪法》来之不易，应当备加珍惜和严格遵守。

现行《宪法》的局限性

1954年以来，我国先后颁布了四部宪法，现行《宪法》也进行了数次修正。法学界一般认为现行《宪法》是建国以来“最好的宪法”。这主要是现行《宪法》摆脱了1957年以来的“左”倾错误，恢复了1954年《宪法》的基本原则，重申发展社会主义民主、健全社会主义法制，并明确规定“党必须在宪法和法律的范围内活动”等。从这个意义上说，现行《宪法》不愧为中国进入改革开放新时期的一部新宪法，不愧为一部建国以来“最好的宪法”。

但毋庸置疑，现行《宪法》的局限性也是相当明显的，主要有以下几个方面：

一是受大环境的制约性。从国际上看，我国深受苏联模式的严重影响，存在着社会主义阵营和资本主义阵营的严重对立，冷战思维根深蒂固。从国内来看，人们刚刚从文化大革命的十年内乱中走出来，对社会主义本质的认识和社会主义建设道路的探索尚处在起步阶段，许多重大的问题没来得及突破。现行《宪法》1982年制定时，整个社会仍然在高度集中的计划经济体制的大框架下运作。

二是内容结构欠科学。正因为受到苏联模式和计划经济的严重影响，现行《宪法》在内容结构上必不可免地带有旧观念、旧做法和旧体制的烙印。宪法究竟要写些什么内容？关键是要弄清楚宪法的本质。既然宪法是人民自由权利的保障书，那么宪法就应该主要写进这么几方面的内容：一要写进公民的各项自由权利的内容；二要写进制约国家权力的内容。任何权力天然地易于膨胀和侵害公民的权利，要保障公民的权利，必须制约国家的权力。怎么制约？首先是对国家权力进行分解，明确立法、行政、司法机关的相互关系；其次是要明确国家机构的职权范围和任期限制，并规定国家机构领导人产生的民主选举程序；再次要界定中央政权与地方政权的关系等。现行《宪法》的严重弊端在于写进了不少经济政策、外交政策、奋斗目标和建设任务等内容，这些东西从本质上说与宪法关系不大，不必写进宪法，否则有损于宪法的稳定和权威。比如1982《宪法》规定国家“实行计划经济”，1992年党的十四大宣布“实行社会主义市场经济”，这就使得《宪法》常常滞后于政策，《宪法》跟在政策屁股后面走，随着政策去变。这无疑大大降低了《宪法》的权威性和稳定性。

三是保障措施大缺失。现行《宪法》另一个重大不足在于《宪法》本身没有确保实施的制度安排。几十年来，既没有宪法审查委员会的专门权威机构，也没有违宪审查的司法实践，这就使得不少违宪的法律法规得以通过实施，不少违宪案件没有得到应有的纠正，公民的基本权利常常遭到无辜侵害但又缺乏应有的司法救济。宪法没有切实有效地运转起来，导致整个社会对宪法信仰的严重不足。

修宪与宪政

亚里士多德说过："法治应该包含两重含义：已成立的法律获得普遍的服从，而大家所服从的法律又应该本身是制定得良好的法律。"[①] 要实行宪政，首先应当制定一个良好的宪法。为此，笔者主张对现行《宪法》进行较大的修改。修改宪法，目的是为了更好地保障公民的基本权利，实现国家长治久安、社会和谐稳定、祖国和平统一和民族的伟大复兴。

只要符合宪法精神，有利于保障公民权利和自由，促进人民福祉，执政党完全可以有效地制定和实施相关政策。

二是将执政党"必须在宪法和法律的范围内活动"具体化。如何正确处理好党政关系，是一个棘手的重大问题，把执政党凌驾于宪法和国家政权机关之上的以党治国方式显然是不行的，这是苏共亡党和苏联解体的一个重要原因。党的十二大党章和1982年《宪法》早就规定"党必须在宪法和法律的范围内活动"，但缺乏必要的具体制度安排，致使长期以来党政不分的问题仍然十分严重。大的不说，就说村党支部委员会和村民委员会这"两委"之间的关系，目前这"两委"关系的矛盾已经普遍化，似乎难倒了不少理论和实践工作者。其实，只要我们从《宪法》的角度上审视，问题就迎刃而解了。既然《党章》和《宪法》都规定了"党必须在宪法和法律的范围内活动"，那么作为执政党最基层组织的村党支部显然应当在执政党领导人民制定通过的《村民委员会组织法》内活动，不能凌驾于《村组法》之上，也不能置身于《村组法》之外。但《村组法》第三条却规定"中国共产党在农村的基层组织，按照中国共产党章程进行工作，发挥领导核心作用"。这就使两种权力来源不同、管理方式各异的村党支部和村委员不可避免地相互"较劲"和"扯皮"。

---

① ［古希腊］亚里士多德：《政治学》，吴寿鹏译，商务印书馆1965年版，第199页。

这其实是我国在农村政治制度安排上的“双轨制”。

三是实行地方自治，扩大直接选举。地方自治是宪政民主的必然要求，应该对地方自治进行明确规定。现行《宪法》只规定民族区域自治和村民自治。现在看来，至少在乡镇一级要实行自治，撤销乡镇政权设置。实践证明，撤销人民公社以来，乡镇不仅没有建立完全政府的财力和必要，而且直接加重了农民负担、破坏了党群关系，其弊远大于利。现在不要再把眼光停留在乡镇机构改革上，事实上乡镇机构改革也几乎没取得任何成效，相反却日益膨胀。应以地方自治的眼光，撤销乡镇政权，实行乡镇自治。现在地级市没有任何存在的《宪法》依据，应在《宪法》中制定各级城市政府的条款。更为重要的是《宪法》应对直接民主选举作出规定，各级官员和人大代表实行直接选举既是社会主义民主政治的内在要求，也是宪法的重要内容。现在我国仅仅在村级实行村委会成员的直接选举，人大代表直选范围也只停留在县乡两级，这是远远不够的。宪法应该规定各级政务官的直接选举程序，并尽快使直选范围扩大到乡镇、县市、省市区和中央政权。各级政务类官员由民主直接选举产生，业务类公务员由公开公平考试录用，彻底废除长期以来存在的领导干部委派任命制。

四是建立违宪审查制度。没有违宪审查，宪法就没有权威，一切就会事与愿违。就宪法实践来看，违宪审查的重点应该是：一要设立违宪审查的专门权威机构，确保宪法诉讼正常进行；二要审查执政党和其他各政党、社团组织的活动是否违宪；三要审查全国人大及其常委会、国务院及各部门颁布的法律法规和政策规定是否违宪。1958 年 1 月 9 日第一届全国人大常委会第 91 次会议通过的《中华人民共和国户口登记条例》，严格限制农民进城，取消了 1954 年《宪法》赋予公民的居住和迁徙自由权。可见该《条例》明显违宪，对中国公民的消极影响十分深远，但至今仍未予以废除。这是政策法律违宪的典型事例。应该明确规定，全国人大及常委会不得制定和批准一切旨在限制和剥夺公民自由权利的法律。在计划经济体制下，还有一系列法律法规存在违宪问题，比如说，歧视农民的二元教育制度、劳动和社会保障制度、就业制度、税负制度、城乡隔离制度，等等，这就使得《宪法》上说得好好的，但公民却享受不到，尤其是农民的宪法权利得不到保障。笔者认为农民问题的实质是农民宪法权利的保障问题。新时期农民最需要的不是别的，而是宪法。四要确保司法独立。没有司法的公正和独立，公民的权利就没有切实的保障。现行《宪法》虽然已经明确规定“人民法院依照法律规定独立行使审判权，不受行政机关、社会团体和个人的干涉。”但现实生活中，法院已经沦落为行政权力机关的附属物，成为行政权力机关指挥的工具。这主要源于在具体制度安排上，法院依附于行政权力机关，致使司法机关地方化现象十分严重。为了确保司法独立，地方政权有没有必要成立一个直接管理法院的政法委员会值得研究和探讨。现在地方政权，尤其是县乡（镇）两级政权，常常习惯于调用公检法三家“联合作战”，使受害人无法通过法院进行正常的司法诉讼以维护自己的切身利益。

从 2001 年起，每年 12 月 4 日为我国的“法制宣传日”，这对于提高全民法制意识大有裨益。但笔者认为，将“法制宣传日”更名为“宪法日”的现实意义会更大，这是因为：其一，12 月 4 日是现行《宪法》颁布实施之日；其二，法制的概念过于宽泛，缺乏重点；其三，在违宪审查制度尚未建立的情况下，必然有不少法律法规违背宪法原则，这些违宪法律法规显然不仅不值得宣传，还应当及时废止。

通过修宪，使国家拥有一部真正保障公民权利、社会正义和国家长治久安的良宪；通过践行良宪，使我国实现从传统社会的“半部《论语》治天下”到现代社会的“一部《宪法》治天下”的重大转变，最终使国家走上良性发展的轨道。

（燕园评论网 www.yypl.net 2002–01–10 首发）

只有宪法才能救农民

中国的农民苦，这是人所共知的。在我看来，现实生活中农民的苦难要远远超过那些身居城市而衣食无忧的官员、学者和“三农”问题专家们的想象。笔者眼中的“三农”问题，实质上只是一个农民问题，因为农业是农民所从事的职业，农村是农民居住的地方。

1990年代以来，农民问题日益显性化和尖锐化，说明中国农民还没有走出历史上“兴亡百姓苦”的周期性怪圈。中国历史上的农民起义，实质上是被穷奢极欲、肆无忌惮的统治阶级逼到了生存绝境的农民艰难求生的最后一搏，是专制主义统治下走投无路的农民选择出路的最后权利。但历史上代价惨重的农民起义，不断地演绎着争夺皇冠的简单游戏，发挥着改朝换代的单一功能，它除了使一部分人踏着大部分人的鲜血和白骨对原来的统治者“取而代之”从而赢得奴役他人的新特权外，并没有将农民从苦难中解放出来。农民还是农民，农民还是任由强权宰割和奴役。新中国是由中国历史上最近的一场农民革命而结出的“胜利之果”，但牺牲最大、名义上已与工人阶级一道上升为“统治阶级”的中国农民，今天却仍然面临许多严峻的问题。

可见，均贫富式的农民起义救不了农民，打土豪分田地式的农民革命救不了农民，杀富济贫救不了农民，明君贤相、伟大领袖、青天大老爷都救不了农民。古今中外的政治文明史和政治专制史从正反两方面揭示了一个道理：只有宪法才能救农民。

绕过真问题的伪学问

一幅逼真的农民境况图画可以充分展示当代中国农民的生存现状：一个被五花

大绑捆住手脚的农民在一块巨石的重压下痛苦地呻吟，旁边还有几个无赖在用木棒敲击他。针对这幅农民境况图的各种“伪评说”就会千奇百怪：有的说健康是硬道理，这个农民应该强身健体，只要身体强壮了，什么风险都能承担；有的说现在这个农民身体还不是很健壮，那块石板明显偏重了，应该通过科学测算予以减轻；有的说关键是要让这个农民富起来，要不失时机地把他推到河里去，使他学会在市场经济的大海里游泳；有的说这个农民要转变观念，不要再种那没有钱赚的稻谷，应该以世界眼光抢抓入世机遇，多渠道增加收入，及时调整农业结构，他的责任田应该种植药材，亦可养鱼；有的说城市化是这个农民脱贫致富奔小康的成功之路，他应该到沿海城市去“打工”，搞劳务输出，创“打工经济”；有的说那几个无赖也太没修养了……

如此立意高远、逻辑严谨、论证有力的恢宏之论，充斥于街头巷尾，传颂于朝野之间。你说这些观点哪条错了？哪一条看起来似乎都没错。但正是诸如此类“看起来都没错”的认知思维，将国人导向了一个严重的“误区”。在笔者看来，对这个“被五花大绑捆住手脚又外加一块巨石重压”的痛苦农民，当务之急就是毫不犹豫地搬掉压在他身上的石块，解开捆绑他的绳索，并且宣称任何个人和组织都无权用绳索捆绑、用石块压住农民，这个农民与每一个人一样享有平等的自由和权利，只要还给他自由，他就会追求属于自己的幸福生活。至于那几个无赖，应该将其抓起来依法惩治。

众所周知，在言论自由管道欠畅、各种“禁区”林立、真问题纷纷沦为“敏感问题”的语境中，长期以来形成了一个十分奇特的怪现象：各种所谓的学术研究、理论探讨，大都小心翼翼地绕过“真问题”而在大做“伪学问”。这好比一个人在大街上被歹徒抢了钱包，而“抢劫”已被预设为“敏感问题”，是“禁区”，不能研究、不准探讨，而这样的事又确确实实发生了，不谈不行。于是一大批专家学者就自以为是地在诸如“钱包系得不牢”、“受害人体格欠强壮”、“那天不该出门”等看似“有理”其实十分荒谬的“伪问题”上“浅析”、“探讨”、“试论”、“思考”。这类十分可笑的“伪问题”研究是十分常见的，比如改革开放以来，在邓小平提倡社会主义也可以搞市场经济之前，“市场经济”是资本主义的东西，是个“敏感问题”，是“禁区”，经济学家无不绕过这个“红灯区”，大在“有计划的商品经济”、“计划调节为主、市场调节为辅”这样的问题上下功夫。

正如上面所述，在“三农”问题上，绕过“敏感的真问题”而大作“伪学问”的为数不少。比如，有的绕过大中城市对农民进城的制度性排斥，大肆为农民无奈选择的“小城镇”唱赞歌；有的绕过城市对农民办企业的刚性束缚，由衷地赞美农民退避三舍兴办的“乡镇企业”是“伟大创造”；有的绕过二元户籍制度对农民身份的歧视和凝固化，将从农村自然转移到各大中城市实质从事工人职业的新型劳工阶级视为“农民工”大加粉饰；有的绕过基层干部典型的违法犯罪行为这一本质，对公开抢劫农民财物、任意殴打、抓捕、关押农民甚至致农民于死地的乡镇干部轻描淡写地称之为“工作方法简单、工作作风粗暴”；有的绕过人权、自由、民主等实质问题，面对基本人权不保的农民却空谈什么“调整农业结构”、“增加农民收入”等虚妄之言……这些回避“真问题”的“伪学问”，不仅对解决农民问题意义不大，而且还制造了新的认识紊乱和实践混乱。

农民的不幸缘于旧制度

当代中国没有南非曾经那样的“种族歧视”，却有中国特色的“农民歧视”。中国的农民歧视，与多民族无关，与历史悠久无关，与经济发展无关。不能将农民问题简单地归结为经济社会不发达、农民素质差，也不应将今天的责任抛给历史老人去背。当代中国农民问题，主要根源于人为的制度对农民的歧视，对农民的制度性歧视造成了农民的普遍不幸。农民的不幸，源于在苏联模式和本国专制主义的双重影响下，立法者对农民权利的歧视，执法者对农民权利的侵害，司法者对农民权利的轻蔑。

1958年1月9日通过的《中华人民共和国户口登记条例》，剥夺了农民迁徙自由权，从而逐渐构建了城乡二元结构。在城乡二元格局下，国家制度化地“安装”了一根“大管子”年复一年地从农村“抽血”滋补城市。这种不顾农民基本生存权和发展权的违宪性制度安排，使二三代农民为之付出了惨重的代价。据测算，1954—1978年，国家通过工农产品价格剪刀差巧妙地从贫苦农民身上“挖”走了5100亿元的巨额资金。1978—1991年，“剪刀差”累计高达12329.5亿元，1990年代以来，每年剪刀差绝对额都在1000亿元以上。在这种对农民画地为牢的制度安排中，被死死捆住手脚的农民在1959—1961年所谓的“三年自然灾害”中活活饿死了数千万人。据专家研究，所谓的“三年自然灾害”其实并无“自然灾害”，恰恰相反，那三年倒是个“风调雨顺”的年成。

为了把农民严严实实地捂在农村，政府还配套性地在构建了一系列差异性的法律制度。这种在一个统一的主权国家之内对国民实行双重标准的差异性法律制度安排，违背了“在法律面前人人平等”的宪法原则，剥夺了农民追求幸福的权利。

如果仅仅是这样，对农民来说还不是最糟糕的。可怕的是，城市一些针对农民的制度安排和野蛮做法，已经大大突破了农民的生存底线。“收容遣送制度”就是这样一条臭名昭著的恶制。多年来，在《收容遣送办法》的“合法”庇护下，城市执法部门就利用这个制度任意收容、关押“农民工”。《宪法》赋予公民的“人身自由权”在“收容遣送制度”面前消失得无影无踪。2003 年，实行了 21 年之久的“收容遣送制度”因为孙志刚之死而被废止。但每一座沾满农民凄惨血泪的“收容遣送站”，是中国农民和所有良知未泯的国人心中永远的痛。

在农村，不受有效制约的权力，对农民的财产和生命安全构成了空前的现实侵害。直接管制农民的县乡村三级，事实上结成了利益同盟，成为农民身上新的“三座大山”。作为县乡村三级的乡镇，为了从农民身上榨出名目繁多的税费来，曾长期不择手段地侵害农民的人身权利和财产权利。当一些人看到农民被乡镇政权压榨时，常抱怨农民“没有法律意识”，不懂得通过法律手段维护自己的权利。这从理论上说是这么回事，但这是一种假定司法独立和司法公正前提下的善良责难。这些人可能并不很清楚，一些县级政权为保证乡镇完成自己下达的“指标任务”，明确指示法院不得对涉及农民负担、计划生育等方面的案件立案，律师一律不得代理上述涉农案件。在这种司法权从属于行政权的情况下，作为社会正义“最后一道防线”的法院，事实上对最需司法救济的弱势农民关紧了大门。

那么农民怎么办？最常见的还有三条路：一是豁出老命硬碰硬。悲愤的农民在走投无路之际，也敢“舍得一身剐”，明知自己是“鸡蛋”，也要与乡镇干部这块“石头”碰一碰，闹出个“群体性事件”以引起“上面重视”。二是踏上漫漫上访路。纵观世界，只有中国才有如此惊天动地的“上访景象”，这是人治社会正义不张的缩影。在长期上访中摸出了经验的农民，几乎一致地认识到县乡村都是“一伙的”，在县里上访不会有什么结果，于是就把伸张正义的希望寄托在中央、省、市以及新闻媒体上。对直接欺压农民的县乡村来说，农民上访一旦成功，就必然影响到县乡村的“形象”，上级追查下来，责任人轻者给上级领导留下了“不好印象”，重者官帽难保，前程尽毁。这样，在农村就出现了一个新动向：以“妨碍社会治安”、“冲击国家机关”、“颠覆国家政权”等罪名将为首上访的农民判他个三五年“徒刑”以绝后患。三是逆来顺受任宰割。笔者曾对中国农民为什么具有“勤劳节俭、忍辱负重、忠厚老实”的民族性格未予深究，现在通过对农民问题的研究发现，在只有承担纳税义务而无从享受公共福利、只有深受权力侵害而无司法救济的专制主义的社会政治环境中，中国农民逆来顺受的性格就在权力的万般驯服和贫困的长期折磨中渐渐形成了。

除了宪法，农民没有救世主

农民问题的严峻性，彰显了没有人权保障的社会危机。正如马克思通过对商品的研究发现资本主义的内在矛盾一样，笔者通过对农民问题的观察发现，没有建立宪政民主，整个国家就必然隐藏着深刻的社会政治危机。

人类政治文明史充分揭示，宪法是人民反抗专制主义、限制国家权力、保障公民权利的最高成果。在当今世界上，只要真正实行了宪政的国家，绝不可能有中国这样尖锐的农民问题。中国之所以长期存在尖锐的农民问题，这充分暴露了我国在宪政民主建设上的严重滞后。近些年来，随着市场经济的发展和执政党对政治文明的张扬，国民的权利意识空前觉醒，这就使我更加坚信，作为治国安邦总章程的宪法，是农民走出梦魇的真正“救世主”。

在当代中国，宪法救农民，有着十分丰富的意蕴和现实诉求。

宪法救农民，意味着农民可以平等地参与制定国家游戏规则。农民将不再是任人摆布的工具，而应真正成为国家、社会和自己命运的主人。占全国总人口70%的农民，就该有与之相对应的名额当选全国人大代表，从根本上改变目前全国人大代表中农民代表偏少甚至缺乏真正农民代表（有些是挂农民名义的非农代表）的局面。

宪法救农民，意味着一切歧视农民的违宪性法律法规无效。一方面，全国人大及其常委会不得违宪制定任何旨在剥夺农民宪法权利的法律，国务院及地方政府不得出台任何与宪法精神相抵触的政策法规。另一方面，全面清理建国以来在计划经济体制中制定的一切限制和剥夺农民权利的法律法规。像1958年出台的《户口登记条例》以及在教育、就业、社会保障等各个方面歧视农民的一切法律法规和政策规定都应予以废除。单独针对农民的农业税、特产税也必须取消。

宪法救农民，意味着农民在宪法框架内充分行使公民权利。农民可以依法组织农会，形成与政府和其他利益集团平等博弈的社会机制；乡镇应该实行自治，其主要职能是提供公共物品和公共服务，乡镇现行的收粮收税收费等职能应该完全剥离出去；领导干部自上而下的委任制应尽快废除，县、乡镇领导机构必须与村委会一样由所辖区域内的农民、居民自由投票选举产生和罢免；农民与市民一样都享有居住和迁徙的自由权，农民既可以选择到各类城镇生活，也可以选择到农村生活，既可以选择到甲城市生活也可以到乙城市生活，任何一座城市都无权设立进城门槛，也无权要求农民办理“城市暂住证”，正如农民无权要求那些到农村下基层调研的城市领导干部和到农村风景名胜区旅游的城市市民办理“农村暂住证”一样。

宪法救农民，意味着司法公正独立和新闻自由。农民作为人数最庞大的、地位最低下的弱势群体，最容易受到不公正的对待和强势利益集团的侵害。司法制度要保障在全社会实现公平和正义。司法权不独立，自由就没有了。没有新闻自由，真相和正义就得不到揭露和张扬。司法独立和新闻自由，是农民自由幸福不可或缺的制度保障。

宪法救农民，意味着农民同样是共和国公民。既有宪法的良好制定，又有宪法的有序践行，这就是宪政。宪政之路，是中国农民真正的自由、幸福和解放之路。

（燕园评论网 www.yypl.net 2003–07–05 首发）

以宪法关怀农民——对话章涌①

正义或许会迟到，但永远不会缺席

在新春伊始、南来北往的民工大潮尚未散去的时候，《中共中央国务院关于促进农民增加收入若干政策的意见》以“一号文件”形式出台。对此，一向从宪法角度关注农民问题的“三农”研究学者张英洪，选择的却是少见的热情：“这是1980年代‘一号文件’的回归，今年的‘一号文件’更全面、更系统，最值得称赞的是将农民增收的问题提到了一个极高的位置，在中国这样一个特色社会主义国家里，农民问题作为经济发展和政治稳定的首要问题，出台‘一号文件’不仅是农村、农民、农业发展的实际需要，也是各种利益综合平衡的需要。但要在根本上解决农民问题，最关键的是上升到宪法层面。宪政之路，是中国农民真正的自由、幸福和解放之路。”

张英洪最终像他的师友一样，用锋利的解剖刀去解剖社会经济关系，并试着在自己的研究领域发出最强音。尽管这些年来，各大“门派”围绕“三农”问题和基层建设的论点层出不穷，但他总能站在宪法的高度，以更富理性和情感的“三农”研究学者的面貌出现，就像他在最新出版的《给农民以宪法关怀》里所说的——“我个人的生命是同中国改革事业联系在一起的，几年来，秉烛夜熬，算是一个农民之子对九亿农民的精神反哺。”

“这是一个地道的草根学者，身上还有着尚未散去的泥土气息。”对媒体这样的描述，张英洪会发出爽朗的笑声。但笑声过后，张英洪会像小孩子样想起家来：“读书时，家里很穷，每次饿着肚子去学校时，总怪父母无能，长大后才明白，这是旧

① 章涌系《湘声报》记者。

体制所决定的。”

有过10多年农村工作研究经验的张英洪始终不会相信：不触及体制的改革会是成功的改革。在常常由学院派话语体系主导的社科学界，张称自己是一位彻头彻尾的实践者，深入基层的经验比书本上那些精确漂亮的理论更能解决问题，“解决中国的农民问题，不能把治国安邦的总章程晾在一边，不能忽视人类政治文明的共同成果。宪法的基本功能在于严格约束公共权力，切实保障公民权利。在21世纪的今天，中华民族要走出‘兴亡百姓苦’的千年梦魇，就必须从民主政治的高度关注农民，给农民以宪法关怀。”张说话时，不打手势，声音有些嘶哑，甚至普通话也不算标准，但像鹰隼一样的眼睛却闪耀着智慧的光芒。

“我有过多年农村工作经验，曾经与绞尽脑汁对付农民的官僚拍桌打椅，不知扶起过多少痛哭流泪下跪的老人。农民问题就像一瓶烈酒让我欲罢不能，但我相信正义仍是社会追求的首要价值。”对农村基层的深入了解使张的研究脱颖而出，众多研究农民问题的作品摆上了许多官员的案头。许多主流媒体和重要网站的报道，使张的学术观点得以较大范围的传播。

和张接触的人，都认为他是一个不善言辞的人，但和张对话让人觉得他是一位非常有穿透力的学者，他的独立思考能力，能刺激我们习以为常的看法。他“说一句话就是一句话”的表达方式，会让你感受到他是一名真正的知识分子。

解决“三农”问题的里程碑

记者：中央最近出台了促进农民增收的一号文件，你对此有何认识？

张英洪：众所周知，这是时隔18年后中央出台的关于农业和农村工作的“一号文件”，也是建国以来中央第一次就农民增收问题下发的文件。之所以如此，是因为当前农业和农村发展中存在着许多新的矛盾和问题，突出表现在农民增收困难，城乡居民收入差距不断扩大。我掌握了这样一组数据，1979—1997年，农民人均收入年增长16%，而1997年以来，农民收入增幅连续下降，年均增长只有4.2%，相当于城市居民收入增速的五分之一。同时，农村居民收入中将近一半是靠一亿多农民进城打工挣来的。城乡居民收入之比由上世纪80年代1.8:1扩大到2002年3.11:1，这个比率尚未计算城市居民大量的隐性收入。有的学者认为城乡收入实际之比在5:1以上，甚至为6:1。而世界上大多数国家城乡收入之比为1.5:1，超过2:1的极为罕见。

记者：看来，中央下发这个“一号文件”是非常及时的，对于扭转城乡收入差距、解决“三农”问题具有里程碑式的重要意义。

张英洪：邓小平曾经警告说，如果改革造成了社会的两极分化，这种改革就改到邪路上去了。这种担忧不是没有道理的。现在社会已经公认农民由改革初期的普遍获利阶层转变为利益受损阶层，成为改革成本的主要承担者。这就使弱势阶层的生存状况和公平公正的改革取向开始成为强烈的社会诉求。“一号文件”体现了新一届中央领导集体以人为本、关注民生、致力于维护社会公正的执政理念和施政风格，深得民众的认同。

当前，中国农民问题是中国社会问题中最主要的问题。中国正处在社会结构实现重大转型的特殊历史时期。任何国家处于这样一个时期，农民都或多或少处于弱势地位。能否在这样一个时期给予农民强有力的支持，不仅决定执政党建立社会公正的执政理念能否落实，更关乎全社会的稳定发展和持续繁荣。把农民的利益放在重要地位，把农村发展放在经济发展的首位，把农业的基础地位稳固下来，是中国当前最大的政治。从这个涵义上说，《意见》的发布和实施确立了中国长远发展的政治基石。

记者：“一号文件”第一次明确指出进城就业的农民工成为产业工人的重要组成部分。你有何认识？

张英洪：这是国家对农民工的工人阶级身份认可。进城务工的农民为城市创造了财富、提供了税收，作出了巨大贡献。早在几年前，我就发表文章，明确提出农民工就是新兴的工人阶级，并将当代中国工人划分为传统的国有集体企业工人和新时期非公有制企业工人即农民工两大类，主张政府应当把后一类新兴工人阶级的权利保护作为工作的重中之重提上日程。这样的主张是有根据的，据有关资料，2003年农村劳力外出就业人数达9900万，农业户口人员占二三产业就业人口比重已高达46.5%，第二产业中农业户口人员57.6%，其中建筑业占80%。由此可知，农民工这一新兴的工人阶级队伍在人数上已超过国有企业工人人数，不折不扣地成为当代中国工人阶级的主力军。

记者：长期以来，大量农民进城务工没有成为真正的城市工人，这是否具有某些特定的社会背景？

张英洪：所谓农民工，就是农民工人，也就是说，从身份上说他们是农民，从职业上说，他们又是工人。这种既是农民又是工人，或者说既不是农民又不是工人的农民工现象，在世界各国都是绝无仅有的。这种有中国特色的农民工只有在中国特定的体制环境下才会出现。

众所周知，一个国家实现现代化的过程，就是工业化和城市化的过程，也就是农村人口向城市流动和集中的过程。不仅西方各国如此，我国建国前以及建国初期也是这样的，根本不存在什么农民工。改革开放和市场经济的发展，催生了农民工这一新的社会阶层，但同时，计划经济条件下出台的一系列旧制度尚未得到应有的废除，甚至还在起着重大的作用，这些旧体制就自然要给新时代催生的农民工套上农民的身份印记。

我的一个基本判断是，农民工既是新时代的产物，又镌刻着旧体制的烙印。没有新时期的改革开放，也就没有农民工，同时，没有传统的旧体制束缚，同样没有农民工。有人问我，农民工这个词是不是带有歧视性？该不该废除？我说，农民工这个词最真实最生动不过地反映了我国改革开放以来的社会变迁，是研究当代中国最核心的关键词之一，要废除的不是农民工，而是造成农民工的旧体制。

拓宽农民增收的新视野

记者：现阶段农民增收困难，是农业和农村内外部环境发生深刻变化的现实反映，也是城乡二元结构长期积累的各种深层次矛盾的集中反映。对此，你是怎样认识和理解的？

张英洪：我认为充分认识和把握这么几点对于理解和解决中国的“三农”问题十分重要。第一，我国正处于社会转型时期，已经和正在由计划经济向社会主义市场经济转变；第二，我国已加入WTO，成为全球经济大循环中的子系统；第三，我国人为造成的最大制度国情在于城乡分离的二元结构。

综观世界各国，在工业化和现代化过程中，都会不同程度地呈现农业、农村和农民问题，但中国的“三农”问题有其不同于任何一国的特殊性，这是因为我国有其特有的人为政策制度因素。这可以从两个方面来考察。

一方面，从发展战略上来说，实行“挖农补工”。国家以工农产品价格剪刀差的形式几十年来源源不断地从农村获取巨额财富来支援工业和城市。据测算，从1953—1985年，农民无偿地支持国家工业化所需资金6000～8000亿元。这种“重工轻农”战略，对农民“挖得太苦”了，用掠夺形容也不为过。另一方面，从政策制度上来说，实行“一国两策”。在一个统一的主权国家内，对全体公民实行城乡有别的两种政策制度，这在当今世界上是绝无仅有的。这种“城乡分治、一国两策”，形成了歧视农民的二元社会结构，使农民处处降为“二等公民”的地位。

记者：“一号文件”提出了许多促进农民增收的具体政策，你对此有何评价？

张英洪：大家都称赞“一号文件”“含金量高”，我们从中可以看到许多可使农民直接获利的政策措施。概括起来，就是发展粮食产业促进农民增收，调整农业结构促进农民增收，发展二、三产业促进农民增收，改善进城务工环境促进农民增收，搞活农产品流动促进农民增收，加大对农业和农村发展投入促进农民增收，减轻农民负担促进农民增收等。这些政策措施针对性强，对于促进农民增收具有重要的现实意义。

不过，从长远来说，确保农民增收，必须打开农民增收的崭新视野，从宪法的高度构建农民增收的制度环境。

从宪法上关注农民

记者：我们注意到你最近出版了《给农民以宪法关怀》的新著，据说这是全国第一部以宪法眼光审视农民问题的著作。请问你为什么选择这样一个研究视角？

张英洪：“三农”问题的核心是农民问题，农民问题是中国革命、建设和改革的根本问题，农民问题的本质是权利问题。现在研究“三农”问题的学者从不同方面主要是经济方面分析和探讨，取得了不少的研究成果。但我认为这种研究还是远远不够的，“三农”问题的日益尖锐化就是明证。

农民作为社会弱势群体，并不是由于个人能力不足而受到社会排斥和居于弱势地位，更多的情况是由于权利不足和机会缺乏而遭到歧视和限制从而身陷困境。中国农民面临的最大制度环境，就是建国以来形成的二元社会结构，这种二元社会结构的本质在于人为的政策设计和制度安排限制和剥夺了农民作为人民共和国公民应当享有宪法赋予的公民权利。这才是农民问题的核心症结所在。我感到困惑的是，我们为什么既要捆住农民的手脚又要农民在市场经济的海洋里搏击？

记者：你提出给农民以宪法关怀，其具体含义是什么？

张英洪：在中国，没有种族歧视，却有农民歧视。农民歧视根源于建国后在苏联模式影响下出台的一系列限制和剥夺农民宪法权利的制度安排，农民在这种歧视性制度安排形成的权利差序格局中不可避免地日益边缘化底层化。解决中国的农民问题，不能把治国安邦的总章程晾在一边，不能忽视人类政治文明的共同成果。新一届中央政治局第一次集体学习的就是宪法。以宪法眼光审视农民问题，既大大激活了神圣宪法的实践生命，又大大开阔了“三农”问题研究的崭新视野。宪法的根本原则是人人平等，宪法的基本功能在于保障公民权利，约束公共权力。给农民以宪法关怀，就是要尊重和保障农民作为共和国公民应当享有的基本权利和自由，就是要把农民从二元社会结构中解放出来，给农民以公平、公正的国民待遇、平等自信的公民地位和自由广阔的生存发展空间，就是要尽快改变城乡二元结构，统筹城乡经济社会发展，使农民增收和农民自由而全面发展有一个公正、有序和可持续的制度环境。

勇气比智慧更重要

记者：中央“一号文件”强调要把解决好农业、农村、农民问题作为全党工作的重中之重。对“三农”问题，不仅分管领导要直接抓，而且党政一把手要亲自抓，地、县两级领导要把主要精力放在农业和农村工作上。你认为贯彻落实“一号文件”乃至解决“三农”问题最需要的是什么？

张英洪：最需要的是破除旧观念、冲破旧体制的勇气，这种勇气包括理论勇气和实践勇气。湖南省社科院院长朱有志曾概括出一句“勇气比智慧更重要”的话。看来，我们在解决“三农”问题上，这句话也是用得上的。发展是党执政兴国的第一要务。我们的发展是由计划经济向市场经济发展，由封闭锁国向融入经济全球化发展，由传统人治社会向现代法治社会发展。这种特殊的发展背景和环境，决定了我们要有坚决冲破一切妨碍发展的思想观念、坚决改变一切束缚发展的做法和规定、坚决革除一切影响发展的体制弊端的勇气。贯彻落实“一号文件”也好，构建农民增收的制度环境也好，没有这种开拓创新勇气是肯定不行的。

这里又要谈到农民的权利问题。农民的基本权利主要包括三个方面：一是农民的个人权利，包括人身自由、言论自由和行动自由；二是农民的社会经济权利，即社会公正和适当的资源分配权、工作（劳动）权、医疗权、财产权、住房权、迁徙权、名誉权、教育权、被赡养权等；三是农民的政治权利，主要指政治参与和选举权利以及结社权等。在计划经济条件下，我国出台了一系列限制和剥夺农民公民权利的政策法律制度，比如现行的户籍制度限制了农民的居住和迁徙自由权，现行的社会保障制度忽略了农民的社会保障权，现行的教育制度、就业制度、税费制度等等对农民来说都是歧视性的，需要大胆冲破和革除。

一个农民之子的精神反哺

记者：我们了解了你的经历后得知你在大学和研究生期间所学的专业似乎与“三农”问题没沾上多少边，你也长期从事公务员职业。为什么你要研究“三农”问题尤其是农民问题?

张英洪：也许我“背叛”了我学的专业。事实上我感到以前所学的东西都是很有用处的，虽然很难说具体在哪些方面。

我觉得自己是一个有责任心、有现实关怀的人。我出生农民家庭，对农民这一弱势群体的生存状况十分熟悉，一个总的感受是农民生活很艰难。记得我小时候经常吃红薯杂粮饭，当时最大的心愿就是能吃上白米饭。这个愿望在1980年包产到户实现了，我的印象特别深。

农民能吃饱饭当然是中国社会的巨大进步，但却是远远不够的。长期以来，农民仍然在旧体制的束缚下艰难地谋生。农民付出的最多，得到回报的却最少。我们的父母含辛茹苦支撑我们读了大学，用他们弯曲了的腰板把我们送入城市，可他们自己却仍然留在农村，仍然在辛勤耕耘。我们能回报农民什么？如果我们这些农民出身的学者对农民的生存状况漠不关心，对束缚农民自由而全面发展的旧观念、旧体制麻木不仁，这既是对农民的背叛，也是对国家、对民族的不负责任。这些年来我为农民说话的不懈努力，算是一个农民之子对农民的精神反哺。

记者：我们留意到你前些年对“三农”问题的一些建议很快都变成了中央当前的决策，这对一个学者来说是令人欣慰的。最近上海一家媒体就农民工问题采访了你，称你为“草根学者”。我们看了你与农民工同吃同住的经历后，很感动。你的这种底层意识来源你的出身吗?

张英洪：与出身有关，但可能并不全是这样。记得许多年以前我的“跳农门”意识就比较强。当时我可能与不少农民之子的意识差不多，内心深处有种莫名的惆怅。后来随着认识的深化，发现原来农民的困境并不是因为农民素质低下能力差，而是人为的歧视性制度所形成的二元社会结构对每个农民自由而全面发展的严重束缚。我感到中国农民特别可敬可亲，特别值得我们这些农民之子去为农民鼓与呼，特别需要当代中国人去冲破传统观念和旧体制的束缚。新一届中央领导集体关注弱势阶层的新民本主义的执政取向使我们备受鼓舞。

记者：读者很喜欢你那些说真话的文章。

张英洪：对此，我感到欣慰。我认为，无论是从作为一个共产党人应该始终保持蓬勃朝气、昂扬锐气和浩然正气来说，还是从作为一名学者应当具备的学术良知来看，都要求我们求真务实，敢于说真话，勇于求真知。在一些不利于说真话的语境中，说真话可能一时会遭遇冷落和偏见，但时间的老人永远站在真理一边。

（本文原载《湘声报》2004 年 2 月 20 日）

第五篇

权利保障与社会和谐

当代中国农民的政治权利

农民问题是中国革命、建设和改革的根本问题。在不同的历史时期，人们对农民问题的认识也各不相同。中国共产党成立以后，认为农民的根本问题是“土地问题”，从而开展了土地革命运动，“打土豪、分田地”是中国共产党赢得农民、动员农民的革命口号。执掌全国政权后，中国共产党没有忘记对农民的历史性承诺，建国初期就在全国实行了“土地改革”。改革以来，中国共产党实现了从“以阶级斗争为纲”到“以经济建设为中心”的历史性跨越，“增加农民收入”就成为当前的主流话语和政策选择。

经过二十多年的改革开放和现代化建设，全国人民的生活水平总体上达到小康，开始全面建设小康社会。在这样的现实发展基础上，笔者认为中国农民的根本问题是权利问题，就是说，在对农民问题的认识上，应该从土地问题、增收问题上升到权利问题。可以说，只要农民的权利得到尊重、保障和实现，农民的土地问题也好，增收问题也好，以及农民的其他所有问题，都会因为找到了农民问题的总钥匙而迎刃而解。

国际人权理论将人的权利分为公民权利和政治权利以及经济、社会和文化权利两大类。本文着重探讨农民的公民权利和政治权利，即广义上的政治权利。

当代中国农民政治权利概述

从政治学和法学来说，权利是合法赋予每一个人的，只要是一个国家的公民，就自然平等地享有法律赋予的公民权利。笔者强调农民的政治权利，并不是要刻意把农民与其他社会阶层的权利区分开来，而是根据中国“三农”问题的实际，突出探讨中国农民作为人民共和国公民应当享有的政治权利状况。

政治权利可以从狭义和广义上去理解，狭义的政治权利是指公民参与公共事务的权利，亦即参政权；广义的政治权利除了参政权之外，还包括平等权、人身权、自由权等公民权利。学术理论界对政治权利的划分不尽一致，有的学者认为公民的政治权利可分为三大类：(一)自由权，包括人身自由，言论、出版、集会、结社、游行、示威自由和通信自由。(二)平等权，体现为法律面前人人平等和社会平等。(三)民主权，主要包括选举权和被选举权、监督权、批评和建议权、检举权、申诉权和控告权、民主管理企事业单位权。①《中华人民共和国宪法》第二章专列公民的基本权利，在政治权利方面，主要有：公民在法律面前一律平等，有选举权和被选举权，有言论、出版、集会、结社、游行、示威的自由，有宗教信仰自由，人身自由不受侵犯，人格尊严不受侵犯，住宅不受侵犯，通信自由和通信秘密受法律保护，对于任何国家机关和国家工作人员有提出批评和建议的权利，有申诉、控告或者检举的权利，有依法取得赔偿的权利等。②

国际人权法理论将人的权利分为公民权利和政治权利以及经济、社会和文化权利两大类。根据《世界人权宣言》和联合国《公民权利和政治权利国际公约》，公民权利和政治权利主要包括民族自决权，生命权，免于酷刑权，免于奴役权，人身自由与安全权，人格尊严权，免于因债务而被监禁权，迁徙和居住自由权，平等权，隐私权，思想、良心、宗教和信仰自由权，言论自由权，集会自由权，结社自由权，家庭与缔婚自由权，选举权和被选举权，参与公共事务权，担任公职权等。③

中华人民共和国的一切权力属于人民。在中国共产党的领导下，农民作为中国人数最多的社会阶层，在政治上翻身做了国家和社会的主人，这是中国历史上亘古未有的巨变。但建国以后，在苏联集权模式和本国传统专制主义的消极影响下，我国的民主和法制建设曾长期遭到严重破坏，农民政治权利的保障和实现也就不可避免地受到多方面的制约和限制。回顾50多年来，当代中国农民经历了政治公民、

① 参见王浦劬主编：《政治学基础》，北京大学出版社1995年版，第118—119页。

② 参见《中华人民共和国宪法》，中国法制出版社2004年版，第9—10页。以下引自现行《宪法》条款均出自此书。

③ 参见朱晓青、柳华文：《〈公民权利和政治权利国际公约〉及其实施机制》，中国社会科学出版社2003年版，第42—102页。

半政治半社会公民和社会公民三个阶段。[①] 在这三个阶段，国家对农民政治权利的尊重、保障和实现都呈现出不同的内容和特征。

第一阶段，政治公民阶段，从建国初到改革开放前。以马克思主义为意识形态、根据列宁主义的建党原则建立起来的中国共产党，依靠动员亿万农民，通过长期的武装斗争，建立了“人民当家作主”的新中国。在当时的国际国内环境中，“一边倒”向苏联的新中国，为加快国家工业化进程，开始照搬苏联模式实行高度集中的计划经济，推行工业化尤其是重工业优先发展战略。与此同时，国家权力历史性地下沉到乡村社会，一个历史上最强大的政权机构层层建立起来，国家对农民的控制达到了顶峰。1950 年代开始，经过土改、大跃进、人民公社化运动、社教运动以及“文化大革命”，中国农民被空前地动员到一浪高过一浪的政治运动中来。随着城乡二元体制的建立和固化，农民也被空前地固定在土地上，曾经在历史上相对独立的单纯的农民在共产党的革命化训练下变成了国家的“政治公民”。

第二阶段，半政治半社会公民阶段，从 1978 年中共十一届三中全会到 1997 年中共十五大。中共十一届三中全会后，中国实行了改革开放，国家对乡村社会的高强度控制开始释放，国家权力有条件地从乡村社会收缩。人民公社的解体和家庭联产承包责任制的推行，推动了中国农村社会的重大转型。中共十四大确立社会主义市场经济体制，标志着高度集中的计划经济体制被主流社会抛弃，随着 1982 年宪法的颁布、1987 年村民自治制度的试行以及小城镇户籍制度改革的推进，中国农民获得了新的历史性解放。但民工潮和收容遣送制度的存在，使农民切身体会到大中城市对农民的身份排斥和制度歧视。有中国特色的城乡二元社会结构，使农民实际上处于“二等公民”的不利地位。

第三阶段，社会公民阶段，从 1997 年中共十五大以来。进入 20 世纪 90 年代中后期，中国学术理论界对“国家与社会关系”及“市民社会”的研究兴趣高涨。中共十五大明确提出依法治国、建设社会主义法治国家的目标，并第一次把“尊重和保障人权”写进政治报告。1997 年和 1998 年，中国政府先后签署了《经济、社会和文化权利国际公约》以及《公民权利和政治权利国际公约》。1998 年 11 月 4 日九届全国人大常委会第五次会议正式通过《村民委员会组织法》，村民自治成

① 对当代中国农民身份的三个阶段划分，是作者 2004 年初与田必耀共同研讨农民政治权利问题时由田必耀先生初步概括提出的，在此向田必耀先生致谢。当然，这种划分可以进一步讨论。笔者后来对农民身份的变迁作了新的划分，认为 60 年来中国农民身份经历了 4 次大的变迁，即农民身份的阶级化、农民身份的结构化、农民身份的社会化以及农民身份的公民化。参见周作翰、张英洪：《从农民到公民：农民身份的变迁路径》，载《湖南文理学院学报（社会科学版）》2007 年第 6 期。

为“黄土地上的政治革命”，“草根民主”在神州大地上生根、发芽、开花、结果。2001年中共十六大正式提出统筹城乡发展、全面建设小康社会和建设社会主义政治文明，2003年10月14日十六届三中全会又提出了科学的发展观和正确的政绩观，片面追求经济增长的发展模式开始让位于统筹城乡发展、统筹区域发展、统筹经济社会发展、统筹人与自然发展、统筹国内发展和对外开放的发展观，即以人为本，全面、协调、可持续的发展观。2004年3月，十届全国人大二次会议通过了现行宪法的第四次修正案，“国家尊重和保障人权”开始从执政党的政策主张上升为国家和人民的意志，成为国家根本大法的正式条款，这对于农民政治权利的发展具有重要的意义。

保障公民权利，是现代宪法的基本精神，是民主法治建设的核心要求。现行宪法的颁布和先后四次修正，标志着执政党对农民权益的不断关怀。建国以来，执政党和国家对乡村社会的控制范围和力度不断收缩，中国共产党的治国理念和执政方式也都发生了很大变化，从计划经济到市场经济，从主要依政策治国到依法治国，从建立城乡二元体制到统筹城乡发展等等，都为农民政治权利的保障和实现创造了宏观条件。但是，从整体上来看，当前农民的各项政治权利还没有得到完全的实现，农民的自由而全面发展仍受到旧观念和旧体制的较多限制。

当前中国农民主要政治权利评析

从政治上说，农民已经成为国家和社会的主人，充分享有宪法和法律规定的广泛权利。但由于我国曾长期实行计划经济，加上几千年专制主义的深远影响，农民在成为国家和社会主人的同时，也受到重重旧体制的局限和束缚。限于篇幅及根据当前农民生存和发展的实际，本文着重从平等权、自由权、人身权、参政权及自治权等方面进行评述和分析。

关于平等权。平等权是我国公民的基本权利，它指公民同等地依法享有权利和履行义务。在人类社会的漫长历史中，人与人之间是公然不平等的。直到18世纪，平等成为资产阶级反对封建专制特权的革命口号。1776年美国《独立宣言》第一次将“人人生而平等”以政治宣言的形式确定下来。法国大革命喊出了“自由、平等、博爱”的响亮口号，1789年法国《人权宣言》第1条就明确宣告：“在权利方面，人们生来是而且始终是自由平等的。”第6条又重申“在法律面前，所有的公民都是平等的，故他们都能平等地按其能力担任一切官职、公共职位和职务，除德行和才能上的差别外不得有其他差别”。1948年12月10日联合国大会通过的《世界人权宣言》第1条宣称：“人人生而自由，在尊严和权利上一律平等。”在现代社会，平等权普遍地被写入各国的宪法之中，成为人类共同确认的一项最基本的人权之一。对中国来说，平等权也始终是中国革命的目标之一，1912年《中华民国临时约法》第5条规定“中华民国人民，一律平等，无种族、阶级、宗教之区别。”1954年宪法第85条规定：“中华人民共和国公民在法律上一律平等。”现行宪法第33条第2款对此作了相同的规定。毋庸置疑，农民作为人民共和国公民，理应平等地享有宪法赋予的权利。但不必讳言，在计划经济体制下出台的一系列政策法律制度，人为地限制乃至剥夺了农民作为共和国公民应当平等享有的基本权利，同时农民也被人为地承担了不平等的义务。这主要表现在20世纪50年代以来形成的城乡分离的二元社会结构上。1958年1月9日第一届全国人大常委会第9次会议通过了《中华人民共和国户口登记条例》，将全体公民划分为农业户口和非农民户口，建立了严格的二元户籍制度，从此使农民在户口登记、劳动就业、社会保障、就学就医、粮油供应、税费负担等各个方面享有和承担与城镇居民完全不平等的权利和义务。这种城乡分离的二元社会结构，实质上是对农民这一群体的制度性歧视，使农民丧失了多方面的平等权利。这种明显歧视农民的二元社会结构直到改革开放以后才开始有所打破。随着市场经济的发展，小城镇户籍制度改革取得了实质性进展，农民已经获得了离开土地到城镇寻求发展的权利，但这种权利仍然是十分有限的。当前的“三农”问题和农民工问题就是不平等的二元社会结构长期积累的深层次矛盾的集中反映。

关于自由权。自由权是指与人身和财产相关的由公民依法自主决定的个人精神和行为空间的权利。人是生而自由的，但却长期受到种种人为的观念和制度的束缚。特别是在漫长的专制主义统治下，人的自由遭到了最无情最广泛的限制。欧美政治革命极大地解放了人性，使个人的自由上升为法律，形成了具有法律含义的自由权。当今世界，无论是发达国家的宪法，还是发展中国家的宪法，无一例外地标榜对自由的保障。我国宪法对公民的自由权作了广泛的规定，主要包括：言论、出版、集会、结社、游行、示威自由等政治自由权，人身不受侵犯、人格尊严不受侵犯、住宅不受侵犯、通信自由和通信秘密受法律保护、居住和迁徙自由等人身自由权，宗教信仰自由权，文艺创作自由、科研自由等文化活动自由权，婚姻自由权。中国是社会主义国家，从政治上和宪法上来说，农民享有最广泛的自由权利。但对农民来说，在享受着广泛自由的同时，却又在某些方面遭到了旧体制的严重限制。

除了人身自由另外单独阐述外，农民的居住迁徙自由权、结社自由权遭到旧观念、旧体制的限制比较突出。

先来看农民的居住和迁徙自由权。从一般意义上说，居住和迁徙自由是宪法和法律赋予人民自由离开原居住地到外（包括国内和国外）旅行定居的权利。居住和迁徙自由就其最早的成文法渊源来看，可追溯到1215年英国的《自由大宪章》，1791年的法国宪法最早以成文宪法的方式规定了公民迁徙自由权。二战后，居住和迁徙自由成为国际人权宪章所确认的基本人权之一。《世界人权宣言》及《公民权利和政治权利国际公约》都规定了居住和迁徙自由权。在我国，1912年的《中华民国临时约法》第6款最早规定了人民居住迁徙自由权。1954年宪法第90条第2款明确规定公民有“居住和迁徙的自由”。但随着计划经济体制的建立，公民的居住和迁徙自由尤其是农民的居住和迁徙自由遭到了空前的限制。1958年通过的《户口登记条例》，其实质就是严格限制农民向城镇自由迁徙和居住。1975年宪法历史性地将居住和迁徙自由权从宪法条文中取消，1978年和1982年宪法也没有予以恢复，现行宪法的四次修改都没有涉及到这一权利。改革开放以来小城镇户籍制度改革打破了长期以来把农民束缚在土地上的旧制度缺口，市场经济体制的建立客观上加速了农民向城市的流动，但远远落后于实践的体制改革，使本来已经工作和生活在城市的亿万农民却被人为地刻上了农民工的特殊印记。人为限制和剥夺农民的居住和迁徙自由权，不仅给农民带来了巨大的痛苦，也给国家和民族带来了空前的损失。随着经济和社会的发展，在宪法中恢复公民的居住和迁徙自由权已经显得尤为迫切。

再看农民的结社自由权。结社自由权是人作为政治人的基本权利。《世界人权宣言》第20条规定“人人有权享有和平集会和结社的自由”。《公民权利和政治权利国际公约》第22条规定“人人有权享受与他人结社的自由”。我国现行宪法第35条也规定了公民有结社的自由。现在我国工人有工会，商人有工商联，学生有学联，青年有青联，妇女有妇联，而人口最庞大的农民却没有农会。在民主革命时期，中国共产党就十分善于组织农会来动员农民参加革命。建国初期，农会与工会一样仍然发挥着独特的功能。1950年7月，政务院通过并公布了《农民协会组织通则》，但由于当时的特殊历史条件以及“一切权力归农会”的认识偏差，在乡以下，农民协会成了事实上的政权组织，这也就埋下了日后农会被取消的一个重要原因。在计划经济体制下，农民被组织到人民公社进行集体劳动，农民协会的有无似乎无关宏旨。随着市场化取向的改革的深化，社会形成了多元化的利益主体，不同利益主体之间的利益博弈结果，在很大程度上取决于各利益集团自身的组织化程度。1990年代以来，农民逐渐演变为改革成本的主要承担者和利益的最大受损阶层，没有制度化的利益表达组织无疑是其重要原因。随着市场经济体制的逐步完善和宪法权威的不断确立，成立表达农民利益诉求和维护农民正当权利的农会组织已经受到了广泛的关注。

关于人身权。人身权是指公民依法所享有的涉及其生存和发展空间安全的自由度。人身权也属于自由权的一种，与其他自由权相比，人身权又具有独特的地位。从狭义上来说，人身权包括人身自由不受侵犯、人格尊严不受侵犯、住宅不受侵犯、通信自由和通信秘密受法律保护；从广义上来说，人身权主要包括人身自由权、生命健康权、人格权、姓名权、肖像权、名誉权、荣誉权、监护权、代理权、住宅不受侵犯权、通信自由和通信秘密权、知识产权、环境权等。在当前，由于农民的人身自由权显得特别突出，所以我们所说的人身权主要侧重于人身自由权。公民的人身自由权，是指公民的人身由自己支配和控制，非经法定程序不受逮捕、拘禁、搜查和侵犯。最早将人身自由权写入宪法性法律文件并提出对之限制须经正当程序要求的是1215年英国的《自由大宪章》，该宪章第39条规定：“任何自由人，如未经其同级贵族之依法裁判，或经国法判决，皆不得被逮捕、监禁，没收财产，剥夺法律保护权，流放，或加以任何其他损害。”1628年的《权利请愿书》，1679年的《人身保护法》，1789年的《人权宣传》等宪法性文件都对人身自由作了保障规定。《世界人权宣言》第3条规定“人人享有生命，自由与人身安全”。《公民权利和政治权利国际公约》第9条规定了“人人有权享有人身自由和安全。任何人不得加以任意逮捕或拘禁。除非依照法律所确定的根据和程序，任何人不得被剥夺自由”。我国宪法第37条对人身自由权有着明确的规定：“公民的人身自由不受侵犯。任何公民，非经人民检察院批准或者决定或者人民法院决定，并由公安机关执行，不受逮捕。禁止非法拘禁和以其他方法非法剥夺或者限制公民的人身自由，禁止非法搜查公民的身体。”在社会转型时期，由于体制的不完善等多重原因，农民的人身自由权遭到了很大的侵害，这主要表现在两个方面：一方面在农村，基层政权的暴力行政使农民人身自由权遭到侵害。1990年代以来，随着农民负担问题的尖锐化，一系列涉农恶性案件频频发生。基层政权尤其是乡镇政权在农业结构调整、农业税费收缴以及计划生育工作中，往往对农民暴力相向，动辄牵牛、抬猪、抢粮食、拆房子以及捆绑、关押、拘禁、殴打农民，逼死打死农民的恶性案件时有发生。据中办、国办关于涉农恶性案件的通报，2002年下半年至2003年上半年，全国上报的涉农恶性案件 15 起，逼死农民 15 人，对此负有责任的 142 名党政干部受到党纪、政纪处分，其中市（地）级干部 3 人，县级干部 30 人，6 人被移送司法机关处理。另一方面在城市，一些执法部门非法收容遣送进城务工的农民工，严重侵害了农民的人身自由权。1982 年 5 月国务院颁布《城市流浪乞讨人员收容遣送办法》，1991 年收容对象扩大到“无合法证件、无固定住所、无稳定经济来源”的“三无”人员，外出务工的农民成为主要的收容对象。据民政部统计，全国 700 多个收容遣送站每年有 100 多万人被收容遣送，1999 年北京市共收容遣送 149 万人次；2000 年广东省共收容遣送 58 万人次。收容权力的肆忌扩张，导致农民人身自由权的严重侵害。2003 年 3 月 20 日武汉大学生孙志刚在广州被收容遣送殴打致死的事件发生后，引发了全国对收容遣送制度的声讨。2003 年 6 月 20 日温家宝总理签署第 381 号国务院令，公布施行《城市生活无着的流浪乞讨人员救助管理办法》，废止了实行 21 年之久的收容遣送制度。另外，劳动教养制度与《宪法》、《立法》、《行政处罚法》的规定相抵触，它未经正当法律程序审判而由行政机关以行政处罚的方式长期剥夺公民的人身自由，这与现代法治是相违背的，应当予以废止。

关于参政权。参政权是指公民依法参与国家公共事务的权利。参政权一般称为政治权利和政治自由，即狭义上的政治权利。根据中国宪法第 16、34、35、41 条，参政权主要包括选举权、被选举权、批评权、建议权、申诉权、控告权、检举权、取得赔偿权、民主管理企业权等。《世界人权宣言》第 21 条从三个方面规定了参政权：(一) 人人有直接或通过自由选择的代表参与治理本国的权利。(二) 人人有平等机会参加本国公务的权利。(三) 公民的意志是政府权力的基础；这一意志应以定期的和真正的选举予以表现，而选举应依普遍和平等的投票权，并以不记名投票或相当的自由投票程序进行。《公民权利和政治权利国际公约》第 25 条作了类似的规定：(一) 直接或通过自由选择的代表参与公共事务；(二) 在真正的定期的选举中选举和被选举，这种选举应是普遍的和平等的并以无记名投票方式进行，以保证选举人的意志的自由表达；(三) 在一般的平等的条件下，参加本国公务。我国宪法明确规定“一切权力属于人民”，人民依照法律规定，通过各种途径和形式，管理国家事务，管理经济和文化事业，管理社会事务。对中国农民来说，在参政权上，既实现了几千年来人民当家作主的历史性的突破，又存在着人为的旧制度和习惯做法的明显限制。在选举人大代表上，农民可以直接选举县乡级人大代表，但不能直接选举省、市和全国人大代表。1953 年 2 月 11 日，中央人民政府委员会第 22 次会议通过《选举法》，中国历史上第一次空前规模的普选全面展开，选举产生乡镇、市辖区和不设区的市的人大代表。1979年7月五届全国人大二次会议重新制定选举法，作出人大代表直接选举由乡镇扩大到县一级、确立差额选举制度，规定无记名秘密投票等六大改革。1980年前后，中国农民第一次直选县级人大代表。在选举权与被选举权上，一方面，各级人大代表中农民代表的比例与农民人口占绝大多数的现状不相符合。1953年《选举法》对农村与城市每一个人大代表所代表的人口数作了不同规定，即自治州、县为4:1，省、自治区为5:1，全国为8:1。1995年选举法修改后，农村与城市每个代表所代表的人数改为4:1。[①] 从全国人大代表的构成来看，真正属于农民身份的人大代表不足5%。在十届全国政协2238名委员中，真正的农民委员只有1名。另一方面，农民既不能直接选举省、市和全国人大代表，也不能直选各级政府的行政首长。在参与本国公务上，农民被长期限制和剥夺了担任公职的权利和机会。自从1950年代城乡二元户籍制度建立以来，从中央到地方，各级国家机关录用工作人员，首要条件就是具备城镇户口，这就使拥有农村户口的广大农民被完全排除了担任公职的可能性。近些年来一些地方在报考公务员时开始突破传统的窠臼，把眼光投向了农民。2002年9月8日山东省1413名农村青年与城市考生一样参加了全省公务员录用考试，这是山东省农民第一次获得竞考县级党政机关工作的权利和机会。另外，在信访上，农民遭到打击报复的比较普遍。信访权是我国公民特有的参政权，它是公民以信访的方式向各级国家机关及其工作人员反映问题，提出要求和建议，进行申诉、控告和检举，促使有关部门处理解决并给予答复的权利。农民在行使信访权时，一个普遍存在的问题是，农民反映的问题迟迟得到不解决，有的上访农民还遭到了严重的打击报复和迫害。

关于自治权。自治权是指公民自我管理社区公共事务的权利，自治权的实行意味着国家权力退出其不应当干预的社会领域。在当代中国，农民的自治权主要体现在村民自治上。村民自治被誉为是与包产到户、乡镇企业并称的农民三个伟大创造之一。1980年2月广西宜山县三岔公社合寨大队六个生产队各提一位候选人，125户有85户各派一名代表参加投票，选举出中国第一个村委会，中国乡村民主自治由此发端。1982年宪法规定村委会是基层群众性自治组织。1987年11月24日六

---

① 2009年10月，根据中共十七大精神，十一届全国人大常委会第11次会议审议了选举法修正案，提出将一步到位实行城乡按相同人口比例选举人大代表。这表明农民将获得与市民平等的选举权。选举法修正案将提请2010年3月召开的十一届全国人大三次会议审议。参见《选举法修正案将提请明年全国人大审议》，载《北京日报》2009年11月1日第2版。

届全国人大常委会第23次会议通过了《村民委员会组织法(试行)》，1998年11月4日九届全国人大常委会第5次会议通过了新修改的《村民委员会组织法》，新法规定了直接选举程序，使中国农民第一次获得了直接选举“村官”的权利。虽然村民自治在推行过程中有不少村流于形式，也面临着乡镇传统思维习惯和权力惯性对村民自治的强力干预，但从权力的自上而下授予到权力的自下而上选举，村民自治无疑是世人理解中国农民实践民主政治的伟大标本。毫无疑问，村民自治是当代中国农民正在实践着的一个重要自治权。对农民来说，另一个可以预期的自治权应该是乡镇自治。乡镇自治已经成为学术理论界讨论的一个热点问题。从秦始皇统一中国至今，乡镇体制的演变大致可分为三大时期，一是从公元前221年秦王朝建立到清末，2000多年来“皇权不下县”的传统，国家政权止于县政，县以下实行皇权下的乡绅和宗法自治。二是从1908年到1949年，40多年纷乱的“地方自治”探索。1908年清王朝颁布《城镇乡地方自治章程》，从此，具有西方话语色彩的“地方自治”成为政权合法性的重要基础。北洋政府和国民党政府也都延续了这一自治的努力。三是1949年至今。50多年来全能主义主导下的万能政府构建。中国共产党执掌全国政权后，建立了历史最强大、最集权的中央政权和渗透最深入、控制最严密的地方和基层政权组织，并且突破了几千年“皇权不下县”的传统，第一次将国家政权下沉到乡镇一级。这种强国家—弱社会的结构，虽有利于维持统治和秩序，但却大大增加了统治的成本，扼制了民众的创造力。当前，依据历史传统和国际惯例，将政府的层级由现在的中央、省、市、县、乡镇五级缩减到中央、省、县三级，在乡镇实行乡镇自治，是扩大农民自治权的重大现实选择。

日常抵抗、依法抗争与宪法关怀

中国是共产党领导的社会主义国家，执政党和国家始终倡导和推行人民当家作主。在公开的文本中，尊重、保障和实现人民当家作主的权利，具有不可挑战的强势话语地位。但一个基本的事实是，中国是一个具有几千年专制主义传统的国家，加上几十年的计划经济实践，使中国无论在立法上还是在实际生活中，农民的各项政治权利远没有得到应有的尊重、保障和实现。在社会转型时期，尤其是1990年代以来，此起彼伏的农民抗争和维权活动进入了当代中国的政治视野。对于权利受损后农民展开的抗争和维权活动，主要有斯科特提出的“日常抵抗”、李连江与欧博文提出的“依法抗争”、于建嵘提出的“以法抗争”等解释框架。笔者则提出和强调“宪法关怀”这个概念。

“日常抵抗”是美国耶鲁大学教授、著名的农民研究专家詹姆斯·斯科特在《农民道义经济学：东南亚的反抗与生存》中提出的重要概念。为了具体描述农民的隐蔽的抵抗，斯科特又出版了《弱者的武器：农民反抗的日常形式》和《支配与反抗的艺术：隐藏的文本》两部重要著作。斯科特认为，贫困本身不是农民反叛的原因，只有当农民的生存道德和社会公正感受到侵犯时，他们才会奋起反抗，甚至铤而走险。斯科特对农民的反抗作了两种区分：一种是“真正”的反抗，一种是象征的、偶然的、或附带性的反抗行动。真正的反抗被认为是 (a) 有组织的、系统的与合作的；(b) 有原则的或非自利的；(c) 具有革命性的后果并且或将观念或动机具体化为对统治基础的否定。象征的、偶然的，或附带性的行动则是 (a) 无组织的、非系统的和个体的；(b) 机会主义的、自我放纵的；(c) 没有革命性的后果而且就其意图或意义而言，含有一种与统治体系的融合。斯科特以其在马来西亚农村的田野调查材料为证据，认为公开的、有组织的政治行动对于多数下层阶级来说是过于奢侈了，因为那即使不是自取灭亡，也是过于危险。所以农民更多的是日常抵抗，即平常的却持续不断的农民与从他们那索取超量的劳动、食物、税收、租金和利益的那些人之间的争斗。这些日常形式的反抗通常包括：偷懒，装糊涂，开小差，假装顺从，偷盗，装傻卖呆，诽谤，纵火，怠工等等。这种被称之为“弱者的武器”的日常的抵抗形式是一种没有正式组织、没有正式领导、不需证明、没有期限、没有名目和旗号的社会运动。[①]

“依法抗争”是香港中文大学李连江教授与美国俄亥俄州立大学欧博文教授在《当代中国农民的依法抗争》这一重要论文中提出来的。李连江等考察了中国 20 世纪 80 年代末到 90 年代以来中国农民的反抗；认为除了种种政治参与活动以及个人或集体的暴力或非暴力反抗以外，中国农村许多地区出现了一种新型的农民抗争，他们将这种“以政策为依据的抗争”称之为“依法抗争”。依法抗争是农民积极运用国家法律和中央政策维护其政治权利和经济利益不受地方政府和地方官员侵害的政治活动。依法抗争的特点是，农民在抵制各种各样的“土政策”和农村干部的独断专制和腐败行为时，援引有关的政策或法律条文，并经常有组织地向上级直至中央政府施加压力，以促使政府官员遵守有关的中央政策或法律。依法抗争的典型例

---

① 参见郭于华：《“弱者的武器”与“隐藏的文本”——研究农民反抗的底层视角》，载中国社会学网站 http://www.chinasociology.com/rzgd/rzgd046.htm。[美] 詹姆斯·斯科特：《弱者的武器》，郑广怀、张敏、何江穗译，译林出版社 2007 年版。

子包括：拒绝缴纳违犯中央政策和法规的地方政府收费、抵制或冲击不符合《村委会组织法》的村民委员会选举、迫使乡镇政府执行受农民欢迎的法律或政策，废止土政策和罢免违法乱纪的村干部。

依法抗争处于一般意义上的“政治抵抗”和“政治参与”之间的灰色地带，它在内容上基本属于政治参与，但在形式上则明显地兼有“抵抗”和“参与”的特点。依法抗争所依的法是中央政府制定的法律和政策，抗争的目标则是地方政府制定的不符合中央法律、政策或“中央精神”的种种“土政策”和其他侵犯农民“合法权益”行为。农民以上级为诉讼对象，抗争者认定的解决问题的主体是上级，抗争者不直接对抗他的控诉的对象。这种反抗形式是一种公开的、准制度化或半制度化的形式，采用的方式主要是上访，以诉求上级的权威来对抗基层干部的“枉法”行为。①

“以法抗争”是于建嵘与李连江在湖南农村调查时共同探讨形成并在《当前农民维权活动的一个解释框架》一文中提出的。于建嵘根据自己在湖南衡阳等农村的长期调查后认为，在1992年以前，农民的多数反抗可以大体归结为西方学者所谓的“弱者的武器”的“日常抵抗”形式；自1992—1998年，农民的反抗可以归结为“依法抗争”或“合法的反抗”这种形式；自1998年以后，农民的抗争实际上已进入了“有组织抗争”或“以法抗争”阶段。② 于建嵘对以法抗争和依法抗争作了区分，认为两者虽一字之差，但有实质性差别。他认为，这里说的“法”，仍然泛指国家法律和中央政策。但“以法”是直接意义上的以法律为抗争武器，“依法”是间接意义上的以法律为抗争依据。“以法抗争”是抗争者以直接挑战抗争对象为主，诉诸“立法者”为辅；“依法抗争”则是抗争者诉诸“立法者”为主，直接挑战抗争对象为辅甚至避免直接挑战抗争对象。在“以法抗争”中，抗争者更多地以自身为实现抗争目标的主体；而在“依法抗争”中，抗争者更多地以立法者为实现抗争目标的主体。“以法抗争”作为有关农民维权活动的新的解释框架，上访、宣传、阻收、诉讼和逼退、静坐和示威是其主要方式。于建嵘认为农民以法抗争的基本目标已经从资源性权益抗争向政治性权利抗争方向发展，政治性是农民以法抗争

---

① 参见李连江、欧博文：《当代中国农民的依法抗争》，载吴国光编：《九七效益：香港与太平洋》，（香港）太平洋世纪研究所1997年版，第141—170页。另参见李连江、欧博文：《当代中国农民的依法抗争》，载吴毅主编：《乡村中国评论》（第3辑），山东人民出版社2008年版，第1—18页。Kevin O’Brien, Lianjiang Li,Rightful Resistance in Rural China,New York:Cambridge University Press,2006.

② 于建嵘：《农民有组织抗争及其政治风险——湖南H县调查》，载《战略与管理》2003年第3期。

的一个显著特征。以法抗争的另一个显著特点就是抗争精英的维权活动具有明确的组织性。以法抗争的宗旨就是维护中央政策和国家法律赋予农民的种种合法权益。①

"宪法关怀"是笔者在《给农民以宪法关怀》一文中提出并在《宪法关怀：解开农民问题千千结》论文中展开阐述的。②无论是"日常抵抗"，还是"依法抗争"和"以法抗争"，都是对农民在合法权益尤其是政治权利受到基层权力侵害时的事实描述和行为概括；"宪法关怀"则兼有农民抗争的终极诉求和国家或政府应对农民抗争的根本方略选择的特征，宪法关怀重在建设性。

宪法关怀的核心就是限制和约束公共权力，尊重和保障农民人权。几千年来，中国农民始终在"兴亡百姓苦"的历史怪圈中循环，要么逆来顺受，要么揭竿而起。这种对立的二元性思维，使中国历史成为不断重复上演农民起义的"武侠剧"，它只是以暴易暴地更改国号和主人，缺乏对社会文明进步的实质性推动。宪法关怀的意义在于既超越了历史上农民暴力颠覆政权的反体制诉求，又超越了执政者暴力镇压农民反抗的统治观念，它使农民坚守着抗争的生存底线，也使执政者认识到依宪治国的价值目标。

当代中国，对农民政治权利的限制和侵害主要有两个方面，一是宏观层面上的二元社会结构。在这种歧视农民的二元社会结构中，农民丧失了许多平等的政治权利和机会；二是微观层面上的基层暴力行政倾向。在基层的暴力行政中，农民的政治权利遭到了严重的侵害。给农民以宪法关怀，就是要统筹城乡发展，破除二元社会结构，约束公共权力的滥用，使农民的合法权利得到平等的保障。建立违宪审查制度，及时纠正有关部门和地方政府违背宪法精神的部门法规和"土政策"，对于保障农民的政治权利具有十分现实的积极意义。现在的关键是要采取有效措施，全面实施宪法，将国家尊重和保障人权落到实处，落到每一个农民头上。当前中国农民的根本问题已经凸显为权利问题。历史上暴力式的农民起义不能解决农民问题，统治阶级暴力式的镇压农民同样不能解决农民问题。农民自觉进行的日常抵抗、依法抗争和以法抗争，核心价值在于农民在宪法的框架内对不受约束而侵害公民基本权利和自由的公共权力说"不"。这就充分体现了中国农民从臣民意识到现代公民意识的转变，折射了中国农民权利意识的觉醒和社会文明进步的趋势。20 世纪 80

---

① 于建嵘：《当前农民维权活动的一个解释框架》，载《社会学研究》2004 年第 2 期。于建嵘：《当代中国农民的维权抗争——湖南衡阳考察》，中国文化出版社 2007 年版。

② 张英洪：《给农民以宪法关怀》，载《南风窗》2002 年 1 月上。

年代以知识分子为主流的民主诉求被边缘化后，1990 年代以来以农民为主体的维权活动在接过中国民主火炬的同时，明显改变了中国民主化的激进路向，这种来自底层民众自发性的维权活动，或许是民主在中国本土化的崭新起点。

（本文原载《湖南师范大学社会科学学报》2005 年第 1 期，合作者周作翰）

当代中国农民的经济、社会和文化权利

从权利视角入手研究中国农民问题一直是笔者的学术旨趣。长期以来，在不同场合和相关文章中，我始终强调的一个核心观点就是认为农民问题的实质是权利问题，并提出“给农民以宪法关怀”。20世纪90年代末中国政府签署两个国际人权公约后，我进一步主张从国际人权宪章的角度研究当代中国农民问题。在上文中我对当代中国农民的政治权利作了初步的探讨。本文着重探讨当代中国农民的经济、社会和文化权利。

农民问题实质上是权利问题

在“三农”问题研究中，我重点关注农民问题；在农民问题研究中，我又始终关注权利问题。梁启超说过：“凡人所以为人者有二大要件，一曰生命，二曰权利。二者缺一，时乃非人。”[①] 有无权利，或者说，人权是否得到尊重、保障和实现，是区别民主与专制、法治与人治、进步与落后、现代社会与传统社会的根本标志。

曾被马克思称赞为世界上“第一个人权宣言”的1776年《独立宣言》向世人宣布了“不言而喻”的真理：“人人生而平等，他们都从他们的‘造物主’那边被赋予了某些不可转让的权利，其中包括生命权、自由权和追求幸福的权利。为了保障这些权利，所以才在人们中间成立政府。而政府的正当权力，则系得自被统治者的同意。如果遇有任何一种形式的政府变成损害这些目的的，那么，人民就有权利来改变它或废除它，以建立新的政府。”[②] 1789年法国《人权和公民权宣言》则更

① 梁启超：《梁启超选集》，上海人民出版社1984年版，第158页。

② 转引自董云虎、刘武萍编著：《世界人权约法总览》，四川人民出版社1991年版，第272页。本书所引国际人权文献条文如未注明，均出自此书。自从1993年1月14日我从湘西小县城赶到省城长沙冒雪购得此书后，该书一直是我随身携带最重要的参考工具书之一。

加简洁地宣告："不知人权、忽视人权或轻蔑人权是公众不幸和政府腐败的唯一原因。"套用此话，我们似乎也可以说：不知人权、忽视人权而导致权利缺失是中国农民问题的根本原因。

中国几千年来长期处于专制主义的统治之下，无论是统治阶级、儒家知识分子还是农民都严重缺乏个人权利的观念和意识。"爱民如子"是上至皇帝下至七品芝麻官的最高"官德"，施行"仁政"是儒家知识分子的最高理想，渴望"青天大老爷"是平民百姓的最高愿望。而这三个"最高"都是不易达到的东西。所以在权力的不受约束和权利的毫无保障的政治游戏规则下，农民的悲惨命运就在所难免。走投无路的农民只能依靠起义来"暴力洗牌"。历史已经表明，"牌"虽然是不断地"洗"了无数次，但"打牌"的规则却没有改变。这样，我们看到中国历史上最引人入胜也最悲壮的莫过于农民起义和朝代更替了。

中国历史上农民起义的旗帜大都写上"均贫富"的口号。这种以平均主义为诉求的农民起义，反映了身处社会底层的弱势农民渴求基本生存权利的愿望，但却不能将中国导向权利有保障的现代社会。鸦片战争以后，中国的有识之士在看到西方"坚船利炮"优势的同时，也看到了西方先进的政治文明。从此，反体制的颠覆性革命就不再以"均贫富"为旗号，而代之以西方话语色彩的"民主"。孙中山高举"三民主义"旗帜推翻了满朝王朝，建立了亚洲第一个民主共和国。但一个新的问题是，在中国这块专制主义肥沃的土壤里播下从西方引进的"民主种子"时，结出的却是"假民主"的果实。于是，以马列主义为指导思想的中国共产党又举起自称"比任何资产阶级民主要民主百万倍"的"无产阶级民主"的大旗，[①] 迅速颠覆了一党专政的国民党统治，建立了"人民当家作主"的社会主义新中国。

建国后，作为共产党革命主力军的中国农民，在政治上"翻身作了国家和社会的主人"，但自身的问题始终没有解决，甚至有愈演愈烈之势。在照搬苏联模式建设社会主义的热潮中，我国实行了高度集中的计划经济体制，从而在一个统一的主权国家内建立了城乡分离的二元社会结构，人为地将农民降为权利被限制和被剥夺的二等公民。改革开放以来的 1980 年代，农民尝到了分田到户的丰收喜悦，但随之而来的农民负担问题又成为 1990 年代以来中国社会问题的突出焦点。作为对农民强烈的减负诉求的回应，中共中央在时隔 18 年后的 2004 年又出台了具有历史意义的"一号文件"。新的中央 1 号文件下发以后，农民以减负为诉求的维权抗争活

① 《列宁选集》第 3 卷，人民出版社 1976 年版，第 634 页。

动明显减少，但土地问题又成为继减负问题之后农民维权抗争的新焦点。

这种“按下葫芦浮起瓢”的现象，使我们认识到，农民负担问题、土地问题等等都只不过是农民权利缺失后的种种表现形式。只有真正抓住权利这个根本，才能达到统率解决农民问题的目的。

国际人权宪章与中国农民权利

中国古代知识分子早就有一种修身、齐家、治国、平天下的志向。但由于长期封闭锁国和民族的内忧外患，中国的知识分子还只能把视线投在国内，把精力用在如何“治国”上，而无力顾及“平天下”事务。毛泽东曾说过“中国应该对人类有较大的贡献”。在当今这个全球化的信息时代，中国的学术理论界应该有一种全球视野和世界眼光。随着中国的和平崛起和民族的伟大复兴，我相信中国会有更大的全球影响，也会承担更多的全球责任。与此相适应，中国的学术理论界也应该更宽广地关注全球事务和人类共同的进步事业。

在目前我们还无暇把主要精力用于关注全球事务的时候，以世界眼光来审视国内问题，从国际人权宪章的视角来研究中国农民问题，则不失为开阔视野、启迪思维的明智之举。

中国是联合国创始成员国和五大常任理事国之一，是世界上最大的发展中国家。早在1955年，周恩来总理就指出：“尊重基本人权，尊重联合国宪章的宗旨和原则，尊重正义和国际义务，和平解决国际争端等原则，这些都是中国人民的一贯主张，也是中国一贯尊重的原则。”中国作为当今世界“负责任的大国”，已经签署了《国际人权公约》，这对于从权利入手解决中国农民问题有极为重要的现实意义和长远的历史意义。

人权是人依其自然属性和社会本质所享有和应当享有的权利。[①] 它最初是英国在反对中世纪神权和封建特权的斗争中提出的革命口号。格劳秀斯、洛克、卢梭、伏尔泰等思想先哲对近代人权概念和人权理论的形成起了极为重要的作用。第二次世界大战后，人权开始从国内走向国际。1945年《联合国宪章》将“重申基本人权，人格尊严与价值之信念”作为主要宗旨之一，并载入了7条保护人权的条款。1948年12月10日联合国大会通过了《世界人权宣言》，指出“人人有资格享有本

---

① 《中国人权百科全书》，中国大百科全书出版社1998年版，第481页。

宣言所载的一切权利和自由”。《世界人权宣言》第一次在国际范围内比较系统、全面地提出了人权和基本自由的具体内容，是第一个被国际社会普遍接受的关于人权问题的国际文件。12月10日也由此成为国际人权日，全世界许多国家和人民都会在这一天欢庆国际人权日。1966年12月16日第21届联合国大会通过了《经济、社会和文化权利国际公约》、《公民权利和政治权利国际公约》及其《任择议定书》，《公民权利和政治权利国际公约》与《经济、社会和文化权利国际公约》一起组成《国际人权公约》。《国际人权公约》与《世界人权宣言》并称为国际人权宪章。《世界人权宣言》和《国际人权公约》的通过，是人类文明进步史上最耀眼的里程碑之一。

《经济、社会和文化权利国际公约》于1975年1月3日开始生效，我国政府于1997年10月27日签署了该公约。2001年2月28日第九届全国人大常委会第20次会议批准了《经济、社会和文化权利国际公约》，2001年7月该公约开始在我国生效。《公民权利和政治权利国际公约》于1976年3月23日生效，我国政府于1998年10月5日签署了该公约，但全国人大常委会尚未正式批准该公约，不过根据我国人权事业的发展，该公约在不久的将来肯定会得到批准。

《世界人权宣言》第22—27条规定了经济、社会和文化权利。但宣言本身不具有法律约束力。《经济、社会和文化权利国际公约》则具有法律约束力。该公约第一次在世界范围内以法律的形式确定了经济、社会和文化权利。这些权利主要有：工作权、组织和参加工会权、休息权、同工同酬权、社会保障权、获得相当生活水准权、免于饥饿权、身心健康权、受教育权、参加和享受科学技术文化生活权以及家庭、婚姻、妇女、儿童享受特殊保护权等。

对照国际人权宪章所宣布和规定的各项权利，我们可以十分明了以权利为统率来解决中国“三农”问题的新路径。换言之，只有充分尊重、保障和实现农民的各项权利，才能真正解决农民问题，才能够真正确保国家的长治久安和国泰民安，也才能够真正跳出历史周期率。1945年毛泽东在回答民主人士黄炎培忧虑的历史周期率时说：“我们已经找到了新路，我们能跳出这周期率。这条新路，就是民主。只有让人民来监督政府，政府才不敢松懈，只有人人起来负责，才不会人亡政息。”[①] 虽然民主是跳出历史周期率的新路，但如何认识民主和怎样发展民主却是一个新课题，对民主认识不足、对民主政治发展不够，使我们走了不少弯路，遭受

① 黄炎培：《八十年来》，文史资料出版社1982年版，第149页。

过严重的挫折。我国人权研究专家徐显明对民主、法治、人权有精到的体悟，他认为，所谓民主，就是把法治和人权两者融合后的制度化。民主的表是法治，民主的里是人权。进入21世纪的中国法治，所表现的制度是民主，所统摄的灵魂是人权。人权是公权的本原、界限、目的。在公权不受限制和人权无保障的地方，便没有法治。言民主而不言法治，言法治而不言人权，民主和法治都是虚的。[①]根据国际人权宪章来完善我们的法律制度，是尊重、保障和实现农民人权的有效途径，也是我国政治文明建设迈上新台阶的必然选择。

当代中国农民主要经济、社会和文化权利评析

经济、社会和文化权利的地位是相对于公民权利和政治权利而言的。需要指明的是，一方面，许多权利具有两重性，即有的权利既是经济、社会和文化权利，同时又是公民权利和政治权利，比如结社权、婚姻家庭权、就业权等。另一方面，经济、社会和文化权利需要国家的积极行为，从而被称为积极的权利，而公民权利和政治权利则需要国家的不作为，从而被称为消极的权利。从权利享有者来看，经济、社会和文化权利的主体大多是社会的弱势群体，而公民权利和政治权利则没有这样的主体特征。[②]上文对农民的平等权、自由权、人身权、参政权及自治权作了评析，本文侧重对农民的工作或劳动权、财产权、受教育权、社会保障权等进行评析。

农民的劳动权或工作权。劳动权或工作权是指有劳动能力的公民有获得参加社会劳动和工作以获取相应报酬的权利。《世界人权宣言》第23条规定：(1）人人有权工作、自由选择职业、享受公正和合适的工作条件并享受免于失业的保障；(2）人人有同工同酬的权利，不受任何歧视；(3）每一个工作的人，有权享受公正和合适的报酬，保证使他本人和家属有一个符合人的尊严的生活条件，必要时并辅以其他方式的社会保障；(4）人人有为维护其利益而组织和参加工会的权利。第24条规定：人人有享受休息和闲暇的权利，包括工作时间有合理限制和定期给薪休假的权利。《经济、社会和文化权利国际公约》第6条规定：本公约缔约国承认工作权，

---

① 参见徐显明：《法治的真谛是人权》，载《人权研究》第一卷，山东人民出版社2001年版，代序。

② 参见葛明珍：《经济、社会和文化权利国际公约及其实施》，中国社会科学出版社2003年版，第16—17页。

包括人人应有机会凭其自由选择和接受的工作来谋生的权利，并将采取适当步骤来保障这一权利；第 7 条规定：人人享受公正和良好的工作条件；第 8 条规定：人人有权组织工会和参加他所选择的工会，以促进和保护他的经济和社会利益。劳动权或工作权是获取物质保障所必要的权利，是实现人的自由而全面发展所必需的权利。劳动权或工作权不仅是生存权的基础，也是发展权的基础。劳动权或工作权强调人人应该有工作的机会，反对因其他因素而受到歧视。在我国，长期以来由于人为的城乡分离的二元社会结构的制约，农民的劳动权或工作权受到了极大的限制。一个约定俗成的观念是农民在农村从事的职业活动叫做劳动，工人在城镇从事的职业活动叫做工作。长期以来国家在宏观政策上限制农民进入城镇就业，各级政府的劳动部门只对工人的工作负责，对农民的劳动则不予理睬。改革开放以来进城务工的农民工已经形成了世界上绝无仅有的新的社会阶层，但农民工的劳动就业权利却受到了有关部门的种种歧视和限制。中国共产党第十六大首次提出统筹城乡发展的新理念，这使城乡分离的二元社会结构有望得到彻底改变。尊重、保障和实现农民的劳动权和就业权，关键是要统筹城乡发展，破除二元社会结构，使农民能够平等地享有自由择业、充分就业和人类社会普遍公认的劳动和工作条件等各项权利。

农民的财产权。财产权指在法律规定的范围内财产所有人对其财产享有占有、使用、处分的权利。这些财产可能是物质的，如房屋，也可能是抽象的，如版权。[①]财产权被视为市场经济制度的基石。法国《人权和公民权宣言》将财产权作为人的四大天赋权利之一，它宣称“任何政治结合的目的都在于保存人的自然的和不可动摇的权利。这些权利就是自由、财产、安全和反抗压迫”。《世界人权宣言》第 17 条宣布“（一）人人得有单独的财产所有权以及同他人合有的所有权；（二）任何人的财产不得任意剥夺”。而《经济、社会和文化权利国际公约》却未对财产权作出规定。传统马克思主义认为“私有制是万恶之源”，主张废除私有制，实行公有制。建国后我国“狠批私字一闪念”，彻底割“资本主义尾巴”，因而没有财产权可言。改革开放以来财产权观念得以复兴。随着改革的深入，农民对财产不仅要求占有、消费使用，还要求交易、投资使用；不仅要求所有权，还要求产权；不仅要求事实上的处分权，也要求法律上的处分权；不仅要求所有权，还要求基于商品、资本流转而产生的债权；不仅要求著作权、专利权、商标权的知识产权保护，也要求

① 参见杨光斌主编：《政治学导论》，中国人民大学出版社 2000 年版，第 315 页。

私营企业的法人财产权。这一切构成了财产权的完整体系。[①] 财产权作为一项基本人权开始不断地得到认可和张扬。2004 年 3 月十届全国人大二次会议对现行《宪法》作了第四次修正，明确规定“公民的合法的私有财产不受侵犯”。当前，对农民的财产权来说，十分突出的问题有两个方面：一是一些基层政府在农业税费征收和计划生育工作中不顾国家法律和中央政策，对农民暴力相向，任意牵牛、抬猪、拆屋、抢粮食、搬家具，呈现出抢夺农民财物乃至逼死打死农民的现象。二是在城市化进程中严重侵害农民的土地财产权利，强行拆迁和征地，造成了农民失地和无处安身的现象。这两个方面已经成为 20 世纪 90 年代以来农民问题的焦点。在解决这类问题过程中，过去只强调干部的作风整顿，而忽视对农民财产权利的保障。

农民的受教育权。《世界人权宣言》第 26 条规定：(一) 人人都有受教育的权利，教育应当免费，至少在初级和基本阶段应如此。初级教育应属义务性质。技术和职业教育应普遍设立，高等教育应根据成绩而对一切人平等开放；(二) 教育的目的在于充分发展人的个性并加强对人权和基本自由的尊重。教育应促进各国、各种族或各宗教集团间的了解、容忍和友谊，并促进联合国维护和平的各项活动；(三) 父母对其子女所应受的教育的种类，有优先选择的权利。《经济、社会和文化权利国际公约》第 13 条规定：人人有受教育的权利，教育应鼓励人的个性和尊严的充分发展，加强对人权和基本自由的尊重，并应使所有的人能有效地参加自由社会，促进各民族之间和各种族、人种或宗教团体之间的了解、容忍和友谊，和促进联合国维护和平的各项活动；初等教育应属义务性质并一律免费；各种形式的中等教育包括中等技术和职业教育，应以一切适当方式，普遍设立，并对一切人开放，特别要逐渐做到免费；高等教育应根据成绩，以一切适当方法，对一切人平等开放，特别要逐渐做到免费等。由此可以把握受教育权的三个主要方面：一是人人有受教育的权利；二是初等教育一律免费，包括技术和职业教育在内的中等教育以及高等教育也要逐渐做到免费；三是教育的目的在于促进人权。相比之下，中国农民在受教育权方面还有很大的差距。首先，在城乡二元社会结构中，农民享受不到与市民平等的受教育权；其次，义务教育不仅是收费式教育，而且还存在屡禁不止的乱收费现象，致使农村不少儿童辍学；再次，在教育产业化思路指导下高等教育普遍实行高额收费，大大超过了农民的承受能力；第四，教育的目的普遍呈现出应试教育的倾向。毋庸置疑，现行的教育体制和模式，不同程度地限制了农民的受教

① 参见岳悍惟：《从国家农民向社会农民的转变看农民人权的发展》，载《人权研究》第一卷，山东人民出版社 2001 年版，第 556—557 页。

育权，人为地阻碍着国民素质的提高。当务之急，就是统筹城乡教育发展，使农村和城市享有共同的受教育机会和权利，特别要痛下决心实行真正的免费式的义务教育，彻底扭转教育产业化的发展思路，同时应将人权、人道主义、民主和法治作为学科纳入所有正式和非正式教学机构的课程，[①] 全面促进中华民族人权文化素质的提高。

农民的社会保障权。社会保障权又称福利权，是指公民要求国家通过立法来承担维护和增进全体国民的基本生活水准的权利。具体而言，即政府和社会应保障个人和家庭在遭受工伤、职业病、失业、疾病和老年时期维持一定的固定收入并获得其他各种补助。[②]《世界人权宣言》第 22 条规定：每个人，作为社会的一员，有权享受社会保障，并有权享受他的个人尊严和人格的自由发展所必需的经济、社会和文化方面各种权利的实现。《经济、社会和文化权利国际公约》第 9 条规定：本公约缔约各国承认人人有权享有社会保障，包括社会保险。长期以来，受人为的城乡二元社会结构的影响，中国的社会保障制度远离了人口众多而又身处社会底层的农民。这种以城市人口享有社会保障而农村人口没有社会保障的制度安排，是世界上最奇特也最不公正的。社会保障制度的不健全是国家社会政策缺位的一个重要表现。现行的中国社会保障制度还没有起到保护弱势阶层和贫困阶层的作用。[③] 为了尊重、保障和实现中国农民的社会保障权，笔者一直主张从根本上改变将农民排除在外的传统社会保障思维，尽快建立健全包括农民在内的全国统一的社会保障制度。[④] 令人欣慰的是，2004 年 3 月十届全国人大二次会议对现行宪法作的第四次修正中增加了两条特别重要的内容，一是国家尊重和保障人权，二是国家建立健全与经济发展水平相适应的社会保障制度。

中国农民应当享有的经济、社会和文化权利还有很多具体内容，比如农民应当享有适当生活水准权，任何人都不应该生活在只能通过诸如乞讨、卖淫或债役劳动等有辱人格或丧失基本自由的方法来满足其需求的状况之中；再比如农民应当享有健康权，包括获得卫生保健、以及健康所需的安全的商品、清洁的水源和信息等权利。在农民的健康权方面，存在的问题比较突出。一是产业化思路指导下医疗卫生机构的高额收费使农民普遍存在“小病靠挨，大病等死”的揪心局面；二是单纯追

① 参见葛明珍：《经济、社会和文化权利国际公约及其实施》，中国社会科学出版社 2003 年版，第 91 页。

② 参见杨光斌主编：《政治学导论》，中国人民大学出版社 2000 年版，第 314 页。

③ 参见陆学艺主编：《当代中国社会阶层研究报告》，社会科学文献出版社 2002 年版，第 94 页。

④ 参见张英洪：《驳陈平的“短视国策”和“洋跃进”论》，载《中国改革》2002 年第 7 期。

求经济增长的工业化目标，造成了生态环境的恶性，而农药化肥的大量使用，又严重损害了农民的身心健康；三是假冒伪劣有毒食品充斥市场，使食品安全成为严重的社会问题，安徽阜阳毒奶粉事件就是一个伤痛的例证。除此之外，农民应当享有的母亲儿童保护权、参加文化生活权等等也都具有极其重要的价值。

农民维权抗争与宪政体制改革

20世纪90年代以来，中国农民自发的维权抗争活动开始进入当代中国的政治视野。这也许为中国政治转型提供新的历史契机和最佳路径。这种来自底层民众自发性的维权活动，或许是民主在中国本土化的崭新起点。

于建嵘认为，“以1989年六四事件为标志，中国的社会冲突经历了知识精英主导的进取性争权活动到由工农为主体的反应性维权抗争活动的转变。知识精英的争权活动的显著特点是在民主和法治的旗帜下重构社会价值和政治体制；工人和农民的维权抗争活动以在法定框架内争取和维护基本权益为特征”。[①] 于建嵘侧重于从社会冲突的视角研究当代农民问题，笔者侧重于从权利的角度研究当代农民问题，虽然研究视角不一样，但得出的结论是不谋而合的。

农民维权抗争，是指农民以宪法、法律和中央政策为依据，通过上访、诉讼等手段抵制和反抗基层政府、有关部门的侵权行为，以维护、保障和实现自身法定权利的活动。在社会转型过程中，农民维权需要抗争，抗争为了维权。维权抗争是中国农民政治行为的重大转变，“充分体现了中国农民从臣民意识到现代公民意识的转变，折射了中国农民权利意识的觉醒和社会文明进步的趋势。”

当代中国农民的维权抗争与历史上的农民起义完全不同。“中国历史上的农民起义，实质上是被穷奢极欲、肆无忌惮的统治阶级逼到了生存绝境的农民艰难求生的最后一搏，是专制主义统治下走投无路的农民选择出路的最后权利。但历史上代价惨重的农民起义，不断地演绎着争夺皇冠的简单游戏，发挥着改朝换代的单一功能，它除了使一部分人踏着大部分人的鲜血和白骨对原来的统治者‘取而代之’从而赢得奴役他人的新特权外，并没有将农民从苦难中解放出来。农民还是农民，农民还是任由强权宰割和奴役。”农民起义在方式上是激进暴力的，其理念是“皇帝轮流做，今日到我家”，结果是体制外力量对现存体制的颠覆，实质上是“龙椅”

---

① 参见于建嵘未刊稿：《转型中国的社会冲突》，该文后刊载于《领导者》2008年第2期（总第20期）。

未动，只是换了“主人”；城头依旧，不过“变换了大王旗”。农民维权抗争则不然，它在方式上总体是依法的非暴力的，其理念是“国家尊重和保障人权”，结果是体制内力量对旧体制的改革和完善，实质上是在宪法框架内约束公共权力、保障公民权利。

当代中国农民的维权抗争与知识精英的价值诉求也大不一样。“自从中国遭遇西方以来，知识分子就一直是中国政府的反对者”。这是康晓光对中国知识分子和政府关系的一个概括。的确，近代以来的中国知识分子认定了民主、自由、人权、法治、平等的普世价值，并力图以此改造中国社会。自戊戌变法以来，尽管民主之梦不断地遭到幻灭，但中国知识分子以民主来实现救国和强国之梦却从未停止过。不过，中国知识分子以民主为价值诉求的努力在遭遇八九事件后发生了根本性的变化。“1989 年六四事件标志着知识精英与权力精英直接冲突的结束。在此后几年时间内，虽然一些激进的知识精英仍然对权威主义政权充满敌意，但在强大政权机器的高压和开明权力精英的感化下，不得不接受暂时无法更改的现实。特别是在 1992 年邓小平南行之后，开放的经济领域出现的下海经商潮，也消解了部分知识精英的政治热情；同时，那些仍然具有政治抱负但愿意认同现体制的知识精英们获得了更多的进入权力体制的通道。”[①] 知识精英的民主价值诉求被边缘化后，中国政治格局的变化就是农民维权抗争活动登上政治舞台。知识精英的价值诉求是在民主、自由、法治的旗帜下，企图以彻底改革中国专制主义政治体制为目标，这直接冲击着现存的意识形态和政治秩序，必为执政者所不容；农民的维权抗争是在现行的宪法和中央政策鼓舞下，试图以抵抗基层政府的非法行政来达到执行国家法律、落实中央政策、保护合法权利为目标，这就只是冲击地方、部门和既得利益集团的利益，却符合国家宪法精神和执政党执政为民的理念，因而能为执政者所宽容。

农民的维权抗争，可能会使中国走上一条最适合本国国情的“增量民主”道路，也可能是中国目前现实环境下惟一一条通向“善治”的道路。[②] 不过，这需要执政者理性地看到农民维权抗争活动对于亿万农民自由而全面发展、以及对于整个国家和社会政治文明建设的积极意义，从而更加积极主动地引导农民的维权活动，保护和支持农民合法的维权行为，有效约束政府公权力的运用，使宪法载明的“尊

① 参见于建嵘未刊稿：《转型中国的社会冲突》，该文后刊载于《领导者》2008 年第 2 期（总第 20 期）。

② 参见俞可平：《增量民主与善治》，社会科学文献出版社 2003 年版，第 155 页。

重和保障人权”的精神通过制度化的管道体现在每一个农民头上。当然，这需要不失时机地改革和完善宪政体制。

（本文原载《湖南公安高等专科学校学报》2005年第3期）

统一社保是“短视国策”与“洋跃进”？[①]

2002年，陈平先生发表文章，反对国家建立包括农民在内的全国统一的社会保障制度，认为建立统一的社会保障体系是“短视国策”，是“洋跃进”。[②]对此，笔者有不同看法。

建立统一的社会保障是短视国策？

众所周知，建国以来，在苏联模式的严重影响下，我国建立起歧视农民的二元社会结构，这种举世罕见的人为制造的二元社会结构，是中国农村长期贫困、农民长期贫穷的制度根源，是中国迈向现代化的沉重包袱。尽快破除二元社会结构，给农民以平等的国民待遇，已成为中国有识之士的共识。50多年来，拥有中国总人口绝大多数的农民享受不到国家的社会保障，并且还要以工农产品价格剪刀差、农业税、农业特产税、教育集资、“三提五统”等向国家和社会（主要是城市和市民）提供艰苦创造的“血汗钱”。这种极不合理的制度安排已经走到了“山穷水尽”的地步，该彻底抛弃了。

在中国社会保障问题上，当前有三种不同的态度，一种是一些有责任感的学者，他们提出应建立包括农民在内的全国统一的社会保障制度，这无疑是十分正确的。另一种更常见的观点则是以“国情”为由，说中国还不发达，缺乏建立统一的

---

① 本文发表两年后的2004年3月，十届全国人大二次会议通过的宪法修正案明确规定“国家建立健全同经济发展水平相适应的社会保障制度”。此后，国家明显加快了建立包括农民在内的全国统一的社会保障制度的步伐。2007年10月，中共十七大提出到2020年全面建设小康社会的奋斗目标，其中一项重要内容就是“覆盖城乡居民的社会保障体系基本建立，人人享有基本生活保障。”中国社会保障制度建设的最新进展，验证了笔者在拙文中提出的观点。

② 陈平：《建立统一的社会保障体系是短视国策》，载《中国改革》2002年第4期；陈平：《建立统一社保是“洋跃进”》，载《改革内参》2002年第8期。

社会保障制度的能力，这是一种僵化的传统观点，但持此观点的人并不否认应该把农民纳入社会保障之内，只是因“财力不够”而一时难以实现，对此，笔者权且表示理解但并不赞同。再一种就是陈平先生这类人的观点，他们以“国家利益至上”为幌子，拒不给予农民社会保障。

陈平先生文章的基本立论是错误的，至于其文笔再好，逻辑再严谨，论述再完备，都是没有用处的。

笔者一直反对那些身居大中城市却不准农民进入大中城市生活的一些专家学者或官员。说也奇怪，这些大都出生在农村的农家子弟一旦自己跳出“农门”进入城市后，就想方设法限制农民的权利，这真是当今中国存在着的一个十分突出的“怪现象”，很值得人们深入研究。

在有识之士看来，陈平先生的文章恰恰证明他自己是十分“短视”的。

建立统一的社会保障制度势在必行

笔者之所以赞同建立统一的社会保障制度势在必行，这是因为：

首先，建立统一的社会保障制度既是宪法赋予公民的基本权利，也是国际人权公约的根本要求。人人享受社会保障是宪法规定的每个公民的基本权利。我国宪法明确规定：“中华人民共和国公民在年老、疾病或者丧失劳动能力的情况下，有从国家和社会获得物质帮助的权利，国家发展为公民享受这些权利所需要的社会保障、社会救济和医疗卫生事业。”我要提醒的是，农民也是共和国公民，给农民社会保障绝不是对农民“恩赐”，不是你想给就给，不给就可以不给。在多年的学术研究中，我发现有不少所谓的教授、学者，脑袋里面根本没有宪法观念、人权观念。这些人可能也十分聪明好学，勤奋工作，论文一篇接一篇的，著作出一本又一本的，但都是些忽视宪法、强化人治的文字垃圾，不仅对社会的文明进步毫无用处，相反起到阻碍社会进步的副作用。长期的计划经济体制造成的一个恶果就是对宪法的轻视和对宪政民主的中断。这是值得包括陈平先生在内的一大批知识分子认真思考和反省的。令人欣慰的是，国务院新闻办公室最近发布的《中国的劳动和社会保障状况》开明宗义地申明：“劳动和社会保障权利是公民的基本权益，关系广大公民的切身利益。”陈平先生不至于认为这里的“公民”不包括“农民”吧。另外，我要特别提醒的是，给予包括农民在内的所有公民的社会保障，也是国际人权公约的重要内容。1997 年和 1998 年我国政府先后签署《经济、社会和文化国际公约》及《公民权利和政治权利国际公约》，2001年2月九届全国人大常委会第20次会议正式批准《经济、社会和文化权利国际公约》，7月该公约正式在我国生效，该公约明确规定“人人有权享受社会保障”。签署和批准国际人权公约，绝不是做做样子给外国人看的，而是我国发展社会主义民主政治的内在要求，也是广大人民群众强烈的现实需要。

其次，建立统一的社会保障制度，既是建立和完善社会主义市场经济体制的迫切需要，也是社会主义的本质要求。建国后在苏联模式的影响下，我国迅速建立起高度集中的计划经济体制，在这种计划经济体制下，政府为达到实现工业化、现代化的目的，人为地把广大农民圈定在农村，排斥农民进入现代城市文明进程之中。这种由政府主导的急于实现工业化、现代化的发展战略，在一个国家内把绝大多数人口农民排除在外，而只维护城市少数居民生活和特权利益的现代化追赶模式已经证明是失败的。试想，一个不顾大多数公民福祉甚而剥夺大多数公民（即农民）利益以维护少部分公民（即市民）特权利益的政府，能称得上是现代文明政府吗？一个十分明白的事实是，社会保障制度是与市场经济相适应的基本制度，它对维持社会安全、保证经济建设顺利进行具有十分重要的作用，是现代市场经济条件下不可缺少的动力机制和福利机制。越是发达的市场经济国家，越是要有一个健全的社会保障体系。从某种意义上说，社会保障的发达程度是衡量一个社会文明进步程度的“晴雨表”。社会保障，其实质就是国家履行管理义务的一种职责，是公民维持基本生活的一种权利，已被公认为是社会长治久安的“润滑剂”和“安全网”。市场经济是优胜劣汰的竞争经济，对在市场经济的竞争中成功的人，我们表示尊敬和钦佩，而对那些在市场经济中失败的人或处于弱势地位的群体，他们也一样有生存在这个世界上的一切权利。作为社会，应该向他们伸出友爱之手；作为政府，应该保障他们的生存权利。这就要求政府在国民收入的第二次分配中对弱势阶层予以倾斜，这就需要建立和完善社会保障制度。同时，促进社会成员的共同富裕也是社会主义的本质要求，建立涵盖全体公民在内的社会保障制度，正是社会主义制度优越性的充分体现，是促进马克思、恩格斯所期盼的每个人自由而全面发展的联合体的内在要求。加入WTO后，保护包括农民在内的弱势阶层利益显得尤为迫切。

再次，建立统一的社会保障制度，既是转变政府职能的迫切需要，也是实践“三个代表”的根本要求。在计划经济条件下形成的政府职能已经远远不能适应社会主义市场经济的需要。提供包括社会保障在内的公共物品是现代政府的主要职能，而这恰恰是传统政府职能的严重缺位之处。2002年3月朱镕基总理在九届人大五次会议上的《政府工作报告》中不仅首次提出了“弱势群体”的概念，并且还明确提出把政府职能转到“经济调节、市场监管、社会管理和公共服务上来。”政府职能的转变，必然要求加快建立和完善与社会主义市场经济体制相适应的社会保障制度。“三个代表”重要思想的核心和归宿就是“代表中国最广大人民的根本利益”。作为占中国总人口 70% 的农民，是不是最广大人民？如果忽视占人口绝大多数的农民的根本利益，能说我们是在实践“三个代表”吗？

（本文原载《中国改革》2002 年第 7 期）

当代中国农民的社会保障权

建立和完善我国的社会保障制度，已经成为学界讨论的热点问题之一。但农民应否享有社会保障，竟然成了社会保障理论研究中的一个富有争论的话题。笔者无意为众说纷纭的社会保障理论界徒添一篇论文，而将权利观念引入社会保障研究领域，正是本文的旨趣所在。如果说我们承认农民也是共和国公民，有权享有宪法和法律赋予的基本权利和自由，那么再去争论农民是否应该享有社会保障权利就会变得毫无意义。

社会保障权：农民的一项基本权利

人作为一种高级生物，吃五谷杂粮，难免生、老、病、死和鳏、寡、孤、独；同时，人又是一种天生的“社会动物”，懂得和需要彼此合作和相互扶助。于是，建立自由平等、和谐文明的美好社会就成为人类的共同追求和终极目标。保障人的幸福的社会保障思想也就在中外应运而生。

在中国，2000多年前的孔子就描绘了人人享有社会保障的大同社会的美好蓝图。孔子说：“大道之行也，天下为公，选贤任能，讲信修睦。故人不独亲其亲，不独子其子；使老有所终，壮有所用，幼有所长，鳏、寡、孤、独、废、疾者皆有所养；男有分，女有归；货恶其弃于地也，不必藏于己，力恶其不出于身也，不必为己；是故谋闭而不兴，盗窃乱贼而不作，故外户而不闭，是谓大同。”[①] 可见，孔子憧憬的大同社会其实就是一种人人享有社会保障的文明社会。

这种人人享有保障的大同社会，对中国历史的发展产生了深远的影响，康有为著《大同书》，描绘了包含社会保障内容的大同世界。孙中山则是中国传统大同社

---

① 《礼记·礼运篇》。

会思想的杰出继承者，他提出的“三民主义”思想中的“民生”就是“人民的生活，社会的生存，国家的生计，群众的生命”。[①] 孙中山领导的辛亥革命推翻了几千年的君主专制统治，建立了亚洲第一个民主共和国。

在西方，对美好社会的向往和追求同样源远流长。柏拉图著述《理想国》是古希腊人渴望幸福社会的杰出代表。后来的莫尔、康帕内拉、圣西门、傅立叶、欧文等空想社会主义者对社会保障理论的诞生和发展作出了突出的贡献。马克思、恩格斯所构想的共产主义社会，不外乎是一个人人平等、人人有社会保障的“自由人的联合体”。

思想家对人类美好社会的向往、追求和描述，也促进了执政者的具体实践。英国政府于 1601 年颁布了世界上第一部《济贫法》，这个被视为现代社会保障制度“前身”的《济贫法》，使民间和教会从事的济贫活动首次上升为法律并成为政府的重要职责。

现代社会保障制度是工业化和市场经济的产物，也是人类文明进步的结晶。被誉为现代社会保障制度第一个里程碑的是德国“铁血宰相”俾斯麦执政时期于 1883 年颁布的“疾病保险法”。这一年被视为现代社会保障制度产生的标志。之所以将社会保险制度的出现作为现代社会保障制度产生的标志，是因为“尽管社会保险制度在产生之初只不过是统治者的一种‘怀柔术’，但它的出现确实使社会保障进程产生了如下质的飞跃，即零星的救灾济贫措施发展成为国家固定的社会政策，施舍式的社会救助发展成为公民的一种法定权利”。[②]

1935 年罗斯福当政时美国通过《社会保障法》，第一次正式提出了“社会保障”的概念，成为现代社会保障史上的第二个里程碑。罗斯福特别重视社会保障的立法及其实施，他认为：“如果对老年人和病人不能提供照顾，对身强力壮者不能提供工作，把青年人注入工业体系之中，听任无保障的阴影笼罩每个家庭，那样的政府就是一个不能存在也不应该存在下去的政府。”[③] 1937 年 1 月 20 日罗斯福在连任总统的就职演说中进一步阐述了对社会保障的看法：“检验我们进步的标准，不是看我们是否为那些绰绰有余者锦上添花，而是看我们能否使那些缺衣少吃者丰衣足食。”[④]

现代社会保障制度的第三个里程碑是 1942 年英国的贝弗里奇报告。贝弗里奇

---

① 《孙中山选集》，人民出版社 1956 年版，第 765 页。
② 郑功成：《社会保障学》，商务书馆 2000 年版，第 129 页。
③ 解力夫：《身残志坚——罗斯福》，世界知识出版社 1989 年版，第 91 页。
④ 转引自魏新武编著：《社会保障世纪回眸》，中国社会科学出版社 2003 年版，第 55—56 页。

报告是英国内阁成立的以著名社会学家、经济学家贝弗里奇为首的委员会提出的一份题为"社会保障与协调服务"的著名报告，该报告称要为那些因失业、疾病、退休、生育和鳏寡者等在经济生活中处于不利地位的人们提供社会保障。贝弗里奇报告的一个重要思想是"全面性和普遍性原则"。根据这一原则，社会保险的对象扩大到全体人口，而不论其年龄、性别、阶级、种族和宗教信仰如何。到1948年，英国宣布建成世界上第一个福利国家。之后，西欧、北欧等一些国家也纷纷宣布建立了福利国家。"福利国家的最大特色就是以公民权利为核心，确立了福利普遍性和保险全面性原则，它以国家为直接责任主体，以国家为全体国民提供全面保障为基本内容，以充分就业、收入均等化和消灭贫困等为目标，政府与公民之间的责任关系取代了建立福利国家之前的雇主与雇员、领主与农奴及社团伙伴之间、家庭亲属之间的责任关系。"①

第二次世界大战后，随着国际人权事业的发展，社会保障权被国际社会普遍确认为一国公民的基本权利。1948年12月10日联合国大会通过的《世界人权宣言》第22条规定："每个人，作为社会的一员，有权享受社会保障。"1966年12月16日联合国大会通过的具有法律约束力的《经济、社会和文化权利国际公约》第9条规定："本公约缔约各国承认人人有权享受社会保障，包括社会保险。"

从社会保障的历程尤其是国际社会普遍遵守的国际人权宪章来看，农民并不被排除在社会保障的体系之外。从我国的宪法精神和宪法规定来看，同样如此。中国是一个农业人口占绝大比例的农民大国，中国农民的苦难是最深重的。中国共产党虽然诞生于城市，但却扎根于农村，最终通过领导农民革命建立了人民当家作主的社会主义新中国。无论是革命年代还是执政时期，中国共产党从不讳言对包括农民在内的人权的尊重和保障。在革命战争年代，中国共产党就举起了"争人权"的旗帜；成为执政党后，中国共产党领导和颁布了以人民主权为原则的社会主义新宪法。《中华人民共和国宪法》第45条规定："中华人民共和国公民在年老、疾病或者丧失劳动能力的情况下，有从国家和社会获得物质帮助的权利。国家发展为公民享受这些权利所需要的社会保险、社会救济和医疗卫生事业。"在这里，中华人民共和国公民肯定包括农民在内。1997年中共十五大正式提出"尊重和保障人权"，1997年10月27日中国政府签署了《经济、社会和文化权利国际公约》，2001年2月28日九届全国人大常委会第20次会议批准了该公约，2001年7月该公约开始

① 郑功成：《社会保障学》，商务书馆2000年版，第145页。

在我国生效。2004 年 3 月 4 日十届全国人大二次会议通过的宪法修正案明确规定“国家尊重和保障人权”以及“国家建立健全同经济发展水平相适应的社会保障制度”。人权和社会保障入宪，是我国政治文明建设史上新的里程碑。

由上可知，社会保障权是公民的一项基本权利。农民作为共和国公民，理所当然享有社会保障的权利。而建立包括农民在内的全国统一的社会保障制度之所以成为学界讨论的一个话题，实在是城乡分割的二元社会结构长期作用的结果。

二元社会结构中农民社会保障权利的缺失

由于历史的原因，中国社会保障制度是一种城乡分离的二元社会保障模式。在考察和分析中国二元社会保障模式之前，先了解一下当今世界上社会保障的主要模式很有必要。

对社会保障模式的分类，在不同的人看来有不同的方法。著名的社会保障学者郑功成将其分为福利国家型模式、社会保险型保障模式、强制储蓄型保障模式、国家保险模式以及混合型保障模式等种类。①

福利国家模式主要是西欧和北欧等国，其特征主要是由国家主办的全民社会保障制度构成了完备的社会安全网，它的覆盖面一般达到总人口的 95% 以上，基本实现了全民保险的目标，保障了国民从“摇篮到坟墓”的各种福利，如生、老、病、死、伤残、失业以及其他不测事故和特殊需要。福利国家的社会保障开支一般占到国民生产总值的 15%—20%。② 作为福利国家的始作俑者，英国社会保障制度的特点主要体现在范围上的全民保障、内容上的全面保障、实施方式上的现收现付、政府策略上的“劫富济贫”与多缴多得，个人账户仅仅作为能否享受社会保障权益的资格凭证。瑞典建成了全民福利、收入均等化的高福利国家，被称为“福利国家的橱窗”。

社会保险型保障模式是以面向劳动者建立各种社会保险制度为中心、再补充以其他救助福利性政策、构成能够满足工业社会需要的较完备的社会安全网。社会保险型保障模式在制度上解除了劳动者的后顾之忧，建立起政府、社会、雇主与个人之间的责任共担机制，强调受保障者权利与义务相结合，实现市场效率与公平的协

① 参见郑功成：《社会保障学》，商务印书馆 2004 年版，第 144 页。郑功成先生关于社会保障的诸多观点与笔者甚合，本节内容参考了郑功成的研究成果，在此致谢。

② 转引自魏新武编著：《社会保障世纪回眸》，中国社会科学出版社 2003 年版，第 181—182 页。

调。社会保险制度首先产生于德国，随后在工业化国家产生了巨大的影响。德国社会保障制度使社会保险具有普遍性，其对象由产业工人扩展到职员、农民乃至全体劳动者，养老保险和医疗保险成为社会保障体系中开支最大的项目，也是覆盖范围最广的保障项目。美国的社会保障以社会保险为主体内容，具有普遍性和选择性相结合的特点。

强制储蓄型保障模式是新加坡等国创立的公积金制度，它以雇主与雇员自己为责任主体，通过立法强制雇主与雇员参加公积金制度，并按规定缴纳公积金，存入受保人的个人账户，逐年积累，到受保人退休时再行付给并用于养老等方面的开支，政府只充当一般监督。公积金制度实行到后来，其用途由养老扩展到医疗、住房开支等。公积金制度不是以政府为直接责任主体，其最大缺陷是缺乏互济性，从而使该制度的公平性大打折扣。

国家保险模式是苏联创造并被其他社会主义国家仿效的一种社会保障模式，其特点是社会保障事务完全由国家或通过国营企业等包办，个人不交纳任何保险费。这种以计划经济为背景的曾经作为社会主义国家普遍采用的保障模式已随着苏联解体和东欧剧变而被摒弃。

郑功成认为，“中国在摒弃社会主义国家传统的国家保险模式（它实际上由国家保障制、企业保障制与乡村集体保障制组成）后，经过近 20 年来的改革正在逐渐形成中的即是一种混合型社会保障制度”。[①] 在笔者看来，建国以来，中国社会保障制度有其自身的特殊性，这种特殊性表现在两个方面：一是以城乡分离的二元户籍制度为依托，建立了世界上独特的二元社会保障制度，农民基本上被排除在国家社会保障制度之外；二是在城镇，国家对机关事业单位、国营企业职工实行苏联式的国家保险制度。改革开放以来，我国的经济体制由计划经济向社会主义市场经济转变，被户籍制度长期束缚的农民大量涌入城市谋求职业。这样，实践大大发展了，而传统的社会保障制度却并无多大改变，新的适应社会主义市场经济需要的现代社会保障制度尚未建立起来，实践发展与制度滞后的矛盾相当突出，从而孳生了诸如农民工问题、城市化问题、“三农”问题等一系列社会问题。二元社会保障模式是中国社会保障的根本特征。

1949 年成立的新中国是在中国共产党领导下的社会主义国家。在当时社会主义阵营与资本主义阵营的敌对“冷战”中，中国自然“一边倒”向第一个社会主义

① 郑功成：《社会保障学》，商务印书馆 2000 年版，第 153 页。

国家的苏联，并照搬苏联高度集中的计划经济模式建设社会主义。但与其他社会主义国家明显不同的一个“中国特色”是，我国人为地建立了城乡分离的二元社会结构。就社会保障制度来说，苏联和东欧国家设计的社会保障是覆盖全民的，农民自然被纳入到社会保障体系之中，而我国的特点却是将农民排除在社会保障体系之外。农民在总体上没有社会保障的历史一直持续下来。

1949 年 9 月中国人民政治协商会议通过的起临时宪法作用的《共同纲领》第 32 条规定在企业中“实行劳动保险制度”。1951 年 2 月 20 日中央人民政府政务院颁布了《中华人民共和国劳动保险条例》，标志着中国社会保障制度的确立。当时我国企业职工劳动保障（即社会保险）涉及职工伤残、疾病、生育、年老、死亡等项目及职工供养直系亲属的有关规定，各种保险项目的经费一般由企业和国家提供，个人不缴费。“但是当时占人口总数 90% 以上的农民却没有被纳入保障之列。这是因为一方面国家出于迅速建立工业化国家的考虑，有意对城市居民的社会保障实行倾斜政策，即对有工资收入的国家机关工作人员、国营企业职工、大中小学的教师等实行国家保障，对没有工资收入的城市居民实行定期或者不定期的社会救济；另一方面当时国家没有充足的国力为占人口绝大多数的农民提供保障。”[①] 这种把农民排除在社会保障之外的制度安排长期未有根本性地改变。

随着 1958 年以限制农民迁入城市为主要内容的《户口登记条例》的出台，农民就被人为地固定在农村的土地上。从此，国家一系列政策法律制度安排，不断地强化这种城乡分割的二元社会结构。长期以来，农民在没有社会保障的情况下，为国家工业化发展做出了巨大贡献，也使自身和整个国家蒙受了重大的损失。有关研究表明，从 1952 年到 1990 年，中国农业通过税收方式、“剪刀差”方式和储蓄方式为工业化提供资金积累总量达 11594 亿元，其中，通过税收方式提供 1527.8 亿元；通过“剪刀差”方式提供 8707 亿元；通过储蓄方式提供 1359.2 亿元。1952 年到 1990 年，中国工业化建设从农业中净调走了约 1 万亿元的资金，平均每年高达 250 亿元。[②]

由于社会保障制度的缺失，在 1959—1961 年“三年困难时期”，全国饿死农民达 3000 多万人，酿成了举世罕见的大饥荒和大悲剧。1998 年诺贝尔经济学奖得主、印度著名的经济学家阿巴蒂亚·森通过对贫困和饥荒的研究认为：“当饥饿现象发生时，社会保障系统尤为重要。世界上富裕的发达国家之所以不存在饥荒，并不是

① 刘翠霄：《中国农民的社会保障问题》，载《法学研究》2001 年第 6 期。

② 转引自王国军：《中国城乡社会保障制度衔接初探》，载《战略与管理》2002 年第 2 期。

因为就平均水平来说那里的人是富有的。……如果没有社会保障系统，今天美国或英国的失业状况会使很多人挨饿，甚至有可能发展成饥荒。因此，成功地避免了饥荒发生，靠的不是英国人的平均高收入，也不是美国人的普遍富裕，而是由其社会保障系统所提供保证的最低限度的交换权利。"①

一般来说，社会保障体系主要包括养老保险、医疗保险、社会救济、社会优抚、社会救助、社会福利等方面。长期以来，农民被排除在社会保障制度之外，农民主要依靠家庭保障和自我保障。当然，这并不是说政府对农民的生存状况"一概不管"。建国以来，政府对农民不全面的"社会保障"主要有五保供养制度、合作医疗制度、养老保险制度和农村最低生活保障制度等。

农村"五保"供养制度产生于1956年的《高级农业生产合作社示范章程》，完善于1960年的《全国农业发展纲要》，是适应集体经济形式的集体保障制度，它规定集体经济必须保障农村农民中无法定抚养义务人、无劳动能力、无生活来源者的保吃、保穿、保住、保医、保葬（孤儿保教），使他们的生养死葬都有指靠。五保供养的标准不低于当地一般群众的实际生活水平。"五保"形式分为集体供养、分散供养、亲友供养、义务供养等，农村实际上一直以分散供养为主。家庭联产责任制以后则以乡统筹村提留的形式保证"五保"供养。

农村合作医疗制度是在农村没有医疗保险的情况下建立的有中国特色的医疗制度，该制度最早源于20世纪40年代陕甘宁边区的医疗合作社。1959年11月全国农村卫生工作会议在山西稷县召开，会议总结了陕甘宁边区卫生合作社和山西省高平县开展合作医疗的经验，并决定在全国推广。到1980年，全国约有90%的行政村实行了合作医疗，农民看病时实行部分免费。在农村实行家庭联产承包责任以来，合作医疗制度受到了严重影响，到1985年全国实行合作医疗的行政村由过去的90%下降到5%。国家财政在卫生事业费中用于农村合作医疗的补助费大幅度下降，从1979年的1亿元下降到1992年的3500万元，仅占卫生事业费的0.36%，农民人均不足4分钱。② 到1996年，实行合作医疗的村占全国行政村总数的17.7%，农民人口覆盖面仅为10.1%。③ 20世纪90年代以来，随着医疗产业化的推行，高昂的医疗费用使农民看不起病的情况相当普遍，农民"小病靠挨、大病

① ［印度］阿马蒂亚·森：《贫困与饥荒——论权利与剥夺》，王宇、王文玉译，商务印书馆2001年版，第12—13页。

② 参见蔡仁华主编：《中国医疗保障制度改革实用全书》，中国人事出版社1998年版，第356页。

③ 参见郑秉文、春雷主编：《社会保障分析导论》，法律出版社2001年版，第266页。

等死”已经成为当前农村一个十分揪心的现象。

中国农民几千年来靠家庭保障和自我保障，没有社会养老保险。城市居民退休后可以领取养老金，农民则只有靠自己和儿女养老。“养儿防老”的观念并不是中国农民愚昧落后的表现，而是农民缺乏社会养老保险制度的现实选择。改革开放以来，农民的养老保险开始引起有关部门的重视。1991 年 1 月国务院决定由民政部负责开展建立农村养老保险制度试点工作，同年 6 月开始在山东省组织试点。1992 年 1 月 3 日民政部正式颁发《县级农村社会养老保险基本方案》，该方案的制定和颁布，“实现了农民养老保险制度在中国从‘0’到‘1’的突破，标志着中国在不断健全和完善现代社会保障制度上迈出了重要的一步”。[①] 到 2000 年底，全国 31 个省、市、自治区的 294 个地区，2052 个县（市、区），32610 个乡镇，428889 个村，10169 个乡镇企业开展了农村养老保险工作。全国参保人数为 6172.34 万人。农村养老保险金积累计额为 195.81 万人。[②] 众所周知，中国有 13 亿人口，其中 9 亿是农民，农村养老保险还处在试点阶段，绝大部分农民还没有基本的社会养老保险。

农村最低生活保障制度是近些年来才出现的“新事物”。1995 年民政部在部分地区开展农村最低生活保障制度试点工作。在此之前，中国农村只存在对“五保户”的救济。到 1999 年底，全国农村得到最低生活保障的人数为 316.17 万人，占农业人口的 0.34%。[③] 最低生活保障是市场经济的客观需要。1999 年国务院颁布《城市居民最低生活保障条例》，其适用范围只限于城市居民，而最需关心和帮助的困难农民群众未被纳入保障范围。浙江省在保障农民最低生活保障上迈出了重要的一步，从 2001 年 10 月 1 日起正式施行的《浙江省最低生活保障办法》规定：家庭人均收入低于其户籍所在县市最低生活保障标准的居民、村民，均有从当地人民政府获得基本生活物质帮助的权利。这一规定意味着浙江用法律形式将农民纳入了社会保障制度的保护范围。以法律形式对最低生活保障制度实行城乡一体化规范这在全国尚属首创。据了解，浙江省最低生活保障标准，城镇居民平均每月 180 元，农村村民为 95 元。[④]

城乡分离的二元社会结构，使城乡社会保障的巨大差距相当惊人，据统计，1990 年全国社会保障支出 1103 亿元，其中城市社会保障支出 977 亿元，占总支出

---

① 刘翠霄：《中国农民的社会保障问题》，载《法学研究》2001 年第 6 期。

② 同上。

③ 张太英、刘小姚：《中国农村的社会保障制度建设》，载《中国农村研究》2000 年第 19 期。

④ 《浙江农民首次纳入保障范围》，载人大复印资料《社会保障制度》2001 年第 12 期。

的 88.6%，农村仅支出 126 亿元，占 17.4%，城市人均 413 元，农村人均 14 元（这其中包括农村五保户救济和优抚军烈属等），相差近 30 倍。① 在当代中国，农民社会保障权的尊重、保障和实现，是一项任重道远而又相当紧迫的时代任务。

和谐社会构建与执政能力建设

社会保障权是每一个公民应当享有的基本权利，农民和进城务工的农民工都应当平等地享有社会保障权，这是我国宪法的明文规定，也是国际社会普遍确认的人权原则。社会保障权属于经济、社会和文化权利界定的范畴，它的实现需要国家的积极行为，因而被称之为积极的权利。在社会转型时期，政府在为公民提供社会保障上不应"缺位"，应担当起作为社会保障主体的公共职责。

在学术理论界，关于农村社会保障则存在诸多的认识误区，有的认为农民有土地保障而不必搞社会保障；有的强调农村人口众多、国家财力不够；有的过分突出福利国家的"福利病"而反对建立全民福利制度，等等。针对这些阻碍我国社会保障制度建立健全的种种传统思维和习惯偏见，有的学者对此作了分析和澄清。② 在反对建立统一的社会保障制度中，北京大学教授陈平是比较突出的一个。他称建立统一的社会保障体系是"短视国策"，是乌托邦式的"洋跃进"。他的理由是：第一，统一社保在经济上根本不可行；第二，将严重削弱中国的国际竞争力；第三，违背小政府大市场的改革潮流，在体制上重演西方和东欧的错误道路。③ 针对这种观点，笔者当时率先作了反驳。④ 陈平先生纯粹从"效率优先"的经济角度看社会保障。但作为一个健全的社会，仅仅追求经济增长是远远不够的，否则马克思也没有必要撰写《资本论》批判资本主义了，社会主义思想和运动也就不可能产生。在

① 周其明：《农民平等权的法律保障问题》，载《法商研究》2000 年第 2 期。

② 郑功成：《农村社会保障的误区与政策取向》，载《理论与实践》2003 年第 9 期。

③ 陈平：《建立统一的社会保障体系是短视国策》，载《中国改革》2002 年第 4 期。

④ 参见张英洪：《驳陈平的"短视国策"和"洋跃进"论》，载《中国改革》2002 年第 7 期。一些社会保障研究学者也对陈平的观点作了批驳回应，比如田凯在《社会工作》2003 年第 6 期上发表与陈平教授商榷文章《中国当前的社会保障制改革是"短视政策"吗》；著名的社会保障专家郑功成在 2004 年第 7 期的《中国社会保障》杂志的记者访谈中认为："目前人们对社会保障的认识混乱，诸如'天下没有免费的午餐'、'效率优先'等市场经济术语和'警惕福利病'、'降低社会保障成本，维护我国在国际竞争中的劳工优势'等等一些论调盛行，纯粹市场的东西被套到社会保障制度上并受到追捧……任何一个社会总是有人付不起费的，但付不起费的人也有生存的权利，人与动物世界毕竟是有区别的……至于说通过降低社会保障水平来维护所谓国际竞争力的说法更是荒谬……通过牺牲劳工利益和降低社会保障水平来提高所谓国际竞争力的做法，实际上是真正损害中国长远的国际竞争力的短视做法……建立统一的社会保障制度，不是短视，恰恰是为了中国的可持续发展。"

笔者看来，反对建立包括农民、农民工等弱势群体在内的全国统一的社会保障制度论者，其要害在于权利观念的缺乏和公正意识的淡薄。

老子说："治大国若烹小鲜。"治国是门艺术，尤其是要治理好中国这样一个经济文化比较落后的大国，没有治国的智慧和能力是不可想象的。"无产阶级政党夺取政权不容易，执掌好政权尤其是长期执掌好政权更不容易。"这是中国共产党执政55年后对治理中国这样一个东方大国的深刻认识。2004年9月中国共产党第十六届中央委员会第四次全体会议作出了《中共中央关于加强党的执政能力建设的决定》，第一次将提高执政能力摆在了世人面前。《决定》还第一次把"和谐社会"建设作为提高执政能力的重要内容。《决定》提出："形成全体人民各尽其能，各得其所而又和谐相处的社会，是巩固党执政的社会基础、实现党执政的历史任务的必然要求。要适应我国社会的深刻变化，把和谐社会建设摆在重要位置，注重激发社会活力，促进社会公平和正义，增强全社会的法律意识和诚信意识，维护社会安定团结。"[①] 笔者认为尊重、保障和实现农民的社会保障权，促进公平和正义，既是和谐社会建设的重要内容，也是提高执政能力的必然选择。

中国共产党执政后，囿于当时的历史条件和认识局限，在社会主义建设中仍然习惯于革命党的思维和模式，长期坚持以阶级斗争为纲，接连发动群众性的政治运动，使国民经济到了崩溃的边缘，国家和民族为此遭受了巨大的损失。中共十一届三中全会以后，以经济建设为中心取代了以阶级斗争为纲，经过20多年的改革开放和现代化建设，人民的生活总体上实现了由温饱到小康的历史性跨越。但人们又发现，片面追求经济增长也是远远不够的。盲目追求GDP增长而忽视社会公正的社会政策缺位，积累了大量的社会问题，诱发了一系列不稳定因素。社会政策缺位的一个重要表现是社会保障制度不健全，贫困阶层的基本生存未得到充分保证。"中国已经建立起来的社会保障体系主要属于城市居民，农村居民基本上没有什么保障可言……中国的社会保障制度还没有起到保护弱势阶层和贫困阶层的作用。"[②]

因此，构建和谐社会，必须树立社会公正的价值取向。公正是人类社会具有永恒价值的基本理念和基本行为法则，是现代社会制度设计和安排的价值理念依据。罗尔斯认为："每个人都拥有一种基于正义的不可侵犯性，这种不可侵犯性即使以社会整体利益之名也不能逾越。因此，正义否认为了一些人分享更大利益而剥夺另一些人的自由是正当的，不承认许多人享受的较大利益能绰绰有余地补偿强加于少

① 《中共中央关于加强党的执政能力建设的决定》，载《人民日报》2004年9月27日。

② 陆学艺主编：《当代中国社会阶层研究报告》，社会科学文献出版2002年版，第94页。

数人的牺牲。”[①] 在全面建设小康社会中，必须改变那种忽视社会公正的发展思路。政府是全民政府，既要为市民造福，也要为农民提供福利。城乡分离的二元社会结构，扭曲了政府职能，形成了重城市轻农村、重市民轻农民的不正常现象。那种以只计算城镇失业人口而忽视农村失业人口所得出的失业率和以把绝大部分农村人口排除在外的社会保障成果作为政绩炫耀，对农民来说是不公正的。正确的做法，正如中共十六届三中全会提出的那样，要坚持以人为本，树立全面协调可持续的科学发展观，统筹城乡发展、统筹区域发展、统筹经济社会发展、统筹人与自然和谐发展、统筹国内发展和对外开放，促进经济社会和人的全面发展。这对执政能力建设提出了新的时代要求。

社会保障是国家实现社会公平的一种必要手段和重要方面，是一个国家社会文明和进步的标志，也是衡量执政能力的重要尺度。2004 年 9 月在北京召开的第 28 届国际社会保障协会全球大会的主旨是“社会保障：确保社会公平”。大会深切关注“世界上多数人在年老、残疾、死亡、疾病、工伤事故和失业等方面没有任何正规社会保障的保护”，大会认为“为了减少贫困和实现社会融合，必须将社会保障的覆盖面扩大到那些尚未从任何正规社会保障计划中受益的群体”，应“让更多的人享有保障”。[②] 笔者希望国际社会保障协会全球大会的《北京宣言》能成为亿万中国农民和农民工享有社会保障的福音。使中国农民享有现代社会保障，是全面建设小康社会的重要目标，是中国特色社会主义优越性的重要体现，是实现社会公正的重要途径，是构建和谐社会的重要内容，也是检验执政能力的重要标志。“我深深地期待着：在同一蓝天之下的同胞和公民，能够有着同样的尊严和基本权利，能够有着同样的发展机会；对社会做出了不同贡献的社会成员也都能够得到相应的、应有的回报；‘结束牺牲一些人的利益来满足另一些人的需要的状况’（恩格斯语），使富裕群众利益的增进同弱势群体生活状况的改善之间能够实现同步化；中国不但能够成为一个发达的社会，同时也能够成为一个公正的社会。”[③] 总之，社会保障是宪法权利，农民是共和国公民，农民应当享有社会保障权，这是本文的基本结论。“如果政府不认真地对待权利，那么它也不能够认真地对待法律。”[④]

（本文原载《湖南公安高等专科学校学报》2005 年第 1 期）

---

① [美]罗尔斯：《正义论》，中国社会科学出版社 1988 年版，第 3—4 页。

② 《国际社会保障协会全球大会北京宣言》，载《人民日报》2004 年 9 月 18 日。

③ 吴忠民：《社会公正论》，山东人民出版社 2004 年版，第 404 页。

④ [美]罗纳德·德沃金：《认真对待权利》，中国大百科全书出版社 1998 年版，第 270 页。

和谐社会构建中的农民权益保护

农民占我国人口的绝大多数，是我国最大的社会群体，为中国革命和社会主义现代化建设做出了巨大贡献。没有农民的小康，就没有全国人民的小康；没有农村的现代化，就没有整个国家的现代化；没有农民的和谐生活，就没有全社会的生活和谐。当前，执政党明确把解决好“三农”问题列为全党工作的重中之重，并把社会更加和谐作为全面建设小康社会的目标之一。构建和谐社会，一个很重要的方面就是要保护农民的各项正当合法的基本权益。

农民维权抗争进入当代视野

随着我国社会主义市场经济的发展，广大农民的权利意识明显增强。但是，在计划经济时期形成的一系列旧观念、旧体制、旧做法尚未得到全面的清理和改变，而市场经济发展引发的新问题也日益突出。在此社会转型过程中，农民的权益常常遭到这样或那样的侵害。如何切实保护农民正当合法的权益，已成为当今引人注目的重大社会问题。

孙志刚事件：收容制度的终结

改革开放以来，随着经济的发展，广大农村富余劳力涌入城市寻求新的职业和工作机会，形成了举世瞩目的“民工潮”。但囿于二元社会结构的影响，进城务工的农民长期以来没有城市市民的身份，也享受不到与市民平等的权利。进城务工的农民工和其他外来人员成为城市的边缘人和弱势群体。

据报道，2003 年 1 月 24 日晚，湖南籍 5 名农民工因无“暂住证”被广州市白云区庆斗居委会治保队关进收容车后没多久，便一个一个地从高速行驶的收容车上“掉下来”，1 名轻伤者像脱离魔窟一样当场“夺命逃跑”，另 2 人摔下车后因脑颅积血死亡。

不少城市的收容遣送部门在运作过程中实质上将收容遣送制度异化为权力寻租的工具，大量进城务工的农民成为城市收容遣送部门敲诈勒索的主要对象。据民政部统计，全国700多个收容遣送站每年要收容遣送100多万人，1999年北京市共收容遣送14.9万人次，2000年广东省共收容遣送58万人次。

《中华人民共和国宪法》第37条规定："中华人民共和国公民的人身自由不受侵犯。"但收容权力的异化和肆意扩张，导致农民正当的人身自由权遭到了严重的侵害。大量进城务工的农民被非法收容遣送，严重侵害了农民的合法权益，激化了的社会矛盾。这种主要针对进城农民工的收容遣送制度，直到孙志刚事件的爆发才最后走向终结。

据《南方都市报》2003年4月25日报道，出身于农民之家、毕业于武汉科技学院的孙志刚在广州一家公司打工，3月17日晚10点，他像往常一样出门上网，因没有"暂住证"而被警察带至黄村街派出所，3月18日被派出所送至广州收容遣送中转站，后又被送往广州收容人员救治站，3月20日救治站宣布孙志刚"不治身亡"。4月18日尸检结果表明，事主死前72小时曾遭殴打。孙志刚在广州被收容遣送惨遭殴打致死的事件发生后，引起了全国对收容遣送制度的质疑和反思。

1982年5月国务院颁布《城市流浪乞讨人员收容遣送办法》规定收容遣送工作的主要目的是为了救济、教育和安置城市流浪乞讨人员，致力于社会救助和维护"城市形象"。1991年国务院发布了《关于收容遣送工作改革问题的意见》，将收容遣送对象扩大到"三证"（身份证、暂住证、务工证）不全的人员；1992年公安部发布《关于对外国人和华侨、港澳台同胞不得实行收容审查和劳动教养的通知》，这就使进城务工的农民和城市外来人员成为收容遣送的主要对象。

由此可见，收容遣送制度是一种在实行过程中被异化了的明显违背《宪法》精神的城市"特权制度"，它只针对中国人而不是外国人，只针对大陆人而不是港澳台同胞，只针对农民而不是市民，只针对城市外来人而不是城市本地人。

2003年6月18日温家宝总理主持国务院常务会议，废止了实行21年之久的收容遣送制度，审议并原则通过了《城市生活无着的流浪乞讨人员救助管理办法》，6月20日温总理签署第381号国务院令，予以公布施行。中央政府以超乎人们想象的快捷速度，回应了孙志刚事件引发的有关收容遣送的讨论。这标志着本届中央政府对民意的异乎寻常的关注和尊重。

嘉禾事件：权益保护新标志

改革开放和社会主义市场经济的发展，使长期以来城乡隔离的樊篱被冲破，大量的农村人口进入城市，我国的城市化进程明显加快，这是经济和社会发展的必然结果，也是社会文明进步的重要标志。但在城市化进程中，一些地方以加快发展为由，强制性征地拆迁，引发了比较普遍的征地拆迁问题，造成了被征地拆迁的农民无地可耕、无家可归的现象，极大地侵害了农民的正当权益。广大失地无屋的农民纷纷拿起法律的武器维护自己的合法权益。震惊高层的2004年嘉禾拆迁事件，成为建国以来征地拆迁中最富有标志性意义的重大事件。

湖南嘉禾县曾因2000年的高考舞弊事件吸引过国人的眼球。时隔四年，嘉禾再次以强制拆迁事件“震惊全国”。

2002年5月，嘉禾县成立珠泉商贸城项目办公室进行前期准备工作。2003年1月10日，嘉禾县第十四届人民代表大会第一次会议作出了关于加快建设珠泉商贸城的决议。8月7日，嘉禾县印发《关于党员干部职工做好珠泉商贸城被拆迁对象亲属拆迁“四包”工作的通知》。此后，又印发了《关于对急、难、险、重事项中工作不力者实施组织处理的暂行规定》等文件，决定用“四包”、“两停”推进拆迁工作。“四包”的内容为：公职人员必须做好拆迁亲属的工作，包在规定期限内完成拆迁补偿评估；包在规定期限内签订好拆迁安置补偿协议；包在规定期限内腾房并交付各种证件；包协助做好妥善安置工作，不得无理取闹，寻衅滋事，不得参与集体上访和联名告状。对未按规定完成任务者实施“两停”（暂停原工作单位或调离工作单位，停发工资）。

就珠泉商贸城拆迁中损害被拆迁户利益问题和县委、县政府的做法，被拆迁户陆水德等人不断上访。其间，湖南省委书记杨正午曾就此作出批示和指示，但嘉禾县委、县政府未予改正。2003年10月28日，建设部批请湖南省建设厅调查处理嘉禾群众上访问题。12月14日，嘉禾县委、县政府召开大会，挂出了“谁影响嘉禾发展一阵子，就影响他一辈子”，“谁不顾嘉禾面子，就摘他帽子”，“谁工作迈不开步子，就换他位子”等标语。

2004年4月26日，嘉禾县组织人员对珠泉商贸城部分被拆迁户实施强拆，并拘捕了陆水德、李公明、李爱珍等三人。5月，嘉禾强制拆迁已经引起了媒体的广泛关注，但以县委书记周余武为代表的嘉禾县领导层，不仅没有顺从民意，相反却在滥用权力的道路上越走越远，最终惊动中央高层，致使国务院总理温家宝亲自出面，才制止了这一飞速驶行的权力车轮对群众利益的践踏和侵害。

2004年6月4日，国务院总理温家宝主持国务院第52次常务会议，研究控制城镇房屋拆迁规模，严格拆迁管理的有关问题，同意湖南省对嘉禾县珠泉商贸城建设中违法违规有关责任人所作出的严肃处理。会议认为这是一起“集体滥用行政权力、违法违规、损害群众利益并造成极坏影响的事件”。

国务院常务会议专门听取一个县的问题调查汇报，并公布全国，明确要求举一反三，警示干部，这在执政党的历史上是罕见的。

嘉禾事件的实质是公权力的滥用而导致公民个人权利的损害。当嘉禾县在拆迁中遇到阻力时，县领导曾专门到湖南数县进行考察，“取经”归来后的嘉禾县在对待拆迁户时“出招”更狠。嘉禾县领导在新闻媒体曝光后，不但没有深刻反省，反而形成了“三不怕”认识，即不怕新闻曝光、不怕少数人闹事、不怕有人上访。嘉禾县领导之所以在侵害群众利益、遭到群众反抗时却一意孤行、滥施权力，关键在于计划经济体制下形成的传统思维逻辑，即认为“只要代表了最广大人民的根本利益”，就可以对极少数实行“暴力打击”。这种强调目的正当性（实质主义）而不顾程序正义的思维方式和行为模式，极易滑向托克维尔警惕的“多数人的暴政”的陷阱之中。

嘉禾事件中的权力主角、县委书记周余武在事后的反思材料中袒露了心迹：“我一直认为，只要符合最广大人民群众的根本利益，就是实践‘三个代表’重要思想，就必须竭尽全力办好，再大的困难也要克服。”在这里，周余武明显地把群众维权抗争与他所说的工作困难划上等号了。所以，周余武虽然认识到自己“错了”，但并未认识到自己错在没有“尊重和保障人权”上。嘉禾县的老百姓不像周余武那么认为了。他们在遭到政府权力侵害时，勇敢地拿起法律的武器维权抗争。拆迁户李爱珍在家门口贴了一幅大对联：“当守法公民，做维权人家”。拆迁户李会明说：“他们（指政府干部）这是比拿着枪逼着还厉害，……我说了，我要以自己的鲜血和生命捍卫法律的尊严和自己的权利。”[①]

在嘉禾拆迁中，有的是农民，有的是城镇居民。但不管如何，一个共同的特点是不受制约的公共权力对公民权利的侵害。居民也好，农民也罢，总之，经过几十年的宣传教育和普法学习，民众的法律意识已经显著增强。面对基层政府对个人权利的侵害，农民的维权活动已经成为当今社会一个十分引人注目的现象。

依法抗争：农民权利大觉醒

20世纪80年代中后期以来，一些地方政府不顾中央三令五申，任意加重农民负担，侵害农民正当权益，诱发了一系列重大涉农群体性事件。湖南宁乡、衡阳、

① 参见于磊焰、段羡菊、谭剑：《关于“嘉禾事件”的反思》，载《新华文摘》2004年第17期。

安仁、湘阴、涟源、安化、溆浦等地接连爆发了农民要求减负的群体性事件。农村许多地区出现的农民以政策为依据的抗争活动，被有的学者称之为“依法抗争”。[①]依法抗争是农民积极运用国家法律和中央政策维护其正当权利不受地方政府和官员侵害的活动。依法抗争的特点是，农民在抵制各种各样的“土政策”和农村干部的独断专制和腐败行为时，援引有关的政策或法律条文，并经常有组织地向上级直至中央政府施加压力，以促进政府官员遵守有关的中央政策或法律。依法抗争的典型例子包括：拒绝缴纳违犯中央政策和法规的地方政府收费，抵制或冲击不符合《村委会组织法》的村委会选举，迫使乡镇政府执行受农民欢迎的法律和政策，废止“土政策”和罢免违法犯纪的村干部。依法抗争所依的法是中央政府制定的法律和政策，抗争的目标则是地方政府制定的不符合中央法律、政策或中央精神的种种“土政策”和其他侵犯农民合法权益的行为。

于建嵘进一步指出，在1992年以前，农民的多数维权抗争可以大体归纳为西方学者所谓的“弱者的武器”的“日常抵抗”形式，自1992—1998年，农民的维权抗争可归结为“依法抗争”，自1998年以后，农民的维权抗争实际上已进入了有组织抗争或以法抗争阶段。[②]农民以法抗争的主要方式有上访、宣传、阻收、诉讼和逼退、静坐和示威等。以法抗争的宗旨是维护中央政策和国家法律赋予农民的种种合法权益，其基本目标具有十分明确的政治性，已经从资源性权益抗争向政治性权利抗争方向发展。这主要表现在两个方面：其一，抗争的内容具有公共性。目前抗争的主要问题有“减轻农民负担，反对贪官污吏”、“保护农民的土地财产”、“村务公开和民主理财”等。由于这些问题在目前的农村普遍存在并较为严重，同时均有中央文件和国家的法律及政策规定，因此，很容易确定抗争精英行为的正当性和合法性。其二，由于上述问题一般都是公共权力机关施政行为造成的，因此，以法抗争的主要对象是乡镇一级基层党政机关以及村级组织。这种用国家法律来抵制国家最基层政权来达到农民维权目标的活动，是一种政治行为。因此，政治性是目前农民以法抗争的一个显著特征。在社会转型时期，农民的正当合法权益的不保，使他们沦落为备受关注的弱势群体。

张敏杰认为，弱势群体的成因受各种因素的制约，既可能是客观的或自然的，

---

① 参见李连江、欧博文：《当代中国农民的依法抗争》，载吴国光编：《九七效益：香港与太平洋》，（香港）太平洋世纪研究所，1997年版，第141—170页。另参见李连江、欧博文：《当代中国农民的依法抗争》，载吴毅主编：《乡村中国评论》（第3辑），山东人民出版社2008年版，第1—18页。

② 参见于建嵘：《当前农民维权活动的一个解释框架》，载《社会学研究》2004年第2期。

有明显的生理性特征；也可能是主观的或人为的，可以从文化和社会性角度进行界定。从弱势群体形成的深层原因看，无论是老弱病残还是社会的贫困群众，他们之所以陷入弱势困境，是由于他们失去或被剥夺了发展的能力或机会。因此，“能力的弱势”或“机会的贫困”是他们处于弱势地位的本质。①

在农民权利受损后，无论是日常抵抗，还是依法抗争或以法抗争，都是对农民在合法权益受到基层政权侵害时的事实描述和行为概括。笔者提出和强调“给农民以宪法关怀”，其核心是限制和约束公共权力，尊重和保障农民权利。宪法关怀的意义在于既超越了历史上农民暴力颠覆政权的反体制诉求惯性，又超越了执政者暴力镇压农民反抗的传统统治观念，它使农民坚守着维权抗争的生存底线，也使执政者认识到以人为本、尊重和保障人权的全新的执政理念。

农民为什么成了弱势群体?

中国是一个典型的农民大国，农民占总人口的70%，是我国最大的弱势群体。农民沦为弱势群体，有其多方面的综合因素。其中关键因素是二元社会结构对农民的制度性歧视和社会主义市场经济中政府职能的越位、错位和缺位。

弱势群体：概念的提出和界定

弱势群体是任何时代任何社会都存在的一种普遍现象。弱势群体成为社会学、社会工作专业领域的一个专业术语，只有不长的时间，在中国更是近年来才成为在媒体上出现频率较高的一个词汇。党和国家领导人曾在不同场合的讲话、指示中不同角度地使用了“弱势群体”的提法。② 2002年3月朱镕基总理在九届人大五次会议的《政治工作报告》中专门提到了保护“弱势群体”这一概念，这是政府工作报告首次提到弱势群体的概念，充分表明弱势群体已经引起了党和政府的高度关注。

在欧美社会政策和社会福利文献中，则使用弱势群体和劣势群体概念。从界定角度和衡量弱势或劣势群体的指标看，弱势群体主要指那些丧失或缺乏劳动能力的群体，劣势群体主要是指那些在劳动市场和生活机会分配中竞争力较弱，或是综合性能力较低而受到不平等对待的群体。“一般来说，欧美社会政策文献中已经形成的学术传统是，弱势群体的概念可以包含劣势群体的涵义，但是，劣势群体的概念

① 参见张敏杰：《中国弱势群体研究》，长春出版社2003年版。
② 张敏杰：《中国弱势群体研究》，长春出版社2003年版，第3—4页。

通常不包含弱势群体的涵义。”①

中国学者对弱势群体的概念有不同的界定，张敏杰认为，弱势群体应该是指由于自然、经济、社会和文化方面的低下状态而难以像正常人那样去化解社会问题造成的压力，导致其陷入困境，处于不利社会地位的人群或阶层。在传统意义上，弱势群体主要指老弱病残者或无劳动能力的依赖人群。但是随着农村改革和城市国有企业改革的不断深入，弱势群体还包括那些在劳动市场和生活机会分配中竞争力较弱、综合性能力较低而受到不平等对待的群体。②

1998 年度诺贝尔经济学奖获得者阿马蒂亚·森在认为，出现饥荒、产生贫困的最重要的原因未必是粮食的大幅度减少，一个重要的方面在于，社会上不同群体的许多人，由于能力或机会的缺乏，以至于他们在获得实际机会中不包括获得足够粮食的途径，于是饥饿便产生了，他们也就陷入了贫困的境地。因此，一个人创造收入的能力、机会的失去或被剥夺是处于社会弱势地位的根本原因。③

弱势群体的形成并不是由于他们自身不努力，而是因为社会没有提供一个公平的舞台。比如，与城里人相比，农村户口的人在出生、入学、就业、医疗、养老等各方面都处于不平等的起点。从表面上看，这是一种起点的不平等（贫富差距），而实质上是“游戏规则”的不平等（准入限制）。从这个意义上说，弱势群众有意无意地受到了不公正的对待，相对于其他正常群体而言，弱势群体在社会中的应有权利和占有份额未能得到公平的体现，其公正待遇也未能得到制度的有效保障。

制度歧视：农民是二等公民？

农民成为弱势群体，一个很重要的方面是因为社会没有提供公平的舞台。建国以后，在苏联模式的影响下，我国逐步建立了城乡分割的二元社会结构，使农民处于极其不利的二等公民地位。我国是一个农业人口占绝大多数的农民大国，城乡之间的差别历来就存在。不过，当前我国城乡之间的差别不只是体现了发展中国家普遍存在的二元经济结构，更关键的在于建国后通过一系列城乡分割的制度安排而形成的人为的二元社会结构。二元社会结构是当代中国不同于任何发展中国家的显著标志，是有中国特色的“三农”问题的要害和根源。

所谓二元社会结构，是指我国建国后通过一系列歧视农民的制度安排而在城乡

---

① 张敏杰：《中国弱势群体研究》，第 13 页。

② 同上，第 21 页。

③ [印度]阿马蒂亚·森：《贫困与饥荒——论权利与剥夺》，王宇、王文玉译，商务印书馆 2001 年版。

之间人为构建的城乡隔离的社会结构。1958 年 1 月 9 日，第一届全国人大常委会第 91 次会议通过《中华人民共和国户口登记条例》，从此在法律上正式确立了二元户籍制度。此后，以二元户籍制度为支点，一系列对农民不公平的政策制度不断建立起来，使农民处在完全不平等的制度环境中。20 世纪 80 年代后期，一些学者就研究出农村人口和城镇人口在国民待遇方面有 14 个不一样。[①] 著名社会学家陆学艺称之为“城乡分治，一国两策”。[②] 这种“城乡分治，一国两策”，实质上是一种治国上的“双重标准”，对农村和农民是一种歧视性的标准，对城市和市民是一种特权式的标准。在户籍制度、就业制度、教育制度、社会保障制度等各个方面，农民丧失了宪法赋予的平等的公民权利。

在这种二元社会结构中，农民的不利地位是多方面的。从城乡差距日益拉大上就可见一斑。1980 年，中国大陆包括农村居民在内的基尼系数为 0.3 左右，到 1988 年已上升到 0.382，1994 年为 0.434，超过了 0.4 的国际警戒线，1998 年又上升到 0.45。有学者指出，2001 年中国城市居民收入为 6860 元，农民收入 2366 元，表面差距是 3:1，但实际上，农民收入中实物性占 40%，每个农民每月真正能用做商品性消费的货币收入只有 120 元，而城市居民的货币收入平均每月 600 元，城乡差距为 5:1；如加上城市居民中各种的隐性福利、住宅、教育、卫生等没有纳入统计范围，全面考虑这些因素，中国城乡差距可能达 6:1。而世界上绝大多数国家的城乡收入比率为 1.5:1，超过 2:1 的极为罕见。改革以来，我国城乡差距不是缩小了，而是人为拉大了。

政府失灵：农民流汗又流泪

以市场为取向的改革，使农民在歧视性制度的束缚下走向市场经济的大海。市场经济是优胜劣汰的竞争性经济，它要求市场主体的平等地位和自主权，可中国农民却在歧视性制度之绳捆绑住手脚的情势下去与市场中的强势主体进行不平等的竞争，其不利因素是显而易见的。

家庭联产承包责任制的推行，使农民从人民公社的体制下解决出来，农民有了更多的自主权。但农民并未完全成为市场经济中独立的市场主体，农民的生产自主权就常遭到基层政府的干预，乡镇政府可以打着农业结构调整的旗号强制农民种植

① 农业部政策研究中心农村工业化城市化课题组：《二元社会结构：城乡关系：工业化·城市化》)，载《经济研究参考资料》1988 年第 90 期（总第 1890 期）；农村工业化城市化与农业现代化课题组：《二元社会结构：分析中国农村工业化的一条思路》，载《经济研究参考资料》1988 年第 171/172 期（总第 2171/2172 期）。

② 陆学艺：《走出“城乡分治 一国两策”的困境》，载《读书》2000 年第 5 期。

指令性作物。在种田无利乃至亏本时，农民也没有休耕的权利，乡镇政府对那些休耕的农民强制收取“撂荒费”。在温铁军看来，中国农村最基本的土地、劳动和资金三要素现在还没有条件被市场这只“看不见的手”自发调节，[①]农民面临市场失灵的困惑。

在市场失灵的同时，政府失灵则使农民面临流汗又流泪的更大困惑。在市场经济条件下，政府的主要职能是提供公共物品，维护社会的公平和正义。在社会转型时期，我国政府职能比较普遍地呈现出“越位”、“错位”和“缺位”倾向。

一方面，政府“越位”，热衷于“积极行政”，侵害了农民的消极权利。政府要“有所为有所不为”。政府行政可分为“积极行政”和“消极行政”。基层政府的“积极行政”就可能侵害农民的“消极权利”。比如发展集体经济、调整农业结构、大兴政绩工程等这种“以权谋公”式的“积极行政”在当前比较盛行，它严重干预了农民的生产生活，侵害了农民的基本权利和自由。农民作为共和国公民应当享有的人身自由权、财产权以及生命权等基本权利和自由，政府不去干预，农民自然享有。农民享有的这种“消极权利”，只有在遭到政府干预时才会遭受损害。政府的这种“积极行政”，就是“越位”，做了不该做的事。

另一方面，政府又不能“缺位”，不能无所作为“消极行政”。面对市场经济的竞争，政府要在提供公共物品和社会福利上“积极行政”“有所为”。高额收费的义务教育和产业化的医疗卫生事业，使农民一怕上学二怕生病。计划经济体制下形成的一系列旧政策旧体制，使进城务工的农民工在就业上遭受不平等的待遇，拖欠农民工工资等成为一大社会问题。政府“积极行政”的范围，主要包括为农民提供公共设施、就业、社会保障、教育、科技、文化、卫生、体育等公共事业；为农民的公共生活和公共活动提供保障和创造条件。

农民权益保护与构建和谐社会

1997年中共十五大首次提出要“尊重和保障人权”，2004年宪法修正案正式将执政党的这一主张纳入国家的根本大法，成为宪法的正式条款。尊重、保障和实现农民的各项权利，是全面建设小康社会的重要内容，也是构建社会主义和谐社会的题中应有之义。

① 温铁军：《“市场失灵＋政府失灵”：双重困境下的“三农”问题》，载《读书》2001年第10期。

权利扫描：现在就做个公民

人的权利即人权，是人依其自然属性和社会本质所享有和应当享有的权利，它最初是英国在反对中世纪神权和封建特权的斗争中提出的革命口号。格劳秀斯、洛克、卢梭、伏尔泰等思想先哲对近代人权概念和人权理论的形成起了极为重要的作用。第二次世界大战后，人权开始从国内走向国际。

中国共产党根据“人民主权”原则建立了新中国，制定了《中华人民共和国宪法》，规定了公民广泛的权利和自由。中国又是联合国创始成员国和五大常任理事国之一，是世界上最大的发展中国家。早在1955年，周恩来总理就指出：“尊重基本人权，尊重联合国宪章的宗旨和原则，尊重正义和国际义务，和平解决国际争端等原则，这些都是中国人民的一贯主张，也是中国一贯尊重的原则。”中国作为当今世界负责任的大国，已经签署了《国际人权公约》，这对于从权利入手解决中国农民问题富有极为重要的现实意义和长远的历史意义。

1945年《联合国宪章》将“重申基本人权，人格尊严与价值之信念”作为主要宗旨之一，并载入了7条保护人权的条款。1948年12月10日联合国大会通过了《世界人权宣言》，指出“人人有资格享有本宣言所载的一切权利和自由”。《世界人权宣言》第一次在国际范围内比较系统、全面地提出了人权和基本自由的具体内容，是第一个被国际社会普遍接受的关于人权问题的国际文件。12月10日也由此成为国际人权日，全世界许多国家和人民都会在这一天欢庆国际人权日。1966年12月16日第21届联合国大会通过了《经济、社会和文化权利国际公约》、《公民权利和政治权利国际公约》及其《任择议定书》，这是人类文明进步史上的重要里程碑。

国际人权理论将权利分为“公民权利和政治权利”以及“经济、社会和文化权利”两大类。前一类权利可称为“消极权利”，后一类权利可称为“积极权利”。根据国际人权宪章，公民权利和政治权利主要包括民族自决权，生命权，免于酷刑权，免于奴役权，人身自由与安全权，人格尊严权，免于因债务而被监禁权，迁徙和居住自由权，平等权，隐私权，思想、良心、宗教和信仰自由权，言论自由权，集会自由权，结社自由权，家庭与缔婚自由权，选举权和被选举权，参与公共事务权，担任公职权等。经济、社会和文化权利主要有：工作权（劳动权）、组织和参加工会权、休息权、同工同酬权、社会保障权、获得相当生活水准权、免于饥饿权、身心健康权、受教育权、参加和享受科学技术文化生活权，以及家庭、婚姻、妇女、儿童享受特殊保障权等。

《经济、社会和文化权利国际公约》于1975年1月3日开始生效，我国政府于1997年10月27日签署了该公约。2001年2月28日第九届全国人大常委会第20次会议批准了《经济、社会和文化权利国际公约》，2001年7月该公约开始在我国生效。《公民权利和政治权利国际公约》于1976年3月23日生效，我国政府于1998年10月5日签署了该公约，但全国人大常委会尚未正式批准该公约，不过根据我国人权事业的发展，该公约在不久的将来肯定会得到批准。

国际人权公约与中国共产党的执政理念和我国宪法的基本原则在总体上是一致的。随着中国的和平崛起，中国将承担起更大的国际责任；同时，随着执政党和国家依法治国、以人为本以及科学发展观等一系列崭新理论的确立，中国农民的正当权益将越来越得到执政党和政府的重视和保障，同时广大农民也应该在宪法和法律的框架内维护自身的合法权益，做个维权守法的现代公民。

依法行政：政府面临大转型

2004年3月14日，十届全国人大二次会议通过了现行宪法的第四次修正案，历史性地将“国家尊重和保障人权”载入宪法，这为农民权利的保障提供了新的宪法依据。但现实生活中农民的各项权利要得到充分地尊重和保障，关键在于各级政府依法行政，实现政府职能的转变，建设法治政府。

中共十一届三中全会以来，我国民主和法制建设取得了显著成绩。1997年9月，中共十五大确立了依法治国、建设社会主义法治国家的基本方略。1999年3月，九届全国人大二次会议将其载入宪法。作为依法治国的重要组成部分，依法行政也取得了明显进展。1999年11月，国务院发布了《国务院关于全面推进依法行政的决定》，2004年3月22日，国务院又印发了《全面推进依法行政实施纲要》，把建设法治政府作为基本目标。各级政府及其工作部门不断加强制度建设，严格行政执法，强化行政执法监督，使依法办事的能力和水平不断提高。

中共十六大把发展社会主义民主政治、建设社会主义政治文明作为全面建设小康社会的重要目标之一，并明确提出“加强对执法活动的监督，推进依法行政”。但与完善社会主义市场经济体制、建设社会主义政治文明以及依法治国的客观要求相比，依法行政还存在不少差距，主要是：行政管理体制与发展社会主义市场经济的要求还不适应，依法行政面临诸多体制性障碍；制度建设反映客观规律不够，难以全面、有效解决实际问题；行政决策程序和机制不够完善；有法不依、执法不严、违法不究现象时有发生，人民群众反映比较强烈；对行政行为的监督制约不够健全，一些违法或者不当的行政行为得不到及时、有效制止或者纠正，行政管理相对人的合法权益受到损害得不到及时救济；一些行政机关工作人员依法行政的观念还比较淡薄，依法行政的能力和水平有待进一步提高。

这些问题在一定程度上损害了人民群众的利益和政府的形象，妨碍了经济社会的全面发展。解决这些问题，适应全面建设小康社会的新形势和依法治国的进程，必须全面推进依法行政，建设法治政府。[①] 建设法治政府，是中国政府职能实现大转型的新起点。

建设法治政府，就要求行政机关自觉运用体现最广大人民根本利益的法律管理国家事务、经济文化事业和社会事务，按照合法行政、合理行政、程序正当、高效便民、诚实守信、权责统一的要求，做到有权必有责、用权受监督、违法受追究、侵权要赔偿。

法治政府的具体目标是建设守法政府、廉价政府、诚信政府、透明政府和责任政府。[②] 守法政府是法治政府的首要目标。在法治社会，善意不等于合法。执政为民，体现了目标的正当性，但其实现还必须谋求手段和程序的合法性。

政府守法，要求政府机关及其公务员必须养成尊重法律、崇尚法律的观念和习惯，改变过去那种“把领导人说的话当做‘法’，不服从领导人说的话叫做‘违法’，领导人的话改变了，‘法’也跟着改变”的观念和习惯。政府守法，要求政府坚持无法律即无行政和法无明文禁止即公民自由的法治原则。政府机关只能基于宪法和法律所赋予的权力并在其范围内实施行政管理，对宪法和法律没有赋予的权力不得自行创制、行使或规制公众的行为。法无明文禁止即公民自由，是一个基本的人权原则。它意味着只要法律没有明文禁止，公民就可以自由地作为或不作为，不受政府机关的任意干涉。法治政府还要求政府是厉行节约、降低行政成本的廉价政府、诚实守信的政府、阳光下的透明政府和权责统一可问责的责任政府。

和谐社会：执政能力新考量

2004 年 9 月，中共十六届四中全会作出了《中共中央关于加强党的执政能力建设的决定》，第一次提出了建设社会主义和谐社会。和谐社会的建设是多方面的，但毋庸置疑，保障农民（包括农民工）这一弱势群体的基本权利，构建社会安全网，是构建和谐社会的重要内容。

有的学者认为，和谐社会至少应当包括四个方面：一是和谐社会是社会资源兼容共生的社会。和谐社会应当给各类人谋取一定的物质利益，提供生存与发展的条

---

① 参见《全面推进依法行政实施纲要》，中国法制出版社，2004 年版，第 3—4 页。

② 参见叶必丰：《法治政府的建设目标》，载《光明日报》2004 年 10 月 19 日。

件，从而把各类社会资源联合起来，形成合力。二是和谐社会是社会结构合理的社会。社会结构是社会的框架，社会结构合理是社会和谐的前提。社会结构不合理，必将会把社会距离和社会矛盾拉大，与此相应的是社会张力也大。三是和谐社会是行为规范的社会。规范的内容很广泛，风俗、道德、法律、纪律、宗教都属于社会规范。社会规范是社会控制的防火墙，是社会发展的支撑点。四是和谐社会是社会运筹得当的社会。就是在调节社会中不同群体的利益时，运筹得当，兼顾各方，兼容并包，各得其所。①

笔者要补充和强调的是，和谐社会是公民权利得到尊重和保障的社会。2004年人权入宪，体现了社会主义制度的本质要求，是执政党治国理念和人民意志在宪法上的明确化，是中国对社会主义和人权问题再认识的新成果，是新一届中央领导集体在执政理念上体现时代性、把握规律性、富于创造性的一个重要表现。②马克思、恩格斯在《共产党宣言》中就提出："代替那存在着阶级和阶级对立的资产阶级旧社会的，将是这样一个联合体，在那里，每个人的自由发展是一切人的自由发展的条件。"③列宁也说："一切'民主制'就在于宣布和实现在资本主义制度下只能实现得很少和附带条件很多的'权利'。不宣布这些权利，不为立即实现这些权利而斗争，不用这种斗争精神教育群众，社会主义是不可能实现的。"④

在市场经济的竞争中，农民处于弱势的地位，构建保障农民这一弱势群体基本权利的社会安全网，是提高执政能力和领导水平的现实要求。构建社会安全网，体现了对公民权利的重视，体现了公民正当权益高于一切利益的原则，也体现了人权与福利之间彼此依存、相互促进的关系。民主化的过程，就是人权得到尊重、保障和实现的过程。

保护中国农民正当合法的权益当然是多方面的。从构建社会安全网来说，确立和保护农民的社会保障权就富有重要的现实意义。从世界范围来看，现代意义上的社会保障就是现代国家为解除或者预防贫困以及某些经济和社会灾害对社会成员造成的威胁，维护人格尊严，通过立法和一系列公共措施，为社会成员基本生活的安全提供保护。公民享有社会保障等福利权是基本人权的重要内容，这种权利来自人

① 参见邓伟志：《论"和谐社会"》，载《学习时报》2005年1月3日。

② 参见董云虎：《全面准确地领会把握和贯彻实施国家尊重和保护人权的宪法原则》，载《人民日报》2004年5月11日。

③ 《马克思恩格斯选集》，人民出版社1972年版，第273页。

④ 《列宁全集》第23卷，人民出版社1958年版，第69页。

类存在社会化大生产和市场经济条件下维护自身生存和人格尊严的正当性。[①]

在当前，保护农民的权益，构建和谐社会，对各级党委和政府的执政能力提出了新要求。这就是要坚持以人为本，树立全面协调可持续的科学发展观，坚持统筹城乡发展，统筹区域发展，统筹经济和社会发展，统筹人与自然和谐发展，统筹国内发展和对外开放；坚持依法治国、依法行政，尊重和保障人权，保证人民依法享有广泛的权利和自由。

（本文原载《湖南师范大学社会科学学报》2006 年第 2 期，合作者周作翰）

① 张敏杰:《中国弱势群体研究》，长春出版社 2003 年版，第 250—251 页。

构建农民增收的制度环境

促进农民增收是时隔18年后中央再次作出关于农业和农村工作“一号文件”的关键词。对于农民增收，中央高度重视、学者共同关注、农民强烈渴望。从学理上说，农民增收是一种价值目标，而如何建立确保农民增收的长效机制，从而从根本上解决长期困惑人们的农民问题，关键是要构建一个公正的制度环境。

以制度公正促农民增收

新制度经济学强调制度因素对人的行为、资源配置和经济增长的重大影响，认为制度是经济增长的决定性因素。建国以来，我国不是没有制度设计和制度安排，问题是，在当时特殊的历史条件下，我国人为构建了城乡分离的二元社会结构。这种在计划经济条件下形成的歧视农民的二元社会结构，严重束缚着每个农民自由而全面发展。

改革开放以来，在由计划经济向市场经济转变过程中，一系列在计划经济条件下出台的着眼于维护计划经济体制的法律制度不仅没有得到及时全面的清理、修正或废除，相反却在起着重大的作用。这在社会转型过程中就产生了这样一种人为扭曲的奇观：从事着农业这种比较效益低下的弱势农民却被重重旧制度之绳捆绑着去与不受约束的强势集团在市场经济的大潮中不平等地“博弈”。很显然，这种游戏规则是不公正的。

从理论上说，基层政府与中央政权的执政理念和执政目标是一致的。但在改革开放和实行市场经济条件下，基层政府在服从中央政权的大前提下却存在着广泛的自身利益诉求。“上有政策、下有对策”，正是这种中央政权与基层政府行政差异性摩擦的生动描述。

在公共选择理论看来，政府同样是由“经济人”组成的，在缺乏有效约束和职能未能根本转变的大背景下，成为利益主体的基层政府就可能滑向满足自身利益最大化的偏好。基层政府的这种逐利偏好，必然带来两个严重后果，一是侵害广大农民的切身利益，二是损害中央政权的为民形象。现在，必须从制度公正的角度上审视农民问题，以制度公正促进农民增收。

“切好蛋糕”

市场经济客观上要求市场主体地位一律平等，呼唤政府职能的公共性和公共权力的有限性、制约性。促进农民增收是为了“做大蛋糕”，而以为只要把“蛋糕做大”就可以高枕无忧的话，这未免过于简单乐观。

一方面，在传统的歧视性制度安排中，面对市场经济的激烈竞争，农民能否把“蛋糕”持续“做大”是一个大问题；另一方面，如果农民不能平等地参与制定游戏规则，不能掌握“切蛋糕的刀”，那么即使“蛋糕做大”了，也不能保证农民公正充裕地分享“蛋糕”。

经过几十年的改革开放，我国社会财富明显增长，“蛋糕”已经做得越来越大。但城乡收入差距不断增大，社会两极分化日益严重。现在是建国以来我国农副产品生产和供给最丰富的时期，可按国内和国际两个标准计算，生产这些丰富的农副产品的中国农民的贫困人口却分别还有 2820 万人和 8800 万人之巨。退一步说，即使农民分得一大块“蛋糕”，而不公平、非正义的制度安排却要迫使农民拿出更多的“蛋糕”才能支付就学和就医等生存保障和发展的需要，那么农民仍然会在物质贫困和精神沮丧的夹击中艰难地求生。

构建公正的制度环境

在当前构建农民增收的制度环境尤为紧要。在构建制度环境上应从两个层面入手：

第一是从宪法层面入手，给农民以平等的公民地位，保障农民的基本权利和自由。在计划经济条件下出台的歧视农民的政策法律制度具有明显的违宪性质，严重地损害了农民的正当权益，必须尽快予以清理和废除。在促进农民增收过程中，要勇于制度创新，真正做到坚决革除一切束缚农民自由而全面发展的体制性弊端，尽快改变城乡二元结构，统筹城乡经济社会发展。同时必须从严约束公共权力、防止公权滥用，实现政府职能向提供公共物品的根本性转变。

第二是从政策层面入手，实行工业反哺农业、政府补贴农民。农业是一种比较效益较低的弱质产业，发达国家无一例外地实行对农业进行特别扶持和对农民进行直接补贴的优惠政策。建国以来，我国却逆向选择“挖农补工”战略，这是“农民真苦、农村真穷、农业真危险”的重要根源。加入WTO后，要充分利用WTO的相关条款加大对农业的支持力度，实行对农民的直接补贴。现在我国已进入工业化中期阶段，工业反哺农业的历史条件已经完全成熟。

令人欣慰的是，被称作“含金量高”的中央“一号文件”在这方面迈出了实质性步伐，充分体现了新一届中央领导集体的新民本主义执政理念和施政风格。构建公正、有序、可持续的制度环境，就是要做到立党为公、执政为民，就是要坚持以人为本，树立宪法的至上权威，依法治国，建设现代法治国家。

（本文原载《中国改革报》2004年3月1日）

以扩展农民权利加快农民增收

2008年10月，中共十七届三中全会通过的《决定》指出："农民增收仍然困难，最需要加快。"众所周知，改革开放以来，千方百计增加农民收入是党和政府反复强调和推行的主要政策目标。30年来，农民收入有了明显提高，农民生活发生了很大变化。但不可否认，农民收入增长缓慢，城乡居民收入差距日益扩大。2007年，全国城乡居民收入比为3.33:1，成为改革开放以来中国城乡居民收入差距最大的一年。如加上城镇居民享有的农村居民不可比拟的各种社会福利，城乡居民收入比例还会更大。这就需要认真反思，为什么国家年年强调增加农民收入，而城乡居民收入差距却反而扩大？在笔者看来，根本问题在于未将有效扩展农民权利纳入增加农民收入的"千方百计"之中。与其在其他方面"千方百计"，不如抓住扩展农民权利这一根本。

农民权利的短缺

综观制约农民增收的各种因素，农民权利的短缺是关键。农民本来是一种以农业为职业的社会阶层。在现代国家中，任何社会阶层和群体都拥有共同而平等的公民身份。在当代中国，农民的概念主要有两重含义，即从事农业生产的职业身份和拥有农业户口的户籍身份。农民权利的短缺就主要体现在这两个方面：作为职业的农民，农民没有获得完整的土地权利；作为身份的农民，农民没有获得平等的公民权利。

自1950年代开始，集体化运动剥夺了农民的土地权利，户籍制度剥夺了农民的平等权利。剥夺作为农民命根子的土地，无异于扼住了农民的咽喉；限制农民的二元户籍制度，无异于缚住了农民的手脚。被旧体制扼住咽喉并缚住手脚的农民，自然无法自由平等地参与现代化进程，也难以共享改革发展的成果。这是造成当代中国“三农”问题的根本原因。

改革的过程，实质上是农民不断获得土地权利和平等权利的过程。家庭承包责任制的实行，使农民获得了土地的承包经营权；给地主富农摘帽，使农民和农村内部实现了身份的平等化。这是以放权让利、给农民松绑为特征的农村改革初期取得的重大成果。改革以来，农民权利的增进，使中国农民、中国农村和中国现代化事业都发生了巨大的变化。

但是，在市场化改革进程中，公民权利建设明显滞后。农民在改革初期获得的有限权利，不足以支撑自身的可持续发展，也越来越不适应市场经济快速发展的需要。权利短缺的农民，在市场化改革中被迅速地边缘化，成为最庞大的弱势群体。“三农”问题由此凸显为制约中国现代化的重大瓶颈。

在农民权利上实现突破

事实证明，如果不改变导致农民权利短缺的旧有社会格局和体制环境，如果不在使农民获得完整的土地产权和农民享有平等的公民权利上取得突破和进展，那么，单纯的增加农民收入的政策目标与良好愿望，都将难以顺利实现。

在农村改革30周年之际，中共十七届三中全会就推进农村改革发展若干重大问题作出了《决定》。这个《决定》的亮点之一，就是把保障农民权益提升到前所未有的高度。《决定》把保障农民权益视为农村改革取得成效的重要经验之一，同时，又将保障农民权益作为进一步推进农民改革发展的重大原则之一。可以说，中共十七届三中全会将成为推动农民权利扩展的新起点。在扩展农民土地权利上，《决定》提出赋予农民更加充分而有保障的土地承包经营权，完善土地承包经营权权能，保障农民对承包土地的占有、使用、收益等权利，允许农民以转包、出租、互换、转让、股份合作等形式流转土地承包经营权，保护农户宅基地用益物权。这些规定，使农民土地权利不断充实与完善。在扩展农民平等权利上，《决定》提出加快破除城乡二元结构，构建城乡一体化新格局。这将使农民的平等权利获得前所未有的发展。

农村改革正处在一个新的起点上。贯彻落实以人为本的科学发展观，必须切实保障农民的政治、经济、文化、社会权益，树立以农民权利的增进看待农村发展的新观念。应当将扩展农民权利确立为比增加农民收入更高的政策目标。收入只是与经济增长相适应的单一性经济指标，而权利则是与政治、经济、社会、文化和人的全面发展相适应的综合性指标。增加农民收入可能有利于扩展农民权利，而扩展农民权利势必有利于增加农民收入。增收将改变农民的物质生活和精神生活，而扩权将使农民生活得更有尊严、更加体面和更加幸福。权利不仅具有促进农民增收的工具性价值，而且其自身就拥有不可取代的价值。

以扩权实现增收

通过扩权来增加农民收入，主要应把握以下三个方面：一是通过扩展农民的土地权利来增加农民的财产性收入。土地不仅是农民的生产资料，更是农民的财产而且是最重要的财产。要通过不断的改革和实践创新，使农民的土地财产更加充分完整；二是通过扩展农民的经济、社会和文化权利来改善民生，增进农民的福利，进而提高农民的生活质量；三是通过扩展农民的个人权利和政治权利来发展民权，使农民平等参与国家公共生活和现代化进程。

农民权利的扩展正面临着大有可为的时代契机。但正如经济需要不断建设和发展一样，权利也需要不断建设和发展，也正如自来水不会自动流进每家厨房一样，权利也不会自动来到每个农民的身边，权利的实现需要相应的制度建设和实施机制。

（本文原载《湘声报》2008 年 11 月 14 日）

第六篇

社会正义与政治文明

劳教制度：是改还是废？

我是因为研究农民问题才开始关注劳动教养制度的。尽管劳动教养制度并不像户籍制度那样明显针对农民这一特定的弱势群体，但近期来在农民工进城和农村基层干群矛盾冲突中，农民被处以劳动教养的日渐增多，就使笔者不能忽视对这一制度本身的理性考量。

劳动教养制度产生于非法治的特殊环境

众所周知，世界上只有中国才有独特的劳动教养制度。这种“中国特色”有其深刻的社会历史根源。1949 年以后，中国共产党通过暴力革命推翻了国民党的统治，建立了人民民主专政的新政权。在当时的特殊环境中，国民党的一切旧“法统”被全面摧毁，新的规范有序的法律制度尤其是刑法尚未建立起来。这样，作为执政党，中国共产党就很自然地沿袭革命战争年代形成的习惯做法，大量地以党中央的文件形式整合着新生的人民共和国的内政外交。作为一种必不可免的制度替代，党中央的正式文件事实上起着最高法律效力的历史性作用。

新中国成立之后，中共中央接连不断发动了一系列的政治运动来巩固新生政权。从 1950 年开始，中共中央以发布文件的形式，在全国开展了镇压反革命、“三反”等政治运动。1955 年 7 月 1 日，中共中央发出《关于展开斗争肃清暗藏的反革命分子的指示》，以“大约有百分之五左右的暗藏的反革命分子和坏分子”的规模进行卓有成效的“肃反”。这个“百分之五”的比例以后成为历次政治运动中的一种“经典比率”。劳动教养这一历史性概念也就是在这次处理“反革命分子和坏分子”的实践中应运而生的。

为了处置在“肃反”运动中清查出来的大量反革命分子和坏分子，1955 年 8 月 25 日，中共中央发布了《关于彻底肃清暗藏的反革命分子的指示》，对如何处理在“肃反”运动中清理出来的反革命分子和坏分子作出了新的规定：“对这次运动中清查出来的反革命分子和其他坏分子，除判处死刑的和因为罪状较轻、坦白彻底或因为立功而继续留用的以外，分两种处理办法。一种办法，是判刑后劳动改造。另一种办法，是不能判刑而政治上又不适于继续留用，放到社会上又会增加失业的，则进行劳动教养，就是不判刑，也不完全失去自由，但亦应集中起来，替国家做工，由国家发给一定的工资。各省市应即进行筹备，分别建立这种劳动教养的场所。全国性的劳动教养的场所，由内务部、公安部立即筹备设立。”①

这是中共中央第一次明确提出对“反革命分子”和“坏分子”实行“劳动教养”的政策。从此，劳动教养这一崭新的政治符号开始登上历史舞台，成为国人耳熟能详的专用词汇。可见，“劳动教养制度”至今已半个世纪，它可以与“户籍制度”比寿，但比“收容遣送制度”的资格要老得多。

1956年1月10日，中共中央发布《关于各省市应立即筹办劳动教养机构的指示》，再次强调劳动教养制度的指导思想是“在肃清一切暗藏的反革命分子的运动中，将清查出一批不够逮捕判刑而政治上又不适合继续留用，放到社会上又会增加失业的反革命分子和其他坏分子，需要进行适当的处理。为了妥善地解决这个问题，中央决定，采取劳动教养的办法，把这些人集中起来，送到国家指定的地方，组织他们劳动生产，替国家做工，自食其力，并对他们进行政治、思想的改造工作，使他们逐渐成为国家的真正有用的人”。②

由此可知，所谓“劳动教养”，就是劳动、教育和培养，首先是“劳动”，即强制劳动，组织他们“劳动生产，替国家做工，自食其力”；其次是“教育”，即教育改造，对“他们进行政治、思想改造工作”；再次是“培养”，使他们“逐渐成为国家的真正有用的人”。

劳动教养制度在“肃反”运动中的适用范围是“不够逮捕判刑而政治上又不适合继续留用，放到社会上又会增加失业的反革命分子和其他坏分子”。在1957年的“反右”运动中，劳动教养制度显示出了空前的生命力。在全国被划为右派的552877人中，劳动教养是处置这些“右派分子”的主要方式和首要手段。③

反右斗争的实际需要，也推动了劳动教养制度的“法制化”进程。1957年8

① 《建国以来重要文献选编》第七册，中央文献出版社1993年版，第139页。

② 夏宗素、张进松主编：《劳动教养学基础理论》，中国人民公安大学出版社1997年版，第38页。

③ 转引自陈瑞华：《公法的第三领域》，载《中外法学》2001年第6期。

月1日，经第一届全国人大常委会第78次会议批准，国务院公布了《关于劳动教养问题的决定》，对劳动教养作了全面的规范化界定。这样，劳动教养正式成为经中国最高立法机关批准实施的一项法律制度。而在此前的1954年，明确保障公民人身自由权的新中国第一部《宪法》开始颁布实行。

劳动教养制度的惯性运行

1978年开始的改革开放，成为新中国历史上的“伟大转折点”。“以经济建设为中心”取代了“以阶级斗争为纲”，人们的思想观念获得了新的巨大解放，民主法制理念逐渐深入人心。但不可否认，一系列在计划经济体制中出台的旨在限制或剥夺公民人身自由权的法律法规仍然在惯性的强大作用下继续运行。这除了限制公民自由迁徙的二元户籍制度外，劳动教养制度无疑格外引人注目。

中共十一届三中全会召开一年后的1979年12月5日，国务院公布了《关于劳动教养的补充规定》，并将1957年颁布的《关于劳动教养问题的决定》重新发布实施。这样在特定的阶级斗争和政治运动中诞生的、在“文革”中几乎陷入停顿状态的劳动教养制度，借助改革开放的春风“起死回生”，重新复活在改革开放的新时代。1980年国务院发布《关于将强制劳动与收容审查两项措施统一于劳动教养的通知》，将原来按照“强制劳动”和“收容审查”处理的“违法犯罪人员”，均一律按劳动教养加以处理。这一文件通知使劳动教养的适用对象得到较大的扩展，劳动教养在一定程度上实现了对其他政治性羁押措施的收编。[①] 1982年国务院转发公安部《劳动教养试行办法》，该《试行办法》除了重申劳动教养的性质是“对被劳动教养的人实行强制性教育改造的行政措施，是处理人民内部矛盾的一种办法”外，历史性地突破原来有关劳动教养仅对家居大中城市的人适用的规定，将劳动教养对象扩大到那些“家居农村而流窜到城市、铁路沿线和大型厂矿作案符合劳动教养条件”的人。这就为日后收容劳教进城的农民工打开了一个极坏的口子，成为新时期进城农民工丧失人身自由的又一制度“陷阱”。

在1982年《宪法》颁布之后，有悖于宪法精神的劳动教养制度却在新的历史条件下获得了新的发展。首先，劳动教养的适用对象完成了从“政治符号”向“法律术语”的转型。即从其刚诞生时用来处置“反革命分子”、“坏分子”以及“右派

① 陈瑞华：《公法的第三领域》，载《中外法学》2001年第6期。

分子”的政治性处置措施转为用来处置实施了刑法和行政法所禁止的行为而又不够刑事处置的人这一法律性话语。其次，劳动教养的适用范围日渐扩大。1986 年第六届全国人大常委会第 17 次会议通过的《治安管理处罚条例》，1990 年 12 月 28 日第七届全国人大常委会第 17 次会议通过的《关于禁毒的决定》，1991 年 9 月 4 日第七届全国人大常委会第 21 次会议通过的《关于严禁卖淫嫖娼的决定》等法律法规以及其他行政法规、司法解释甚至一些省市区、大中城市的政府和行政部门通过的地方性法规或部门规章，都不约而同地扩大了劳动教养的对象。

在市场经济迅速发展、城市化进程明显加快的新时期，一个新的趋势是，一些大中城市以维护城市治安和秩序为名，开始将进城农民工作为劳动教养的对象，而一些农村的地方政府为平息因农民负担而激化的基层矛盾，也借助劳动教养这一不经司法程序的便利手段制服所谓的“上访专业户”和“农民抗争领袖”。现在，全国共有劳教场所 310 多个，干警职工 10 多万人，收容劳教人员 31 万多人。[①] 劳动教养适用对象日益扩大的严重后果是十分明显的。

改革开放以来，中国的政治、经济和社会生活都发生了翻天覆地的巨大变化，但游离于刑法之外却又限制和剥夺公民人身自由的劳动教养制度却“长盛不衰”，这充分说明劳动教养制度这一旧体制惯性力量的强大。

劳动教养制度：是改还是废？

对于实行了半个世纪之久的劳动教养制度，学术理论界却存在着众说纷纭的不同观点。这些观点，大致分为保留、改革和废除三种情况。

持保留论者认为，“劳动教养制度创建四十多年来，累计教育改造了近 300 万有各种违法犯罪行为的人，不仅为稳定社会作出了重要贡献，而且把大量被收容人员改造成了自食其力的守法公民，因而这一有中国特色的制度只能加强不能削弱”。[②] 持这种观点的人，大都是一些深怀“祖宗之法不可变”之陈腐观念者，他们看不到或不愿看到历史前进的滚滚车轮，认识不到我国从计划经济转向市场经济、从人治转向法治的时代趋势，仍然固守传统的旧观念、做法和体制不变，力图维持既得利益，他们对民主、自由、法治、人权、宪法知识和观念十分淡薄。“只

① 参见《中国劳动教养》1999 年第 3 期。

② 参见毕序森:《从历史看劳动教养的属性》，载《中国劳动教养》1999 年第 2 期。《劳动教养工作只能加强不能削弱》(作者为该报特约评论员)，载《法制日报》1997 年 8 月 3 日。

要结果正义，就可不择手段”正是这类人的信条。在法治化的今天，这种观点已为绝大多数人所摒弃。

持改革论者中可分为两种情况。一种认为劳动教养制度虽然存在一定的缺陷，但总体上仍然是合理的，主张通过改革劳动教养制度来增强劳动教养制度的合理性，使其在新的形势下仍然发挥应有的整合社会秩序的功能。① 这种改革论者从总体上维护劳动教养制度存在的合理性和适当性，主张从技术性角度从事一些必要的细枝末节的修补完善。持此论者相信“存在的就是合理的”，忽视或不愿意看到劳动教养制度反法治反宪政的一面，更体会不到公民在非经适当的司法程序就被限制、剥夺人身自由的非正义性和痛苦性的一面。这种改革观，看似四平八稳，实则上是对旧体制的修补和完善，是一种逆改革的改革，其消极后果极其严重，是不足取的。

持改革论者中的第二种情况，就是充分认识到在依法治国、建设法治国家和保障人权的今天，劳动教养制度面临严重“挑战”，必须进行改革。但我国当前正处于社会转型时期，社会治安、人民群众的生活秩序仍需进一步保持稳定，在这种形势下，一下子把实行40多年之久的劳动教养制度完全取消，不切实际，不过，现行劳动教养制度的种种弊端又确实不容忽视，因而迫切需要对其进行改革，并提出了许多不同的改革主张。② 这种观点适合中国人的传统性格和思维模式，最容易为大多数人所认同，也最可能为决策层所吸纳。持这种观点的人当然有其可取之处，一方面，他们与“保持现状派”划清了界限，另一方面，他们又与“总体合理局部修补派”明显不同。他们站在世界和时代发展的交叉点上清醒地认识到劳动教养制度的非正义性和不合理性，深切感受到劳动教养制度的改革势在必行。但他们在旧体制势力异常强大面前灵活地选择妥协，弱化彻底改革旧体制的勇气。不过，有这样一句哲言值得学者记取：“作为人类活动的首要价值，真理和正义是决不妥协的。”③

持废除观点的人认为，劳动教养制度与依法治国的理念相背离。它游离于刑事处罚体系之外，几乎无法受到诸如罪刑法定、罚刑相适应等一系列刑事法治原则的制约；同时，它还游离于现行的行政法律体系之外，不受诸如行政处罚法定化、行

---

① 参见储槐植：《论教养处遇的合理性》，《法制日报》1999年6月3日。

② 参见宋雅芳：《劳动教养存在的问题及对策》，载《郑州大学学报〈哲学社会科学版〉》1998年第6期。刘仁文：《劳动教养制度及其改革》，载白桂梅主编：《法治视野下的人权问题》，北京大学出版社2003年版。

③ [美]约翰·罗尔斯：《正义论》，中国社会科学出版社1988年版，第4页。

政听证等原则的约束。从公法的角度来说，劳动教养背离了公共权力机构在剥夺个人权利时所必须遵循的“法定原则”、“成比例原则”和“形式正义原则”。另一方面，劳动教养也违背了“任何人未经公开、公正的司法听审，不得被剥夺权利和自由”的程序法治原则。在劳动教养的适用程序方面，无罪推定、审判公开、辩论制是无法实行的，被劳动教养者甚至连获中立司法机构听审的机会都受到了剥夺，更不用说事后获得有效的司法救济了。劳动教养事实上已经成为中国刑事法律和普通行政法律体系之外的第三种独立的制裁体系，而不受这两个法律体系在法治化方面所发生的任何积极变化的影响。因而主张彻底废除这一制度。[①] 促进社会进步和体制完善，是每一位心怀良知和正义的学者的职责。笔者与这种观点不谋而合。

当代著名的正义论思想家约翰·罗尔斯认为:“正义是社会制度的首要价值，正像真理是思想体系的首要价值一样。一种理论，无论它多么精致和简洁，只要它不真实，就必须加以拒绝或修正；同样，某些法律和制度，不管它们如何有效率和有条理，只要它们不正义，就必须加以改造或废除。”[②]

劳动教养制度产生于特定的非法治环境，其初创之时是为了处置在“肃反”运动中清查出来的不够判刑、而政治上又不适用于继续留用、放到社会上又增加失业的“反革命分子和坏分子”。后来发展到对“不够刑事处分的人”进行的行政性处罚。几十年来，劳动教养制度尽管发生了不少变化，但其本质特征却是始终如一的，那就是不经司法程序而限制、剥夺公民的人身自由权利。

劳动教养制度规定的收容期限，早期未明确规定，1979 年国务院《关于劳动教养问题的补充决定》确定劳动教养的期限为 1 至 3 年，必要时延长 1 年。1982 年的《劳动教养试行办法》又对提前解除劳动教养、延长和减少劳动教养期限的条件与审批权限作了具体规定，即提前解除劳动教养，一般不超过原劳动教养期限的二分之一；延长劳动教养，累计不得超过 1 年，提前解除劳动教养、延长和减少劳动教养期限，均由劳动教养管理委员会批准。由此可见，劳动教养制度可以限制、剥夺公民人身自由最长可达 4 年之久。

人身自由是现代国家普遍认同的基本人权，必须受到尊重和保障。我国 1982 年《宪法》第 37 条规定“中华人民共和国公民的人身自由不受侵犯。任何公民，非经人民检察院批准或者决定或者人民法院决定，并由公安机关执行，不受逮捕”。这种宪法性规定说明，第一，公民人身自由不受侵犯，第二，只有经人民检察院批

① 参见陈瑞华:《公法的第三领域》，载《中外法学》2001 年第 6 期。
② [美] 约翰·罗尔斯:《正义论》，中国社会科学出版社 1988 年版，第 3 页。

准、人民法院决定，才能限制或剥夺公民的人身自由。根据现代法治原则和世界各法治国家的司法实践，“任何以公共权力机构的名义剥夺公民人身自由的行为，都不能由警察机构或其他行政机构作出最终的决定，而必须由中立的司法裁判机构通过司法听审或听证的方式作出决定”。[①] 国际人权宪章也都对人身自由作了明确的保障规定。

劳动教养制度从诞生至今，实质上都是由公安部门(虽然名义上还有其他部门)执行的。不管是公安部门，还是由相关行政部门组成的虚置性的劳动教养管理委员会，都无权限制、剥夺公民的人身自由。1991年11月国务院新闻办公室发布的《中国人权状况》白皮书突出强调“劳动教养不是刑事处罚，而是行政处罚”。但任何行政处罚都不能代替刑事处罚而限制、剥夺公民的人身自由权。

中国共产党执政以来，执政理念和执政方式都发生了很大的变化。中共十五大正式提出依法治国、建设社会主义法治国家，并在建国后首次提出“尊重和保障人权”。中共十六大又进一步明确要建设政治文明，促进人的自由而全面发展，提出“一切妨碍发展的思想观念都要坚决冲破，一切束缚发展的做法和规定都要坚决改变，一切影响发展的体制弊端都要坚决革除”[②] 毋庸置疑，劳动教养制度不符合依法治国的基本方略，不符合建设法治国家的目标，不利于尊重和保障人权，不利于政治文明建设，不利于人的自由而全面发展。劳动教养制度已经明显成为我国加快经济发展和社会政治全面进步的体制性障碍。执政党十六大政治报告的基本精神，为坚决废除劳动教养制度这一束缚发展的体制弊端提供了鲜明的革新理念，这也是笔者主张坚决废除劳动教养制度的根本原因所在。

2003年的孙志刚事件，为限制、剥夺公民迁徙自由权的收容遣送制度画上了悲壮的句号，这是中国法治化道路上的一个里程碑。废除劳动教养制度虽然不能使中国公民的人身自由获得全部的保障，但这无疑将是中华民族迈向限制公共权力、保障公民权利宪政之路上的又一个新的里程碑。在建设现代法治国家的历史进程中，我们有理由期待劳动教养制度这一体制性弊端的革除。

（本文原载《书屋》2004年第3期）

---

① 参见陈瑞华：《警察权的司法控制——以劳动教养为范例的分析》，载《法学》2001年第6期。

② 江泽民：《全面建设小康社会，开创中国特色社会主义事业新局面》，人民出版社2002年版，第14页。

孙志刚之死与制度之恶

“谭颂德困惑”

记得2002年夏天，一位与我素昧平生的退休老教授谭颂德给我打来电话，说看到我刚发表的一篇文章后，对其观点“十分赞成”，但却有一点“困惑不解”。他说，按照你的说法，农民身处社会的最底层，属于弱势阶层，他们的正当权利得不到切实的保障，对此，我无任何异议；依此逻辑，我们这些教授当属社会的中高阶层或强势集团吧，但为什么我们个人的正当权利也常常受到侵害而缺乏做人的自由和尊严呢？接着他向我倾诉了他的不平遭遇和烦恼。

这个“谭颂德困惑”确实戳到了中国社会的最大“痛处”。众所周知，在中国大地上，比谭颂德教授更不幸的事常常发生。《南方周末》2002年5月23日就报道了回乡奔丧的程树良教授被当地派出所以“嫖娼”为由非法限制人身自由并致使其不明不白死亡的惨剧。在当代中国，一个比较普遍的现象是，不仅教授们这些高级知识分子的个人权利随时会受到侵害，而且那些既得利益集团、特权阶层甚至统治阶级中的个人权利也并不比普通百姓有切实的保障。当年，作为共和国主席的刘少奇都无人身安全可言，更不用说其他人了。

孙志刚之死，充分展示了旧制度之恶，它再次把“谭颂德困惑”提到了中国人面前。“谭颂德困惑”实质上就是每个人的自由权利保障问题，这是人类历史进程中面临的共同难题。对于这一人类难题，西方民主国家在冲破中世纪的黑暗中得到了破解。1789年的《人权和公民权宣言》就明确宣告：“不知人权、忽视人权或轻蔑人权是公众不幸和政府腐败的唯一原因。”从此，建立保障人权、限制权力的法治社会，就成为人类社会的普遍价值理念和政治文明诉求。

孙志刚之死

在SARS肆虐的广州，孙志刚却并不是死于这场恐怖的“天灾”，而是死于同样吞噬生命的可怕“人祸”——收容遣送制度。《南方都市报》2003年4月25日报道，毕业于武汉科技学院的大学生孙志刚，在深圳一家公司工作，20多天前应聘来到广州一家服装公司，3月17日晚10点，他像往常一样出门上网，因没有暂住证，就被警察带至黄村街派出所，3月18日被派出所送至广州收容遣送中转站，后又被收容遣送站送往广州收容人员救治站，3月20日救治站宣布孙志刚不治死亡。4月18日尸检结果表明，事主死前72小时曾遭殴打。孙志刚以其年轻的生命又一次为违宪的收容遣送制度献上祭品。

也是在广州，前不久发生过收容车上掉下5个被收容的农民工、致使2死1伤的事件；同样是广州，一名未带身份证的湖南籍女青年在广州火车站被巡警送进一家收容性质的精神病医院，遭到了轮奸……这些血淋淋的摧残生命、践踏人权的恶性收容事件，难道唤不醒国人对血腥的旧制度的摒弃吗？

正义、善良的人们固然可以义愤填膺地谴责某些执法者的卑鄙、无耻和罪恶。但当这种卑鄙、无耻和罪恶在“合法”的制度土壤里不断重复繁殖时，理性的人们就应该追问制度之恶了。

改革开放初期的1982年5月，国务院发布了《城市流浪乞讨人员收容遣送办法》。该办法规定：收容遣送工作主要目的是为了救济、教育和安置城市流浪乞讨人员，是一种社会救助和维护城市形象的行为；1991年国务院发布了《关于收容遣送工作改革问题的意见》，将收容遣送对象扩大到“三证”（身份证、暂住证、务工证）不全的人员；1992年公安部发布《关于对外国人和华侨、港澳台同胞不得实行收容审查和劳动教养的通知》，将收容遣送对象公开对准农民工和城市外来人员。

由此可见，收容遣送制度是一种明显违背《宪法》的城市特权制度，它只针对中国人而不是外国人，只针对大陆人而不是港澳台同胞，只针对农民而不是市民，只针对城市外来人而不是城市本地人。这样一种制度安排，充分凸现了将神圣的《宪法》束之高阁的人治倾向。在市场经济的权力寻租中，收容遣送制度已不折不扣地蜕变为城市执法部门限制外来人口流动、捞取集体和个人私利、滥施淫威的“合法管道”。

公民的权利

众多的事实已经表明，收容遣送制度与市场经济要求的人口自由流动和统一的大市场相背离，与转移大量的农村人口、加快城市化进程相背离，与依法治国、建设现代法治国家相背离，与加入 WTO、融入经济全球化相背离，与遵守《世界人权宣言》、履行国际人权公约相背离，与中华民族建设政治文明相背离。只要有一个人被收容遣送剥夺了自由，我们每个人就都有可能被剥夺自由；只要有一个人被收容遣送剥夺了生命，我们每个人就都有可能被剥夺生命。

作为共和国公民，我们不要以为自己还没有被收容遣送，就对收容遣送制度麻木、冷漠和纵容。在建设政治现代化的历史进程中，要使神圣的宪法成为每个中华儿女抗击强权侵害的"护身符"，我们首先就要做一个正气在握、昂首挺胸的共和国公民。与人类进步潮流背道而驰的收容遣送制度，严重违背了《宪法》精神，对每一个华夏儿女的人身自由和生命安全构成了现实的威胁，是一种公认的"恶制"。执政的中国共产党十六大政治报告中有一段鼓舞人心的话："一切妨碍发展的思想观念都要坚决冲破，一切束缚发展的做法和规定都要坚决改变，一切影响发展的体制弊端都要坚决革除。"在迈向政治文明的大道上，对收容遣送制度，绝不是改革和完善的问题，而是必须尽快予以坚决废除的问题。① 时过两个多月后的 6 月 18 日，温家宝总理主持国务院常务会议，正式废止实行 21 年之久的收容遣送制度。

"一个高尚的灵魂，宁愿自己的祖国贫弱和微不足道但自由，也不愿她强大富足却遭受奴役。宁可做阿尔卑斯山间一个疆域狭小、对外界毫无影响的卑微的共和国公民，也不愿做一个雄霸半个亚欧的强大独裁国家的臣民。"这是阿克顿勋爵 100 多年前留给后世追求自由的人们的宝贵思想遗产。中国人也是人，我们并不因为人口众多而生命贬值。每个中国人都有权利和能力享有人类的普遍自由，都有权利和能力在 960 万平方公里的壮丽河山上过着自由、安全和尊严的生活。

长期以来国人被一种似是而非的陈词滥调所迷惑：只有经济发展了，才能实行民主法治。这种生硬套用"经济基础决定上层建筑"公式的政治逻辑，看似毫无破绽，实则谬误百出。孙志刚不是被打死在经济贫困地区，而是被打死在经济发达地区。无论从历史还是现实来看，经济发达并不能自动带来自由民主和法治。"康乾

① 孙志刚事件发生后，本人于 2003 年 4 月 30 日在燕园评论网 http://www yypl net 公开发表此文，明确提出废除收容遣送制度。

盛世”时的中国，GDP 雄居世界第一，名副其实地堪称全球头号经济强国，但在那片广袤的土地上，既没有丝毫的自由空气供国人呼吸，也没有任何民主法治的蛛丝马迹彰显神州。改革开放以来，广东等沿海地区，经济快速发展了，GDP 数字迅猛增长了，在一片“赞誉”声中，就要“率先基本实现现代化”了。但在这块中国经济最发达的土地上，不要说民主自由选举行政首长，就是默默奉献青春年华的外来人员和打工族，连最基本的“国民待遇”都没有得到，却要在公开的种种政策制度歧视中流血流汗，甚至献出自己的宝贵生命。在这里，人们看不到任何启迪国人政治智慧的自由民主和法治的伟大创举，政治文明的曙光并没有像经济增长那样放射出耀眼的光芒。

美国的珍妮·科克帕特里克（Jeane Kirkpatric）在联合国第 59 届人权大会上这样坦率地说:“我国成功的秘诀并不在于疆土的广大，因为有的国家幅员比我国更为辽阔；我国成功的秘诀也不在于有充沛的自然资源，因为别国土地下的宝藏比我们更丰富。我国成功的秘诀在于我们对自由孜孜不倦的追求。”我们希望孙志刚的死，能敲响在计划经济思维中出台的所有旧制度的丧钟；我们也希望孙志刚的死，能惊醒欲实现伟大复兴的东方雄狮增进对自由的理解和对生命的尊重。

（燕园评论网 www.yypl.net 2003–04–30 首发）

警察暴力与人权保障

2003年3月，武汉大学生孙志刚在广州因无暂住证被警察活活打死之后，我的心情一直十分沉重。联想到报刊披露出来的其他警察滥施暴力事件，常常有一个问题在我的脑际回响：在社会主义的中国，在21世纪的今天，为什么警察喜欢打人？就算是坏人，警察是否有权毒打他们？

严重的社会问题

长期以来，警察打人虽不是什么新闻，但在执政党提出建设法治国家和政治文明的今天，警察滥施暴力就值得人们特别关注和深思了。令人忧虑的是，在今天，警察滥施暴力决不只是个别现象。除孙志刚事件外，我们随时可以从报刊上信手拈来一大串警察滥施暴力的报道：

2000年7月26日，《中国青年报》报道，湖南人苏萍（化名）被警察作为“盲流”收容后，在强行关押的医院里遭到了众多暴徒惨无人道的轮奸。

2000年8月24日夜，19岁少女宋苏朵到昆明探亲，被几名以查“暂住证”为名的警察押上警车，当晚11时许，宋苏朵从警车上“跌落摔死”。

2001年10月25日，四川省资中人蔡刚在深圳被以查证件为名的龙新派出所殴打致死。

2003年1月24日晚，湖南籍5名农民工因无“暂住证”被广州市白云区庆丰居委会治保队关进收容车后没多久，便一个一个地从高速行驶的收容车上“掉下来”，1名轻伤者像脱离魔窟一样当场“夺命逃跑”，另2人摔下车后因脑颅积血死亡。

除此之外，还有诸如“麻旦旦处女卖淫”、“程树良教授离奇死亡”等等新奇案例。这一切，无不令稍怀良知的人们心惊胆战和灵魂灼痛。

为何要滥施暴力？

这些曾被民众亲切地称呼为“叔叔”的“人民警察”，在改革开放和建设市场经济的新时代，其形象却大不如前。

笔者可以推测，这些“人民警察”大多数与笔者一样，也曾是含辛茹苦的农家子弟，也曾为跳出“农门”苦苦追求，也曾身处弱势地位“饱经风霜”，也曾对社会的不公“义愤填膺”。为何一旦跻身警察行列，就粗暴地对待自己的父老乡亲、兄弟姐妹和骨肉同胞？

这除了警察的职业道德和个人修养外，我想起了两位哲人的话。一个是亚里士多德的天才断言：说也奇怪，一切有权力的人都容易滥用权力，这是千古不易的一条经验。一个是邓小平的深刻总结：制度问题更带有根本性、全局性、长期性和稳定性，制度好，可以使坏人无法任意横行，制度不好，则使好人无法充分做好事，甚至会走向反面。

警察作为国家合法的暴力机器，潜在地构成对公民人权的侵害。如果没有权力制约和法治规范，掌握和行使警察权力的人必然滥用暴力，警察滥施暴力的结果，就是对公民基本人权的侵害，同时动摇着执政党和政府的合法性基础。

在社会转型时期，由于法律制度的不完善，市场经济的逐利原则，强烈诱导着警察个人内心的利益冲动。这种冲动在缺乏有效权力制衡和新闻自由的制度环境中，寻租就成为最感兴趣的现实选择。在此过程中，一切妨碍寻租的个人或群体，就必不可免地成为牺牲品。

事实已经证明，自上而下的自律性努力，已无法阻止警察对暴力的理性控制，因为他们内心的利益诉求远远强过外界的“软约束”。长期以来，我国一时也没有停止过对警察的政治理论灌输、思想道德教育和纪律威慑。但结果收效甚微。当前，警察滥施暴力的非个别化，空前突显了人权保障的紧迫性。

引入人权观念

不知人权、轻蔑人权和忽视人权，是公众不幸和政府腐败的唯一原因。自从成立国家以来，在专制主义政治中，代表国家的政府就可能成为侵害人权的最大组织。一位政治哲人说过："政府有时会成为强盗，而人民永远也不会。"美国大法官霍尔姆斯也说过这样的话："罪犯逃脱法网与政府的非法行为相比，罪孽要小得多。"政府的非法行为在很大程度上是由警察担当的。警察的非法行为，必然侵犯人权。

尊重和保障人权，是执政党的基本理念。警察暴力与人权保障是完全对立的，放纵警察暴力，就是践踏基本人权；保障基本人权，就要限制警察暴力。在限制警察暴力上，当前迫切需要国人引入人权观念。

引入人权观念，一方面是国家立法者在立法时必须严格依照宪法，不得出台任何旨在剥夺或可能剥夺公民人权的法律法规。像在计划经济时期出台的《户口登记条例》、《收容遣送办法》、《城镇暂住人口管理暂行规定》等，就为滥施暴力披上了"合法的外衣"。二是明确定位警察的主要职能在于保障人权。在现代文明社会，警察拥有的合法暴力，绝不是用来对付好人，绝不是用来对付守法公民，而是为了保障公民的人权去打击犯罪，打击非法侵害他人人权的行为。警察非法的暴力行为必须受到严厉追究。而要做到这样，司法独立和新闻自由是不可缺少的。

总之，限制警察暴力，切实保障人权，使中国人在自己祖国的土地上自由、安全和免于恐惧地生活，构建和健全以宪法为核心的现代法治制度已成为当务之急。①

（燕园评论网 www.yypl.net 2003–11–13 首发）

① 本文2003年11月13日刊发于燕园评论网后，警察滥施暴力的恶性事件仍不断发生，如2009年2月发生的云南躲猫猫事件，2009年8月在重庆打黑行动中落马的重庆市公安局原常务副局长、市司法局长文强涉黑案等，都是警察权力滥用的典型案例。这说明我国相应的制度建设还相当滞后。

政治家是干什么的？——评废止收容遣送办法

孙志刚被活活打死的事件曝光后，举国上下十分震惊和义愤。在社会转型时期，一系列不合时宜的旧制度，既是既得利益集团公开勒索财物的合法工具，又是弱势阶层忍受敲诈和奴役的不二法门，它制造了一个又一个的人间悲剧。在21世纪的今天，孙志刚以自己鲜活的生命惨死在旧制度之下，令笔者的心灵在震撼悲痛泣血之际，掩饰不住对丧尽天良的无耻暴徒和罪恶的旧制度的讨伐怒火。

孙志刚事件催生制度之变

一个人为悲剧的发生，能不能唤醒国人的警醒，折射出这个国家和民族的反省能力；决策层能否及时改革和废除不合时宜的旧制度，反映了这个政府是不是尊重和体现民意；最高领导层有没有胆识和勇气作出顺天应人的宏观决策，是衡量最高领导层有没有政治家的标尺。

孙志刚事件发生后，笔者先后写了多篇文章，公开呼吁废除罪恶的收容遣送制度，提出对收容遣送制度绝不是改革和完善的问题，而是必须尽快予以坚决废除的问题。说实在的，当我写上这句话的时候，我只是尽到了一个心怀良知的知识分子对违宪的、不正义的收容遣送制度的抨击，至于充满血腥的收容遣送制度何时能被废除，鄙人实在心中无底。因为创制和废除制度之权不在学者手中而在决策者手中，而历史的经验又告诉人们：一切非民主的政府除了口头上挂着“人民”的招牌外，是不太真心在意民意的。

不过，这次温家宝总理给了笔者和所有关注孙志刚事件的人一个重大的“计划外之喜”：废止收容遣送办法。2003年6月18日温家宝总理主持国务院常务会议，废止了1982年5月国务院发布实施的《城市流浪乞讨人员收容遣送办法》，审议并原则通过了《城市生活无着的流浪乞讨人员救助管理办法》。这标志着实行了20多年之久的收容遣送制度的“寿终正寝”。中央政府以超乎人们想象的快捷速度，回应了孙志刚事件引发的有关收容遣送的讨论。这标志着本届政府对民意的异乎寻常的关注和尊重。

中国需要伟大的政治家

这件事的深层次意义在于：中国的文明进步迫切需要伟大的政治家，需要伟大的政治家的远见卓识和英明果断。长期以来，中国在政治建设上的停滞不前，一个重要的原因在于960万平方公里的土地上涌现的旧官僚政客太多而现代政治家奇缺。秦始皇、斯大林、萨达姆这些残害民众的独裁暴君不是政治家，华盛顿、孙中山、曼德拉这些造福于民众的民主领袖才配得上政治家的美誉。

在当代中国，做一个政治家，并不需要像历史上杰出的人士那样具有反对封建专制的大无畏牺牲勇气，也不需要具有走出专制主义而创设民主共和的政治智慧。因为前人已经为我们构建了一个“人民共和国”。

执政党宣称自己的根本宗旨是“全心全意为人民服务”，执政为民已成为领导干部的口头禅；共和国宪法赋予“中华人民共和国公民在法律面前人人平等”，人人都知道公民享有宪法保障的各项自由和权利。政治家只需将这些白纸黑字的东西落到实处、落到每个公民身上就足够了。但这样的事却十分缺乏。人们看到的大多是勤于下基层调研、官腔十足、空话套话假话谎话连篇而真话都少有耳闻的“领导干部”。

政治家是干什么的?

那么，政治家是干什么的呢?

200多年前，在世界上建立一个王朝作终身制皇帝的人不是政治家，而建立一个民主的美国只担任两届总统的华盛顿才是政治家；90多年前，抱着皇帝轮流作、今日到我家的袁世凯不是政治家，而推翻封建帝制、建立亚洲第一个民主共和国的孙中山才是政治家；10多年前，认为种族隔离制度是南非的“基本国情”只能听天由命的人不是政治家，而在南非宣布废除延续300多年之久的种族隔离制度的曼德拉才是政治家。

在今天的中国，仅仅在报告中强调“三农”问题是重中之重的不是政治家，因为这是常人之识而非政治家之举；在孙志刚事件上，仅仅谴责犯罪、审判犯罪也不是政治家，只有废除实行了20多年之久的收容遣送制度，才体现了政治家之举。温家宝总理在废除收容遣送制度上的果断和勇气，使人们在新世纪依稀看到了久违的政治家风范在神州大地上喷薄而出。如果说，孙志刚之死拉开了中国人以宪法的眼光审视旧制度的帷幕，那么，我们希望这次收容遣送制度的废除能够敲响在计划经济条件下出台的一切违背宪法、限制和剥夺公民自由权利的旧制度的丧钟。下一个，应该是正式宣布废除歧视农民50年之久的《户口登记条例》。

饱经磨难的中国人已经走到了一个新的历史关头。这是一个大变革的时代，是一个呼唤政治家的时代，也是政治家大显身手的时代。

（本文原载《同舟共进》2003年第11期）

李昌平为什么成功?

时间翻开了新的一页。关注“三农”问题的人继续关注着李昌平的新职业、新著作和新动向。现在，我们能否说，与西乌拉帕发出“李昌平为什么失败”相对应，或者说同一枚钱币另一面的是，李昌平为什么成功?

是失败，还是成功?

李昌平是失败了还是成功了，这在不同的人看来会有明显不同的判断。西乌拉帕曾在将李昌平与张德安的比较中，认为受过高等教育、身为乡党委书记的李昌平得到中央领导的批示后在棋盘乡开展改革，面对强大的地方势力，最终不得不出走。“李昌平失败了”。[①]

但是，几年之后，我们再回过头看，李昌平是否也成功了呢?

在现行的体制环境中，一个人成功与否，除了自我评判外，面临两套外在的评价系统，即官方评价系统和民间评价系统，官方评价系统又可分为地方（基层）评价系统和中央评价系统。从理论上说，这两套评价系统应该是一致的。但在社会转型时期，新旧观念和体制的摩擦，必然形成不同的利益主体和由此而来的利益冲突。在这种矛盾冲突中，两套不同的评价系统必不可免地会发生位移甚至对立。

作为乡党委书记的李昌平，一方面要接受上级政权主要是县级政权传统政绩观的评判，另一方面又要面对棋盘乡全体百姓的评判。在“三农”问题日益尖锐化的现实面前，李昌平的理性选择有二：一是顺着既定的基层权力游戏规则运作，出色完成上级下达的“目标管理责任制任务”，捞取个“先进乡党委书记”之名，为日后升迁铺平道路。这是一条习以为常的公认的“成功之路”。二是面对“农民真苦、

① 参见西乌拉帕:《李昌平为什么失败? ——棋盘乡与谢安乡的命运比较》，载《江苏农村经济》2002 年第 6 期。

农村真穷、农业真危险”的急迫现实，冒着丢掉乌纱帽的政治风险，上书国务院总理诉说“三农”问题真相。经过激烈的“思想斗争”，李昌平在良知的敲击和讲真话的信念鼓舞下，毅然选择了后者。这就使他在“形势一片大好”的基层虚假汇报和泡沫宣传中，捅了“三农”问题“形势严峻”的篓子。这样，在地方政权的评判中，李昌平无疑失败了。但在中央政权的评判中，李昌平的行为符合执政党一贯倡导的实事求是精神和执政为民的理念，他的上书信得到了总理的重要批示，引起了高层对“三农”问题的空前重视。从这个意义上说，李昌平是成功的。同时，在民间评判中，李昌平不仅赢得了棋盘乡农民的普遍赞誉，而且赢得了大众媒体和广大民众的普遍认同。这就使李昌平从数万名不知名的当代乡党委书记中一跃而成为全国“最著名的乡党委书记”。李昌平的“出现”无疑大大提升了国人对“三农”问题的关注和高层对“三农”问题的重视。

说实话难的体制因素

李昌平不讲实话，传统的地方势力和既得利益集团不会排挤他；同样，李昌平不讲实话，公众舆论和广大民众也不会广泛认同他。李昌平不向总理和百姓“说实话”，也就没有今天的李昌平。李昌平失败也好成功也罢，皆因在谎言和沉默的环境中斗胆讲了实话。

李昌平在基层讲实话却遭遇“失败”，体现了一种不合时宜的旧观念、旧体制对谎言的培植和对真话的排斥。

在城乡二元社会结构中，直接与农民打交道的县乡村三级基层权力组织在与农民的博弈和互动中结成利益同盟。这个县乡村三级利益共同体不仅在对付农民抗争而且在应对省市特别是中央政权以及新闻媒体的监督上，具有高度的利益共同性和行动一致性。县乡村三级利益共同体的权力运作已经形成一整套不利于讲真话的游戏规则。

一是自上而下的干部任命制。恩格斯曾明确说过：“州政府任命专区区长和市镇长官，这在讲英语的国家是绝对没有的，而我们在将来也应该断然消除这种现象，就像消除普鲁士的县长和参政官那样。”[①] 干部的任命制是在苏联时期才得到普遍采用并逐渐僵化起来的。我国深受苏联模式的严重影响，广为推行干部自上而下

① 《马克思恩格斯选集》（第四卷），人民出版社 1995 年版，第 4147 页。

的任命制。这种自上而下的干部任命制，就成为维系县乡村三级利益共同体的主要纽带。对干部来说，大部分情况是下级干部对上级领导俯首帖耳，对农民群众则颐指气使。这种对领导的卑躬和对农民的傲慢，构成了干部的“二重性”。

二是层层分解的目标责任制。这种目标管理责任制通过将政府确定的经济和社会发展的硬指标层层分解，从县分解到乡镇，从乡镇分解到村，村再分解到每个农民头上。年初各级签订目标责任状，年终依据目标管理责任状进行考核，以确定“政绩”。这种目标管理责任制在实践中形成了一种典型的“压力型体制”，使县乡村三级的经济指标承包制演变为政治责任承包制。凡是与目标责任制有关的“指标”，各级领导干部就想方设法（包括弄虚作假、盘剥农民）去完成，而与目标责任制无关的事，就撒手不管。所以常出现这样的困惑：各级各部门每年都出色地完成了年初签订的目标责任状，可农民群众却怨声载道，各种问题堆积如山，社会矛盾日益尖锐。

三是政绩至上的任务完成制。在自上而下的干部任命制和层层分解的目标责任制的行政管理模式下，基层政府行政的目标就会由口头上的“为民造福”转变为实际工作中的“政绩至上主义”，而这种“政绩至上”又仅仅体现在一大堆具体的数字指标上。虽然这些数字指标任务在各级不择手段的种种努力下到年底都画上了“圆满的句号”，但普遍呈现出来的严重问题是：统计数字严重失真、乡镇债务日益扩大、“三乱”现象屡禁不止、干群矛盾不断激化。

“权力漩涡”

县乡村三级利益共同体在严格的游戏规则运作下，已经形成了强大的“权力漩涡”。这种“权力漩涡”一经形成，就具有强烈的排他性特征。一切不适应这种“权力漩涡”运转的个人，都将在这种“权力漩涡”中遭到无情地排挤和围剿。在这种“权力漩涡”中，一些具有强烈责任感和使命感的党员领导干部，也会对农民的遭遇深表同情，对旧体制的弊端深刻反思，对某些干部的粗暴作风强烈不满，他们力图以自身的人格力量来抚慰农民，抗争旧体制对人性的束缚。这种积极进取的行为在实际工作中却难免不合“权力漩涡”的节拍，其结果大都是悲剧性的：不是被“权力漩涡”排挤出局，就是被“权力漩涡”彻底埋葬。李昌平就是在这种“权力漩涡”中被排挤出局的典型代表。

在一个文明的社会中，讲真话、实话，必然会赢得民众和舆论的强大声援和道义支持。执政党对实事求是精神长期不断地弘扬以及对立党为公、执政为民理念的强势宣传，必然会鼓励和宽宥李昌平这样的说实话者。这就使李昌平在被基层权力排挤“出局”之后，却意外地获得了整个社会宽广臂膀的热情拥抱。

（本文原载《学习时报》2004 年 4 月 5 日）

降低社会转型的痛苦指数

中国正处在前所未有的社会转型时期，从计划经济转向市场经济、从人法转向法治、从苏联模式转向中国特色社会主义、从传统农业社会转向现代工业社会，等等，都从不同角度揭示社会转型的深刻内涵。当前，不是要不要社会转型，而是如何降低社会转型的痛苦指数。

关注痛苦指数

指数，按照词典的解释，是指某一经济现象在某时期内的数值和同一现象在另一个作为比较标准的时期内的数值的比数。它表明经济现象变动的程度。此外，说明地区差异或计划完成情况的比数也叫指数。笔者借用此词来说明在社会转型时期民众尤其是弱势阶层在基本权利得不到有效保障时的痛苦程度。

社会的急剧转型，冲击着人们传统的思想观念和生活方式，也瓦解着不适应社会发展的旧体制。在新旧体制磨合过程中，社会存在着比较突出的秩序失范现象，正义不张、道德滑坡、法制失效和精神失落迅速蔓延。这种游戏规则缺失和道德约束失灵的转型环境，造就了新的社会强者和弱者。强者并不一定是能力较强的人通过合法途径取得强势地位，弱者也并非个人能力不足而位于弱势位置。作为政府，在整合社会秩序时，必须限制强势集团的掠夺行为，相应地改善弱势阶层的生存境况，否则，必然激起社会矛盾，引发社会动荡。当前，降低社会痛苦指数，保障弱势阶层的基本权利，显得尤为紧迫和重要。

痛苦指数应该有一个量化的具体指标，不过这个任务就留给擅长数学的计量经济学家去核算。我的基本判断是，承受社会转型主要成本的弱势阶层的痛苦程度最大。这些弱势阶层主要是农民、进城农民工和城镇下岗职工。

上个世纪 80 年代流行一句有名的顺口溜：“端起碗来吃肉，放下筷子骂娘。”

这是民众在生活水平提高的同时对社会不满的生动反映。进入1990年代以来，一方面是国家经济发展指标不断增长，另一方面，身处弱势地位的民众的痛苦指数也在增长。这就暗示着“经济繁荣背后的社会不稳定”。痛苦指数可以分为绝对痛苦指数和相对痛苦指数。绝对痛苦指数是指民众尤其是弱势阶层的基本生存权利受到严重侵害而又得不到社会有效救济时的痛苦程度；相对痛苦指数是指民众尤其是弱势阶层在与强势集团生活的对比中感到自身痛苦的程度。社会不满情绪实质上也是一种痛苦的外化宣泄。

弱势阶层的痛苦类型

在当前，弱势阶层的痛苦指数主要体现在绝对痛苦指数上。具体说，有这么几种类型：

一是人身权利遭到严重侵犯而痛苦。在农村，基层干部在催缴农民税费和计划生育工作中，任意殴打、捆绑、关押农民，甚至逼迫农民自杀或干脆将农民殴打致死。这种基层行政暴力化倾向，不仅使“公民人身权利不受侵犯”的宪法保障化为乌有，而且大大消除了农民对幸福生活的信念，痛苦之情油然而生。

二是高昂学费和高昂医疗费威逼而痛苦。在一些“不讲道德的经济学家”的鼓吹下，教育和卫生医疗迅速走向“产业化”之路，致使教育（不管是义务教育还是非义务教育）收费和卫生医疗收费高得出奇，就连城镇工薪阶层也对教育和医疗的高收费望而生畏，至于仅靠种田谋生的农民和下岗职工怎能不在学校和医院门前痛哭流涕。笔者在调查中每每看到这种农民失声痛哭的场面，也禁不住含泪同悲。

三是遭遇城市恐怖而痛苦。城市是政治、经济和文化中心，本应该是文明的象征。改革开放以来，大量农民进城充分体现了农民对城市美好生活的向往和追求。但在中国特殊的社会转型时期，各大城市普遍展示出排斥外来工、农民工的“恐怖面容”。比如实行了21年之久的城市收容遣送制度对广大外来工和农民工来说，就无异于一项最大的“恐怖制度”。笔者亲眼看到一些农民工诉说自己被收容和怕被收容时令人不寒而栗的情景。孙志刚就是以自己鲜活的生命葬送在广州这个经济繁荣城市收容遣送制度之下的又一个冤魂。有的农村姑娘抱着对城市的梦幻般的憧憬来到城市，却在城市遭到了惨无人道的强奸和欺凌，给其留下了终身的悔恨和痛苦，有的甚至在城市付出了年轻的生命。现在的城管制度正日益明显地呈现出暴力倾向，已成为继收容遣送制度之后最激起民众谴责的又一城市恶制。

提高生活质量

人生活在社会中，不仅仅是单纯追逐财富的“经济人”，人还有自由、安全、情感等非物质的强烈需求。在社会转型时期，降低民众尤其是弱势阶层的痛苦指数，无疑具有重大的现实意义和长远的历史意义。

而降低社会痛苦指数的关键，就是要切实保障弱势阶层的基本人权和自由。进一步具体落实国家“尊重和保障人权”的原则。作为经济学家，尽可为增进社会财富绞尽脑汁，但作为国家，不仅需要经济学家大显身手，也需要法学家、社会学家、政治学家等等人文社会科学家献计献策。只有这样，人们在享受财富的同时，也能享受自由、安全和幸福；也只有这样，才能实现社会的长治久安和可持续发展。

（本文原载《东莞经济》2004 年 6 月号）

促进社会主义新农村的政治文明

解决“三农”问题已经是全党工作的重中之重。建设社会主义新农村，就必须在继续推进社会主义物质文明和精神文明建设的同时，以全新的视野和举措，大力推进社会主义政治文明建设，这是农村经济社会发展的内在要求，是人类社会文明进步的共同规律，是党站在历史和时代发展的高度做出的科学结论和战略选择。

党的以人为本的施政方针

中国共产党是马克思主义政党，党从成立的那一天起，就是中国工人阶级的先锋队，同时是中国人民和中华民族的先锋，肩负着实现中华民族伟大复兴的庄严使命。党除了最广大人民的根本利益，没有自己的特殊利益。全心全意为人民服务是党的根本宗旨。“三个代表”重要思想的本质是立党为公、执政为民。在我国社会深刻变革、党和国家事业快速发展的进程中，新一届中央领导集体鲜明地提出了以人为本的思想。以人为本思想的提出，成为党领导全国各族人民全面建设小康社会全新的执政理念。

以人为本理念的提出

中国共产党是一个拥有7000多万党员，在中国这样一个13亿多人口的东方大国，领导和团结56个民族共同建设中国特色社会主义的执政党。党执政以来，尤其是改革开放以来，在总结古今中外治国安邦的经验教训中，在长期的执政实践中，逐步形成了一系列新的执政理念，比如立党为公、执政为民的理念，依法治国、建设社会主义法治国家的理念，依法执政的理念，尊重和保障人权的理念，治国必先治党的理念等。以人为本的理念是新一届执政者从我国国情和发展的实际出发提出的深得全党和全国人民认同的又一个崭新理念。

2003年10月14日，中国共产党第十六届中央委员会第三次全体会议通过了

《中共中央关于完善社会主义市场经济体制若干重大问题的决定》，《决定》历史性地提出“坚持以人为本，树立全面、协调、可持续的发展观，促进经济社会和人的全面发展”。这在中国共产党执政史上是第一次。

2004年4月4日，在《中央人口资源环境工作座谈会上的讲话》中，胡锦涛总书记对“坚持以人为本”作了详细的阐述，他说：“坚持以人为本，就是要以实现人的全面发展为目标，从人民群众的根本利益出发谋发展、促发展，切实保障人民群众的经济、政治和文化权益，让发展的成果惠及全体人民。”当前，坚持以人为本，树立全面、协调、可持续的发展观，已经取得了全党和全社会的共识。

正确理解以人为本

新一届中央提出以人为本的执政理念后，立即在全社会引起了强烈的关注。要全面贯彻以人为本的执政理念，首先要正确理解以人为本。

首先要把握“人”和“本”。马克思主义认为，人有三种基本存在形态：一是人作为人这个种类意义上的种类存在，二是人作为群体意义上的社会存在，三是人作为具有独立人格和个性的个人存在。马克思主义经典作家认为：“代替那存在着阶级和阶级对立的资产阶级旧社会的，将是这样一个联合体，在那里，每个人的自由发展是一切人自由发展的条件。”① 社会主义社会应该是一个尊重人、解放人、为了人的“自由人联合体”。以人为本的“本”，就是人把人当作目的而不是手段，把人当作人，这是我们一切社会生产活动和社会关系的目的和归宿，是人之所以为人的根本体现。过去我们往往较多地关注人以外的世界，而对人本身的世界关注不够，人总是为人之外的东西而存在，而不是为自己而存在，形成了人对金钱、物质财富的依赖，对人和权力的依赖，使人成为物的奴隶和他人的奴隶。在意识形态狂热的岁月中，人就成为实现某种乌托邦的工具和奴隶。那种以物为本，以国家为本，以领袖为本，以意识形态为本的倾向，是对以人为本的反动，是一种奴隶主义的治国方式。

其次要把握以人为本与以民为本的关系。中国传统政治思想和执政理念的最进步体现就是民本主义。民本主义思想的实质就是以君主为主、臣民为本，即承认主权在君的前提下，侧重强调臣民这个“本”对整个政治体的作用。中国传统的民本主义与西方近代的民主主义虽有某些相似之处，但却有本质的区别。民本主义预先设立主权在君，而民主主义设定主权在民。② 在当代中国，以人为本与以民为本

① 《马克思恩格斯选集》第1卷，人民出版社1972年版，第273页。
② 参见俞可平：《增量民主与善治》，社会科学文献出版社2003年版，第2页。

有许多相通之处，但不能将以人为本理解为就是以民为本。[1] 第一，以人为本中的“人”不仅仅包括政治意义上的人民，还包括生物意义和社会意义上的个人。第二，以人为本包含对个人价值的承认和尊重，而以民为本则强调人民或民众这种群体价值。事实上，没有对个人价值的尊重，就没有人权的保障。第三，以人为本凸显人的个性和差异性，有利于每个人的创造性和积极性的发挥，有利于每个人自由而全面发展。

树立以人为本的发展观

中共十一届三中全会以来，党果断地放弃了“以阶级斗争为纲”的错误路线，确立了“一个中心，两个基本点”的基本路线。毫无疑问，以经济建设为中心取代以阶级斗争为纲，是我国社会历史的巨大进步。经过30年的改革开放，我们胜利实现了现代化建设“三步走”战略的第一步、第二步目标，人民生活总体达到小康水平。这是中华民族发展史上的一个新的里程碑。

但是必须看到，我国现在达到的小康还是低水平的、不全面的、发展很不平衡的小康。特别是在发展过程中，片面追求经济增长，形成了新的GDP崇拜，为了追求所谓的经济增长，不惜牺牲生态环境和损害人民群众的切身利益，造成了一系列环境和社会问题。新一届中央领导总结了改革开放以来的经验教训，明确提出要统筹城乡发展、统筹区域发展、统筹经济社会发展、统筹人与自然和谐发展、统筹国内发展和对外开放，坚持统筹兼顾，坚持以人为本，树立全面、协调、可持续的发展观即科学的发展观。科学发展观的提出，标志着党对执政规律和现代化建设规律认识的进一步深化，是对改革开放以来发展思路和实践的科学总结。贯彻科学发展观的一条主线就是以人为本，就是发展要以满足人的需要、提升人的素质、实现人的自由而全面发展为目标。新一届政府正在把以人为本的理念贯彻到经济、政治、文化和社会生活的各个方面，得到了广大党员领导干部和人民群众的广泛赞同。

社会主义政治文明的主要内涵

中共十六大报告明确提出：“发展社会主义民主政治，建设社会主义政治文明，是全面建设小康社会的重要目标。”在社会主义思想史上，党第一次明确提出了

① 参见韩庆祥、张洪春：《全面理解以人为本》，载《学习时报》2004年6月7日。

"社会主义政治文明"这一概念，这是对马克思主义理论的重大发展。

文明与政治文明

在中国，最早提到"文明"这个词是2000多年前的《易经·乾卦》："见龙在田，天下文明。"在西方，"文明"一词究竟何时出现，似乎没有权威的说法。对文明的定义，恩格斯认为"文明是实践的事情，是一种社会品质"。[①]简单地说，所谓文明，就是人类社会生活的进步状态。从静态上看，文明是人类社会创造的一切进步成果；从动态上看，文明是人类社会不断进化发展的过程。

早在1844年11月，马克思就在《关于现代国家的著作的计划草稿中》提出了"政治文明"的概念。在中国，"政治文明"的提法是政治家和学者们在我国改革开放以后逐步提出来的。改革开放以后，党提出了加强社会主义物质文明和社会主义精神文明建设的历史任务。在最初设计党的十二大报告时，胡乔木主张并坚持物质文明和精神文明两分法，认为政治民主属于精神文明范畴。随着思想的不断解放和实践的逐步深化，对政治文明概念的提出也就呼之欲出。有的学者就认为除了物质文明和精神文明之外，还有一个政治文明。这样，经过整整20年的探索，"文明"从党的十二大报告的"两分法"(物质文明、精神文明)发展到党的十六大报告的"三分法"(物质文明、政治文明、精神文明)。政治文明这一概念从此成为中国改革开放中的关键词之一，引起了人们的广泛关注。

政治文明的概念和科学内涵

就目前来讲，对政治文明作出比较全面解释的是《中国大百科全书·政治学》中的"政治文明"条目。该辞条写道：政治文明是"人们改造社会所获得的政治成果的总和。一般表现为人们在一定的社会形态中关于民主、自由、平等、解放的实现程度。在人类历史上，代表生产力发展方向的先进阶级，通过社会革命改造旧的社会关系和社会制度，建立新的社会形态。在新的社会形态里，统治阶级为了实现自己的政治统治，需要建立与生产力、生产关系状况相适应的社会政治制度、法律制度、民主制度。在这些制度中，人们的民主、自由、平等的权利实现程度相应获得新的提高，这就是政治文明的进步"。

简单地说，所谓政治文明，就是人类社会政治生活的进步状态，它表现为人类社会政治进程中取得的全部进步成果。政治文明包括政治意识文明、政治制度文明和政治行为文明三个组成部分。[②]

---

① 《马克思恩格斯全集》第1卷，人民出版社1956年版，第666页。

② 参见虞崇胜：《政治文明论》，武汉大学出版社2003年版，第140页。

在人类社会生活中，所构成的社会结构都是一定的经济、政治和文化的统一体，相应地，人类文明的结构也是物质文明、政治文明和精神文明的统一体。政治文明是人类文明中不可或缺的一部分。

物质文明、政治文明、精神文明具有不同的含义，体现着不同的关系，发挥着不同的作用。人们在改造客观世界的实践活动中形成的有益成果，表现为物质生产方式和经济生活的进步即物质文明；在政治实践活动中形成的有益成果，表现为政治生活的进步，即政治文明；在改造客观世界的同时改造主观世界中形成的有益成果，表现为精神生活的进步即精神文明。物质文明体现的是人与自然的关系，政治文明体现的是人与人的关系，精神文明体现的是主观与客观、人与自我的关系。

物质文明、政治文明、精神文明三者之间又是相互依存、相互联系、相辅相成的。物质文明为政治文明和精神文明提供物质条件，物质文明实践为政治文明和精神文明发展提供源泉和动力。精神文明为物质文明和政治文明的发展提供精神动力、智力支持和思想保证。政治文明为物质文明建设提供正确的政治方向和安定团结的政治环境，为精神文明建设提供必要的前提条件与基本的政治方向和必要的保障。只有物质文明、政治文明和精神文明这三种文明相互协调，共同发展，才能全面推动社会的进步。①

建设社会主义政治文明的根本要求

建设社会主义政治文明，是全面建设小康社会的重要目标。在全面建设小康社会的历史过程中，要积极稳妥地推进社会主义政治文明建设，就必须认真把握社会主义政治文明建设的根本要求。

一是要坚持党的领导、人民当家作主和依法治国的有机统一。建设社会主义政治文明，核心内容是发展社会主义民主政治。邓小平说："没有民主就没有社会主义，就没有社会主义的现代化"。② 建设高度的民主，是社会主义优越性的具体体现。党历来以实现和发展人民民主为己任。改革开放以来，党和国家坚定不移地推进政治体制改革，有力地促进了社会主义民主政治建设。在当代中国，发展社会主义民主政治，最根本的是要把坚持党的领导、人民当家作主和依法治国有机统一起来。党的领导是人民当家作主和依法治国的根本保证，人民当家作主是社会主义民主政治的本质要求，依法治国是党领导人民治理国家的基本方略。中国共产党是中国特色社会主义事业的领导核心，共产党执政就是领导和支持人民当家作主，最广

① 参见彭国甫等：《政治文明论》，湖南人民出版社 2002 年版，第 19 页。

② 《邓小平文选》第 2 卷，人民出版社 1994 年版，第 168 页。

泛地动员和组织人民群众依法管理国家和社会事务，管理经济和文化事业，维护和实现人民群众的根本利益。宪法和法律是党的主张和人民意志相统一的体现，必须严格遵守《宪法》，严格依法办事。任何组织和个人都不允许有超越宪法和法律的特权。

二是要坚持社会主义民主政治制度化、法制化、程序化的有机统一。当前，我国社会主义民主政治建设的关键环节和核心内容，就是实现社会主义民主政治的制度化、规范化和程序化。民主政治的制度化、规范化和程序化，是现代民主政治的内在要求和基本特征。民主政治的制度化，就是用制度来体现、巩固、维护和发展民主，使民主和民主政治建设有法可依、有章可循。民主政治的规范化，就是民主政治的活动和行为在既定的制度框架内符合一定的尺度和标准有序地进行。民主政治的程序化，就是通过健全完善民主政治程序规定，使民主政治的运行符合一定的议程、次序、步骤和时限要求。首先，要坚持和完善社会主义民主制度。人民代表大会制度是我国的根本政治制度。坚持和完善社会主义民主制度，最重要的就是要坚持和完善人民代表大会制度，使人民代表大会真正成为国家最高权力机关。同时，要坚持和完善共产党领导的多党合作和政治协商制度，坚持和完善民族区域自治制度，健全和完善基层自治和民主管理制度等。其次，要规范社会主义民主政治行为。发展社会主义民主政治，建设社会主义政治文明，不仅要切实加强社会主义民主政治的制度建设，坚持和完善社会主义民主政治的各项制度，而且必须加强对民主政治行为的约束和规范，重点是依法规范立法行为，努力提高立法质量；切实规范执法行为，加强执法队伍建设；严格追究失范行为，形成责任追究体系。再次，建立和健全社会主义民主政治程序。按照程序办事，就是要求人们在行为和活动中按照既定的方式、方法、步骤、顺序和时限办事，以保证行为途径、活动过程的确定性、公开性。程序建设是我国社会主义民主政治建设中长期存在的一个薄弱环节，建立健全社会主义民主政治程序，是我国社会主义民主政治建设面临的一项重大而紧迫的任务。当前，建立和健全社会主义民主政治程序，关键是要培育和增强全社会的民主政治程序意识，加强民主政治程序立法，健全完善民主政治程序运行机制。[①]

---

① 参见彭国甫等：《政治文明论》，湖南人民出版社 2002 年版，第 100 页。

农村管理体制改革的主要方向和措施

建国以来，我国农村管理体制大致经历了三个发展阶段。一是计划经济体制时期。建国以后，我们照搬苏联模式建设社会主义，形成了高度集中的计划经济体制。与此相适应，一个以户籍制度为核心的城乡二元社会结构逐步建立起来，在这种管理体制下，农民事实上成为低人一等的二等公民。二是从计划经济体制向社会主义市场经济体制过渡时期。中共十一届三中全会以后，随着农村家庭承包责任制和村民自治的推行，农民空前地获得了生产自主权和自治权，这是一个巨大的历史性进步。但在社会转型过程中，由于思想观念和制度建设的相对滞后，不公平、不公正的社会制度环境，使农民在不完全的市场竞争中逐渐演变为改革成本的主要承担者和利益受损的弱势阶层。三是统筹城乡发展阶段。2002 年中共十六大明确提出统筹城乡发展的重大战略。一个以人为本，注重公平、统筹发展的执政理念开始得到广泛的认同，新的农村管理体制的改革也呼之欲出。

在传统的计划经济体制和不健全的市场经济条件下，农村事实上面临着三重困境。一是制度歧视的困境。在南非，曾经有过漫长的白人歧视黑人的种族歧视。直到 20 世纪 90 年代，以曼德拉为首的南非人民经过长期的斗争，终于废除了持续 300 多年的种族歧视，建立了种族和解与自由发展的新南非。在我国，虽然没有种族歧视，但却有众所周知的农民歧视，农民歧视的本质不是城市人歧视乡村人，而是“城乡分治、一国两策”的国家政策制度人为形成的二元社会结构，导致农民这一群体在不平等的制度安排中陷入被歧视的境地。二是市场失灵的困境。以市场为取向的改革极大地解放和发展了农村生产力，同时又使农村在市场经济的竞争中趋向衰败。一方面，市场经济是优胜劣汰的竞争性经济，它要求市场主体的平等地位和不受制于人的自主权。我国农民却在二元社会结构未得到根本改变的情况下走向市场，其不利因素是显而易见的。另一方面，即使农民拥有平等的市场主体地位，农民在市场经济的竞争中也会处于劣势，因为极其分散的小农经济必然在市场经济的无情竞争中走向破产和衰落。当前，农村最基本的土地、劳动力和资金三要素都还没有由市场这只“看不见的手”自发调节。[①] 三是政府失灵的困境。在市场经济条件下，政府的主要职能是提供公共物品，维护社会的公平、公正和长治久安。但

① 参见温铁军:《“市场失灵 + 政府失灵”：双重困境下的“三农”问题》，载《读书》2001 年第 10 期。

在社会转型时期，政府职能比较普遍地呈现出“越位”、“错位”、“缺位”的现象，造成了一系列政治经济和社会问题。[①]

传统的农村管理体制的一个十分突出的特性是强化了权力扩张，使公权的约束和人权的保障长期滞后于现实政治生活的需要，其重大缺陷是显而易见的。一方面，在传统农村管理体制中，农民缺乏平等参与制定游戏规则的权利。在计划经济时期，政府对社会实行指令性的计划管理，政府与农民的关系是“命令—服从”的关系，政府下达指令，农民只管服从；在市场经济条件，由于农民在理论上应该拥有市场经济中平等的主体地位，政府与农民的关系就应该是“规则——遵守”的关系，这种规则应该是政府与农民共同制定的“规则”，这种“遵守”应该是政府与农民的共同“遵守”。但在现实生活中，政府仍然习惯于行政命令，对农民指手画脚，未能实现从“命令—服从”关系到“规则—遵守”关系的转换，农民缺乏有效的制度管道有序地参与制定游戏规则，农民仍然在政府单方面制定的游戏规则中生产生活。另一方面，在传统农村管理体制中，农民缺乏正当的利益表达渠道。我国拥有世界上人口最庞大的农民阶层，却没有农会这样一个最基本的农民利益表达组织。这不能不说是制度设计上的一个重大不足。众多事实表明，在分散的农民与有组织的政府和其他社会强势集团之间的博弈，存在着明显的力量不对称，农民缺乏最基本的谈判地位和议价能力。农民利益表达渠道的不畅，必然放纵和造成社会不公，积累大量的社会矛盾。

在新的形势下，改革农村管理体制显得十分迫切。当前，改革农村管理体制，必须充分认识到党、国家和社会生活发生的巨大变化。第一，要充分认识到党已经从领导人民为夺取全国政权而奋斗的党，成为领导人民掌握全国政权并长期执政的党。这就要求我们从执政党而不是革命党的角度去思考问题、制定政策。第二，要充分认识到我国已经从高度集中的计划经济体制转向建立和完善社会主义市场经济体制，这就要求我们全面清理计划经济时期的思想观念和政策法律制度。第三，要充分认识到党已经从主要依靠政策和领导个人意志治国转向依法治国、建设社会主义法治国家，这就要求我们从长期的人治思维中解放出来，站在现代法治的高度去立法、执法。第四，要充分认识到党和国家已经从城乡分治转向统筹城乡发展，这就要求我们尽快破除二元社会结构，废除和终结一切歧视农村和农民的制度安排。第五，要充分认识到党和国家已经从单纯追求经济增长转向促进政治经济社会和人

① 参见周作翰、张英洪：《农民自由发展与乡镇体制改革》，载《湖南师范大学大学社会科学学报》2004年第4期。

的全面发展，这就要求我们坚持以人为本，树立全面、协调、可持续的发展观。

在这样一个全新的社会环境和改革形势下，推进农村管理体制改革，关键是要有利于农民的自由而全面发展，有利于尊重和保障人权，有利于政治文明建设，有利于社会的长治久安。

第一，改革户籍制度，恢复公民的迁徙自由权。迁徙自由是公民的一项基本人权。1954 年新中国第一部《宪法》第 90 条第 2 款明确规定“公民有居住和迁徙的自由”。但随着计划经济体制的建立，公民的居住和迁徙自由被人为地限制和取消了。自 1975 年《宪法》将公民的迁徙自由权从宪法条款中取消以来，至今没有恢复。随着我国社会主义市场经济体制的建立和社会经济的发展，恢复公民的居住和迁徙自由权的条件已经成熟。

第二，改革税费制度，确保公民平等纳税权。几千年来，皇粮国税的观念在人们思想观念中根深蒂固，而现代社会公平的税制意识比较缺乏。我国现行的农业税主要依据 1958 年出台的《农业税条例》，1990 年代以来，各种名目繁多的乱收费、乱摊派、乱罚款使农民不堪重负。传统农业税制的根本缺陷在于单独面向农民征税，这与现代税制强调的统一公平原则相背离。从上一届政府开始的农村税费改革到本届政府宣布取消农业税，这不仅体现了党和国家对“三农”问题的高度重视，而且是党和国家治理理念的巨大升华。

第三，改革义务教育体制，保障公民的受教育权。教育决定一个国家国民的素质和民族的未来。要实施科教兴国战略，就要在具体体制上体现和落实把教育放在优先发展的战略地位上来。义务教育的责任在政府，实行免费的义务教育是国际上通行的普遍做法。长期以来，我国农村的义务教育实质上由农民负担，高昂的学校收费和各种乱收费行为不仅大大增加了农民的负担，而且造成不少农民子女读书困难，辍学现象比较普遍，其严重的后果将是导致国民素质的下降。我国农村义务教育体制改革的核心是逐步实行免费教育，由各级政府尤其是中央和省级政府承担义务教育的主要责任。

第四，改革乡镇体制，扩大公民的自治权。自治权是公民自我管理社区公共事务的权利，自治权的实行和扩大，意味着国家权力退出其不应当干预的社会领域。在当代中国，农民的自治权主要体现在村民自治上。随着时代的发展，对农民来说，另一个可以预期的自治权应该是乡镇自治。中国共产党执掌全国政权以后，建立了历史上最强大、最集权的中央政权和渗透最深入、控制最严密的地方和基层政权，突破了几千年“皇权不下县”的传统，空前地将国家政权下沉到乡镇一级。这种强国家—弱社会的权力结构，虽有利于维持统治和秩序，但却大大增加了统治的成本，扼制了民众的创造力。依据历史传统和国际惯例，将政府的层级由现在的中央、省、市、县、乡镇五级缩减到中央、省、县三级，在乡镇实行自治，是扩大农民自治权的现实选择。

除此之外，农民的平等就业权、农民的医疗卫生保健权、农民的社会保障权等等都应该得到国家一视同仁的承认、尊重和保障，为了保障和维护宪法和法律赋予农民的一切正当权利，成立农民维权组织的农会已刻不容缓。

农村党支部在政治文明建设中的主要任务

农村党支部是农村的最基层组织，是党在农村的战斗堡垒，是党的全部工作和战斗力的基础。在社会主义政治文明建设中，农村党支部必须清醒地认识到自身的特殊地位和重要作用，担当起时代赋予的历史责任。

加强民主法治学习。我国正处于社会大转型时期，建设社会主义政治文明的历史任务，需要我们全面学习政治文明建设的基本知识。众所周知，我国是一个具有两千多年君主专制传统的国家，专制主义思想的残余影响比较严重，加上建国以来在苏联模式的影响下搞了几十年的计划经济，行政命令和家长制作风比较盛行。相反，人们的民主法治意识比较淡薄。面对这样一个基本历史和现实国情，要建设社会主义政治文明，不加强学习肯定不行，不转变观念肯定不行。加强学习，并不是读了书就是学习，关键是要看究竟读了什么书；转变观念也一样，关键是看转变了什么观念。从党建设社会主义政治文明的目标来看，要学习的就是有关民主、法治、自由、人权等方面的知识，要树立的就是民主、法治、自由、人权等方面的观念。

在政治上尊重农民的民主权利。在经济上保障农民的物质利益，在政治上尊重农民的民主权利，是改革以来党领导亿万农民建设社会主义新农村的一条重要经验，必须长期坚持。在建设社会主义政治文明的进程中，在政治上尊重农民的民主权利显得尤为紧要。当前，我国农村正处在全面建设小康社会的新的发展阶段，改革发展稳定的任务十分繁重。农村党支部必须站在政治文明建设的高度，在政治上保障农民的各项民主权利，切实维护广大农民的根本利益，这是实践“三个代表”重要思想的重要体现，是完善村民自治、发展社会主义民主的重要内容，是促进农村党风廉政建设、密切党群干部关系的有效途径，是进一步推进农村改革和发展，加快农村全面建设小康社会进程的必然要求。

发展党内民主，促进村民自治。党内民主是党的生命。作为执政党，没有党内民主，就很难说有人民民主。新形势下的农村基层党支部建设，要突出党内民主建设，以农村党支部自身的民主建设来保障和促进村民自治。当前，农村党支部要健全民主制度，丰富民主形式，扩大党员和村民有序的政治参与，保证党员和村民依法实行民主选举、民主决策、民主管理和民主监督，享有广泛的权利和自由，尊重和保障人权。农村党支部要带头遵守宪法和法律，大力促进村民自治的健全和完善，要进一步健全村务公开制度、规范民主决策机制、完善民主管理制度、强化村务管理的监督制约机制，保障农民群众的知情权、决策权、参与权和监督权，努力推进农村基层民主的制度化、规范化、程序化。

（本文原载杜晓山等主编:《农村基层党支部工作手册》，人民出版社 2004 年版）

中国：走向政治文明

2001年11月，美国总统布什和俄罗斯总统普京在华盛顿会晤后发表联合声明，一致确认捍卫市场经济和开放的民主社会是保障公民丰衣足食的最有效的工具。一年后的2002年11月，中共十六大引人注目地提出了建设政治文明的重要论断。这是执政党治国理念的新提升，顺应了时代进步的潮流，标志着世界上人口最多的东方大国在改革开放取得巨大物质文明进步的基础上，将开始理性地扬起走向政治文明的风帆。

政治文明是社会进步的集中体现

在人类社会的历史演变中，所构成的社会结构都是一定的经济、政治和文化的统一体，相应地，人类文明的结构也是物质文明、政治文明和精神文明的统一体。政治文明与物质文明、精神文明相并列，是人类社会文明系统中不可或缺的一部分。物质文明是构成人类文明的基础，政治文明和精神文明构成人类文明的上层建筑。政治是经济的集中体现，政治文明是社会进步程度的集中体现，它在很大程度上影响和制约着物质文明和精神文明的发展。没有政治文明的充分发展，就不可能有现代进步的文明社会。

据学者研究，政治文明主要包括政治理念文明、政治制度文明和政治行为文明等。属于价值层面的政治理念文明是政治文明之“魂”，是政治制度和政治行为的精神指导；属于制度层面的政治制度文明是政治文明之“绳”，是政治理念的规则化和政治行为的规范化；属于实践层面的政治行为文明是政治文明之“形”，是政治理念和政治制度的具体体现。政治文明的核心内容是民主政治，没有民主政治，就没有政治文明。民主政治与专制政治相对立，专制政治属于政治黑暗，民主政治属于政治文明。[①]

美国思想家尼布尔（Reinhold Nibur）认为："人行正义的潜能使得民主成为可能，人行不义的倾向使得民主成为必要。"（《现代西方神学辞典》R.Nibur条）在与专制制度长期斗争中形成的民主政治，是人类政治文明的共同结晶和宝贵财富，具有普世性和全球性价值。任何一个现代国家和社会，都不可能绕开民主而求得可持续发展。中国人民对民主的追求和向往，已经走过了上百年的艰难历程。孙中山当年面对席卷世界的民主潮流，欣然写下了"世界潮流，浩浩荡荡，顺之则昌，逆之则亡"警世名言；毛泽东说共产党找到了"民主"这个跳出"历史周期率"的新路；邓小平则宣称"没有民主，就没有社会主义，就没有社会主义的现代化"。今天，执政党正式提出建设"政治文明"，这是一个巨大的历史性进步。

破除建设政治文明的旧观念

建设政治理念文明，就必须大胆吸收和借鉴人类社会创造的一切政治文明成果。在改造自然和改造社会的长期实践中创造和积累起来的自由、民主、人权、平等、博爱等政治理念文明，是人类社会充满智慧的结晶和最可珍贵的精神财富，值得我们在建设政治文明中大胆吸收和借鉴。这就迫切需要人们自觉地把思想认识从那些不合时宜的观念、做法和体制的束缚中解放出来，从对马克思主义的错误的和教条式的理解中解放出来，从主观主义和形而上学的桎梏中解放出来。

一要突破狭隘的国情论情结。世界上任何一个国家都有区别于他国的政治、经济、文化和民族、宗教、人口及自然地理国情。但像在中国一些人中盛行以国情为由排斥人类政治文明以及拒绝政治革新的"国情崇拜"情结者却世所罕见。自从天朝大国遭遇西方文明以来，祭起国情之旗只学西方物质文明而拒绝西方政治文明的"洋务派思想"就代代相传。从世界民主政治发展的历史进程来看，大致可分为民主原生型国家和民主后发型国家。所谓民主原生型国家，是指在与本国的专制主义斗争中自我实现民主政治的欧美等国；民主后发型国家，是指本国专制主义异常强大而无法自我生成民主政治的亚非拉等国。作为亚细亚专制主义典型代表的中国显然属于民主后发型国家。民主后发型国家要走上民主政治的道路，除了大胆吸收和借鉴人类社会创造的一切政治文明成果外，别无他途。只有彻底打破几千年盛行的

① 参见虞崇胜：《政治文明论》，武汉大学出版社2003年版。

中国的专制主义国情，才能成功建设现代政治文明。

二是突破传统的苏联模式的禁锢。苏联以其自掘坟墓葬送在20世纪末而宣告苏联社会主义模式的彻底破产。建国后，当中国本土强大的专制主义与苏联输入的极权主义联姻后，自戊戌变法以来的中国政治现代化进程就遭到了最严重的挫折。在专制主义和极权主义双重奴役下，中国人民所受的苦难只有中国人自己才有刻骨铭心的感受。改革开放以来，邓小平倡导建设中国特色社会主义，就是要走出一条既区别于资本主义，又不同于苏式社会主义的新路来。改革开放的过程，其实质就是不断突破传统苏联模式严重禁锢、努力探索中国特色社会主义的过程。这在经济改革上十分明显，已经实现了由计划经济体制向市场经济体制的历史性跨越。但不可否认，以政治高度集权为主要特征的苏联极权主义政治对我国有着最为严重的消极影响。虽然毛泽东、邓小平都认识到苏联极权政治模式的严重弊端，但由于种种原因，苏联极权政治模式对我国政治的严重影响尚未得到全面清理。

三是突破僵化的冷战思维的局限。作为曾经毫不犹豫倒向苏联的中国，在与西方全面对抗的冷战中，不可避免地使一些人陷入了冷战思维的泥淖之中，其突出表现在姓“资”姓“社”的主观偏见上。在资本主义母胎中孕育和发展起来的社会主义思潮和社会主义运动，是对资本主义辩证的否定而不是全盘的否定。对此，马克思主义老祖宗有着清醒的认识和客观的评价。在《共产党宣言》中，马克思、恩格斯充分肯定了资产阶级在创造物质文明、政治文明和精神文明上的伟大历史作用。马克思高度称赞美国的《独立宣言》是人类“第一个人权宣言”。当林肯当选为美国总统时，马克思代表第一国际中央委员会专门发出贺信：“欧洲工人认为由工人阶级忠诚的儿子阿伯拉罕·林肯来领导自己国家进行解放被奴役种族和改造社会制度的史无前例的战斗，是即将到来的时代的先声。”马克思还由衷地称赞美国是“最先产生了伟大的民主共和国思想的地方”。但后来，囿于冷战思维的局限，一些人把对资本主义的批判，演变成对资本主义的全盘否定，以全面仇视的眼光看待资本主义，患上了严重的“恐资病”。这就使得人们在对发达国家创造的文明尤其是政治文明的吸收和借鉴上长期裹足不前。

推进政治体制改革

建设政治制度文明，就必须在宪法的框架下推进政治体制改革。对于斯大林的暴政，毛泽东曾感叹地说这在欧美民主国家“不可能发生”；对于文化大革命，邓小平总结说这固然与领导个人的品质和作风有关，但制度问题更带有根本性、全局性、长期性和稳定性。

前苏联高级官员阿尔巴托夫在《苏联政治内幕：知情者的见证》一书中说："我们从斯大林后四十年中应该吸取的最重要的教训就是：在政治机制方面必须破旧立新，必须建立民主制度、政治文化以及文明的公众意识。我坚信，这就是改革的主要任务。我们能否解决这一任务，解决到何种程度，关系到我们强国的未来，甚至关系到我们的国家究竟还有没有未来。"无独有偶，中国《求是》杂志总编辑王天玺在其总撰稿的《东方之光——三个代表与理论创新》中说："没有一个优越的社会制度和政治体制，即使有显著的技术创新成就，也不能转化为推动社会进步的巨大、恒久的力量。这是铁的历史法则。"任何在价值层面极好的东西，只有经过相应的制度层面路径，才能在实践层面得到较好的体现。政治制度建设对于建设政治文明来说，具有至关重要的决定性作用。

政治制度文明的核心内容是法治。政治制度源于国家的诞生。国家是社会历史的产物，是人们共同意志的体现，却是个人无奈的选择。一旦诞生了国家，就产生了公共权力。在漫长的历史长河中，公共权力被当作私器追逐和独家垄断，统治阶级无不用人民的鲜血铺就一条通向权力巅峰的"红地毯"。面对政治愚昧时期的"丛林法则"，柏拉图向我们描绘了他心中的理想国："我们建立这个国家的目标并不是为了某一个阶级，而是为了全体公民的最大幸福。"要确保全体公民的最大幸福，只有实行法治。实行法治，是人类迄今为止最耀眼的政治文明成果。

宪法是实行法治的依据。作为国家根本大法的宪法，其基本职能在于约束公共权力、保障公民权利。作为人类历史上第一部成文宪法，美国宪法不但使美国获得了民主实践的巨大成功，而且使后来的世界各国争相效尤。但有宪法未必有宪政。不少国家仅仅有宪法之名而无宪法之实。为此，法国著名的思想家托克维尔早在160多年前就不无感叹地说："美国的联邦宪法，好像能工巧匠创造的一件只能使发明人成名发财，而落到他人之手就变成一无用处的美丽艺术品。"但同时，托克维尔也一针见血地指出："最专制的政府也能够与某些最民主的形式结合在一起，乃至压迫人民还要摆出若无其事的可笑样子。"

回顾中国近百年的宪制史，一个共同点就是宪法形同虚设。从1905年起，古老的中国就开始有了制宪的历史。从钦定宪法大纲，到中华民国约法，从中华民国宪法到中华人民共和国宪法，可谓百年宪法无间断。新中国成立后，先后颁布了四部宪法，现行宪法也进行了多次修改。宪法能否真正实行，实行的宪法是不是体现人民共同意志的良法，决定着这个国家的法治程度。亚里士多德说过："法治应该包含两重含义：已成立的法律获得普遍的服从，而大家所服从的法律又应该本身是制定得良好的法律。"[①] 实行宪政的前提在于除了宪法，不允许有任何个人和组织凌驾于宪法之上。鉴于文革的沉痛教训，改革开放以来，邓小平就特别强调树立宪法权威，加强民主法制建设。中共十二大就明确规定"党必须在宪法和法律的范围内活动"。中共十五大又进一步提出"依法治国，建设社会主义法治国家"。但要真正建成法治国家，必须进行相应的制度变革和制度创新。

法治的真谛是人权。"任何政治结合的目的都在于保障人的自然的和不可动摇的权利"，这是二百多年前法国《人权宣言》的庄严宣告。凡权利无保障和分权未确定的社会，就没有宪法。在"文革"中，面对汹涌如潮的红卫兵抄家、批斗，作为中华人民共和国主席的刘少奇手捧宪法也保护不了自己的公民权利，最终惨死在自己与战友们亲手缔造的共和国手里，更遑论普通老百姓的权利保障了。绕了一个大弯以后，1997 年 9 月，中共十五大提出共产党执政就是最大限度地"保证人民依法享有广泛的权利和自由，尊重和保障人权"。1997 年 10 月 27 日和 1998 年 10 月 5 日，中国政府先后签署了《经济、社会和文化权利国际公约》及《公民权利和政治权利国际公约》，2001 年 2 月 28 日九届人大常委会第 20 次会议批准了《经济、社会和文化权利国际公约》。这是中国建设政治文明的重大举措。

建设政治制度文明，关键在于以民主法治为取向的政治体制改革，就像经济体制改革以市场化为取向一样，这是人类文明发展的必然趋势。

政治行为的公开化、平等化、非暴力化

建设政治行为文明，就必须使政治行为在民主法治的基础上实现公开化、平等化、非暴力化。政治行为文明不仅是政治理念文明的政治制度文明在实践中的具体展现，而且是折射整个政治文明的标尺。政治行为分为政治组织行为和政治个体行为，政治组织行为是指政党、国家和政府以及社会政治团体在政治参与中的一切活动；政治个体行为是指政治家、公职人员和公民个人等在政治参与中的一切活动。

政治行为公开化，是现代政治文明的重要标志。与政治黑暗的专制主义惯于奉行"政治神秘化"和"暗箱操作"迥异，政治公开化要求一切政治活动都在人们的

① ［古希腊］亚里士多德：《政治学》，吴寿鹏译，商务印书馆 1965 年版，第 199 页。

注视下公开运作。在现代信息社会，政治公开化、透明化客观上要求新闻舆论独立和新闻舆论自由。政治行为平等化，是现代政治文明题中应有之义。与专制主义奉行等级特权不同，政治行为平等化就是一切参与政治的主体在法律上是平等的，它实现了从“人服从人”到“人只服从正义和法律”的跨越。政治行为非暴力化，是现代政治文明的内在要求。与充满血腥暴力的专制政治使夺得权力的人沾满政敌和人民的鲜血、失去权力的人就要失去生命和自由完全不同，现代政治行为文明则以非暴力、人道的与和平方式，在法定的程序中解决政治争端，实现权力的交接。

“道德是一个民意所归的政府所必需的原动力。”这句名言出自美国国父华盛顿之口。世界政治文明史已经昭示，政治家杰出的个人道德、倾人的社会良知和使人景仰的政治选择，在很大程度上塑造政治行为文明。这在古代有中国尧舜禅让的传说，在近代有美国华盛顿的光辉典范，在当代有南非曼德拉的伟大壮举。中国尧舜禅让的传说且不说，华盛顿的政治遗产尤其是他个人的政治选择，在岁月的流逝中已经构成了世界政治文明的一部分。在中国乾隆皇帝四海宣扬皇威的时候，战功赫赫的华盛顿完全没有夺天下坐天下的皇帝思想，他“使世界因此多了一位总统，而使王冠从此黯然失色”。令那些拼命夺取权力、死死抓住权力不放的政治“巨无霸”们更汗颜的是，仅担任两届总统且年富力强的华盛顿挂冠而去，开创了美国总统至多连任两届的惯例。后世似乎只有曼德拉可与之相比。

建设政治文明，当务之急就是实行教育理念的变革和教育制度的创新。中国共产党已经从领导人民为夺取全国政权而奋斗的党，成为领导人民掌握全国政权并长期执政的党；已经从受到外部封锁和实行计划经济条件下领导国家建设的党，成为对外开放和发展社会主义市场经济条件下领导国家建设的党。这就要求对传统教育理念和教育制度进行大变革，实现从革命党的党化教育向执政党的公民教育转变，普及和提高全体国民的公民意识和宪法观念，这是中国走向政治文明的必由之路。

（本文原载《同舟共进》2003 年第 5 期）

不失时机地推进政治文明建设

中共十六大提出“建设社会主义政治文明”的新论断后，立即得到了广泛认同，也赢得了国际社会的好评。为了不失时机地推进社会主义政治文明建设，笔者认为中共十六届中央全会如果专门对社会主义政治文明建设作出决定，必将具有重大的现实意义和长远的历史意义。

中国共产党是一个在十三亿多人口的东方大国执掌国家政权的执政党。在当前推进中国改革开放和现代化建设的伟大事业中，没有任何一个政治力量能够取代中国共产党的领导权威和执政地位。办好中国的事情，关键在党，在党能否与时俱进地站在时代发展的前沿抢抓机遇、占据主动。改革开放以来的实践经验已经表明，中国共产党每一次中央全会所作出的重大决定，对于凝聚党心民心、推进改革开放和现代化建设事业都具有极其显著的重要影响。根据中共十六大精神，笔者建议中共十六届中央全会对政治文明建设专门作出决定，这必将是党执政兴国的又一新的里程碑。

关注对政治文明的专门研究

《中国共产党章程》规定，中国共产党全国代表大会每五年召开一次，每一届中央委员会全体会议每年至少举行一次。改革开放以来（十七大以前），中国共产党先后召开了十二大、十三大、十四大、十五大、十六大共五次全国代表大会。仔细分析这五次全国代表大会和每次中央全会，可以看出一些共同的特点：

一是每一届中央委员会全体会议一般召开七次，十二届、十四届、十五届中央全体会议都只开过七次，但十三届中央全会却召开了九次，这是因为1989年政治事件导致中央领导机构人员的变更。二是每一届一中全会都是在全国代表大会闭幕后召开，主要内容是选举新一届中央领导机构及其成员。三是每一届二中全会主要研究通过向新一届全国人大和全国政协推荐领导人选名单。党的十二大以来，每一届全国人大和全国政协会议都是在中国共产党全国代表大会召开后的次年召开。四是每一届三中、四中、五中和六中全会主要研究改革和发展中的一些实质性的重大问题。五是每一届中央全会一般是五中全会研究国民经济和社会发展五年计划的建议，研究五年计划建议的中央全会一般都是在每一个五年计划开始实行的前一年召开。但“七五”计划的建议是十二届四中全会讨论通过的，“八五”计划的建议是十三届七中全会讨论通过的。六是每一届中央全会的最后一次中央全会一般是七中全会（十三届是九中全会）主要研究关于召开下一届党代会的有关情况，比如通过政治报告、党章修正案等。

由此可知，每一届中央的七次全会（十三届中央全会举行了九次）中的一中、二中、五中和七中全会都是常规性会议，只有三中、四中和六中全会才研究改革开放中的实质性和重大性问题。比如十二届三中全会审议通过《中共中央关于经济体制改革的决定》，十三届三中全会审议通过《关于价格、工资改革的初步方案》和《中共中央关于加强和改进企业思想政治工作的通知》，十四届三中全会审议通过《中共中央关于建立社会主义市场经济体制若干重大问题的决定》，十五届三中全会审议通过《中共中央关于农业和农村工作若干重大问题的决定》，十六届三中全会审议通过《中共中央关于完善社会主义市场经济体制若干问题的决定》。十二届六中全会审议通过《中共中央关于社会主义精神文明建设指导方针的决议》，十三届六中全会审议通过《中共中央关于加强党同人民群众联系的决定》，十四届六中全会审议通过《中共中央关于加强社会主义精神文明建设若干重要问题的决议》，十五届六中全会审议通过《中共中央关于加强和改进党的作风建设的决定》。

党的十二大以来，研究经济体制改革的中央全会有十二届三中、十三届三中、十三届五中、十四届三中、十五届三中和十六届三中全会共 6 次，研究精神文明建设的中央全会有十二届六中、十四届六中全会共 2 次，研究农业和农村工作的中央全会有十三届八中和十五届三中全会共 2 次，研究国有企业工作的中央全会有十三届三中和十五届四中全会共 2 次，研究党的建设的中央全会有十三届六中和十五届六中全会共 2 次。

从十二届一中全会到十六届三中全会，共召开了 33 次中央全会，但没有一次中央全会是专门研究民主法制、政治改革、依法治国和政治文明建设的。纯粹从理论上或逻辑上推断，十二届中央全会可能但没有作出的决定是“关于社会主义民主和法制建设的决定”，十三届中央全会可能但没有作出的决定是“关于政治体制改革的决定”，十四届中央全会可能但没有做出的决定是“关于建设社会主义民主政治”的决定，十五届中央全会可能但没有作出的决定是“关于依法治国、建设社会主义法治国家的决定”，十六届中央全会可能且应该作出的决定是什么呢？通过上述分析，我们认为并建议十六届四中、五中或六中全会（十六届四中全会从时间上来说已经来不及了，可能会在加强党的执政能力建设上作出决定；十六届五中全会可能主要研究“十一五”规划建议）专门研究、审议和通过《中共中央关于加强社会主义政治文明建设若干重大问题的决定》。

新一届中央领导执政以来，从抗击非典疫情到废止收容遣送制度，从宣布取消农业税到处理诸如嘉禾滥用行政权力事件，从以人为本、统筹发展到国家尊重和保障人权，这些全新的执政理念和执政风格，赢得了广泛赞誉。在此基础上，十六届中央全会不失时机地把加强社会主义政治文明建设提到全党面前，进行统一部署和安排，一定会取得事半功倍的成效。

众所周知，人类文明总是表现为物质文明、政治文明和精神文明的有机统一，政治文明在很大程度上反映了整个社会、民族和国家的文明水平，影响或制约着物质文明、精神文明乃至整个人类文明的发展进程。在我国改革开放和现代化建设取得丰硕成果的今天，加强社会主义政治文明建设已经成为全党和全国人民的共识。在完善社会主义市场体制、全面建设小康社会中，加强社会主义政治文明建设已经成为题中应有之义；在社会转型和观念转轨的过程中，加强社会主义政治文明建设已经变得十分必要；在不少地方政府为谋求一时的所谓经济发展而集体滥用公权、严重侵害公民合法权益的倾向中，加强社会主义政治文明建设已经显得相当紧要。中国共产党早就认识到跳出历史上兴亡周期率的新路是民主。民主，就是人民当家作主，这是社会主义政治文明建设的核心内容。

但是，执政党在政治报告中提出政治文明建设是一回事，能否在实际工作中部署和推进政治文明建设是另一回事。由于我国的改革开放和现代化建设事业是在党的领导下有步骤地推进的，这种由党主导的改革，决定了改革的步骤和改革的重点都只能由党来统一部署和安排。虽然党的十六大提出了建设社会主义政治文明建设的目标，但是，如果党中央不对政治文明建设专门作出部署安排，其实际成效就会大打折扣。随着社会主义市场经济体制的建立和健全，人民群众的民主法制意识显著增强，传统的思想观念、工作方法已经远远不能适应社会形势发展的需要，一个比较普遍的现象是，不少地方执政者跟不上新一届中央以人为本、尊重和保障人权等新的执政理念的要求，明显表现出政治文明建设滞后引发的多种社会病症。面对新的形势和任务，十六届中央全会对政治文明建设作出决定，必将大大提高党的执政能力，巩固党的执政地位，实现国家的长治久安。

政治文明建设的重大问题

十六届中央全会要对政治文明建设作出决定，首先需要进行深入的调查研究，使作出的决定合乎时代潮流，顺乎党心民心，又积极稳妥、切实可行。我认为，十六届中央全会如果作出加强社会主义政治文明建设的决定，应该考虑到下面几个重大问题，这些问题也是党一贯坚持和主张的，关键是要进行具体部署和安排，使之落到实处。

第一，宪法至上，依宪治国。人是天生的政治动物。任何人都要生活在社会之中，这就产生了公共事务。对公共事务的治理就产生了政治。传统政治是一种强权暴力政治。现代社会是一种和平的民主宪政政治。宪法是现代国家治理公共事务的总章程，是任何个人、政党和社会团体参与公共事务必须遵守的游戏规则。权力内在地具有扩张性和侵害性，绝对的权力绝对的腐败。对公共权力的约束，就产生了宪法。宪法的基本功能就是约束公共权力，保障个人权利。从半部《论语》治天下到一部《宪法》治天下，是政治文明进步的重要体现。党在十二大就提出“党必须在宪法和法律的范围内活动”，任何组织和个人都不得凌驾于宪法和法律之上。但由于没有相应的制度安排，党的这种主张并未在实践中得到很好的实现。共产党是执政党，对于推进中国的民主政治和政治文明建设具有不可替代的关键性作用。带头遵守宪法，切实维护宪法的权威，使一切违宪的行为得到及时的纠正，是党及其各级组织和党员领导干部在社会主义政治文明建设中的重大使命。

第二，党政分开，依法执政。党政不分是苏联式社会主义的一大通病。改革以来，党提出建设中国特色社会主义，就是要建设与苏联模式不一样的社会主义，就是要在经济上从计划经济转向社会主义市场经济，在政治上从党政不分的集权政治转向党政分开的民主政治，在文化上从钳制人的思想自由转向解放思想、促进人的自由而全面发展。邓小平早在1941年就提出党政分开，到中共十三大前后又重点提出党政分开。虽然由于1989年政治事件使邓小平的这一改革思想搁浅，但这并不等于党政永远不要分开。随着改革时机的成熟，党政分开就有可能水到渠成。党政分开的理论依据在于党不是权力组织，也不是行政组织和生产组织。党既不能以党代政代替国家权力机关行使权力，也不能凌驾于国家权力机关之上对其发号施令。共产党是执政党，但党的领导地位和执政地位并不是只有通过党政不分这一苏联模式来实现。既要巩固党的领导地位和执政地位，又不搞以党代政、党政不分，这是时代对中国共产党人政治智慧和创新勇气的巨大考验。

第三，约束公权，保障人权。对人权的最大侵害来自于公共权力的滥用。中国共产党是马克思主义政党，除了最广大人民的根本利益，党没有自己的特殊利益，全心全意为人民服务是党的根本宗旨。但是，一个基本的事实是，共产党是执政党，在党政不分的体制环境中，各级党员领导干部或多或少地掌握着公共权力，而要保证各级组织和领导干部把人民赋予的权力真正用来为人民谋利益，没有对权力的监督和制约，就可能事与意违。当前一些领导干部的严重腐败现象就足以警示全党和全国人民：权力不受监督就会滋生腐败；权力不受制约，就会滥用权力。权力滥用的后果就是侵害国家和社会的公共利益和公民的个人利益，权力不受监督和制约，人权也就失去了保障。从 1997 年党的十五大在政治报告中提出“尊重和保障人权”，到 2004 年十届全国人大二次会议通过《宪法》修正案明确写上“国家尊重和保障人权”，这是执政兴国理念的巨大飞跃。当前的紧迫问题就是要在各行各业和各地区全面落实人权保障的宪法条文。一个特别需要澄清的错误认识是，党和国家尊重和保障人权，绝不是迫于国际人权压力的应付之举，而是党执政为民的具体体现，是国家和民族兴旺发达的必然要求，是中国人民自由幸福的内在需要。

第四，司法独立，新闻自由。社会主义司法制度必须保障在全社会实现公平和正义。但如果司法部门在人财物以及审判工作等方面要受制于党委、政府或其他组织和个人，那么社会的公平和正义就会无从保障。历史的经验已经表明，没有司法独立，就没有社会的正义和个人的自由。司法独立与党的领导并不矛盾，党的领导并不是要求党的各级组织及其领导个人具体干预司法案件的审判。在社会转型时期，不少地方司法机关事实上沦为党委和政府行使行政权力的一道环节和便利工具，从而造成了不少冤假错案，严重败坏了党的执政声誉和执政形象。考虑到现实的可能性，司法独立可以先从基层和地方试行，最后使整个国家司法系统独立运行。司法独立与否，是检验政治文明程度的试金石。新闻自由既是政治文明的重要标志，又是政治文明的巨大推动力量。新闻自由并不是随心所欲、违法乱纪，而是在宪法和法律的范围内自由行使新闻舆论监督权。正因为新闻自由的巨大力量，腐败分子和既得利益集团才对之有所畏惧；也正因为新闻自由对纯洁社会风气、促进社会进步的巨大作用，各国宪法和法律才一致予以保障。我国社会主义政治文明建设的一个重要任务，就是要把宪法保障的司法独立和新闻自由全面法律制度化、现实生活化。

第五，公民平等，地方自治。《宪法》规定中华人民共和国公民在法律面前一律平等。但在计划经济时期，却人为地出台了一系列限制和歧视农民平等权利的政策法律法规，形成了举世罕见的二元社会结构。二元社会结构的要害在于执政者囿于种种局限，在一个统一的主权国家内对农民这一群体实行不平等的政策法律制度。半个世纪以来，这种歧视农民的制度安排，不仅使二三代农民付出了惨重的代价，也使党、国家和民族蒙受了巨大的损失。党的十六大和十六届三中全会提出统筹城乡发展，这是非常正确的。现在的关键是要在宪法的框架内全面清理和废除一切歧视和限制农民自由发展的旧制度，比如废除限制农民的户籍制度、就业制度、教育制度、医疗保险和社会保障制度等。本届政府宣布五年内取消农业税，就是保障农民与其他国民一样享有平等纳税权的重大举措，对于改变二元社会结构具有深远的影响。地方自治是实现人民当家作主、促进每个人自由而全面发展的现实选择。温家宝总理 2003 年在美国哈佛大学的演讲中认为中国改革开放 20 多年取得的巨大成绩，根本在于中国人民“基于自由的创造”。人类社会的文明进程已经揭示，完全的个人自由和充分的个性发展，不仅是个人幸福所系，而且是国家繁荣和社会进步的主要因素。应该从个人自由发展和地方自治的高度来重构基层和地方政权，积极推进体制改革。村民自治是当代中国农民在党的领导下行使自治权的典范。在建设社会主义政治文明中，人们有理由期望这个东方大国能够顺利实现从村民自治到地方自治的新跨越。

在行动中推进政治文明建设

不失时机地推进社会主义政治文明建设，是时代赋予党的庄严使命。建设政治文明，重在行动。

各有关重要部门在推进社会主义政治文明建设中，必须适时转变观念和工作重点。比如，宣传部门应该努力克服那些习以为常的假大空说教，切实把坚持以人为本、弘扬民主法治、尊重和保障人权等作为主旋律和先进文化加以宣传和倡导；各级党校应该改变过去那种侧重于意识形态灌输的教学培训模式，切实把增强各级领导干部的民主法治人权观念和依法行政意识作为教学培训的重点；组织部门应该适应党的新的执政理念的需要，大量起用一批有民主法治意识、能够在尊重和保障人权的基础上致力于政治文明建设的一代新人。各级领导干部尤其是中央领导良好的个人政治行为，对于塑造和培育民族的政治文明意识、促进政治文明建设具有重大的示范作用。

新一届中央领导集体已经身体力行地作出了许多深得民众赞许的表率，在加强社会主义政治文明建设中，中央领导个人的政治行为文明对于促进整个政治文明建设既具有广阔的空间，又具有不可估量的影响。[①]

（新世纪网 2004 年 7 月 25 日首发）

① 作者补注：十六届中央全会没有对政治文明建设作出专门决定，但就构建和谐社会、提高执政能力等作出了决定。笔者坚持认为，如果执政党的中央全会对政治文明建设作出专门的研究讨论，并作出相关决定，其积极意义不可估量。

新农村建设与公民权建设

现代国家的公民体现了社会个体与国家共同体之间的法律关系，公民与国家联系的中介是公民权。公民权为现代国家提供了不同于传统国家的合法性基础，成为现代国家的基石。长期以来，国家在公民权建设上的严重不足，导致了农民公民权的严重短缺。农村改革促进了农民公民权的生长与发展。在新农村建设，应围绕扩展农民的土地产权与平等权利这两个基本方面，大力推进制度建设与实践创新。

公民权是现代国家的基石

在现代国家，凡具有一国国籍的人就是该国的公民。公民与国家联系的中介是公民权。公民权的具体意蕴可以从三个维度加以理解，首先，公民权蕴涵了全体公民身份的平等性；其次，每一个公民所享有的权利与承担的义务具有均衡性；再次，公民享有权利与国家承担责任是一致的。在现代社会，每个人可能根据不同的年龄、职业、兴趣以及活动范围扮演不同的社会角色，但公民这一身份是每个人与国家相联系的平等的和共同拥有的社会角色。

现在所能获知最早的公民出现在古希腊城邦国家。亚里士多德在《政治学》一书中详细讨论了公民问题。亚里士多德指出，一个正式的或完全的公民，是“凡得参加司法事务和治权机构的人们”，或者说是“凡有权参加议事和审判职能的人”。[①]在亚里士多德看来，完全的公民概念包括了形式要件和实质要件，形式要件就是取得公民的资格，实质要件就是政治上的自由。古罗马承袭了古希腊的公民制度，其政治生活仍以公民共同体为基础，屋大维（Octavianus，公元前63—14）声称自己更喜欢“国家第一公民”这一称号。在古罗马，公民资格有一个不断扩大的过

① 参见［古希腊］亚里士多德：《政治学》，吴寿彭译，商务印书馆1965年版，第109—113页。

程。公元前6世纪左右，罗马公民的范围仅限于罗马城的贵族。由异邦人和被释放的奴隶构成的平民不属于公民之列。528年，罗马皇帝查士丁尼（Justinian，526—565年在位）组织编纂《查士丁尼法典》，规定对一切被释放的自由人，不问年龄等，一律给予罗马公民资格。罗马公民资格由此不断扩大到平民、被征服者和外来人。①

经过文艺复兴、启蒙运动和政治革命，现代公民概念得以全新确立。美国著名的全球通史专家斯塔夫里阿诺斯指出，西方的崛起及其对世界的支配，不仅建立在欧洲工业革命和科学革命的基础上，而且建立在欧洲政治革命的基础上。政治革命的实质在于结束了人类分成统治者和被统治者是由神注定的这种观念，人们不再认为政治高于人民，也不再认为人民在政府之下。政治革命有史以来首次在一个比城邦更大的规模上显示了政治与人民的密不可分，民众不仅参与了政治，而且把这样做法视为自己的固有权利。政治革命发端于17世纪的英国革命，18世纪的美国革命和法国革命标志着政治革命的进一步扩展，它在19世纪影响了整个欧洲，20世纪则影响了整个世界。②在政治革命中重新确立和张扬的公民概念以及主权在民思想，成为现代民族国家政治合法性的基础。

现代国家的公民体现了社会个体与国家共同体之间的法律关系，现代公民概念有三个基本的特征：一是公民的平等性。在现代社会，几乎所有的国家都会在公开的宪法性文件中规定其公民在法律面前的平等地位。二是取得公民身份主体的广泛性。现代国家将公民的身份资格推广到其所管辖范围内的所有国民，就是说任何人只要取得一国国籍就自然成为该国的公民。三是公民权利存在着一个不断扩展的历史过程。正如经济建设一样，公民权利也有一个建设和发展的过程。公民权的建设和发展有两方面的意涵，即公民主体范围的不断扩大以及公民享有权利的客体的不断扩展。美国在独立之初，黑人奴隶没有公民权，在计算州人口时5个黑人只算3个人口。直到1924年美国才由国会立法将公民的范围扩大到印第安人。就是到1960年代，美国的黑人事实上仍然没有获得平等的公民权，所以才出现黑人民权运动。妇女直到1920年代后才陆续取得公民权。③在20世纪，妇女和黑人的公民权长期受到歧视，女权运动、民权运动以及国际社会对废除种族歧视的努力体现了

① 相关内容，参见陶东明：《公民政治》，三联书店（香港）有限公司1993年版，第8—9页；馨元：《公民概念之演变》，载《当代法学》2004年第4期。

② 参见［美］斯塔夫里阿诺斯：《全球通史——1500年以后的世界》，吴象婴、梁赤民译，上海社会科学院出版社1999年版，第322页。

③ 参见陶东明：《公民政治》，三联书店（香港）有限公司1993年版，第22—23页。

公民权的扩展过程。

公民权是当代政治学的关键词之一。美国学者茱迪·史珂拉（Judith N Shklar，1928—1992）认为公民权是政治上最为核心的概念。[①]现代世界关于公民权或公民身份的观点是从美国和法国革命的实践中演化而来，其中有两个因素是关键性的：一个公民拥有不受专制政府行为所侵犯的观念；全体公民通过选举和通过他们选出的代表来参与管理政治过程。凡没有经过全体公民自由公开的选举这一授权，政府就没有合法性，也没有受到尊敬的资格。[②]公民权与现代民族—国家紧密联系在一起，凡拥有某一民族—国家的国籍就获得该国的公民身份，享有该国的公民权利，承担相应的公民义务。公民权成为现代民族—国家构建的核心和基础。

现代国家以公民权为基础有三重意涵：一是现代国家通过政治革命普遍确立了人民主权原则，公民权为现代国家提供了不同于传统国家的合法性基础；二是现代各种类型的国家都以宪法的形式确立公民权，所不同的只是国家对公民权事实上保障程度的差异。三是凡是公民权未能得到有效保障甚至践踏公民权的国家，无论是大国、小国，抑或强国、弱国，都将面临国家整合与治理的深刻危机，严重的将造成国家内部的解体，如前苏联；或将面临国际社会的强力干预而导致政权垮台，如伊拉克萨达姆政权。

徐勇教授提出现代国家的二维分析框架，即现代国家的建构是一个民族—国家和民主—国家的双重化建构过程。[③]笔者认为应在二维分析框架的基础上拓展为三维分析框架，即增加以公民权为核心与纽带的公民—国家视角，这对于中国公民权的发展意义深远。公民—国家视角为现代国家提供了最本质的基础和灵魂。

农民问题根本在于公民权的短缺

20世纪以来，关于中国农民问题研究的基本假设主要有四种：一是认为农民问题的根本是土地问题。二是认为农民问题的实质是文化问题。三是认为农民问题实质上是收入问题。增加农民收入当然是必要的。但是，正如印度诺贝尔经济学奖

① 参见［美］茱迪·史珂拉著：《美国公民权：寻求接纳》，刘满贵译，世纪出版集团、上海人民出版社2006年版，第3页。

② 参见［英］巴特·范·斯廷博根编：《公民身份的条件》，郭台辉译，吉林出版集团有限责任公司2007年版，第145页。

③ 参见徐勇：《现代国家建构中的非均衡性和自主性分析》，载《华中师范大学学报（人文社会科学版）》2003年第5期；徐勇：《“回归国家”与现代国家的建构》，载《东南学术》2006年第4期。

金获得者阿马蒂亚·森指出的那样，把基本目标定为仅仅是收入或财富最大化显然不恰当……发展必须更加关注使我们生活得更充实和拥有更多的自由。① 四是认为农民问题是人地矛盾问题。在温铁军看来，人地矛盾高度紧张是中国"最基本的国情矛盾"。② 这个观点也可以归结到土地问题之中，它强调的核心问题是人与地的关系问题。

毋庸置疑，农民问题是一个十分复杂的综合性问题，上述四种主要的理论假设从不同角度解释了农民问题。在笔者看来，农民问题的根本是公民权问题。

在当代中国，农民的含义可以从两个方面予以把握，即作为职业的农民和作为身份的农民。从职业上说，农民的权利问题核心在于土地产权，从身份上说，农民的权利问题关键在于平等权利。解决"三农"问题的核心是解决农民问题，解决农民问题的实质是解决农民权利问题，解决农民权利问题的关键在于解决作为职业农民的土地产权问题以及作为身份农民的平等权利问题。农民的土地产权和平等权利问题这两个基本方面，又可归结为公民权。③

中国农民在通向现代国家公民身份道路上备经曲折。1949 年以来的 60 年，中国农民的身份经历了四次大的身份变迁，即农民身份的阶级化、农民身份的结构化、农民身份的社会化以及农民身份可能的公民化。④

革命胜利后的共产党，按照马列主义阶级斗争理论在中国建立无产阶级专政的国家政权。1949 年 9 月 29 日中国人民政治协商会议第一届全体会议通过的起临时宪法作用的《中国人民政治协商会议共同纲领》属于"革命宪法"。⑤ 在"革命宪法"中，国民没有被赋予平等的公民身份，而是被划分为"人民"和"敌人"两大生死对立的阶级身份。在土改中，党通过划分阶级成份，在农民阶层内部划分为两大对立的阶级身份，即以地主、富农为代表的剥削阶级，他们是阶级敌人，是专政的对象；以贫雇农为代表的被剥削阶级，属于人民阵营，享有人民民主权利。土改在中

---

① 参见［印］阿马蒂亚·森著：《以自由看待发展》，任赜、于真译，中国人民大学出版社 2002 年版，第 10 页。

② 温铁军：《中国农村基本经济制度研究——"三农"问题的世纪反思》，中国经济出版社 2000 年版，第 31 页。另参见温铁军著：《三农问题与世纪反思》，生活·读书·新知三联书店 2005 年版。

③ 参见周作翰、张英洪：《保障农民权益：农村改革发展的重大原则》，载《湖南文理学院学报（社会科学版）》2009 年第 1 期。

④ 参见周作翰、张英洪：《从农民到公民：农民身份的变迁路径》，载《湖南文理学院学报（社会科学版）》2007 年第 6 期。

⑤ 有学者将世界范围内的宪法类型分为革命宪法、改革宪法和宪政宪法。关于三种宪法划分的详细讨论，参见夏勇著：《宪政建设——政权与人民》，社会科学文献出版社 2004 年版，第 41—34 页。

国历史上第一次实现了农民身份的重大变化，即实现了农民身份的阶级化。国家对农民进行阶级身份的构建，实现了农民内部的“政治分层”，[①]人为地构建了农民内部的不平等结构。背离法治原则的阶级斗争，放纵和激活了社会的野蛮暴力，强化了公权力的肆意滥用。这是中国在追求现代化进程中远离现代国家公民身份构建的第一大步。

新政权在完成暴力土改后，从1953年开始，以苏联模式为圭臬强制推行农业集体化运动，并罕见地构建起城乡隔离的二元社会结构，实现了农民身份的第二次重大变化，即实现了农民身份的结构化。

农民身份的结构化，是通过两方面强制性制度安排进行的。一方面，国家为了追求苏联模式的社会主义目标和苏联模式的国家工业化目标，在农村强制推行集体化运动，将农民组织在集体单位即人民公社之中，使之成为被集体单位所强力支配的集体社员，从而实现中国农民的身份从阶级身份向社员身份的转换（但阶级身份并未消失）；另一方面，国家又通过城乡隔离的制度安排，在整个社会构建了农业人口和非农业人口两种人，将农民限制和束缚在城镇之外的农村，使之成为被户籍制度严重羁绊的乡里人。作为农业人口的农民，被人为地屏蔽在城市之外，丧失了宪法规定的平等权利，从而沦落为备受制度歧视的“二等公民”。[②]国家实行农民身份的结构化，实质上是给农民安装了两把“制度之锁”：“一把锁”将单个的农民集中锁定在人民公社和生产大队中，由社队干部严加看守；“另一把锁”将所有农民锁定在城镇之外的农村，农民进入城门的“钥匙”掌握在官僚的手中。国家未能有效地赋予农民的公民身份，不可避免地削弱了国家对社会有效整合的能力。这是中国在现代国家构建中远离现代国家公民身份的第二大步。

中国在公民权建设上的严重不足，导致了农民公民权的严重短缺。农民公民权的短缺，突出体现在如下几个方面：一是农民没有获得完整的土地产权，二是农民没有获得与市民一样的平等权利；三是农民没有获得国家宪法规定的各项宪法权利保障；四是农民没有分享国家建设与社会进步的共同成果；五是农民没有享有人类社会促进人权保障国际化的新水平。

当代中国农民公民权的严重短缺，孳生了一系列严重的社会问题。执政党曾经

---

① 参见李强：《政治分层与经济分层》，载《社会学研究》1997年第4期；李强：《回应：再谈政治分层与经济分层》，载《社会学研究》1998年第1期。

② 有关中国农民不平等状况的讨论，参见舟莲村：《谈农民的不平等地位》，载《社会》1988年第9期；郭书田、刘纯彬等：《失衡的中国——农村城市化的过去、现在与未来》，河北人民出版社1990年版。

充分运用“权利的革命理论”而夺得政权，现在，中国最需要创建一种“权利的建设理论”来推动公民权的发展，促进中国的现代国家构建。

农民公民权在改革中成长与发展

就中国农民身份的变迁来说，农村改革开启了农民身份的社会化和公民化，促进了农民公民权的成长与发展。

我国改革先后掀起了“三大波”。第一波自1978—1988年十年，这是以推行家庭承包责任制以及农民内部身份平等为特征的改革第一阶段。作为开始起点标志的中共十一届三中全会，提出在经济上保障农民的物质利益、在政治上尊重农民的民主权利。这为中国农民权利的生长提供了有利的环境。在此后波澜壮阔的改革进程中，改革者肯定和推行家庭承包责任制，废除人民公社体制，给农民“松绑”，农民从高度集中控制的人民公社体制中解放出来，获得了土地承包经营权和人身自由权；通过给地富反坏右分子“平反”与“摘帽”，实现了农民阶层内部身份的平等化。1982年国家颁布了新的《宪法》，公民的基本权利得以重新确认。1987年《村民委会会组织法》（试行）颁布，农民在法律上获得了参与村庄公共生活的参与权与社区自治权。1989—1991年的三年成为改革的“回潮期”。

改革第二波自1992年至2002年十年，这是明确以社会主义市场经济为取向的改革第二阶段。以江泽民、朱镕基等为代表的第二代改革者，在经济上以建立社会主义市场经济体制为目标取向，加快对外开放，在政治上奉行“稳定压倒一切”的方针政策。邓小平南方谈话发表后，中国加快了改革开放进程，对农民来说，最显著的变化在于长期对农民紧密的“城门”事实上打开了，亿万农民得以离开土地进入城市选择职业与生活；1997年和1998年，我国政府先后签署了两个最重要的人权公约，即《经济、社会和文化权利国际公约》、《公民权利和政治权利国际公约》，2001年7月，经全国人大常委会批准的《经济、社会和文化权利国际公约》在我国正式生效。2001年中国加入了WTO，融入经济全球化。但是，改革中产生的新问题也日益凸显。户籍制度改革的滞后，使进城务工的农民无法享有市民的平等待遇，成为受到多方歧视的农民工。迅速发展的市场经济在消解计划经济体制的同时，一种被称之为“坏的市场经济”的现象出现了，拜金主义泛滥，社会道德沦丧，各级政府公共管理部门纷纷加入市场化大合唱，中国迅速演变为唯利是图的市场社会。这一时期，农民遭遇了权力与市场的双重掠夺，开始从第一波改革中的受益者日益沦落为泛市场化运动和权贵资本主义的受害者，成为最庞大的社会弱势阶层。以农民负担问题为焦点的“三农”问题日益尖锐。

改革第三波自 2003 年以来，这是改革的第三阶段。以胡锦涛、温家宝等为代表的第三代改革者提出以人为本的科学发展观，着力构建和谐社会与服务型政府。以统筹城乡发展、城市支持农村、工业反哺农业为政策取向的新农村建设开始全面推行。改善民生成为第三波改革中的关键词，公平正义开始受到第三代改革者的突出强调。以取消农业税为起点的新农村建设，将农村改革推进到一个新的起点上。农民的受教育权、健康权、社会保障权、就业权和迁徙自由权都得到了明显的扩展。如果说第一波、第二波改革重在革除计划经济体制的弊端的话，那么，第三波改革则面临着革除计划经济体制遗留的旧问题与市场经济改革造成的新问题的双重任务。

改革使中国农民从阶级身份和结构身份中解脱出来，开始呈现出社会化的特征。农民身份的社会化有三重意涵：

一是通过国家主导的平反和摘帽，实现了农民阶层内部身份的平等化。一方面，平反冤假错案不仅为大量的党的干部、知识分子平反昭雪、恢复名誉，也为不少的农民平反昭雪、恢复名誉。不少在冤假错案中受到镇压、打击、批斗和歧视的农民及其子女和家庭逐步恢复了正常的社会生活。另一方面，中共中央决定给地主、富农以及反革命分子、坏分子摘掉政治帽子，将他们本人的成份一律定为公社社员，赋予其享有公社社员一样的平等待遇。这一重大举措终结了农村 30 年之久的阶级斗争，实现了农民内部身份的平等化。

二是通过国家给农民“松绑”，使农民获得了空前的“自由选择权”，促进了农民的分化和流动。家庭承包责任制的推行，使农民获得土地的承包经营权等部分土地产权，同时获得了空前的生产自主和人身自由。除了家庭承包制外，被称之为“农民伟大创造”的乡镇企业、小城镇、村民自治、进城打工等，实质上是农民在生存本能的驱动下，在既定的制度结构中，对幸福生活自主性追求的突出表征。

三是农民身份的社会化是对阶级化身份和结构化身份的逐步解构（deconstruction)，社会化身份与阶级化身份、结构化身份是对立的，但并不与公民身份相对立，就是说，社会化身份与公民化身份彼此相融合。一个享有公民身份的人一定是社会化的人，但农民身份的社会化并不意味着农民身份的公民化，不过，它为农民身份的公民化提供了可能的社会基础。

农民身份的社会化实质上是农民在旧制度约束下的有限自由选择，在一定程度上打破了阶级身份和结构身份加在农民身上的严重束缚。农民身份的社会化已取得三大成绩。一是终结了30年之久的阶级身份，在农民内部实现了身份的平等化。二是冲破了集体社员身份的束缚，农民重新回归到相对自由的个体农民的生活状态。三是动摇了长达半个世纪的户籍墙的根基，农民在事实上已经突破城乡隔离之墙进入城市择业和生活。

农民身份的社会化始终存在一对基本的矛盾和问题，即农民没有获得完整的土地产权和与平等的公民身份。农民仍然在土地的集体所有制和身份的农业户籍制的束缚下参与市场经济的竞争和社会的转型。

公民权的制度建设与实践创新

检验新农村建设成功的重要标志主要有两条：一是看农民是否获得完整的土地产权，二是看农民是否获得平等的公民权利，农民在获得平等的公民权利基础上，随着社会的发展，进而实现完全的公民权利。新农村建设是农民身份公民化的过程，农民身份的公民化应该有四重意涵：一是农民获得与市民一样的平等公民身份。二是农民获得完整的土地产权。三是农民作为现代国家的公民充分参与国家和社会的公共生活。四是农民与其他社会成员一样共同分享社会发展和人类进步的共同成果。

在农村改革30周年之际，中共十七届三中全会通过《关于推进农村改革发展若干重大问题的决定》，对扩展作为职业农民的土地权利与作为身份农民的平等权利这两方面作了迄今为止最为清晰和全面的表述与规定。2009年4月，国家发布了《国家人权行动计划（2009—2010）》，这是我国政府坚持以人为本、落实“国家尊重和保障人权”的宪法原则的第一个人权行动计划。在此新形势下，当前正在推行的新农村建设，应当围绕不断扩展农民的土地产权与平等权利这两个基本方面，大力推进与之相适应的制度建设与实践创新。

首先，从组织创新来说，各级政府应当成立保障人权和公民权的专门组织机构，如各级政府成立人权委员会，对贯彻落实宪法规定的公民权利及《国家人权行动计划（2009—2010）》进行综合协调和引导。为加快社会建设，2007年12月，北京市委、市政府成立了社会工作委员和社会工作办公室，这一做法值得推广。

其次，将公民权建设纳入到新农村建设中去。在新农村建设中，除了坚持“生产发展、生活宽裕、乡风文明、村容整洁、管理民主”外，应当明确将公民权建设纳入新农村建设的框架中去。没有公民权的发展，新农村建设的良好政策目标就可能大打折扣，甚至会被扭曲。

再次，保护、引导和规范农民的维权活动。农民维权是当代中国农村出现的一个突出的社会政治现象，它表明，一方面，国家赋予农民的合法权益遭到了地方政府、利益集团等组织和个人的严重侵害；另一方面，农民在现行法律政策框架内的维权行为，是对现行体制的认同与维护，而不是对现体制的背叛与颠覆，这说明农民已经从几千年来反体制性的“造反”者，转变为认同现体制的“维权者”，这对于中国走向民主法治具有重大而深远的意义。为此，国家应当保护、引导和规范农民的维权活动，决不能在地方政府或既得利益集团为维护其腐败利益而非法打压维权农民时听之任之。对现代国家治理来说，没有什么比尊重和保障人权和公民权更重要了。

（本文原载《深圳大学学报（人文社科版）》2009 年第 5 期，合作者周作翰）

后记

本书是我对中国农村和农民问题研究思考的最初成果结集。

我出身于湘西一个普通的农民家庭，对农民的生活十分熟悉。1990年代的10年，我在湘西的一个农业大县的政府机关工作。20世纪90年代，是中国“三农”问题十分尖锐的时期，但政府的公共政策似乎与解决“三农”问题背道而驰。确切地说，我对当时政府的公共政策、对僵化的政策理论研究现状很不满意，这是我进入“三农”问题研究的一个直接动因。

2000年，我进入省城负笈求学，我当时学的专业是中共党史。但严峻的“三农”形势，迫使我关注现实问题，也就是关注中国农民的现实命运。与众不同的是，我关注农民问题一开始就站在宪法和公民权利的高度来进行独立思考与探索，为此，我提出了给农民以宪法关怀的命题，并围绕农民权利这一核心问题不断进行深入研究。2003年，我出版了《给农民以宪法关怀》第一版，这是我在2001年至2003年间发表的文章结集。

之所从宪法和公民权的视角研究农民问题，是因为我深深地理解并珍惜个人权利的价值。在我们这个还不完全懂得尊重和保障公民权利的社会，个人的悲剧和社会的悲剧不断上演。只要我们留意就会轻而易举地发现，一些热衷于追逐特权的当权者，在位时忽视公民权利、甚至轻蔑公民权利，而一旦自己失去特权丧失自由时，再想起个人的基本权利则悔之已晚。

长期以来，在中国的现实环境中，研究农民权利问题具有很大的政治风险性。从公民权利的视角研究“三农”问题也一直是一个禁区。许多聪明的学者绕开权利这一禁区，还有许多知识面狭窄的学者根本不懂得权利。但也有一些心怀良知的优秀学者在谈农民的权利，这类学者是我钦佩的对象。不过，系统研究农民权利的著作凤毛麟角。为了深入研究农民权利问题，我考入著名的华中师范大学中国农村问题研究中心攻读博士学位。在读博期间，我制定了一个农民权利研究“三部曲”计划。2007年6月，我出版了《农民权利论》，这是在《给农民以宪法关怀》的基础上，以宪法和国际人权法视野对农民权利问题进行比较系统的研究与梳理。2008年4月，我完成了博士学位论文《农民、公民权与国家》，对农民权利问题进行了更深入的思考和研究。2010年，我出版了《给农民以宪法关怀》修订本，修订本删去了一些文章，同时也增加了一些文章，并增写了绪论，调整了全书的结构安排。这次出版以修订本为基础，删去了三篇文章，全书结构未作调整，文字也未作改动。2011年，我出版《认真对待农民权利》一书，完成了我的农民权利研究“三部曲”。

当然，我对农民权利的研究还会继续下去。因为，使每一个中国农民，每一个炎黄子孙，不必移居海外而能在中华大地上过上自由、尊严而有安全保障的幸福生活，既是我的学术追求，也是我的人生理想所在。

张英洪

2012年6月12日